BAEDEKER

LISSABON

www.baedeker.com

Verlag Karl Baedeker

Top-Sehenswertes

Wer durch Lissabons Straßen streift, wird schnell merken, dass diese Stadt mit vielen kleinen Sehenswürdigkeiten begeistern kann – sie liegen versteckt am Rande, und man muss ein Auge dafür haben. Dabei sollte man aber die Highlights keinesfalls auslassen. Wir haben zusammengestellt, welche Sie nicht versäumen sollten.

❶ ✶✶ Alfama

Lissabons ältestes Viertel ist ein Labyrinth aus Gassen und Treppen, das noch auf maurische Zeit zurückgeht. Hier kann man sich treiben lassen und im Häusergewirr verlieren.
Seite 178

❷ ✶✶ Convento da Madre de Deus

Ungewöhnlich schöne Klosterkirche: ein herrlicher Innenraum mit blauweißen Fliesen und goldener Talha Dourada; angeschlossen ist ein Fliesenmuseum, in dem die Entwicklung der Azulejos über die Jahrhunderte dargestellt wird.
Seite 222

❸ ✶✶ Elevador do Carmo

Ein filigraner Aufzug in neogotischer Manier. Das gusseiserne Bauwerk verbindet Unter- und Oberstadt miteinander.
Seite 225

❹ ✶✶ Museu Calouste Gulbenkian

Die Schätze des armenischen Ölmagnaten, der von Kunst aus aller Welt geradezu besessen war
Seite 231

❺ ✶✶ Palácio Nacional de Mafra

45 000 Bauleute sollen an der Errichtung dieses riesigen Klosterpalastes beteiligt gewesen sein.
Seite 249

❻ ✶✶ Mosteiro dos Jerónimos

Die steinerne Verkörperung des Goldenen Zeitalters
Seite 253

8

9

❼ ★★ Museu Nacional de Arte Antiga

Das Nationalmuseum für alte Kunst zeigt portugiesische Werke aus acht Jahrhunderten, und zudem kann man wertvolle Stücke aus aller Welt bewundern.
Seite 267

❽ ★★ Palácio Nacional de Queluz

Ein wunderschönes helles und luftiges Schlösschen im Rokokostil, das Königin Maria I. sich als Sommerresidenz erbauen ließ
Seite 298

❾ ★★ Sintra

Sintra war ein erfrischender Rückzugsort für Mitglieder des Königshauses, die der sommerlichen Hitze der Stadt entfliehen wollten. Dann kamen Adlige aus ganz Europa, die hier im üppiggrünen Sintragebirge ihre Spuren hinterließen.
Seite 312

❿ ★★ Torre de Belém

Orientalisch und doch typisch portugiesisch: Wehrturm aus der Zeit der großen Entdeckungen und Eroberungen
Seite 321

10

Lust auf ...

... einen neuen Blick auf historische Highlights, gastronomische Geschmackserlebnisse und Entspannung, an der Lebensader der Stadt oder abseits der großen Sightseeing-Routen? Hier finden Sie Anregungen für Ihr ganz persönliches Lissabon-Erlebnis.

GLÜCK AM WASSER

- **Lissabon ahoi!**
  Groß ist die Auswahl an Flussfahrten: vom historischen Segeltörn bis zum Amphibienfahrzeugtrip mit der ganzen Familie
  Seite 148
- **Zimmer mit Aussicht** ▸
  In der »weißen Stadt« am Tejo gibt es viele schöne Unterkünfte – wohl denen, die eins mit Balkon und Blick über den Fluss haben.
  Seite 153 ff.
- **Alles am Fluss ...**
  In Belém atmet Lissabon Meeresluft. Nehmen Sie sich Zeit für die Wiege der Entdeckernation, der Manuelinik und der guten Vanille-Törtchen!
  Seite 197 ff.

STARKE GESCHICHTEN

- **Nobelpreis-Romantik**
  Die Liebe zwischen José Saramago und Pilar del Rio ging filmisch um die Welt – die Stiftung in der Casa dos Bicos widmet sich dem Leben des Literatur-Nobelpreisträgers.
  Seite 207
- ◂ **Das Erdbeben von 1755 ...**
  ... und die Nelkenrevolution sind wohl die wichtigsten Lissabonner Daten, wie man im Lisboa Story Centre erfahren kann.
  Seite 295
- **Flammendrama**
  Die São-Domingos-Kirche blieb nach einem Feuer in den 1950er-Jahren unverändert und hat bis heute einen ganz eigenen Reiz.
  Seite 306

LISSABONNER KLASSIKER

- **Sardinenkult** ▸
  Lissabon ist die Stadt der Sardinen, und ganz hoch im Kurs stehen die bunten Sardinenbüchsensouvenirs.
  Seite 144
- **Miradouros**
  Die Stadt und der Fluss von oben – auf schön angelegten Aussichtsterrassen kann man ganze Tage verbringen!
  Seite 175
- **Azulejos: der Glanz der Fliesen**
  Überall in Lissabon sieht man Muster und Gemälde aus Fliesen, ihre Geschichte kann man im Azulejomuseum bewundern.
  Seite 222
- **Im Kirschlikörrausch**
  Ob »mit« oder »ohne« – beim Ginjinha trifft sich alles.
  Seite 306

(ENT-)SPANNENDE AUSFLÜGE

- **Strandvergnügen**
  Baden, sonnenbaden, surfen an den Stränden von Estoril und Cascais oder auf der anderen Tejo-Seite
  Seite 174, 285
- **Palast der Superlative**
  Er sollte größer werden als der spanische Escorial und ist ein Paradebeispiel absolutistischer Machtentfaltung: der Klosterpalast von Mafra.
  Seite 249
- ◂ **Gartenlust**
  Ein Ausflug über die Halbinsel von Setúbal auf dem südlichen Tejo-Ufer sollte auch in die Quinta da Bacalhôa führen!
  Seite 289
- **Märchenschlösser**
  Burgen, Schlösser, Paläste – Sintra versetzt einen in eine andere Welt.
  Seite 312

HINTERGRUND

ERLEBEN & GENIESSEN

PREISKATEGORIEN

Restaurants

(Preis für ein Hauptgericht)

€€€€ = über 20 €

€€€ = 15 – 20 €

€€ = 10 – 15 €

€ = bis 10 €

Hotels (Preis für ein DZ)

€€€€ = über 175 €

€€€ = 125 – 175 €

€€ = 75 – 125 €

€ = bis 75 €

Hinweis

Gebührenpflichtige Servicenummern sind mit einem Stern gekennzeichnet: *0180 ...

TOUREN

Lissabon genießen beim Drink am Tejo-Ufer

SEHENSWERTES VON A BIS Z

PRAKTISCHE INFORMATIONEN

nachdenken • klimabewusst reisen
atmosfair

Fado live – ein unvergessliches Erlebnis

HINTERGRUND

Als Königin des Tejo, als alternde Diva oder Hafenbraut wird Lissabon im Fado besungen und gefeiert – eine schillernde Metropole, deren Geschichte und Mentalität vom Fluss und vom nahen Atlantik geprägt sind.

Die Königin des Tejo

Niemand Geringeres als Odysseus soll Lissabon gegründet haben. Angeblich war es das besondere Licht, das ihn an seine Heimat erinnerte – so jedenfalls die Legende. Historiker aber meinen, dass Phönizier die Ersten waren, die in der Bucht in Atlantiknähe eine Handelsniederlassung einrichteten.

Lissabons Lage am Tejo kurz vor der Mündung in den Atlantik ist einmalig schön. Sie erschließt sich am besten vom Wasser aus – geradezu beneidenswert frühere Reisende, die per Schiff ankamen und gleich von diesem umwerfenden Panorama begrüßt wurden. Heute können Lissabonbesucher diese Ankunft fingieren: am besten durch eine Fährfahrt hinüber zum anderen Ufer. Auf der Rückfahrt kann man die **Ansicht der weißen Stadt am Tejo** auf sich wirken lassen. Wer das nicht möchte, geht als Erstes zum Kastell hinauf, von dort bietet sich ein toller Blick über die Stadt bis zum Atlantik.
Aber nicht nur die Lage und das atlantische Licht begeistern in dieser Stadt. Es ist auch die **besondere Atmosphäre**. Noch immer ist etwas zu spüren von einer »alt-europäischen Hauptstadt«, in der über Jahrzehnte – während der Salazar-Diktatur – die Zeit stehengeblieben war. Ein etwas maroder Charme durchzieht die Stadt noch immer. In den alten Vierteln Alfama, Mouraria, Bairro Alto, Baixa und Chiado ist nach wie vor zu finden, was in anderen westeuropäischen Ländern längst verschwunden und vergessen ist: alte Café- und Kneipeneinrichtungen, winzige Lädchen, in denen man eigentlich alles kaufen kann, oder museumsreife Straßenbahnen, die hügelauf – hügelab durch die Stadtviertel schaukeln.

GOLDENES ZEITALTER UND KATASTROPHE

Von den Ufern des Tejo starteten im 15. und 16. Jh. **die portugiesischen Seefahrer** in unbekannte Gefilde, und hier in Lissabon gingen sie nach oft jahrelangen Fahrten mit Gewürzen, erbeuteten Schätzen, Gold aus den brasilianischen Minen und neuen Eindrücken wieder an Land und wurden vom stolzen König empfangen. Das »Goldene Zeitalter«, Portugals wichtigste Epoche, wurde in der Hauptstadt des Landes in Stein verewigt – die nach dem »glücklichen König« jener Epoche, Manuel I., benannte **manuelinische Architektur** erlebte hier wie nirgends sonst im Land ihre Blüte. Viele Bauten aus dieser Zeit blieben gerade einmal 200 Jahre erhalten, 1755 zerstörte ein entsetzliches **Erdbeben** große Teile der weißen Stadt am Tejo, Zehntausende Lisboetas kamen um.

Von den vielen schönen Aussichtspunkten erschließt sich die grandiose Lage der Stadt am besten.

AUFBRUCH IN DIE MODERNE

Auch wenn die einst blühende Metropole noch lange ihrem Goldenen Zeitalter nachhing, Lissabon ist auch eine moderne, junge Stadt. Eine Stadt, die nicht nur für den urportugiesischen, angeblich so vergangenheitstrunkenen **Fado** bekannt ist, sondern die sich einen Namen gemacht hat mit einer lebendigen und multikulturellen Musik- und Kulturszene; eine Stadt, die für ihr **ausgeprägtes Nachtleben** bekannt ist. Der Wandel zur Moderne begann erst spät, erst nach 1975, nach dem Ende der Diktatur, die das Land über Jahrzehnte in einen Dornröschenschlaf versetzt hatte. Ein wichtiger Schritt war der EU-Beitritt 1986, ein weiterer Markstein zwölf Jahre später die **Weltausstellung**, die Expo 98. Damals entstand die Expo-Urbe, ein komplett neues Viertel am Tejo-Ufer. Und inzwischen wachsen überall atemberaubend moderne Bauten in die Höhe und verändern peu à peu das Stadtbild. Die steinernen Zeugen des »Goldenen Zeitalters« in Belém gehören der Vergangenheit an – auch wenn sich manche hier in Portugal doch immer noch ein bisschen wundern, dass die Entdeckungsfahrten tatsächlich schon so lange her sein sollen ...

»SAUDADE« NACH LISBOA

Ob alt oder neu – Lissabon ist unbestritten **eine der schönsten Städte Europas**. Wer Portugals Hauptstadt einmal gesehen oder besser: erlebt hat, den wird, wenn er wieder zu Hause ist, die »saudade« packen, diese unergründliche, angeblich typisch portugiesische Sehnsucht, die eng verwandt ist mit unserem Fernweh.

Fakten

Bevölkerung · Politik · Wirtschaft

Lissabon ist seit der Staatsgründung immer das uneingeschränkte politische und kulturelle Zentrum des Landes gewesen. Entsprechend empfinden sich die Lisboetas als Hauptstädter. Sie lieben ihre Stadt, deren Lage am Wasser für den historischen Werdegang, für die wirtschaftliche Entwicklung und für die Atmosphäre außerordentlich prägend war und ist.

Metropole am Tejo-Ufer

Seit mehr als 700 Jahren ist Lisboa – sprich »Lischboa« – die Hauptstadt von Portugal. Hier sitzt die Regierung, und durch die jahrhundertelange zentralistische Organisation des Landes konzentrieren sich in der Stadt seit jeher die wichtigsten administrativen, wirtschaftlichen und kulturellen Funktionen.

Tejo

Die Lebensader der Stadt war über Jahrhunderte der in Spanien entspringende Tejo (spanisch: Tajo), der mit 1100 km Länge größte Fluss der Iberischen Halbinsel, an dessen rechtem Ufer die Stadt angesiedelt wurde. Er mündet etwa 15 km hinter dem Stadtkern in den Atlantik. Nordöstlich von Lissabon weitet sich der Fluss über 25 km zum sogenannten Mar de Palha (Strohmeer) mit einer Breite bis zu 13 km, verengt sich dann zur Mündung hin aber noch einmal auf nur ca. 2 km Breite. Im Lissabonner Stadtgebiet kann man den Tejo mit Fähren oder auf der Ponte 25 de Abril bzw. der 17 km langen Ponte Vasco da Gama überqueren. Eine dritte Brücke war zwischen Chelas und Barreiro geplant, die Pläne fielen aber der Krise zum Opfer.

DIE LISBOETAS UND IHRE STADT

Lisboetas heißen die Leute, die in Lissabon leben und arbeiten. Das eigentliche Stadtgebiet von Lissabon ist mit einer Fläche von gut 87 km² sehr klein. Nur rund 550 000 Menschen haben hier heute ihre Wohnungen – die Einwohnerzahl im Stadtzentrum ist in den letzten Jahren stark zurückgegangen. Zum Wohnen bevorzugen die Lissabonner das Umland – etwa Oeiras, Cascais, Sintra oder die Trabantenstädte auf dem südlichen Tejo-Ufer. Insgesamt wohnen im Großraum Lissabon ca. 2,9 Millionen Menschen. Die Hauptstadt zieht Menschen aus dem ganzen Land an: Im Distrikt Lissabon, der sich nach Norden fast bis Peniche ausdehnt, lebt auf etwa 3 % der Gesamtfläche Portugals über ein Viertel der Bevölkerung des Landes.

Entdeckerdenkmal in Belém: auf Tuchfühlung mit den großen Seefahrern des 15. und 16. Jahrhunderts

Lissabon Umgebung

Bevölkerungsentwicklung

Die erste Stadtmauer, die Lissabon unter portugiesischer Herrschaft schützte, umschloss ein Gebiet von ca. 16 ha. Als die Stadt im 14. Jh. etwa 60 000 Einwohner hatte, errichtete man eine neue Stadtmauer, die ein Gebiet von gut einem Quadratkilometer begrenzte. Etwa doppelt so viele Menschen lebten hier zur Zeit des Erdbebens Mitte des 18. Jahrhunderts. Über hundert Jahre hielt sich die Einwohnerzahl relativ konstant bei 150 000. Einen ersten großen Zuwachs erlebte Lissabon dann zwischen 1860 und 1890, als durch Zuzug der Bevölkerung aus den umliegenden ländlichen Regionen die Einwohnerzahl sprunghaft von 200 000 auf 300 000 anstieg. Zwischen 1920 und 1940 wuchs die Stadtbevölkerung von 500 000 auf 700 000 an, damit hatte sich die Einwohnerzahl innerhalb von 80 Jahren mehr als verdreifacht. Nach 1970 nahm die Bevölkerung im Stadtgebiet nur noch um etwa 8 % zu, in den Satellitenstädten bzw. in illegalen Barackensiedlungen am Stadtrand wuchs sie dagegen schlagartig um bis zu 54 % an. Mittlerweile gibt es im Stadtzentrum einen massiven Bevölkerungsrückgang. Anfang der 1990er-Jahre wohnten noch etwa 880 000 Menschen im Zentrum, heute sind es etwa 550 000.

Probleme einer Großstadt

Jahrzehntelang wurde der überalterte Stadtkern von Lissabon völlig vernachlässigt. Da die Mieten auf niedrigstem Niveau eingefroren blieben, waren die Hausbesitzer an Renovierungen nicht interessiert, die Häuser im **Stadtzentrum** verfielen und sind bis heute teilweise in katastrophalem Zustand. Erst in jüngster Zeit denkt man verstärkt darüber nach, alte Bausubstanz zu erhalten und zu sanieren, statt abzureißen und neu zu bauen; Gründe für dieses Umdenken sind u. a. ein im Jahr 2012 verändertes Mietgesetz und die Wirtschaftskrise. Noch im alten Jahrtausend wurde ein Sanierungsprogramm in der Alfama durchgeführt, bei dem darauf geachtet wurde, die gewachsenen Lebensgemeinschaften nicht zu zerstören. Im Bairro Alto dagegen wurden überwiegend Luxussanierungen vorgenommen. An den großen Aveniden stehen heute alte, fast verfallene Häuser neben ultramodernen Neubauten. Außerhalb des eigentlichen Stadtkerns überwiegen **Wohnviertel**. Während sich besonders im Nordwesten (Amadora), Nordosten (Chelas, Olivais) und im Süden auf dem gegenüberliegenden Tejo-Ufer (Almada) dicht bebaute Hochhaussiedlungen konzentrieren, überwiegen nach Westen hinaus (Restelo, Estoril, Cascais) traditionell gehobenere Wohngebiete mit Ein- und Zweifamilienhäusern, Sommersitzen und Villen. In den letzten Jahrzehnten sind rund um den Innenstadtbereich riesige **Trabantenstädte** entstanden. Viele Lissabonner bevorzugen es, in einem dieser moderneren Hochhausviertel zu wohnen statt in einem der sanierungsbedürftigen Häuser der Innenstadt.

Mit der Zuwanderung aus ländlichen Regionen, besonders aber durch den Zustrom von mehr als 600 000 Bewohnern der ehemaligen Kolonien in den 1970er-Jahren nach Portugal war es in Lissabon

? BAEDEKER WISSEN

Auf unsicherem Boden

Aufgrund geologischer Gegebenheiten wurde und wird die Region Lissabon immer wieder von Erdbeben erschüttert. Die folgenschwersten Beben ereigneten sich Mitte des 14. Jahrhunderts und in den Jahren 1531 und 1755 (►Baedeker Wissen, S. 238). Nach wie vor kommt es häufig zu geringen Erschütterungen, und ein nächstes größeres Beben wird in absehbarer Zeit befürchtet.

Lissabon auf einen Blick

Lage:
Westen der Iberischen Halbinsel
Westlichste Hauptstadt des europäischen Festlands

Fläche:
Stadtgebiet: 87,44 km²
Großraum: 2750 km²
Das Stadtgebiet erstreckt sich über hügeliges Gelände, die höchste Erhebung im Lissabonner Innenstadtbereich erreicht 113 m.

Einwohner:
im Stadtgebiet: **550 000**
im Großraum: **2,9 Mio.**

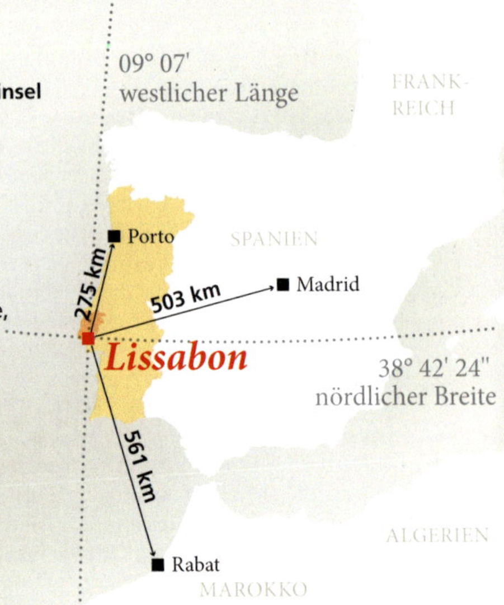

▸ Wappen/Flagge

Das Lissabonner Wappen zeigt das Boot, in dem der Leichnam Stadtheiligen São Vicente zusammen mit zwei Raben am Cabo de São Vicente angetrieben wurde. Von der Algarve aus wurde der heilige Vinzenz nach Lissabon gebracht und dort beigesetzt.

▸ Verwaltung

Das Stadtgebiet ist in 24 Gemeindebezirke (freguesias) eingeteilt.

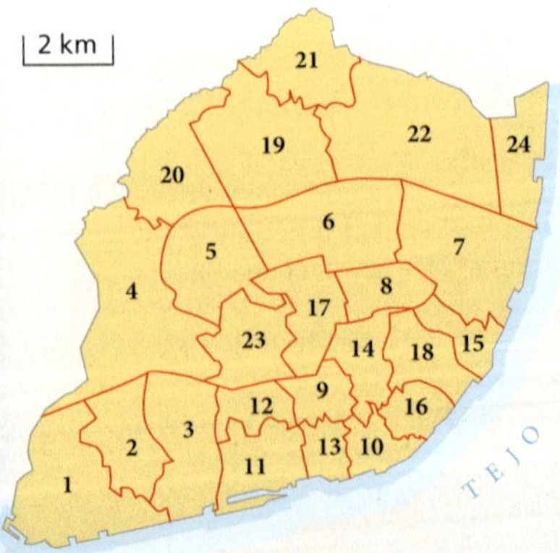

1: Belém
2: Ajuda
3: Alcântara
4: Benfica
5: S. Domingos de Benfica
6: Alvalade
7: Marvila
8: Areeiro
9: Santo António
10: Santa Maria Maior
11: Estrela
12: Campo de Ourique
13: Misericórdia
14: Arroios
15: Beato
16: S. Vicente de Fora
17: Avenidas Novas
18: Penha de França
19: Lumiar
20: Carnide
21: Santa Clara
22: Olivais
23: Campolide
24: Parque das Nações

Städtefreundschaften

Freundschaftliche Beziehungen unterhält Lissabon zu einigen Städten bzw. Regionen, die zu portugiesischem Kolonialgebiet gehörten: Rio de Janeiro, Macau, Praia (Cabo Verde), Bissau, S. Tomé. Außerdem hat Lissabon Kooperations- bzw. Freundschaftsverträge geschlossen u. a. mit Madrid, Zagreb, Rabat, Peking und Miami.

Verkehr

Die Vasco-da-Gama-Brücke, die bei Lissabon den zum Mar de Palha erweiterten Tejo überquert, ist mit circa 17 km Länge eine der längsten Brücken Europas.

Klimastation Lissabon

Durchschnittstemperaturen

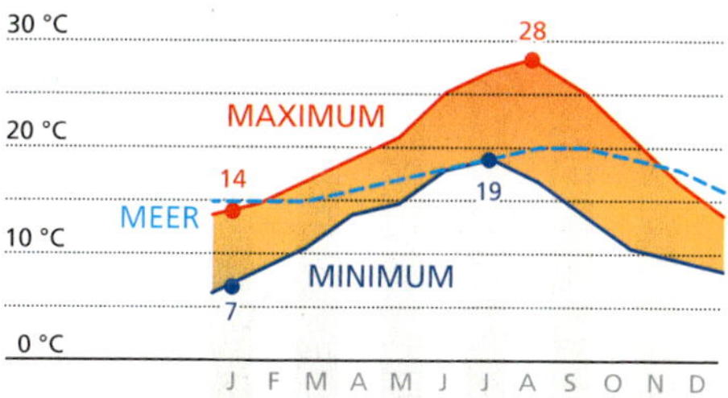

Niederschlag

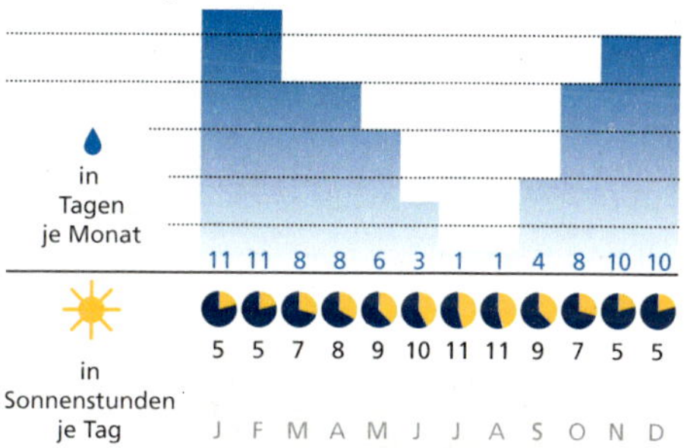

Fußball in Lissabon

Zwei traditionsreiche Fußballklubs sind in Lissabon zu Hause. Zusammen mit dem FC Porto bilden sie die »großen Drei« des portugiesischen Fußballs.

Sporting
Gegründet: 01.07.1906

Mitglieder: **ca. 100 000**

Stadion: Estádio José Alvalade, **52 327 Plätze**

Berühmtester (Ex-)Spieler: **Cristiano Ronaldo**

Erfolge:
18 port. Meisterschaften
15 nationale Pokale
1 internationaler Pokal

Vereinsfarben: **Grün-Weiß**

Benfica
Gegründet: 28.02.1904

Mitglieder: **ca. 225 000**

Stadion: Estádio da Luz, **65 647 Plätze**

Berühmtester (Ex-)Spieler: **Eusébio**

Erfolge:
32 port. Meisterschaften
28 nationale Pokale
2 internationale Pokale

Vereinsfarben: **Rot-Weiß**

Benfica ist offiziell der Fußballclub mit den meisten Fans der Welt. Das Guinness Book of Records verzeichnet fast **225 000 Adepten für die Sport Lisboa e Benfica**. Bei einer Einwohnerzahl von knapp 11 Millionen macht das über **zwei Prozent der Bevölkerung** aus, welche die Mannschaft der Adler anfeuern. Wie das lateinische Klub-Motto schon sagt: »E pluribus unum«: aus vielen eins...

Die Losverkäufer, wie hier in der Lissabonner Unterstadt, haben in Krisenzeiten Hochkonjunktur.

zu einer massiven Wohnungsknappheit gekommen. In den letzten zwei Jahrzehnten des 20. Jh.s wuchsen an der Peripherie, aber auch im Stadtgebiet an unwegsamen Stellen, die für eine Bebauung eigentlich ungeeignet waren, **»bairros da lata«** aus dem Boden: Barackensiedlungen mit Wellblechhütten, in denen es meist keine Wasseranschlüsse, Kanalisation und Heizmöglichkeiten gab, die an steilen Abhängen, in Einflugschneisen oder an verkehrsreichen Ausfallstraßen lagen. Hier lebten die Ärmsten der Armen, überwiegend Rückkehrer aus den ehemaligen portugiesischen Kolonien, aber auch Zuwanderer aus den Kolonien oder anderen Teilen Portugals. Offiziell gab es bis zu 25 000 solcher Unterkünfte – mit oft massiven sozialen Problemen. Um die Jahrtausendwende waren fast alle Viertel aufgelöst und die Bewohner in Hochhausgebieten untergebracht.

Bevölkerungszusammensetzung

Die Lisboetas sind ein ziemlich buntes Völkergemisch. Im Lauf der Zeiten lebten hier Menschen aus diversen Ecken der Welt. Die ersten Bewohner waren keltiberische Lusitanier, zu denen sich Phönizier, Karthager und Griechen gesellten. Dann lebten Römer, Westgoten und Araber hier. Durch die weit reichende Expansion Portugals kamen schließlich auch Afrikaner, Südamerikaner und Asiaten aus den ehemaligen Kolonien in die Hauptstadt. Heute leben im Distrikt Lissabon 97,5 % Portugiesen, unter der ausländischen Bevölkerung stammt ein Großteil von den Kapverdischen Inseln.

POLITIK UND KIRCHE

Parteien

Die zwei größten Parteien sind der 1974 gegründete **Partido Social Democrático (PSD)** und der **Partido Socialista (PS)**. Beide Bezeichnungen sind irreführend. Der PSD ist keine sozialdemokratische Partei, sondern verfolgt eine liberal-konservative Politik. Der 1973 von Mário Soares in seinem Exil in der Bundesrepublik Deutschland gegründete PS ist sozialdemokratisch ausgerichtet.
Im portugiesischen Parlament sitzen außer diesen beiden großen Parteien der rechtskonservative Centro Democrático e Social – Partido Popular (CDS-PP), die Coligação Democrática Unitária (CDU; Demokratische Einheitskoalition), die ein Bündnis vorwiegend aus Kommunisten (PCP) und Grünen (PEV) darstellt, und der Bloco de Esquerda (BE), ein Linksblock aus Intellektuellen und ehemaligen Kommunisten, der im portugiesischen und im EU-Parlament vertreten ist und sich schwerpunktmäßig mit den Themen Globalisierung und EU kritisch auseinandersetzt.

Religion und Kirche

Die überwiegende Mehrheit der Lissabonner ist römisch-katholisch. Seit 1911 sind nach der Verfassung Kirche und Staat voneinander getrennt. Da Kirchensteuern nicht erhoben werden, müssen die Geistlichen von den Gemeinden finanziert werden.

WIRTSCHAFT

Nach dem EU-Beitritt

Nach Portugals **EU-Beitritt** im Jahr 1986 erlebte das Land zunächst einen beachtlichen Wirtschaftsaufschwung – noch zu Beginn der 1980er-Jahre hatte das Durchschnittseinkommen der Portugiesen nur gut die Hälfte des westeuropäischen betragen. Portugal schaffte den **Sprung vom Agrar- zum Industrieland**. Zwischen 1985 und 2000 konnte ein durchschnittliches **Wirtschaftswachstum** von 3,2 % erzielt werden (in der Europäischen Union waren es durchschnittlich 2,3 %). Die **Inflation** lag 2002 bei 3,5 %; die **offizielle Arbeitslosenquote** bei 4,4 %. Erreicht wurde das Wirtschaftswunder nach 1986 durch eine drastische Sparpolitik; viele nach der Nelken revolution verstaatlichte Großunternehmen wurden reprivatisiert. Üppige **Strukturhilfen der EU** und ausländische Investitionen unterstützten den Aufwärtstrend.
Vom Wirtschaftsaufschwung nach 1986 hat Lissabon erheblich profitiert. In den 1990er-Jahren entstanden Bürotürme und exklusive Einkaufszentren, anlässlich der Expo '98 wurde ein ganzer Stadtteil saniert, Millionen flossen in den Ausbau des Verkehrsnetzes.
Ab Mitte 1999 wuchs die Wirtschaft dann allerdings deutlich langsamer als in anderen Industriestaaten. Der Regierungswechsel im Jahr 2002 erfolgte hauptsächlich wegen maroder Staatsfinanzen und einer

Willkommen im Alltag!

Wer Lissabon nicht nur als Tourist erleben, sondern ganz normale Leute treffen und Alltag mitbekommen möchte, findet unter diesen Angeboten vielleicht etwas Interessantes.

COUCHSURFING OHNE COUCH

Das globale Netzwerk der Gratis-Gastfreundschaft mit über drei Millionen Mitgliedern hat auch in Lissabon eine starke Präsenz. Nun ist das Durchschnittsalter ca. 27, und nicht jeder fühlt sich wohl dabei, bei Wildfremden zu nächtigen. Jedoch haben Junggebliebene trotzdem Möglichkeiten, das interaktive Netzwerk zu nutzen: der Modus »Coffee or a Drink« im Profil erlaubt Kontakte zu Lissabonnern oder Wahl-Lissabonnern für einen Kaffee und Insidertipps. Und Sprachenstammtisch, sportliche Aktivitäten, gemeinsam kochen u. ä. stehen ebenfalls jedem Mitglied offen.

www.couchsurfing.org

PORTUGIESISCH SPRECHEN

Am schönsten ist es natürlich, wenn man mit den Lisboetas ins Gespräch kommt. Die jüngeren sprechen alle Englisch. Aber für einen Smalltalk mit älteren Portugiesen braucht man normalerweise Portugiesisch – und dann kann jeder Cafébesuch oder ein Einkauf in einem der schönen alten Läden zum Erlebnis werden! Sprachkurse bieten verschiedene Schulen an.

www.cial.pt
www.iclp.letras.ulisboa.pt
www.cambridge.pt

FESTE FEIERN

Wenn Lissabon im Juni mit dem Fest des Santo António seinen Schutzpatron ehrt, sollte man unbedingt in die Alfama oder in eines der alten Viertel in Hafennähe gehen – dort wird dicht gedrängt und ausgelassen gefeiert und jeder wird mit einbezogen. An diesem Tag erlebt man die Lissabonner in bester Laune und hat sicher die Gelegenheit, mit dem einen oder anderen zu kommunizieren – und sei es mit Händen und Füßen!

12./13. Juni, Festa de Santo António

FÄHRE FAHREN

Ohne viel Aufwand kann man sich dem Strom von Pendlern anschließen, die auf der Südseite des Tejo wohnen. So erfährt man den Fluss günstig und bekommt einen Eindruck vom alltäglichen Arbeitsweg vieler Einheimischer. Von der anderen Seite erschließen sich ganz neue Perspektiven auf die Stadt.

www.transtejo.pt

ES LEBE DER SERVICE!

Wer ganz normale Dienstleistungen in Anspruch nimmt, erlebt die Stadt wie ein Einheimischer: Warum nicht beim Haarschnitt den trendigen Stylisten zu den neuesten Mode-Tendenzen befragen, sich in einem der wenigen verbliebenen traditionellen Barbierläden einseifen oder sich von einem »engraxador« die Lederschuhe auf Hochglanz wienern lassen? Anschließend fühlt man sich garantiert ein bisschen »portugiesischer« als vorher!

Diverse Friseursalons z. B. im Chiado, Barbearia Campos, Largo do Chiado 4; Schuhputzer in der Baixa

schlechten Wirtschaftspolitik – bei den Wahlen erhielt eine konservative Koalitionsregierung aus PSD und CDS-PP den Regierungsauftrag, sie löste die Sozialisten ab, die sieben Jahre lang die Geschicke des Landes gelenkt hatten. Von 2005 bis 2011 regierte dann wiederum der PS unter José Sócrates. Sócrates trat im Frühjahr 2011 zurück, als der PSD sein viertes Sparpaket ablehnte, was das Einschreiten des Internationalen Währungsfonds unabwendbar machte.

Wirtschafts- und Finanzkrise

Als der IWF auf den Plan trat, stand Portugal vor erschreckenden Zahlen: eine Inflation von ca. 4 %, die höchsten öffentlichen Haushaltsschulden seit über 150 Jahren, die höchsten Auslandsschulden seit 120 Jahren, das niedrigste Wirtschaftswachstum seit dem Ersten Weltkrieg – eine **steigende Arbeitslosenquote**, die bei 11 % lag und ohne die neue Emigration noch höher gewesen wäre. Im Frühjahr 2011 demonstrierte die sogenannte »Geração à Rasca« (Wortspiel: die »Generation, die es satt/nichts hat«) gegen politische Stagnation und Jobs, die nicht mehr als 500 Euro einbringen und mit denen die bestausgebildete Jugend, die Portugal je hatte, vorlieb nehmen muss. Viele junge, gut ausgebildete Lissabonner verließen in den Folgejahren das Land. 2013 waren offiziell fast 17 % der Bevölkerung in Portugal arbeitslos, mit 39 % war die Jugendarbeitslosigkeit extrem hoch, Ende 2015 lag sie immer noch bei 31 %. Der Reichtum ist in Portugal sehr ungleich verteilt, für gute Positionen sind oft Beziehungen (»cunhas«) oder das richtige Parteibuch nötig. Rund 40 % der Portugiesen müssen mit 600 Euro monatlich auskommen.

Industrie

In der Salazarzeit hatte man mit einer Dezentralisierung der Industrie begonnen, sodass neben Lissabon jetzt auch die Distrikte Porto, Setúbal, Aveiro und Braga eine relativ große Bedeutung haben. Nach wie vor ist Lissabon durch seinen Hafen und durch günstige Verkehrsverbindungen als Industriestandort aber führend. Die wichtigsten Industrieregionen Lissabons liegen am Südufer des Tejo und nordöstlich der Stadt parallel zum Tejo auf der Achse Lissabon – Vila Franca de Xira. Große ausländische Firmen (Öl, Elektroartikel, Automobile, Chemie und Pharmazie, Elektronik) haben sich vorzugsweise in bzw. in der Nähe der Hauptstadt niedergelassen. 1995 eröffneten VW und Ford bei Palmela **Autoeuropa**, das VW seit 1999 allein betreibt und das ein wichtiger Arbeitgeber in der Region ist.

Tourismus

Der Tourismus verzeichnet seit einiger Zeit wieder einen Aufschwung, nachdem die Urlauberzahlen im neuen Jahrtausend zunächst stagnierten bzw. sogar rückläufig waren. Jeweils ein Drittel der touristischen Infrastruktur konzentriert sich auf die Algarve und Lissabon. Lissabon gilt als Trendcity; während der Süden Portugals große Bedeutung für mehrwöchigen Badeurlaub hat, überwiegt hier der kürzere Sightseeing-Tourismus. 3,5 Mio. Touristen kamen 2015

Die Ponte Vasco da Gama führt bei Lissabon über den Tejo. Mit 17 km ist sie eine der längsten Brücken Europas.

in die Stadt am Tejo. Unter den ausländischen Urlaubern findet man größtenteils Spanier, außerdem Briten und viele Deutsche: 2015 waren es knapp 330 000, die nach Lissabon kamen. Nur wenig internationalen Tourismus gibt es an den Küsten im Raum Lissabon.

Hafen

Wenn auch Lissabons Hafen seine frühere Stellung als größter Hafen der Iberischen Halbinsel nicht behaupten konnte, ist er unter den portugiesischen Häfen doch der wichtigste. Umfangreiche Investitionen sind vorgesehen, da in den nächsten Jahren mit einem weiteren Aufwärtstrend gerechnet wird. Wichtig ist insbesondere der Containerbetrieb, der Container Terminal Liscont hat in den vergangenen Jahren zweistellige Zuwachsraten verzeichnet.

Stadtgeschichte

Glanz und Tristeza

Lissabon erlebte um 1500 den grandiosen Aufstieg zur prächtigsten Handels- und Hafenstadt Europas. Doch das Glück war von kurzer Dauer – und durch das vernichtende Erdbeben im Jahr 1755 wurde der Niedergang vollends besiegelt. Im 20. Jahrhundert versetzte eine jahrzehntelange Diktatur die Stadt in einen Dornröschenschlaf, aus dem sie nur allmählich wiedererwachte.

FRÜHE BESIEDLUNG

1500 v. Chr.	Keltische Stämme siedeln auf dem Kastellhügel.
1200 v. Chr.	Phönizier gründen den Handelshafen Alis Ubbo.
205 v. Chr.	Lissabon wird als Felicitas Julia Teil der römischen Provinz Lusitania.
400 n. Chr.	Sueben, Vandalen und Alanen besetzen Lissabon.
585 n. Chr.	Beginn der westgotischen Herrschaft

Phönizier, Griechen, Karthager

Funde belegen, dass die Tejo-Bucht, an der sich Lissabon ausdehnt, schon in der Steinzeit besiedelt war. Der Hügel, auf dem heute das Kastell steht, bot gute Voraussetzungen zur Besiedlung, und der Tejo, der ursprünglich die gesamte heutige Unterstadt, die Baixa, überflutete, bildete eine große geschützte Bucht in unmittelbarer Nähe zum Atlantischen Ozean. Um 1500 v. Chr. ließen sich auf dem Kastellhügel keltische Stämme nieder; um 1200 v. Chr. gründeten Phönizier an seinem Fuß einen Handelshafen mit dem Namen **Alis Ubbo** (stille Bucht), den sie als Zwischenstation auf dem Weg nach Nordeuropa nutzten. Das phönizische Erbe übernahmen später Griechen und Karthager. Die Griechen nannten den Ort **Olissipo**, was sich von Odysseus bzw. Ulysses ableitet, der der Legende nach der Gründer der Stadt gewesen sein soll.

Römer

Im Jahr 205 v. Chr. eroberten die Römer die Stadt am Tejo, die damals ein dicht bebautes Zentrum in der Nähe der heutigen Alfama aufwies. Unter Julius Cäsar erhielt sie den Namen **Felicitas Julia** und gehörte zur römischen Provinz Lusitanien. Aus dieser Zeit stammen in der Unterstadt noch unterirdische Reste von Thermen (an der heutigen Rua da Prata) und Grabstätten (Praça da Figueira). Durch das Erdbeben im Jahr 1755 wurden Teile römischer Bebauung freigelegt, und bis heute stößt man immer wieder einmal auf Relikte aus

Dokumentiert die portugiesischen Entdeckungen: Weltkarte in Belém

dieser Zeit. So wurden erst vor einigen Jahren Reste eines Amphitheaters in der Rua da Saudade am Südhang des Kastellhügels entdeckt, und noch im Jahr 2000 wurden nahe der Praça da Figueira Mauern aus römischer Zeit gefunden.

Germanen Mit dem Zerfall des römischen Imperiums kamen ab 400 n. Chr. germanische Stämme aus dem Norden auf die Iberische Halbinsel. **Sueben** und **Vandalen** besetzten gemeinsam mit iranischen **Alanen** Lissabon; ab 585 begann die Herrschaft der **Westgoten**, die vermutlich die spätrömische Stadtmauer erneuerten. König Rekkared trat mit den Westgoten zum katholischen Glauben über, kurz danach begannen die religiösen Judenverfolgungen.

MAURENZEIT UND KONSOLIDIERUNG DES KÖNIGTUMS

711 n. Chr.	Araber und Mauren kommen auf die Iberische Halbinsel; Lissabon heißt Al-Aschbouna.
1147	Afonso Henriques erobert Lissabon.
1255	Lissabon wird Königsresidenz.
1383–1385	Aussterben der Dynastie Burgund; durch eine bürgerliche Revolution wird die Dynastie von Aviz begründet.

Mauren Im Jahr 711 stießen Heere von Arabern und Mauren – islamisierten Berbern – aus Nordafrika über die Straße von Gibraltar vor und besetzten innerhalb kurzer Zeit fast die gesamte Iberische Halbinsel. Da das Westgotenreich unter dem letzten Westgotenkönig Roderich bereits in sich geschwächt war, hatten sie leichtes Spiel. Erstmals seit dem Zusammenbruch des Römischen Reiches wurden weite Teile der Iberischen Halbinsel nun wieder von einer überlegenen Zivilisation beherrscht. Stadtplanung, Architektur, Fertigkeiten in Landwirtschaft und Fischfang sowie wichtige Kenntnisse im Bereich der Seefahrt und Medizin übten nachhaltigen Einfluss auf die portugiesische Kultur aus. Zwar forderten die neuen Herren von der Bevölkerung Unterwerfung, doch regierten sie nicht mit religiösem Druck; Christen und Juden genossen weitgehende Religionsfreiheit. Noch heute deuten viele Bezeichnungen, die mit der Silbe »al-« beginnen – wie die Stadtviertel Alfama, Alcântara, Alvalade oder die Provinz Algarve – auf arabische Ursprünge hin. Architektonische Zeugnisse aus maurischer Zeit haben sich dagegen kaum erhalten. Wie viele andere Städte der Iberischen Halbinsel erlebte auch Lissabon, damals **Al-Aschbouna** genannt, während der maurischen Herrschaft eine Blütezeit, vor allem unter dem Emirat bzw. Kalifat von Córdoba, insbesondere unter Abd al-Rahman III. (912–961). Viele arabische Geografen, wie Razi und Al-Himyari, beschrieben die Stadt am Tejo mit ihrem neuen Burgpalast (alcáçova) und ihrer Stadtmauer (cerca moura), die nun bis zum Flussufer reichte.

Hauptstadt des Königreichs Portugal

Im Rahmen der **Reconquista**, der Rückeroberung der von den Arabern besetzten Gebiete durch die Christen, wurde ab 735 mehrmals versucht, die Araber aus Lissabon zu vertreiben. **Afonso Henriques** aus dem **Haus Burgund** hatte 1139 nach einem glänzenden Sieg über die Mauren bei Beja im Alentejo das portugiesische Königreich ausgerufen und als Afonso I. den Königstitel angenommen. Im Jahr 1147 gelang es ihm mit Hilfe von englischen, deutschen und flämischen Kreuzfahrern, Lissabon zu erobern. In der Folge entstanden zahlreiche Kirchen und Klöster, die Moschee ersetzte man durch eine romanische Kathedrale; die Mauren wurden in ein Viertel vor den Stadttoren, die heutige Mouraria, verdrängt. Allmählich dehnte sich die Stadt – zunächst Lixboa, später Lisboa genannt – auf die Unterstadt und die westlichen Hügel aus. 1255 verlegte König Afonso III. den **Königshof von Coimbra nach Lissabon**. 1290 ließ König Dinis in der Metropole am Tejo die erste portugiesische Universität gründen, die jedoch 1307/1308 nach Coimbra umsiedelte. Belagerungen durch die Kastilier führten unter König Fernando I. in den Jahren 1373–1375 zum Bau einer ausgedehnten, 54 km langen Stadtmauer (cerca fernandina), die neben den alten Stadtvierteln auch die Unterstadt und Teile der Oberstadt umschloss, von der aber heute nur noch wenige, kaum sichtbare Reste stehen. Zu Fernandos Zeiten – Lissabon erhielt damals auch eine Straßenbeleuchtung mit Öllämpchen – lebten etwa 60 000 Einwohner auf einer Fläche von 1,02 km².

Revolution von 1383–1385

In den Jahren 1383–1385 war Lissabon Schauplatz der **ersten bürgerlichen Revolution in Europa**. Als nach dem Tod von Fernando I. 1383 die männliche Linie des Hauses Burgund ausgestorben war, drohte Portugal an das benachbarte Kastilien zu fallen – Fernandos Tochter Beatriz war mit dem kastilischen König Juan I. verheiratet. Deshalb wählten die Cortes von Lissabon den illegitimen Sohn Pedros I., den **Großmeister des Aviz-Ordens**, als **João I.** (1383/1385 bis 1433) zum König. Doch nicht ganz Portugal stand hinter João. Seine Anhänger kamen aus dem Bürgertum, das fürchtete, unter kastilischer Herrschaft an Macht einzubüßen, während der Hochadel und die Kirchenfürsten eine Annexion Portugals durch Kastiliens König befürworteten. Die Vertreter des Bürgertums griffen schließlich zu den Waffen, um die Unabhängigkeit des Landes zu sichern – Kastilien konnte in der Schlacht von Aljubarrota im Jahr 1385 vernichtend geschlagen werden. Nach diesem Sieg wurde aufgrund eines Gelübdes von Nuno Álvares Pereira, eines Mitstreiters von João, die Igreja do Carmo, eine Niederlassung der Karmeliter, in Lissabon gestiftet.

AUFSTIEG ZUR WELTMACHT UND NIEDERGANG

1495 – 1521	Unter der Herrschaft Manuels I. erlebt Portugal sein Goldenes Zeitalter, Lissabon ist führend im Welthandel.
1498	Vasco da Gama entdeckt den Seeweg nach Indien.
1500	Pedro Álvares Cabral landet in Brasilien.
1521 – 1557	Bereits unter João III. beginnt der Verfall der wirtschaftlichen Blüte.
1536	Die Inquisition wird eingeführt.
1580 – 1640	Spanien hat die Herrschaft über Portugal.

Zeitalter der Entdeckungen

In der Regierungszeit von João I., dem ersten König der bis 1580 regierenden **Aviz-Dynastie**, begann die Förderung von Entdeckungsreisen, die **Portugals Aufstieg zur führenden See- und Kolonialmacht Westeuropas** ermöglichten. Unter **Manuel I.** (1495–1521) entdeckte Vasco da Gama den Seeweg nach Indien (1498), Pedro Álvares Cabral landete 1500 in Brasilien. Eine portugiesische Handelsmacht mit Niederlassungen in Ostindien, Ostasien, Südafrika und Brasilien entstand. Lissabon entwickelte sich zum größten Hafen der Erde und zum **Mittelpunkt des Welthandels**, die Stadt am Tejo erlebte ihr Goldenes Zeitalter. Schon bald platzte die Stadt, die innerhalb kurzer Zeit über immense Reichtümer verfügte und in der Unternehmer und Abenteurer aus ganz Europa sowie afrikanische und orientalische Sklaven lebten, aus allen Nähten und dehnte sich über das Gebiet der alten fernandinischen Stadtmauer hinaus aus. Der Hof förderte auch Kunst und Wissenschaft, Baumeister schufen die größten Kunstwerke des Landes und entwickelten einen eigenen Stil, die nach Manuel I. benannte **Manuelinik**, die vor allem im Jerónimoskloster und im Turm von Belém zum Ausdruck kommt. 1511 wurde die **Königsresidenz** aus dem Castelo de São Jorge in den neuen **Palast am Terreiro do Paço** (heute Praça do Comércio) verlegt, womit es zu einer Verlagerung des zentralen Stadtgeschehens vom Burghügel und den angrenzenden Vierteln ans Flussufer kam. 1513 begann nach systematischer Aufteilung und nach dem Verkauf kleinerer Grundstücke die Urbanisierung des Bairro Alto.

Karavellen mit Christusritterkreuz

Beginnender Niedergang

Unter **João III.** (1521–1557) löste sich das Kolonialreich im Fernen Osten auf – der **Verfall der wirtschaftlichen Blüte** begann. 1531 gab es nach etwa 200 Jahren erstmals wieder ein starkes Erdbeben, das Teile der Stadt zerstörte. Man schätzt, dass zwischen 1000 und 30 000 Menschen dabei umkamen. Lissabon konnte seine Bedeutung als wichtige Handelsmetropole aber zunächst noch halten.

Inquisition

1536 wurde nach spanischem Vorbild die Inquisition eingeführt, die auch die Gegenreformation im 16. Jh. strikt überwachte. Auf den Scheiterhaufen endeten – nachdem bereits 1496 alle Juden, die sich nicht zwangstaufen lassen wollten, aufgefordert worden waren, das Land zu verlassen – vor allem zum Christentum konvertierte Juden. 1540 fand in Lissabon das erste **Autodafé**, die öffentliche Vollstreckung von Inquisitionsurteilen, statt. Die Inquisitoren saßen im Palácio dos Estaus, wo später das Teatro Nacional Dona Maria II. entstand. Die Autodafés (zumeist mit der Verbrennung lebender Personen) wurden vorwiegend auf dem Rossio und auf dem Terreiro do Paço, der späteren Praça do Comércio, veranstaltet. 1794 wurde das letzte Inquisitionsurteil in Lissabon vollstreckt.

Unter spanischer Herrschaft

Als 1580 die Spanier die Macht im Land übernahmen, war der Niedergang Portugals vollends besiegelt. Nachdem der letzte Aviz-König, der junge und kinderlose **Sebastião**, 1578 bei einer Schlacht in Nordmarokko ums Leben gekommen war, konnte der spanische König Philipp II., mütterlicherseits ein Enkel Manuels I., Anspruch auf den portugiesischen Thron erheben. Ab 1580 war Portugal 60 schmachvolle Jahre lang **in Personalunion mit Spanien fest vereinigt**. Die Verwaltung Portugals und seiner Kolonien blieb in portugiesischer Hand, doch verlor die einstige Weltmacht nach den Seeniederlagen Spaniens einen Teil ihres Kolonialbesitzes. Immerhin erhielt Lissabon während Philipps Herrschaft einige Prachtbauten.

DYNASTIE BRAGANÇA

1706–1750	Regierung des verschwenderischen Königs João V.
1755	Ein schweres Erdbeben legt die Stadt in Schutt und Asche.
1807	Portugal wird von napoleonischen Truppen besetzt.
ab ca. 1850	Die Industrialisierung verändert das städtische Leben.
1908	Carlos I. und sein Sohn werden in Lissabon ermordet.
1910	Ausrufung der Republik

Erneute Unabhängigkeit

1640 erhoben sich in Lissabon portugiesische Verschwörer mit Erfolg gegen die Fremdherrschaft und wählten den **Herzog von Bragança**, dessen Großmutter der alten Königsfamilie entstammte, als **João IV.** (1640–1656) zum neuen König von Portugal. Ende des 17. Jh.s been-

Weltmacht Portugal

Zu Beginn des 15. Jahrhunderts starteten die Portugiesen zu ihren Entdeckungsfahrten, arbeiteten sich an den Küsten Afrikas vor und fanden schließlich den Seeweg nach Indien. In den neu entdeckten Küstenländern setzten sie Besitzansprüche durch, richteten Handelsniederlassungen ein und bauten sich so allmählich eine weltumspannende Handelsmacht auf.

▶ **Ende des Kolonialreichs**
Schon im 17. Jh. verlor Portugal einen Großteil seiner Kolonien an England und die Niederlande. Die letzten Kolonien wurden in der zweiten Hälfte des 20. Jahrhunderts unabhängig. Einige ehemalige Kolonien bilden mit Portugal die Gemeinschaft der portugiesischsprachigen Länder (Comunidade dos Países de Língua Portuguesa/CPLP).

235 Mio. **Menschen weltweit sprechen Portugiesisch**

▶ **Vertrag von Tordesillas**
Auf Vermittlung von Papst Alexander VI. schlossen die Seemächte Spanien und Portugal 1494 in Tordesillas einen Vertrag, in dem alle Gebiete 370 spanische Leguas (1770 km; entspricht heute 46° 37' westlicher Länge) westlich der Kapverdischen Inseln Spanien und alle Gebiete östlich davon Portugal zugesprochen wurden. Damit hatte sich Portugal die lukrative Gewürzroute gesichert.

▶ Kolonien und Einflussgebiete um 1914

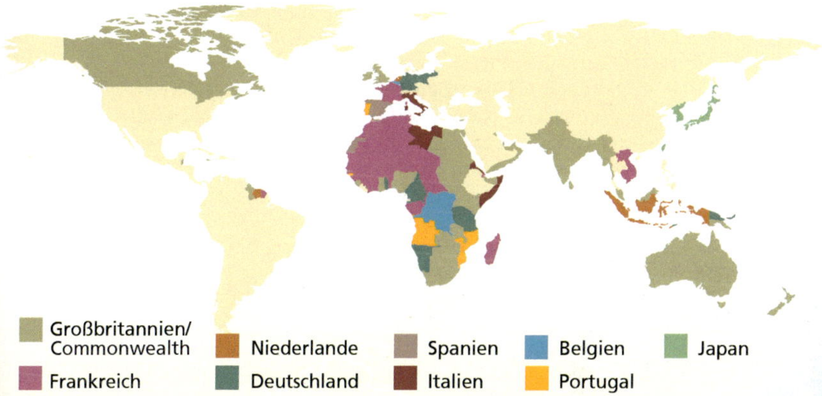

▶ Der Seeweg nach Indien
… zu den Gewürzen des Orients war lange eine große Herausforderung für die Seefahrer. Kolumbus suchte ihn im Westen und fand Amerika. 1498 schließlich erreichte Vasco da Gama als erster Europäer Ostindien auf dem Seeweg. Zehn Jahre zuvor hatte bereits Bartolomeu Diás das Kap der Guten Hoffnung umsegelt.

Gewürzroute
Auf ihr kamen vor allem Gewürze, aber auch andere Luxuswaren rascher nach Portugal und von dort ins übrige Europa.

Pfeffer (Afrika) **Gold** (Afrika) **Salz** (Afrika) **Perlen** (Indien) **Zimt** (Indien) deten dann **Gold- und Diamantenfunde in Brasilien** die Finanzkrise des portugiesischen Königreichs, doch auch dieser Reichtum zerfloss wie der ostasiatische im 16. Jh. sehr schnell. Die absolutistisch regierenden Könige und der Hochadel lebten in Saus und Braus; protzige **Repräsentationsbauten**, wie das Kloster von Mafra, kosteten Unsummen. Die niederen Volksschichten dagegen blieben bitterarm, mussten aber notwendige öffentliche Einrichtungen, wie den Aquädukt, der das Problem der Wasserversorgung für die Lissabonner Bevölkerung löste, mit ihren Steuergeldern bezahlen.

Erdbeben von 1755

Die schrecklichste Stunde erlebte Lissabon am 1. November 1755, als ein verheerendes Erdbeben die Stadt und umliegende Regionen erschütterte (▶Baedeker Wissen, S. 238). Zehntausende von Lissabonnern kamen bei dieser Katastrophe am Vormittag des Allerheiligen-Tages ums Leben, große Teile der Metropole am Tejo wurden völlig zerstört, wertvolle Kulturschätze gingen verloren. Um den raschen Wiederaufbau von Lissabon kümmerte sich der damalige Premierminister **Marquês de Pombal** (▶Berühmte Persönlichkeiten), der zahlreiche **Reformen im Geiste der Aufklärung** und des Merkantilismus durchführte. Vor allem die Baixa, die Unterstadt von Lissabon mit ihrem schachbrettartigen Muster, erinnert heute noch an die Tatkraft dieses Mannes. Bereits 1760 – nur fünf Jahre nach dem Erdbeben also – konnten die neu gebauten Häuser in der Baixa bezogen werden. In den folgenden Jahrzehnten gab es in der städtischen Entwicklung mehrere Neuerungen: 1780 wurde eine umfassende Straßenbeleuchtung mit Öllaternen eingeführt, 1797 gab es das erste Papiergeld, im Jahr 1800 eröffnete das erste Postamt in der Stadt, und 1809 erschien erstmals eine Tageszeitung, der »Diário Lisbonense«. 1821 wurde die portugiesische Bank »Banco de Lisboa« gegründet, aus der später der »Banco de Portugal« hervorging. Im selben Jahr wurde auf dem Tejo das erste Dampfschiff eingesetzt.

Napoleonische Invasion und liberale Verfassung

Als traditioneller Bündnispartner Englands wurde Portugal 1807 von Truppen Napoleons, Großbritanniens größtem Gegner, besetzt. Auch in Lissabon marschierten die Franzosen ein, während der **Königshof nach Brasilien** floh. Zwar gelang es den Portugiesen 1811, sich zu befreien, doch dachte der spätere König João VI. (1816–1826) noch nicht an eine Rückkehr aus Brasilien. In dessen Abwesenheit traten 1821 die Cortes von Lissabon zusammen und entwarfen eine liberale Verfassung, die Portugals **Umwandlung in eine konstitutionelle Monarchie** forderte und von João VI. nach seiner Rückkehr bestätigt wurde. Damit war die Ära des Absolutismus beendet.

Bürgerkrieg

1826 starb João VI., ohne dass seine Nachfolge geklärt war. Sein älterer Sohn Pedro I., der 1822 Brasilien für unabhängig erklärt und sich zum Kaiser von Brasilien ausgerufen hatte, durfte Portugal nicht wie-

Das Erdbeben am 1. November 1755 in Lissabon sorgte für Aufruhr in ganz Europa. Ein Flugblatt aus Augsburg berichtet von dem Unglück.

der mit seinem Reich vereinigen. Er dankte daher zugunsten seiner siebenjährigen Tochter Maria II. da Glória ab, erließ eine gemäßigte Verfassung und bestimmte seinen jüngeren Bruder **Miguel** zum Regenten. Der annullierte die Verfassung, ließ sich selbst zum König wählen und die Liberalen rigoros verfolgen. Das wiederum brachte **Pedro** auf den Plan. Er verzichtete 1831 zugunsten seines Sohnes Pedro II. auf den brasilianischen Thron und kehrte als Pedro IV. von Portugal nach Europa zurück; mit britischer Hilfe und Unterstützung liberal gesinnter Bürger gelang es ihm, das reaktionäre Regime Miguels I. zu besiegen, der daraufhin das Land verlassen musste. Doch auch in der Folgezeit hörten **Parteienkämpfe zwischen Konservativen und Liberalen** nicht auf; bis Mitte des 19. Jh.s dauerten die Verfassungskämpfe und die gewaltsamen, kurzlebigen Umstürze an. Erst in der zweiten Hälfte des 19. Jh.s vollzog sich dank einer geschickten, auf Balance ausgerichteten Politik der Könige der Machtwechsel zwischen den rivalisierenden Parteien ohne größere Erschütterungen des öffentlichen Lebens.

Industrialisierung

Und jetzt erst setzte der Industrialisierungsprozess in Portugal ein. In Lissabon entstanden Fabriken am Tejo zwischen Innenstadt und Belém; viel später kam es zu Industrieansiedlungen am Flussufer östlich der Stadt, wo auch Arbeiterviertel gebaut wurden. **Das städtische Leben änderte sich zunehmend:** 1848 wurde die Straßenbeleuchtung mit Gaslaternen eingeführt. In den 1850er-Jahren wurden die ersten Telegrafenlinien und die erste Eisenbahnlinie in Betrieb genommen, 1865 der Bahnhof Santa Apolónia eingeweiht. Im Dezember 1864 erschien die erste Nummer der Lissabonner Tageszeitung »Diário de Notícias«. 1870 nahm eine **Dampfstraßenbahn** ihren Betrieb auf; 1873 fuhr »O Americano«, eine zweigleisige **Pferdebahn**, erstmals auf einer Linie am Tejo. 1878 wurden am Chiado elektrische Straßenlaternen installiert; ab 1884 hatte die Stadt mit dem Elevador da Lavra eine **erste Standseilbahn**, ab 1901 eine **elektrische Straßenbahnlinie** am Tejo-Ufer entlang von der Praça do Comércio in Richtung Belém. 1904 gab es eine erste Telefonverbindung zwischen Lissabon und Porto. Mit der Avenida da Liberdade wurde eine Ausweitung der Stadt in Richtung Norden in Gang gesetzt. Die Einwohnerzahl hatte sich zwischen 1864 und 1890 nahezu verdoppelt und lag nun bei 300 000. Das Stadtgebiet hatte eine Fläche von über 80 km². In dieser Zeit entwickelte sich auch ein bürgerlich-romantisches Lissabon. Öffentliche Parks und Alleen wurden angelegt, Springbrunnen und Denkmäler aufgestellt. Theater und Geschäfte eröffneten in der Baixa und im Chiado, Cafés mit politischen und literarischen Stammtischen schossen wie Pilze aus dem Boden. 1896 gab es erstmals eine öffentliche Kinovorstellung.

Niedergang der Monarchie

Der Unmut in der Bevölkerung nahm zu: Das System war nicht in der Lage, dringliche wirtschaftliche Probleme zu lösen, denn trotz des Geldzuflusses aus den afrikanischen Kolonien Mosambik und Angola verarmte das Land immer mehr. Dass antimonarchistische Gruppen auch zur Gewalt fähig waren, zeigte sich 1908, als **König Carlos I. und der Thronfolger Luís Filipe durch ein Attentat auf der Praça do Comércio getötet** wurden. Mit dem Tod Carlos' I. war die Monarchie praktisch zu Ende; auch Thronnachfolger Manuel II. konnte das Königtum nicht mehr retten. Zwei Jahre später, 1910, wurde Manuel II. zur Abdankung gezwungen und nach Großbritannien ins Exil geschickt und, die **Republik wurde ausgerufen**.

REPUBLIK, DIKTATUR, REVOLUTION

1926	Durch einen Putsch kommt das Militär an die Macht.
1933	Salazar ruft den faschistischen »Estado Novo« aus.
1974	Mit der Nelkenrevolution wird die Diktatur beendet.

Republik und Militärdiktatur

Aber auch die nun proklamierte Republik war nicht imstande, Portugals Schwierigkeiten, darunter das Problem einer dringend notwendigen Agrarreform, zu meistern. In der Zeit von 1911 bis 1926 sah das Land 44 Regierungen unter acht Präsidenten. 1917/18 startete der Politiker **Sidónio Pais** den Versuch einer diktatorischen Regierung; 1918 wurde er am Rossio-Bahnhof ermordet. 1926 putschte das Militär; 1928 rief **General Carmona** die Zweite Republik aus.

26. April 1974: Soldaten jubeln über den gelungenen und weitgehend friedlichen Militärputsch vom Vortag, die »Nelkenrevolution«.

Salazar-Regime

1928 betrat, von Carmona gerufen, ein Mann die politische Bühne, der dann vier Jahrzehnte die eigentliche Macht im Staat in Händen haben sollte: **António de Oliveira Salazar** (1889–1970; ►Berühmte Persönlichkeiten), der bereits 1926 kurze Zeit Finanzminister gewesen war. 1933 rief er den **»Estado Novo«** (Neuer Staat) aus, einen Ständestaat, der sich an Vorbildern im nationalsozialistischen Deutschland und faschistischen Italien orientierte, und schwang sich zum unumschränkten Herrscher auf. Politisch Oppositionelle und Intellektuelle wurden von der PIDE, einer politischen Geheimpolizei, verfolgt. Im **Zweiten Weltkrieg** (1939–1945) blieb Portugal neutral. Lissabon wurde für Tausende von Juden und Emigranten, die vor dem Naziterror flüchteten, zum letzten Anlaufpunkt in Europa, zum Hafen der Hoffnung auf eine Schiffspassage nach Amerika. Während der Salazar-Diktatur entstanden in Lissabon etliche monumentale Bauwerke. Duarte Pacheco, gleichzeitig Bauminister und Oberbürgermeister der Stadt, sorgte in den 1930er-, 1940er- und 1950er-Jahren für eine gewaltige Erweiterung des Stadtgebiets, u. a. ließ er im Westen von Lissabon vornehme Wohnviertel für die obere Mittel- und Oberschicht bauen, wie z. B. Restelo. 1959 wurde der erste Abschnitt der Lissabonner U-Bahn eröffnet.

Nelkenrevolution

Während der Regierungszeit von **Marcelo Caetano**, dem Nachfolger Salazars, der 1968 aus Gesundheitsgründen zurücktreten musste, formierte sich die Opposition. Immer mehr Offiziere ergriffen wegen der **Sinnlosigkeit und Kostspieligkeit der seit 1961 andauernden Kolonialkriege in Afrika** Partei gegen die Diktatur. Am 25. April 1974 kam es in Lissabon zur Nelkenrevolution, einem von großen Teilen der Bevölkerung befürworteten, nahezu unblutigen Militärputsch, mit dem die Diktatur gestürzt wurde.

Nelkenrevolution

Am frühen Morgen des 25. April 1974 beendete ein Putsch die jahrzehntelange, verhasste Diktatur in Portugal. Die »Nelkenrevolution« war ein friedlicher Umsturz, der, ausgelöst vom Militär und der Bevölkerung sehr willkommen, dem Land die Demokratie brachte.

Am Abend des 24. April 1974 stand eine Armee von 5000 Soldaten bereit, aber nicht einmal 1000 von ihnen waren darüber informiert, dass ein Umsturz geplant war. Kurz nach Mitternacht sendete die katholische Radiostation »Radio Renascença« das verbotene Lied **»Grândola Vila Morena«** des oppositionellen Sängers **José Afonso**, der – unbeirrt und ungebrochen durch Verbote, Verhaftungen und Folter – eine von vielen respektierte Figur des Widerstands gegen die Diktatur war. Eine Kommandoeinheit der portugiesischen Armee hatte den Rundfunksender in seine Gewalt gebracht und dieses Lied, das von dem alentejanischen Landarbeiterstädtchen Grândola, der »dunklen Stadt, in der das Volk regiert« erzählt, zur verabredeten Zeit ausgestrahlt. Nur wenige hörten das Lied im Radio. Aber die **Eingeweihten wussten Bescheid**: Es war das **Startsignal**. Die Truppenteile, die vor Lissabon standen, setzten sich in Bewegung. Zufahrtsstraßen, Regierungsgebäude, öffentliche Plätze, Kasernen, Radiosender und der Flughafen wurden ohne nennenswerten Widerstand von den revoltierenden Einheiten besetzt. Die Putschisten hatten ihren Schlag gut vorbereitet: Um drei Uhr morgens war das Zentrum von Lissabon vollständig in ihrer Gewalt. Auch in anderen Teilen Portugals hatten Armee-Einheiten alsbald die strategisch wichtigen Zentren besetzt. Vorläufig konnten sich große Teile der Bevölkerung keinen Reim darauf machen, wer denn da überhaupt putschte. Waren es links orientierte junge Offiziere, die die Diktatur stürzen wollten, oder rechtsgerichtete Militärs, die beabsichtigten, die politische Macht an sich zu reißen?

Die Nelke als Symbol

Der portugiesische **Schriftsteller José Cardoso Pires** jedenfalls wurde, wie er später schrieb, um 5 Uhr morgens von einer ihm unbekannten Person angerufen, die ihn, um nicht dem Abhördienst der Polizei in die Hände zu fallen, ganz kurz mit den Worten warnte, er solle fliehen, denn die Jagd auf demokratisch gesinnte Bürger habe begonnen. Mit Freunden, die genauso wenig wussten wie er, durchstreifte der Literat anschließend die Stadt. Die Straßen waren beinahe leer, auch die Busse fuhren fast ohne Fahrgäste. Je weiter die Männer ins Stadtzentrum kamen, desto häufiger erschienen Truppen und Panzerspähwagen an den Kreuzungen. Dann sahen sie Erstaunliches: Lissabonner stürmten auf die Soldaten zu und umarmten sie oder klopften ihnen auf die Schulter. Überall kam es zu **begeisterten Massendemonstrationen**: Die Straßen waren schwarz vor Menschen, die den Militärs zujubelten. Auf der Praça do Comércio, wo die Ministerien ihren Sitz hatten, kamen bei der **Belagerung der Amtsgebäude** Zivilisten den Soldaten zu Hilfe und erlebten, wie sich die ersten Mächtigen ergaben. Weiter oben im Chiado richteten Panzerwagen ihre Geschütze auf das **Hauptquartier der Republikanischen Garde**, deren Mitglieder wegen ihrer Unterdrückungsmethoden berüchtigt waren und die sich nun hinter verrammelten Türen verschanzten. Auch die **Carmo-Kaserne** am Largo do Carmo, wo die Regierung saß, war von aufständischen Militärs, die mit Megaphonen zur Übergabe aufforderten, und einer unüberschaubaren Menschenmenge umzingelt. Es war laut, aber friedlich. Die Menschen veranstalteten Hupkonzerte, teilten Zigaretten mit den Befreiern, stiegen auf die Panzer, sangen und steckten den Soldaten **rote Nelken in die Gewehrläufe**. Mit Nelken in den Händen regelten Militärpolizisten den Verkehr. Cardoso Pires erzählt, man habe die Nelken auf den Märkten am Tejo-Ufer besorgt; die Nelkenernte sei in jenem Jahr besonders reichlich und die Nelken entsprechend billig gewesen – deshalb habe man wohl auf diese Blume zurückgegriffen. Die Nelke wurde zum Symbol für den Umsturz, für das Anbrechen eines neuen Zeitalters. Die Revolution hatte ihren Namen.

Die Rolle des MFA

Im Lauf des 25. April war der Bevölkerung langsam klar geworden, wer hinter dem Umsturz steckte:

Álvaro Cunhal, der charismatische Anführer im Kampf gegen die Diktatur, war als Kommunist 11 Jahre lang im Gefängnis von Peniche. 1960 konnte er fliehen.

der **MFA (Movimento das Forças Armadas)**, die »Bewegung der Streitkräfte«, eine 1973 von **linksorientierten Offizieren** gegründete, in sich demokratisch aufgebaute Widerstandsbewegung. Ab Beginn der 1970er-Jahre hatte sich allmählich bei führenden portugiesischen Militärs der **Widerstand gegen die Kriege in den afrikanischen Kolonien** Angola, Guinea und Mozambik formiert. Sie erkannten, dass diese Kriege wegen des vehement zunehmenden Drucks durch die Befreiungsbewegungen in Afrika nicht mehr zu gewinnen waren, dass die Zeit gegen Portugal arbeitete und dass politische Lösungen angestrebt werden mussten. Im Februar 1974 veröffentlichte der eben ernannte stellvertretende **Generalstabschef Spínola** mit Billigung seines Vorgesetzten Costa Gomes sein Buch **»Portugal und die Zukunft«**, in dem er zu einem politischen Dialog mit den Kolonien aufrief. Das Buch löste sofort eine heftige Diskussion aus; Spínola und Costa Gomes wurden aus ihren Ämtern entlassen. Der Zulauf zum MFA wurde immer größer. Das entging auch dem Geheimdienst PIDE nicht; im März 1974 kam es zu **umfangreichen Verhaftungen von MFA-Mitgliedern**. Der MFA musste reagieren, bevor es zu spät war. Am 25. April 1974, um 0.30 Uhr, schlugen die »Jungen Hauptleute«, wie sie auch genannt wurden, zu. Sie wussten, dass die meisten Portugiesen einen stillen Hass gegen das diktatorische Regime hegten, und waren sich sicher, dass sie in der portugiesischen Bevölkerung sofort Rückhalt finden würden. Und zudem hatten sie das stillschweigende Einverständnis von Spínola und Costa Gomes.

Mário Soares kehrte nach der Nelkenrevolution aus dem Exil zurück. Von 1986 bis 1996 war er Portugals Staatspräsident.

Friedlicher Umsturz

Es war eine fast unblutige Revolution. Noch nicht involvierte Truppenteile brachen ihren Eid und liefen zu den Aufständischen über. Eingekesselte regimetreue Polizisten und Militärs legten ihre Waffen nieder und ergaben sich. **Präsident Caetano**, verlassen von seinem Volk und seinen Truppen, griff schließlich zum Telefon und **erklärte seine bedingungslose Kapitulation**; in einem Panzer wurde er zu einem Flugzeug eskortiert, das ihn nach Brasilien brachte. Drei junge Männer starben, als Agenten der verhassten Geheimpolizei PIDE, die sich in ihrem Hauptquartier verbarrikadiert hatten, wahllos in die Menge schossen. Die **politischen Häftlinge** wurden **freigelassen**, die PIDE-Schergen verhaftet und die **ehemaligen Machthaber ins Exil geschickt**. Einigen Agenten der Geheimpolizei gelang die Flucht nach Spanien. Großindustrielle und Bankiers versuchten, ihr Geld außer Landes zu bringen; einige Koffer voller Escudos konnten noch auf dem Flughafen konfisziert werden. Die **Bevölkerung** dagegen atmete auf. An Lissabons Hauswänden entstanden Hunderte von politischen Parolen – jeder malte, was er sich von der Zukunft erhoffte. Diese **Revolutionsmalereien** erlangten Berühmtheit. Mittlerweile sind vier Jahrzehnte ins Land gegangen, und die Bilder sind verschwunden.

Jedes Jahr wird der 25. April mit Festivitäten begangen, begleitet von Sonntagsreden und Demonstrationen bis hin zu kontroversen Statements wie dem jüngsten Aufruf zu einem **»neuen 25. April«** durch den damaligen Chefstrategen Otelo Saraiva de Carvalho.

ENTWICKLUNG SEIT 1974

1986	Portugal tritt der EU bei.
1988	Ein Großbrand zerstört einen Teil des Chiado-Viertels.
1994	Lissabon ist Kulturhauptstadt Europas.
1998	In Lissabon findet die Expo 98 statt.
2011	Der IWF und die EU stützen das überschuldete Portugal.
2016	Marcelo Rebelo de Sousa wird Staatspräsident.

Politische und wirtschaftliche Entwicklung

Die Zeit bis 1987 war von insgesamt 14 Regierungswechseln geprägt, die Wirtschaft lag am Boden. Portugal nahm **Hunderttausende von Flüchtlingen aus den ehemaligen Kolonien**, sogenannte Retornados, auf; Arbeitslosigkeit, Inflation, akute Wohnungsnot schufen große Probleme. An den Stadträndern entstanden illegale Siedlungen von Wohnungslosen. Eine Stabilisierung der politischen Lage, d. h. die Verwandlung des ursprünglich geplanten Sozialismus in eine parlamentarische Demokratie, und ein wirtschaftlicher Aufschwung traten erst nach dem Beitritt zur EG 1986 ein.
Ab 1987 regierten im Wechsel Liberal-Konservative und Sozialisten. Auch außerhalb der Landesgrenzen kannte man José Manuel Durão Barroso (PSD), der ab April 2002 Ministerpräsident und ab 2004 Präsident der EU-Kommission war. Durch die ersten Jahre der Wirtschafts- und Finanzkrise bugsierte der konservative Pedro Passos Coelho das Land. 2015 wurde er von **António Costa** (PS), bis dato Bürgermeister von Lissabon, abgelöst, der einer linksgerichteten Minderheitsregierung vorsteht. Staatspräsident ist seit 2016 **Marcelo Rebelo de Sousa** (PSD).

Lissabon seit 1988

Im August 1988 zerstörte ein Großbrand im Zentrum etwa 20 alte Gebäude im Chiado-Viertel; der Wiederaufbau dauerte bis Ende der 1990er-Jahre. 1994 war Lissabon **Kulturhauptstadt Europas**, 1998 fand hier die **Expo '98** statt. Durch die Ausrichtung der Weltausstellung gewann Lissabon im Osten ein Stadtviertel am Tejo-Ufer hinzu und profitierte vom Ausbau des öffentlichen Straßen- und Verkehrsnetzes. Das Metronetz wurde erweitert, es entstand der Oriente-Bahnhof. Mit der zweiten Tejo-Brücke Ponte Vasco da Gama, die auf einer Länge von 17 km Lissabon mit dem Ostteil der Halbinsel Setúbal verbindet, hat die Stadt eine der längsten Brücken der Welt. Heute, während die Haushaltskassen leer sind, sieht man allerorten Baugerüste und Plakate der Stadtverwaltung mit der Aufschrift »Obra a Obra, Lisboa melhora«: Baustelle für Baustelle wird Lissabon verschönert. Es gibt erfolgreiche Sanierungsprojekte mit städtischen Geldern, die Besitzer später mit Mieteinnahmen zurückzahlen.

Kunst und Kultur

Architektur- und Kunstgeschichte

Lissabons größter Kulturschatz sind die 500 Jahre alten Bauwerke der Manuelinik, in denen Portugals Goldenes Zeitalter in Stein verewigt ist. Einen interessanten Gegenakzent setzt die moderne Architektur, die überall entsteht. Aber in der Stadt begeistern auch viele unscheinbare Schätze, wie die Azulejos oder die Pflastermosaike auf den Gehwegen.

LISSABONS STADTBILD

Stadtviertel

Die einzelnen Stadtviertel spielen in Lissabon eine große Rolle, haben sehr unterschiedliche Charaktere und sind vielfach in Gedichten und Gesängen gefeiert worden. Gerade die älteren Lissabonner haben oft ihr ganzes Leben in einem Stadtviertel verbracht und identifizieren sich stark damit. Das Zentrum von Lissabon bildet die **Baixa**, die Unterstadt, die sich auf einer Ebene nur wenig über dem Tejo erstreckt. Dieses Viertel wurde bei dem Erdbeben 1755 völlig zerstört und danach neu aufgebaut. Hier findet man eine Reihe imposanter Plätze und breiter Promenaden, aber auch schmale Straßen mit alten Handwerksbetrieben. In der Baixa bestimmen heute überwiegend Geschäftshäuser und Läden das Bild. Östlich der Baixa ziehen sich um den Kastellhügel die ältesten Stadtviertel von Lissabon, **Alfama** und **Mouraria**. Dieser Bereich war von dem Erdbeben 1755 kaum betroffen, weshalb hier noch ein mittelalterlich anmutendes, unüberschaubares Gassengewirr erhalten ist. Auch der ebenfalls ältere Stadtteil westlich der Baixa, das **Bairro Alto** (Oberstadt), überstand das Erdbeben nahezu unbeschadet. Im Westen grenzt an die Oberstadt der Vorort **Lapa**, eines der nobelsten Wohnviertel von Lissabon und gleichzeitig das Diplomatenviertel. Hier befinden sich die Botschaften zahlreicher Staaten und die Domizile ihrer Angestellten. Noch weiter westlich liegt der Stadtteil **Belém** mit seinen eindrucksvollen, an die einstige Größe Portugals erinnernden Bauwerken.

Städtebauliches

Aufgrund des Erdbebens von 1755 stammen die **ältesten Bauten** in der Stadt überwiegend aus der **zweiten Hälfte des 18. Jahrhunderts**. Nur in den damals wenig betroffenen Altstadtvierteln wie Alfama und Mouraria lassen sich vereinzelt Wohnhäuser aus dem 16. und 17. Jh. finden. Außerdem sind einige wenige Kirchen und

Wunderbar gearbeitete Azulejos schmücken viele Häuser und Paläste.

Paläste aus der Zeit vor dem Erdbeben, besonders aus der ersten Hälfte des 16. Jh.s, erhalten. Der älteste Kirchenbau der Stadt ist die Kathedrale. Eine ganz eigene Architektur, die sich u. a. an der Bauweise des Deutschen Albert Speer orientierte, entstand im 20. Jh. zur Zeit des diktatorischen **Estado Novo** (1933–1974). Unter Salazars Bauminister Duarte Pacheco wurden im Bereich der sogenannten **Avenidas Novas** im Norden des Stadtzentrums monumentale Bauwerke und Wohnsiedlungen in kleinbürgerlicher Idylle gebaut.
Zeugnisse eines **Baubooms**, der **in den 1980er-Jahren** einsetzte, durchziehen mittlerweile fast das gesamte Stadtbild. An der Peripherie entstanden zahllose Wohnblocks. In der Innenstadt werden seit den 80er-Jahren besonders in den großen Aveniden Hochhausneubauten direkt neben Stadtvillen und Bürgerhäusern, die im 19. Jh. im eklektizistischen Stil gebaut worden sind, hochgezogen.
In die Schlagzeilen kam Lissabon im August 1988, als bei einem **Großbrand** eine Fläche von ca. 2 ha **im Chiado-Viertel** den Flammen zum Opfer fiel. Mittlerweile wurden die zerstörten Gebäude auf gelungene Weise wieder neu errichtet; dabei sind die historischen Fassaden – soweit sie stehen geblieben waren – erhalten worden.
Gegen Ende des 20. Jh.s hat sich Lissabon im Eiltempo zu einer modernen Großstadt entwickelt, dabei seine spezifischen Eigenarten aber weitgehend bewahrt. In städtebaulicher Hinsicht ist in jüngerer Zeit vor allem der Osten der Stadt von Interesse: Im Zuge der **Expo '98** wurde ein heruntergekommenes Industriegelände zunächst großflächig entgiftet, dann begannen die Baumaßnahmen für das **Expo-Gelände am Tejo** und das angrenzende komplett neue Stadtviertel **Expo-Urbe**. Ein Bahnhof, die Estação Oriente, und die gigantische Tejo-Brücke Ponte Vasco da Gama sind anlässlich der Expo neu gebaut worden. Nach der Weltausstellung wurden um das ehemalige Expo-Gelände herum nach und nach neue Viertel in unmittelbarer Flussnähe angelegt.

Alte Bausubstanz

Ein unübersehbares Problem stellt der Schutz von alter Bausubstanz dar. Leerstehende Wohnungen, verfallene Fassaden und eingestürzte Häuser sind im Innenstadtbereich überall zu sehen. Das Fehlen von finanziellen Mitteln, Spekulation, eine Mietgesetzgebung, die das Renovieren alter Häuser unattraktiv machte, und mangelndes Bewusstsein für den Erhalt alter Bausubstanz sind Gründe für den zunehmenden Verfall. Seit Ende der 1980er-Jahre wurden vermehrt Maßnahmen zur Abänderung dieses Zustandes ergriffen, aber immer noch sind offiziell 11 000 Gebäude baufällig.

Fliesen, Pflastermosaike

Charakteristisch für das Lissabonner Stadtbild sind die zahlreichen mit Fliesen verkleideten Hausfassaden und Fliesenbilder in Palästen und Kirchen (►Baedeker Wissen, S. 45) und die in kunstvollen Mosaiken gepflasterten Plätze und Gehwege (►Baedeker Wissen, S. 305).

Ein Mekka für Fliesenfreunde

Portugal ohne Azulejos ist nicht denkbar – Fliesen sind allgegenwärtig. Die Mauren brachten sie ins Land, die Portugiesen entwickelten deren Herstellungsweise weiter. Und noch heute finden sie Verwendung: nicht nur als Schmuck, sondern auch als vortrefflicher Fassadenschutz.

Überall in Portugal stößt man auf **Azulejos** (sprich: asuléschusch), auf bemalte und glasierte Keramikplatten: an den Wänden von Kirchen, Klöstern, Palästen und gewöhnlichen Häusern, sie schmücken Veranden, Parkbänke, Brunnen und Treppenaufgänge, man findet sie auf Fußböden, in Rathäusern, Postämtern, Markthallen, Bahnhöfen. Mal zeigen die Fliesen nur schön gemalte **Ornamente** oder exotische Tiere und Blumen, mal erzählen sie aus der **Geschichte Portugals**, dann wieder schildern sie Episoden aus der **griechischen Mythologie**. Sie zeigen die schönsten Sehenswürdigkeiten des Landes oder eines Ortes, dienen als Straßen-, Hausnummern- oder Firmenschild oder geben Stadtpläne wieder. Typisch portugiesisch sind sie einerseits – aber eine portugiesische Erfindung sind die Fliesen nicht!

Maurischer Import

Die bemalte, glasierte Fliese stammt ursprünglich aus dem persischen Raum. Die Mauren brachten die Azulejos dann mit auf die Iberische Halbinsel. Daher rührt auch der Name: Azulejo leitet sich ab vom **arabischen »az-zuleycha« = Mosaikstein**, und nicht etwa, wie mancher meinen könnte, vom spa-

nischen oder portugiesischen »azul« = blau. Die ersten Fliesen, die im 14. Jh. nach Portugal gelangten, enthielten **nach den Geboten des Islam keine figürlichen Darstellungen**, sondern nur geometrische und Pflanzen nachempfundene Ornamente. Um zu verhindern, dass die unterschiedlichen Farben beim Brennen ineinanderfließen, wurden verschiedene Farbflächen durch Fettschnüre abgegrenzt – die sogenannte **Cuerda-Seca-Methode** – oder durch Erhebungen voneinander getrennt – die Cuenca-Technik –, wodurch die Azulejos eine reliefartige Oberfläche erhielten.

Majolika-Technik

Nach dem Ende des maurischen Königtums Granada ließen sich die Portugiesen zunächst noch von den letzten in Spanien gebliebenen maurischen Fliesenbrennern beliefern. Als aber in der zweiten Hälfte des 16. Jh.s infolge der zunehmend restriktiven Politik der spanischen Krone gegenüber der maurischen Bevölkerung immer weniger Fliesen geliefert wurden und sich die **von italienischen und flämischen Keramikern** entwickelte Majolika-Technik in Europa verbreitete, entstanden in Portugal die ersten Azulejo-Manufakturen, in erster Linie in Lissabon, Porto und Coimbra. Dank der Majolika-Technik konnte man nun statt Reliefplatten Flachkacheln herstellen: Auf die gebrannten Tonkacheln brachte man eine weiße Zinnglasur, auf die mit Metalloxidfarben gemalt werden konnte, ohne dass die Farben ineinander überliefen. Nach und nach verabschiedeten sich die portugiesischen Fliesenmaler vom ornamentalen Dekor nach arabischem Vorbild und widmeten sich bevorzugt figürlichen Darstellungen; das alltägliche Leben rückte in den Mittelpunkt der dekorativen Kunst. Vorherrschende Farben waren Blau und Gelb, Grün und Weiß.

Fliesengemälde

Im 17. Jh. kamen die **»azulejos de tapete«** in Mode: großflächige, teppichähnliche, von Randfliesen mehrfach eingefasste Kompositionen in den Farben Blau, Weiß und Gelb, die alle nur denkbaren Themen umfassen: **christliche Legenden, historische und patriotische Ereignisse, auch Jagdmotive und amouröse Szenen**.

Ende des 17. Jh.s brachten holländische Kaufleute **blau-weiße Einzelkacheln der Ming-Dynastie aus China** nach Europa, und begeistert nahmen die Portugiesen die neue Modefarbe an. In allen Abstufungen von Blau entstanden monumentale Azulejo-Gemälde. Später fand man dann wieder Gefallen an bunten – vorwiegend grünen, braunen und gelben – Fliesen. Mit dem um 1700 in Portugal einsetzenden Barock erlebte die Azulejo-Produktion eine Hochkonjunktur. Die meisten Azulejos, die heute in Kirchen, Schlössern, Parks und Treppenaufgängen zu bewundern sind, stammen aus dieser Zeit.

Nicht nur dekorativ

Das Erdbeben von 1755, das vor allem Lissabon traf, setzte diesem Boom ein Ende. Für den Wiederaufbau der zerstörten Häuser wurde eine **Massenproduktion** not-

wendig. Zu diesem Zweck gründete König José I. 1767 die Königliche Manufaktur »Real Fábrica do Rato«. Hier wurden die Fliesen allerdings mit Hilfe von Schablonen bemalt und zeigten dadurch zwangsläufig weniger interessante Motive. Als zu Beginn des 19. Jh.s der portugiesische Königshof nach Brasilien auswich und Bürgerkriege das Mutterland erschütterten, kam die Azulejo-Produktion fast gänzlich zum Erliegen. Erst **Mitte des 19. Jh.s** nahm sie einen **neuen Aufschwung** und bediente sich dabei industrieller Herstellungsverfahren aus Großbritannien. Die Fliesen wurden nicht mehr von Hand mit einem Pinsel bemalt, sondern bekamen das Dekor aufgedruckt und waren so natürlich erheblich preisgünstiger herzustellen. **Nach brasilianischem Vorbild** begann man nun, Fliesen auch zur **Verkleidung von Fassaden** und Innenwänden von bürgerlichen, kommerziellen und städtischen Bauten im ganzen Land zu verwenden. Seither lässt man sich bei der malerischen Gestaltung der Azulejos von den wechselnden Baustilen und Kunstrichtungen inspirieren – vom Jugendstil über Art déco bis hin zur abstrakten Kunst ist alles vertreten. Gerade in den letzten beiden Jahrzehnten erlebte die Fliesenkunst eine wahre Renaissance – bestes Beispiel ist die aufwendige Gestaltung der **Stationen der Lissabonner Metro**.

Dass die Fliesen auch heute noch Fassaden und Interieurs von Hotels, Banken, Bürohäusern und U-Bahnstationen schmücken, hat nicht nur dekorativen Wert, sondern auch einen **bautechnischen Nutzen**: Azulejos schützen vortrefflich gegen Feuchtigkeit, Hitze und Lärm, halten die Fassaden sauber und sorgen für eine längere Haltbarkeit der Gemäuer. Wer mit offenen Augen durch Portugals Städte geht, kann die schönsten Azulejo-Fassaden entdecken. Oft sieht man die gleichen Muster, mitunter auch in unterschiedlichen Farben. Und in der Dämmerung gibt es die schönsten Lichtreflexe.

GESCHICHTLICHER ÜBERBLICK

Römisches Nach der Erdbebenkatastrophe stieß man in der Baixa im Bereich der Rua da Prata / Rua dos Douradores unter den Fundamenten der zerstörten Häuser auf eine Bebauung: unterirdische **Thermen** aus der Römerzeit. Auch Reste eines römischen **Theaters** traten zu Tage, die an der Rua da Saudade in der Nähe der Kathedrale zu sehen sind. Römische Mauerreste wurden außerdem bei Ausgrabungen im Kreuzgang der Kathedrale entdeckt.

Mittelalter Mit der Gründung einer eigenen portugiesischen Nation kam es ab dem 12. Jh. zu einer eigenständigen künstlerischen Entwicklung, die nachhaltig von der maurischen Kultur, später auch von Kolonialgebieten in Indien, Afrika und Südamerika und von anderen europäischen Ländern – vor allem Italien und Frankreich – beeinflusst war. Die romanische Architektur (Sé Patriarcal) entstand unter dem **Einfluss von Spanien und Frankreich**.

Manuelinik Eine Besonderheit entwickelte sich in der portugiesischen Baukunst **zur Zeit Manuels I.**, als das Land durch Entdeckungen und Eroberungen in Übersee wirtschaftlich und kulturell seine größte Blütezeit hatte. Der nach Manuel I. benannte Stil fällt in die **Übergangszeit zwischen Gotik und Renaissance**. Während die Bauweise selbst Merkmale der Spätgotik bzw. der Frührenaissance aufweist, wird in der Ornamentik größtenteils auf die Ereignisse der Epoche Bezug genommen. Portugiesische Architekten brachten neue Anregungen aus bisher fremden Kulturkreisen mit und verarbeiteten sie in ihren Bauten, worauf orientalische und indische Einflüsse in der Bauweise zurückzuführen sind. Zu den bedeutendsten Architekten der Manuelinik zählen Diogo de Boytaca, Diogo de Arruda, Francisco de Arruda und João de Castilho. Beispiele manuelinischer Architektur sind in Lissabon der **Mosteiro dos Jerónimos** und die **Torre de Belém** (►Baedeker Wissen, S. 50, S. 254).

> **? BAEDEKER WISSEN**
>
> *Typisch manuelinisch*
>
> Ständig wiederkehrende Motive in der manuelinischen Ornamentik sind Christusritterkreuz und Krone sowie das »M« für Manuel – sie stehen für die wesentlich an den Eroberungsfahrten interessierten geistlichen und weltlichen Initiatoren. Häufig wird die Armillarsphäre – damals ein wichtiges nautisches Instrument – als Symbol für die Seefahrt verwendet. Von den Seefahrten und den Kontakten mit fernen Ländern zeugen stilisierte Steintaue, Netze, Muscheln, Korallen sowie tropische Blüten, Blätter und Früchte.

Renaissance Die Renaissance-Architektur kam in Portugal durch langes Verwenden manuelinischer Stilmittel und den wirtschaftlichen und politischen Niedergang Portugals im 16. Jh. kaum zur Entfaltung. Hauptarchitekt dieser Epoche war der Italiener Filippo Terzi, der die Lissabonner **Igreja de São Roque** entwarf. In der Renaissance-Malerei wurden vor allem **Nuno Gonçalves**, Grão Vasco, Gregório Lopes, Cristóvão de Figueiredo und Cristóvão de Morais bekannt.

Ein monumentales Beispiel der portugiesischen **Barockarchitektur** ist der **Klosterpalast von Mafra**; die Bauweise des in Rom ausgebildeten Deutschen Johann Friedrich Ludwig (Ludovice) beeinflusste auch noch spätbarocke Bauten wie die **Basílica da Estrela**. Mit Ausmalungen von Kirchen machte sich der Barockmaler Pedro Carvalho Alexandrino einen Namen. Aus dem 18. Jh. haben sich außerdem viele Plastiken des Bildhauers Joaquim Machado de Castro erhalten.

Die Neomanuelinik am Palácio da Pena in Sintra zeigt alle Elemente des originalen Stils.

Nach Plänen von Mateus Vicente wurde im **Rokoko-Stil** der **Palácio Nacional de Queluz** erbaut. Sowohl in der Bauweise des Sommerschlosses als auch in der Anlage der Palastgärten wird eine Orientierung an französischen Vorbildern deutlich.

Talha Dourada

Eine Sonderform von kunstvoller Verzierungspracht kam in Portugal in dieser Zeit zu einer ausgeprägten Entfaltung: das **mit Blattgold überzogene Holzschnitzwerk** (talha dourada), mit dem vor allem Kircheninnenräume, Altäre, Wände, Nischen, Kuppeln und Decken überreich ausgestaltet sind. Das Gold stammte aus Brasilien, als Holz, dem das Gold in dünnen Schichten aufgelegt wurde, verwendete man Eichenholz, das ebenfalls aus Brasilien kam. Ein schönes Beispiel ist die Kirche des **Convento da Madre de Deus**. Hier sieht man auch die beliebte Kombination von Talha Dourada und Fliesen.

Barocke Stadtanlage

Das entsetzliche Erdbeben am Allerheiligentag des Jahres 1755, das Lissabon in Trümmer legte, schuf in städtebaulicher Hinsicht eine einmalige Gelegenheit, die der dem aufgeklärten Absolutismus verpflichtete Marquês de Pombal erkannte. So entstand in Lissabon **eine**

Das »Goldene Zeitalter« in Stein

Exotische Pflanzen und Früchte, gewundene Schiffstaue, nautische Instrumente und immer wieder das königliche »M« - das sind die Ornamente, mit denen portugiesische Bauwerke zu Beginn des 16. Jh.s verziert wurden. In diesem nach Manuel dem Glücklichen als »Manuelinik« bezeichneten Dekorationsstil spiegelt sich die ekstatische Hochstimmung der Entdecker- und Erobergeneration wider.

▶ **Turm von Belém**
(Torre de Belém)

▶ **Christuskloster, Tomar**
(Convento de Cristo)

Ort	**Lissabon**	**Tomar**
Bauzeit	**1515-1521**	**1484-1591**
Architekt	**Francisco de Arruda**	**João de Castilho, Diogo de Arruda, Filippo Terzi, Diogo de Torralva**

▶ **Elemente der Manuelinik**

Wandornament
Stilisierte Pflanzenformen zeigen den Formenreichtum der Manuelinik.

Schiffstau
Aus Stein gehauene Taue sind ein häufig wiederkehrendes Motiv.

Convento de Cristo
Reich verziertes Fenster im Kloster Tomar

▶ **Hieronymitenkloster**
(Mosteiro dos Jerónimos)
Der wirtschaftliche Aufschwung während des »Goldenen Zeitalters« ermöglichte großangelegte Bauprojekte überall im Land, mit denen einzelne Entdeckungsfahrten oder Eroberungen gefeiert wurden.
Das Hieronymitenkloster entstand nach der Entdeckung des Seewegs nach Indien.

Lissabon

1501-1571

**Diogo de Boytaca,
João de Castilho**

Hieronymitenkloster
Stilelemente an einem Fenster im Kreuzgang

Steinsäule
Blüten- und Blattformen exotischer Pflanzen als Zierelemente

Bahnhof Rossio in Lissabon
(Estação de Caminhos de Ferro do Rossio) Der Bahnhof an Lissabons zentralem Rossio-Platz wurde 1887 im neomanuelinischen Stil gebaut. Während es mehrere neomanuelinische Privatpaläste gibt, findet man öffentliche Gebäude in diesem Stil sehr selten.

Zahlreich erhalten: kunstvolle Dekorationen aus der Zeit um 1900

der schönsten europäischen Stadtanlagen des Barock. Die damals neu errichtete Baixa (Unterstadt) ist gekennzeichnet durch sich rechtwinklig schneidende Straßenzüge und drei herrliche Plätze: die Praça da Figueira, die in ihren Ausmaßen noch größere Praça de Dom Pedro IV. (Rossio) und die Praça do Comércio (Terreiro do Paço), einer der berühmtesten Plätze der Welt mit dem Reiterstandbild Josés I., 1755 von Joaquim Machado de Castro errichtet. Die Geschlossenheit des Platzes und der drei von farbigen Fassaden und Arkaden gebildeten Seiten kontrastiert reizvoll mit der überraschenden Weite der vierten Seite, die sich zum Tejo hin öffnet.

Klassizismus

Nach dem Erdbeben von 1755 gab es generell eine Reaktion auf die allzu grellen Auswüchse von Barock und Rokoko: Ein etwas nüchternerer **Klassizismus** setzte sich durch. In Lissabon begann man 1802 den Bau des **Palácio da Ajuda**, der aber unvollendet blieb. Am Rossio entstand 1846 das **Teatro Nacional de Dona Maria II.**

Historismus

Ab **Mitte des 19. Jh.s** setzte sich der romantisch orientierte **Historismus** in Portugal ebenso durch wie im übrigen Europa. Wieder ist französischer Einfluss erkennbar, aber auch englischer und deutscher, wie beispielsweise in dem vom Baron Eschwege für Ferdinand von Coburg-Gotha-Koháry im mittelalterlichen Burgenstil 1840 bis

1850 errichteten **Palácio da Pena** bei Sintra. In Anlehnung an die Prunkschlösser König Ludwigs II. von Bayern entstand durch die phantasievolle Mischung von arabischen, gotischen, manuelinischen, Renaissance- und Barockeinflüssen ein Palast von fast skurrilem Reiz. In Lissabon wurde 1892 auf dem Campo Pequeno die Stierkampfarena im neomaurischen Stil erbaut. Der **Rossio-Bahnhof** in Lissabon und einige Privatpaläste in Sintra, die Ende des 19. Jh.s im neo-manuelinischen Stil errichtet wurden, sind weitere Beispiele für die Bauweise des Historismus.

20. Jahrhundert, Moderne

Die Moderne setzte sich in Portugal nur äußerst zögernd durch. Mesnier de Ponsard, ein Portugiese französischer Abstammung, konstruierte den **Elevador de Santa Justa**; der Aufzug verbindet die Lissabonner Oberstadt und Unterstadt miteinander. Um 1940 entstand der gewaltige Baukomplex der Universitätsstadt Cidade Universitária. Für den monumentalen Stil eines autoritären Regimes legt der gewaltige **Monumento Cristo Rei**, 1959 am linken Tejo-Ufer bei Lissabon errichtet, ebenso Zeugnis ab wie der ähnlichem Denken entsprungene 52 m hohe **Padrão dos Descobrimentos** (Denkmal der Entdeckungen), 1960 am Tejo-Ufer in Belém erbaut. Als technische Leistungen beeindrucken die beiden Tejo-Brücken in Lissabon: die **Ponte 25 de Abril**, eine 1966 eingeweihte 2227 m lange Hängebrücke, und die 1998 eröffnete 17 km lange **Ponte Vasco da Gama**. Ebenfalls 1998 wurde der **Bahnhof Oriente**, ein Werk des spanischen Architekten **Santiago Calatrava**, in Betrieb genommen. Die derzeit bekanntesten Architekten Portugals sind Álvaro Siza Vieira (►Berühmte Persönlichkeiten), unter dessen Leitung Teile des Chiado-Viertels neu errichtet wurden, Tomás Taveira, der Anfang der 1980er-Jahre mit dem Lissabonner **Amoreiras Shopping Center** das damals größte Einkaufszentrum des Landes gebaut hat, und Eduardo Souto de Moura (►Cascais, Casa das Histórias). Heute sind die modernsten Bauten der Stadt insbesondere in der Nähe des ehemaligen Expo-Geländes zu finden.

Malerei des 19. und 20. Jh.s

Auf dem Gebiet der Malerei verlief die Entwicklung im 19. Jh. parallel zur gesamteuropäischen. Die 1881 gegründete Malergruppe **»Grupo do Leão«** stand dem Impressionismus nahe. Dem romantischen Genre verhaftet blieb der Porträt- und Freskenmaler Bordalo Pinheiro Columbano (1867–1929); aber auch der Fauvismus und der Kubismus – letztgenannter mit Amadeo de Souza-Cardoso (1887 bis 1918) als wichtigem Vertreter – sowie ein etwas greller revolutionärer Naturalismus fanden ihre Anhänger. Zwischen den beiden Weltkriegen erzielte der **Futurist José Almada Negreiros** u. a. mit Gemälden, Teppichen und Fresken große Erfolge. Das Salazar-Regime entmutigte die progressiven Künstler; erst nach der Nelkenrevolution vollzog sich eine Angleichung an die internationale Kunstszene. Große Beachtung wird heute der franko-portugiesischen Malerin **Maria Helena Vieira da Silva** (1908–1992) geschenkt. Lourdès Castro (geb. 1930 in Funchal auf Madeira) fertigt Plastiken – vielfach aus Plexiglas – an; ihr großes Thema ist der Schatten. Julião Sarmentos (geb. 1948) großformatige Bilder sind aus mehreren Leinwänden zusammengefügt, viele übereinanderliegende Farbschichten ergeben Effekte von Durchsichtigkeit und Tiefe. Als herausragende Künstler sind außerdem Costa Pinheiro, Eduardo Viana und **João Cutileiro** zu nennen. Paula Rego (geb. 1935 in Lissabon) lebt und arbeitet in London, ihr ist ein Museum in Cascais gewidmet. Joana Vasconcelos (geb. 1971 in Paris, lebt und arbeitet in Lissabon) spielerische Installationen sind u. a. in der Colecção Berardo in Belém zu sehen; 2013 vertrat sie Portugal auf der Biennale in Venedig mit einer mit Azulejos bedeckten Tejo-Fähre.

KULTURSTADT LISSABON

Kulturelles Zentrum

Lissabon ist seit Jahrhunderten das vom übrigen Europa kaum bemerkte kulturelle Zentrum Portugals. Als Hauptstadt war Lissabon immer Treffpunkt der wichtigsten portugiesischen Künstler, viele orientierten sich jedoch durch Ausbildung im Ausland – hauptsächlich in Frankreich, Deutschland, Italien – auch am kulturellen Geschehen im übrigen Europa. Eine herausragende Rolle im Kulturleben Lissabons und ganz Portugals spielt die **Fundação Calouste Gulbenkian**, die finanzstarke Stiftung des 1955 gestorbenen Ölmilliardärs Calouste Gulbenkian (►Berühmte Persönlichkeiten). In Lissabon hat sie ein Museum, ein Zentrum für moderne portugiesische Kunst und Veranstaltungsräume eingerichtet sowie ein Orchester, einen Chor und ein Ballett aufgebaut.

Klassische Musik

Die **klassische Musik** hat in Portugal bis ins 18. Jh. hinein eine ähnliche Entwicklung durchlaufen wie die anderer europäischer Länder. Im 18. Jh. überwogen Aufführungen italienischer Werke, was sich erst mit der Gründung einer Philharmonischen Akademie und eines Musikkonservatoriums im 19. Jh. änderte. Von diesem Zeitpunkt an entwickelte sich zunehmend wieder eine eigene nationale Musik. In dem 1793 wiedereröffneten Lissabonner **Opernhaus** wurden bis 1910 mehr als 60 Opern von portugiesischen Komponisten aufgeführt. Als wichtigste Komponisten des 20. Jh.s gelten Luís de Freitas Branco, Ruy Coelho, Frederico de Freitas und Fernando Lopes Graça. Unter den jüngeren Komponisten ist wohl der bedeutendste **Jorge Peixinho**, der bei Luigi Nono und Pierre Boulez studierte und mit Karlheinz Stockhausen zusammenarbeitete. An Interpreten ist vor allem die Pianistin **Maria João Pires** (►Berühmte Persönlichkeiten) international bekannt.

Luftige Architektur des 20. Jh.s: Santiago Calatravas Bahnhof Oriente

Rock- und Popmusik

Die portugiesische Rock- und Popmusik orientiert sich teilweise an anderen westlichen Gruppen, teilweise fließen aber auch Elemente aus der Volksmusik Portugals ein. Bekannt geworden sind die Sänger Fausto, Sérgio Godinho, Vitorino, **José Afonso** (1929–1987) und die Gruppen Trovante, GNR, Delfins. Auslandserfolge haben neben den Fado-Sängerinnen (Fado ▶Baedeker Wissen, S. 82) Dulce Pontes, Mísia, **Mariza** oder **Cristina Branco** vor allem die Gruppe **Madredeus**, die Sängerin Teresa Salgueiro, die sich portugiesischem Liedgesang mehrerer Jahrhunderte sowie moderner Folklore und Jazz widmet, und die Jazzsängerin Maria João. Eine große Rolle im Lissabonner Musikleben spielt auch die portugiesischsprachige Musik aus Brasilien, von den Kapverdischen Inseln – allen voran die 2011 verstorbene **Cesária Évora** –, aus Angola und Mosambik, also aus früheren Kolonien. Interessante Mixturen machen João Afonso, der Neffe von José Afonso, der teilweise in Mosambik aufwuchs und urbane afrikanische mit portugiesischer Musik verbindet, und die 1978 geborene Sara Tavares, bei der kapverdische Einflüsse zu hören sind. Die Gruppe Deolinda erfasste mit dem Song »Parva Que Sou« zum Thema prekäre Billigjobs und fehlende Entwicklungsmöglichkeiten den Geist einer ganzen Generation.

Berühmte Persönlichkeiten

LUÍS VAZ DE CAMÕES (UM 1524 – 1580)

National-dichter

Lissabon und Coimbra streiten sich darum, Geburtsort von Luís Vaz de Camões, des wohl bedeutendsten portugiesischen Dichters, zu sein. Unklarheiten bestehen auch hinsichtlich des Geburtsdatums: 1524 oder 1525 kam Camões als Sohn einer angesehenen portugiesischen Familie zur Welt. Nach dem Studium in Coimbra ging Camões nach Lissabon, erhielt Zutritt bei Hofe und schrieb auf Bestellung Dramen und Gedichte. Bald aber wurde er wegen eines Liebesverhältnisses aus den erlauchten Kreisen verbannt. In der Hoffnung, dadurch früher rehabilitiert zu werden, meldete er sich freiwillig zum Militärdienst nach Nordafrika, wo er bei einem Gefecht sein rechtes Auge verlor. Kaum nach Lissabon zurückgekehrt, kam Camões 1552 wegen eines Duells ins Gefängnis, wurde begnadigt, musste aber das Land verlassen. Zunächst wurde er nach Goa geschickt. Auch hier fiel er in Ungnade, und weiter ging die Reise, diesmal angeblich nach Macau, wo er die Stellung eines »Versorgers der Toten und Vermissten in China« innehatte. Dieser Posten ließ ihm genügend Zeit, sich seinen Dichtungen zu widmen. In einer heute nach ihm benannten Felsengrotte soll er sein großes episches Werk **»Die Lusiaden«** (Os Lusíadas; nach Lusus, dem sagenhaften Stammvater der Portugiesen) verfasst haben. In diesem Epos ist retrospektiv die Indienfahrt von Vasco da Gama geschildert – eine historische Darstellung, verwoben mit mythologischen Elementen. Erst 1570 kehrte Camões nach Lissabon zurück, und im März 1572 erschienen »Die Lusiaden«. Doch das Schicksal meinte es auch jetzt nicht gut mit dem heute als Nationaldichter verehrten Camões. Er lebte die letzten Jahre seines Lebens in absoluter Armut. Am 10. Juni 1580 starb er an der Pest und wurde in einem Massengrab beerdigt. Der 10. Juni ist heute in Portugal Nationalfeiertag.

EUSÉBIO (1942 – 2014)

Fußballstar

Als Eusébio am 5. Januar 2014 starb, wurde in Portugal eine dreitägige Staatstrauer ausgerufen. Sein Leichnam wurde im Estádio da Luz aufgebahrt, und obwohl es wie aus Kübeln schüttete, kamen Tausende, um sich von dem über alle Maßen beliebten Fußballspieler zu verabschieden, der das kleine Land am Rand Europas so würdig auf internationalem Terrain vertreten hatte. Er wurde als Sportler verehrt, legendär waren aber auch seine unspektakuläre Freundlichkeit und das völlige Fehlen von Starallüren. Der »Schwarze Panther«, wie er nicht nur wegen seiner Hautfarbe genannt wurde, hatte seit 1965

Fernando Pessoas Heteronyme, gesehen an der Universidade de Letras. Von links: Alberto Caeiro, Ricardo Reis, Álvaro de Campos

Der »Schwarze Panther«

seinen festen Platz in der Fußballgeschichte. In den folgenden acht Jahren war er einer der besten Fußballer der Welt. Eusébio Ferreira da Silva kam 1942 in Maputo, der Hauptstadt von Mozambik, der damaligen portugiesischen Kolonie im südlichen Afrika, zur Welt. Entdeckt wurde er von den großen Vereinen in Portugal, als er noch in Maputo spielte. Mit seiner Spielweise beeindruckte er so sehr, dass 1961 zwischen den beiden großen Klubs in Lissabon, Sporting und Benfica, ein regelrechtes Tauziehen um ihn begann. Kaum in Lissabon angekommen, wurde Eusébio von den Verantwortlichen von Benfica abgefangen und in eine kleine Hafenstadt an der Algarve gebracht, um ihn vor dem Zugriff von Sporting Lissabon zu bewahren. Eusébio musste ein halbes Jahr warten, bis über seine Zukunft entschieden war und er sich das Trikot des Klubs Benfica Lissabon überstreifen konnte, für den er dann 14 Jahre lang spielte. Schnell begann sein Aufstieg zum Superstar. 1965 wurde er zum Fußballer des Jahres gewählt; 1968 gewann er mit 43 und 1973 mit 40 Toren den Goldenen Schuh, die Auszeichnung als **bester Torschütze Europas**. Mit seiner Mannschaft blieb er nur zweimal – 1966 und 1973 – ohne Titelgewinn auf nationaler und internationaler Ebene. In 64 Länderspielen erzielte er 43 Tore, in insgesamt 715 Spielen 727 Tore. Bei der Fußball-WM 1966 in England, der einzigen, an der er teilnahm, sorgte er für Furore, als er in nur einer halben Stunde gegen die mit 3 : 0 führenden Nordkoreaner vier Tore schoss – dank dieser Leistung wurde Portugal Dritter der WM und Eusébio mit neun Toren in nur sechs Spielen Torschützenkönig; 1974 beendete er nach einer schweren Knieverletzung seine Karriere bei Benfica Lissabon. In den nächsten sechs Jahren spielte er bei mehreren Vereinen in Kanada, Mexiko und in den USA.

CALOUSTE SARKIS GULBENKIAN (1869 – 1955)

Erdölmagnat und Kunstsammler

Um den Namen Gulbenkian kommen Lissabon-Besucher nicht herum. Calouste Sarkis Gulbenkian wurde am 1. März 1869 in der Nähe von Istanbul als Sohn eines wohlhabenden armenischen Petroleumhändlers geboren. In London studierte er Ingenieurwissenschaften, augenscheinlich mit so durchschlagendem Erfolg, dass er bereits

1891 zum Berater des osmanischen Hofs in Sachen Erdöl avancierte. In den folgenden Jahren wurde er zu einem der bedeutendsten Experten auf diesem Gebiet, und 1911 war er einer der Begründer der Iraq Petroleum Company, in der damals die größten Ölfirmen versammelt waren. Gulbenkians Gewinnanteil von fünf Prozent brachte ihm den Spitznamen »Mr. Five Percent« und daneben ein riesiges Vermögen ein, zeitweilig galt er sogar als **reichster Mann der Welt**. Seinen Besitz legte Gulbenkian größtenteils in Großbritannien an, die britische Staatsbürgerschaft besaß er seit 1902.
Zu Beginn des Zweiten Weltkriegs beschlagnahmten die Briten Gulbenkians Hab und Gut als Feindvermögen. Seine Bestrebungen, das Land zu verlassen, zeigten erst 1942 Erfolg, und er konnte ins neutrale Portugal ausreisen. Gulbenkian ließ sich in Lissabon nieder, lebte in einer Suite im Hotel Aviz und war bemüht, seinen Besitz weiter zu mehren. Neben dem Ölgeschäft galt Gulbenkians Hauptaugenmerk der Kunst (»Ich bin ja unwiderstehlich jeglichem Ausdruck von Kunst und Schönheit verfallen«). Schon vor dem Krieg und nun wieder in Lissabon sammelte er erlesene Kunstwerke, er erwarb ägyptische Plastiken, französische Möbel, chinesisches Porzellan, türkische Fayencen sowie Werke von Rembrandt, Rubens, van Dyck, Frans Hals, Degas und Monet. Im Lauf der Jahre kaufte Gulbenkian ca. 5000 Stücke und konnte damit eine der bedeutendsten Privatsammlungen der Welt sein Eigen nennen. Bis zu seinem Tod 1955 verließ Gulbenkian Lissabon nicht mehr, seinen gesamten Besitz – es sollen über 66 Mio. Dollar und Kunstwerke im Wert von damals 15 Mio. Dollar gewesen sein, vermachte er einer Stiftung – der Fundação Calouste Gulbenkian. Diese Stiftung errichtete ein großes Kulturzentrum mit mehreren Theatern, Konzert- und Kinosälen, einer Bibliothek und einem 1969 eröffneten, mittlerweile weltbekannten Museum; 1984 wurde der Komplex um das Zentrum für Moderne Kunst erweitert.

MANUEL I. (1469 – 1521)

Der glückliche König

Manuel I. wird auch der »Große« oder »Glückliche« genannt, weil Portugal unter ihm seine Glanzzeit erlebte. 1469 wurde er als jüngster Sohn des Infanten Fernando geboren. Als der Thronerbe, der Infant Afonso, bei einem Reitunfall überraschend starb, rief man Manuel am 27. Oktober 1495 in Alcácer do Sal zum König aus. Seine Heiratspolitik bewirkte enge Beziehungen zum spanischen Königshaus: In erster Ehe verheiratete er sich 1497 mit Isabella von Kastilien, der Witwe des Infanten Afonso. Nach ihrem Tod nahm er ihre Schwester Maria von Kastilien zur Frau; dieser Ehe entstammte der spätere Thronerbe João III. Dritte und letzte Gattin Manuels I. wurde Leonor von Spanien, die eigentlich seinem Sohn versprochen war.

Die Regierungsmaßnahmen Manuels I. führten zu einer Stärkung der königlichen Macht gegenüber dem Adel, die Verwaltung wurde zentralisiert, das Steuer- und Zollwesen vereinheitlicht. Aus Kriegen konnte der »glückliche König« sein Land heraushalten.
Vor allem ist die Regierungszeit Manuels I. aber verbunden mit den **Entdeckungs- und Eroberungsfahrten**, die der portugiesische Monarch in erster Linie aus handelspolitischen Erwägungen förderte. In seinem Auftrag fand Vasco da Gama den Seeweg nach Indien, und Pedro Álvares Cabral segelte nach Brasilien. Diese seefahrerischen Leistungen ließen Lissabon zum führenden Handelshafen Europas werden, Reichtum floss ins Land. So konnten auch Wissenschaft und Kunst aufblühen, und vor allem in der Baukunst wurde Großartiges geschaffen. Die Bauten in Belém, Batalha und Tomar liefern bis heute ein eindrucksvolles Zeugnis des nach dem König benannten manuelinischen Stils. Doch Portugals »Goldenes Zeitalter« war nur von kurzer Dauer: Bereits beim Tod Manuels I. – er starb 1521 an einem Fieber in Lissabon – war der Höhepunkt von Portugals Glanzzeit überschritten.

FERNANDO PESSOA (1888 – 1935)

Schriftsteller

Pessoa, mit vollem Namen Fernando António Nogueira Pessoa, gilt neben Camões als bedeutendster Dichter Portugals. Zu Lebzeiten hat er außer verschiedenen Artikeln in Zeitungen und Zeitschriften nur ein einziges Buch veröffentlicht. Erst nach seinem Tod fand man zwei Truhen voller Manuskripte – in erster Linie Fragmente. Pessoa wurde am 13. Juni 1888, dem Festtag des Stadtheiligen Santo António, in Lissabon geboren. Seine Kindheit war vom frühen Tod des Vaters überschattet. Da seine Mutter sich mit dem portugiesischen Konsul in Durban wieder verheiratete, übersiedelte die ganze Familie nach Südafrika. Hier wuchs Pessoa zweisprachig auf, erhielt eine gute Schulausbildung und schrieb seine ersten Gedichte in Englisch. Bis zu seinem Tod verfasste er seine Gedichte und Erzählungen in englischer und portugiesischer Sprache. Mit 17 Jahren ging Pessoa nach Portugal zurück, um an der Universität in Lissabon zu studieren, doch fiel es ihm schwer, sich dort zurechtzufinden; er gab das Studium bald wieder auf. Seinen Lebensunterhalt verdiente er sich als Fremdsprachenkorrespondent bei verschiedenen Firmen; seine Einkünfte erlaubten ihm nur einen bescheidenen Lebensstil, er lebte in möblierten Zimmern

Er erfand Dutzende von Heteronymen.

oder bei Verwandten. Wichtigster Lebensinhalt war die schriftstellerische Arbeit, der er in seiner freien Zeit nachging. Um der Vereinsamung zu entgehen, hatte Fernando Pessoa schon in seiner Jugend begonnen, sich in seinen Gedichten Gesprächspartner zu schaffen. Auch als Erwachsener lebte er fast ohne menschliche Bindungen in totaler Vereinzelung. Er bewältigte die Situation, indem er sich als Dichter mehrerer Heteronyme bediente: Seine Arbeiten unterzeichnete er nicht nur mit seinem eigenen Namen, sondern auch mit **Alberto Caeiro, Álvaro de Campos und Ricardo Reis**. Hinter jedem dieser fiktiven Dichternamen stand für Pessoa eine selbstständige dichterische Persönlichkeit mit eigener Biografie, einem besonderen Stil und spezieller Themenwahl. Entsprechend seinem zurückgezogenen Lebensstil gibt es von Fernando Pessoas Privatleben wenig zu berichten. Außer seiner Mutter stand ihm nur eine einzige Frau nahe: eine Kollegin namens Ophélia. Nach eigenen Angaben heiratete er sie aus Rücksicht auf seine dichterische Arbeit nicht. In seinen letzten Lebensjahren verfiel Pessoa mehr und mehr dem Alkohol. Am 30. November 1935 starb er an einer Leberkolik.

MARIA JOÃO PIRES (GEB. 1944)

Pianistin

Maria João Pires ist eine der berühmtesten zeitgenössischen Pianistinnen der Welt. Bereits im Alter von vier Jahren trat die gebürtige Lissabonnerin erstmals öffentlich auf, drei Jahre später **debütierte sie mit Mozart-Konzerten**, mit neun Jahren erhielt sie die höchste Auszeichnung Portugals für junge Künstler. Sie studierte am Konservatorium in Lissabon und setzte ihre Studien an der Münchner Musikakademie und in Hannover fort.

Die Portugiesin gibt Gastspiele überall in Europa, in Kanada, Japan, Israel und in den USA; zudem tritt sie regelmäßig bei renommierten Festspielen auf. Die Künstlerin und vierfache Mutter setzt sich konsequent für Demokratie und Menschenrechte ein und engagiert sich für Kunst- und Kulturschaffende. Jahrelang unterhielt sie in ihrem Anwesen bei Castelo Branco im Alentejo ein Zentrum für junge Künstler. Eben dieses Projekt brachte ihr erhebliche Konflikte mit dem portugiesischen Staat ein, in deren Folge sie nach Brasilien umsiedelte. Für ihre Verdienste um die Weiterentwicklung der Musik, für ihren Beitrag zur Völkerverständigung und für ihr soziales Engagement erhielt Maria João Pires den UNESCO-Musikpreis des Jahres 2002.

Pianistin mit sozialem Engagement

MARQUÊS DE POMBAL (1699 – 1782)

Staatsmann Als Wegbereiter des aufgeklärten Absolutismus in Portugal hat Sebastião José de Carvalho e Mello Marquês de Pombal die Geschichte seines Landes im 18. Jh. entscheidend geprägt. Der Sohn einer Familie des Lissabonner Kleinadels sammelte erste Erfahrungen im diplomatischen Dienst als Gesandter in London und Wien, wo er sich auch mit ökonomischen Fragen befasste. José I. berief ihn 1750 zum Außenminister und 1756 zum Premierminister. Seine Ämter führte Pombal mit Geschick; in der Wahl der zur Durchsetzung seiner weitgesteckten Ziele nötigen Mittel zeigte er sich allerdings wenig zimperlich. Seine wichtigsten Aufgaben sah er in der Neuordnung der Staatsfinanzen, in der Reform des Bildungswesens, der Förderung von Handel und Gewerbe mit dem Ziel einer Loslösung von Großbritanniens wirtschaftlicher Hegemonie sowie in der Abschaffung der Sklaverei. Hervorragend waren seine Verdienste um den **Wiederaufbau von Lissabon** nach dem verheerenden Erdbeben im Jahr 1755. Leidenschaftlich bekämpfte er Jesuiten und Kleinadel, die mit ihren überbrachten Privilegien seinen Reformbestrebungen im Wege standen. Nach dem Tod von José I. fiel der Marquês in Ungnade und wurde unter dem Druck seiner zahlreichen Feinde in den Ort Pombal in die Verbannung geschickt, wo er bereits ein Jahr später starb.

JOSÉ MARIA EÇA DE QUEIRÓS (1845 – 1900)

Schriftsteller Der Schriftsteller Eça de Queirós ist durch seine groß angelegten Romane bekannt geworden, in denen er die portugiesische Gesellschaft zu Ende des 19. Jh.s kritisch unter die Lupe genommen hat. Seine Darstellungen sind in enger Anlehnung an die Werke des französischen Realismus entstanden. José Maria Eça de Queirós wurde 1845 in Póvoa de Varzim geboren. Er wuchs bei seiner Großmutter auf, seine Eltern bekannten sich erst 40 Jahre später zu ihrem Sohn. Erfahrungen aus dieser komplizierten Situation sind thematisch immer wieder in sein Werk eingeflossen. Eça de Queirós studierte Jura an der Universität Coimbra und schloss sich dort bereits Schriftstellerkreisen an, die das literarische Leben Portugals mit neuen Ideen verändern wollten. In Lissabon veröffentlichte er 1866 in der »Gazeta de Portugal« erste Texte, denen deutlich der Einfluss Baudelaires und des frühen französischen Symbolismus anzumerken ist. In den sogenannten »Vorträgen im Casino von Lissabon« ließ er sich 1871 schließlich über den Realismus als neue Ausdrucksform in der Kunst aus. Seinen ersten Roman »O Crime do Padre Amaro« (Das Verbrechen des Padre Amaro) schrieb er unter dem Eindruck des Lebens in der Provinzstadt Leiria, wo er für ein Jahr eine Anstellung im Staatsdienst hatte. Durch seine Arbeit im diplomatischen Korps kam er nach Kuba, Nordengland und schließlich nach Paris, wo er im Jahr 1900 starb. Einen **Spiegel des Lissabonner Gesellschaftslebens** gibt Eça de Queirós u. a. in seinem Roman »Die Maias«, der 1888 erschien. Mittlerweile sind viele seiner Romane ins Deutsche übersetzt worden, darunter »Vetter Basílio« und »Stadt und Gebirg«.

AMÁLIA RODRIGUES (1920 – 1999)

Fadosängerin

Amália Rodrigues ist die berühmteste Fado-Sängerin des 20. Jahrhunderts. Im Juli 1920 wurde Amália, wie man sie in Portugal kurz nennt, in Lissabon geboren. Sie wuchs in sehr ärmlichen Verhältnissen bei ihren Großeltern im Hafenbezirk Alcântara auf. Schon früh fiel Amália Rodrigues durch ihre außergewöhnliche Stimme auf. Sie merkte sehr schnell, dass sie durch Singen leichter an Geld kommen konnte als durch das Verkaufen von Früchten auf der Straße, womit sie bis dahin zusammen mit ihrer Schwester Celeste das Nötigste verdient hatte. Mit 18 Jahren startete sie dann eine wahre **Bilderbuchkarriere** vom »armen Mädchen aus der Hafengegend« zur »Dame von Welt«. Mit 19 stand sie zum ersten Mal auf der Bühne des »Retiro da Severa«, eines damals sehr bekannten Lissabonner Fado-Lokals. Ein Jahr später hatte sie ihren ersten Erfolg im Musiktheater. 23 war sie, als sie ihr Debüt im Ausland, in Madrid, gab. Schon kurze Zeit später sang sie im Olympia in Paris, in Casablanca, Rio de Janeiro, Rom, Berlin, später trat sie in Schweden, in der Türkei, Japan, in der UdSSR, in Afrika und Nord- und Südamerika auf. Damit brach-

Der mit der portugiesischen Flagge geschmückte Sarg von Amália Rodrigues. Im Hintergrund das Porträt der Fadosängerin.

BAEDEKER TIPP !

»O melhor de Amália«

Die schönsten und erfolgreichsten Fados der großen Fadista sind auf der CD »O melhor de Amália« zusammengestellt. 1995 wurde die Schallplatte zu ihrem 75. Geburtstag bei Valtentim do Carvalho herausgegeben, später erschien sie als CD. Ein echter Fado-Klassiker!

te sie den portugiesischen Fado weltweit auf die Bühne. Zu ihren größten Erfolgen zählen bis heute u. a. die Titel »Uma casa portuguesa«, »Nem ás paredes confesso« und »Barco negro«. In den 40er-Jahren wirkte Amália Rodrigues außerdem in einigen der bekanntesten portugiesischen Filme in der Rolle der »Fadista«, der Fado-Interpretin, mit. Die große Popularität und Beliebtheit der Sängerin zeigte sich einmal mehr 1990: Anlässlich ihres 70. Geburtstags und 50-jährigen Bühnenjubiläums wurde der fast schon legendären Fadista im Lissabonner Theatermuseum eine große Ausstellung gewidmet. Als Amália Rodrigues am 6. Oktober 1999 starb, trauerte ganz Portugal. Ihre Beisetzung glich einem Staatsbegräbnis. Amália Rodrigues ist die erste Frau Portugals, die neben anderen nationalen Größen im Panteão Nacional in Lissabon mit einem Grabmal geehrt wird.

ANTÓNIO DE OLIVEIRA SALAZAR (1889 – 1970)

Diktator

Unter dem Politiker António de Oliveira Salazar erlebte Portugal im 20. Jh. die am längsten andauernde aller Diktaturen Europas. Salazar wurde am 28. April 1889 in dem Dorf Vimieiro im Dão-Tal als Sohn eines Landarbeiters und späteren Gutsverwalters geboren. Er wuchs in einfachen Verhältnissen auf, seine Kindheit war vom starken Katholizismus seiner Familie geprägt. Im jesuitischen Priesterseminar in Viseu erhielt er seine Schulbildung. 1910 begann Salazar an der Universität Coimbra Jura und Volkswirtschaft zu studieren. 1916 wurde er Professor für Volkswirtschaft an der Universität Coimbra. Nachdem er bereits 1926 vorübergehend als Finanzminister eingesetzt worden war, holte Staatspräsident Carmona ihn 1928 endgültig nach Lissabon zur Sanierung der zerrütteten Staatsfinanzen. Zu Lasten der sozial Schwachen wendete er die Finanzkrise ab und baute zunehmend seine Macht aus. 1930 gründete Salazar die faschistische Einheitspartei União Nacional, 1932 wurde er Ministerpräsident. 1933 ließ er durch Volksabstimmung eine neue Verfassung bestätigen – die Grundlage für einen **ständisch-autoritären Staat** (Estado Novo) nach faschistischem Vorbild. Wahlrecht erhielten nur ca. 16 % der Bevölkerung; Analphabeten und Frauen ohne Gymnasialabschluss wurden ausgeschlossen. Die Zensur wurde eingeführt; die geheime Staatspolizei PIDE überwachte und verfolgte politisch Verdächtige und Intellektuelle. Die Behandlung der Verhafteten erfolgte nach Methoden der deutschen Gestapo. Unabhängigkeitsbewegungen in den Besitzungen in Übersee wurden rigoros unterdrückt, was in den 1960er-Jahren die Kolonialkriege auslöste. Salazar führte ein sehr zurückgezogenes Privatleben, hasste jeglichen Personenkult. Er galt als Einzelgänger; eine enge Vertraute war offenbar lediglich seine Haushälterin. Nach einem Unfall erlitt Salazar 1968 einen Schlaganfall, der ihn arbeitsunfähig machte. Zum neuen Premierminister bestellte man Marcelo Caetano, doch Salazar glaubte bis zu seinem Tode am 27. Juli 1970 noch, dass er die Macht innehabe.

JOSÉ SARAMAGO (1922 – 2010)

Literaturnobelpreisträger

José Saramago, der zu den meistgelesenen und meistübersetzten portugiesischen Schriftstellern zählt, ist bisher der einzige portugiesische Literaturnobelpreisträger. Sein richtiger Name ist **José Melrinho de Sousa.** Aber da der Beamte, der seine Geburt beurkunden sollte, reichlich getrunken hatte, notierte er als Nachnamen Saramago, wie die Landarbeiterfamilie in dem kleinen Dorf in der Provinz Ribatejo üblicherweise genannt wurde. Erst Jahre später fiel der falsche Name auf. Saramago machte in Lissabon eine Lehre als **Maschinenschlosser** – für eine weitergehende Schulausbildung war kein Geld vorhanden. Er erarbeitete sich Kenntnisse als technischer Zeichner, wurde Verwaltungsangestellter. Sein profundes kulturelles Wissen und seine literarischen Kenntnisse eignete er sich autodidaktisch in der Lissabonner Stadtbibliothek an. Seit den 1950er-Jahren verkehrte er in der Lissabonner Künstler- und Intellektuellenszene und verdiente seinen Lebensunterhalt als Übersetzer und Literaturredakteur. Zwischen 1972 und 1975 war er Journalist bei verschiedenen Tageszeitungen. In dieser Zeit begann er, eigene Bücher zu schreiben. Im Ausland wurde Saramago durch den 1980 erschienenen Roman »Hoffnung im Alentejo« bekannt, seinen Durchbruch erzielte er 1982 mit dem Roman »Das Memorial«. In seinen Büchern setzte sich Saramago in einer bildreichen, oft barock anmutenden Sprache kritisch, oft kulturpessimistisch, mit der Geschichte Portugals auseinander und gab deutlich seine politische Einstellung zu erkennen – 1969 trat er der **Kommunistischen Partei Portugals** bei. Sein Buch »Das Evangelium nach Jesus Christus« (1991) wurde in Portugal extrem kontrovers diskutiert. Die Regierung sah darin einen Angriff auf das religiöse Denken der Portugiesen. Sie nahm das Buch von der Vorschlagliste zum Literaturpreis der EU. Enttäuscht von dieser »Rückkehr zur Inquisition« zog sich Saramago 1993 auf die kanarische Insel Lanzarote zurück, wo er in zweiter Ehe mit seiner spanischen Ehefrau Pilar del Río lebte. Den Nobelpreis für Literatur erhielt er 1998. In der Begründung der Schwedischen Akademie hieß es, Saramago habe »mit Gleichnissen, getragen von Fantasie, Mitgefühl und Ironie, ständig aufs Neue eine entfliehende Wirklichkeit greifbar gemacht«. Als

José Saramago – der Literaturnobelpreisträger, der seinem Land den Rücken kehrte

Saramago im Juni 2010 auf Lanzarote starb, wurden ihm alle Ehren der Stadt Lissabon zuteil. Seine Asche wurde vor der Casa dos Bicos, der Heimat der Saramago-Stiftung, beigesetzt, und ein portugiesischer Dokumentarfilm über die Beziehung zwischen »José und Pilar« wurde für zwei Filmpreise nominiert.

ÁLVARO SIZA VIEIRA (GEB. 1933)

Architekt

Álvaro Siza Vieira gilt als einer der wichtigsten zeitgenössischen Architekten. Anerkennung findet er vor allem wegen seines **nüchternen, zweckgebundenen und dennoch hoch ästhetischen Baustils.** Ursprünglich wollte der 1933 in Matosinhos bei Porto geborene Architekt Bildhauer werden, doch als er während eines Barcelona-Besuchs die Sagrada Familia sah, änderte er seinen Berufswunsch. Er studierte an der Universität Porto. Ob Kirchen, Sozialwohnungen, Museen oder ganze Stadtviertel – alle seine Werke wirken licht, zart und leicht. In den 1990er-Jahren zeigte sich in Siza Vieiras Werk eine verstärkte Hinwendung zur Monumentalität, was insbesondere im portugiesischen Pavillon der Expo 1998 in Lissabon zum Ausdruck kommt, der mit dem hängenden Dach über dem zentralen Platz, einem riesigen Segel aus Beton, als das spektakulärste architektonische Werk der Ausstellung angesehen wurde. Zu Vieiras großen Leistungen zählt ferner der Wiederaufbau des Chiado-Viertels in Lissabon, das 1988 bei einem Großbrand weitgehend zerstört worden war. Er ließ die Gebäude auf den Originalfundamenten neu errichten, jedoch ohne Zusätze, die den ursprünglichen Charakter verändert hätten. In Porto entwarf er den Neubau des Museu Serralves, in Deutschland stammen die Blockrandbebauung am Schlesischen Tor in Berlin und eine Glasfabrik in Weil am Rhein von ihm. Der **»Bau-**

meister der Stille« hat alle großen internationalen Architekturpreise gewonnen. 1992 erhielt er den Pritzker-Preis, der in der Welt der Architekten als ein Äquivalent zum Nobelpreis gilt. In der Begründung hob die Jury hervor: »Seine Formen strahlen eine trügerische Einfachheit aus. Sie sind durch und durch ehrlich. Bei näherem Hinsehen freilich entpuppt sich die vermeintliche Einfachheit als beeindruckende Vielfalt.«

ARISTIDE DE SOUSA-MENDES (1885 – 1954)

Konsul in Bordeaux

Aristide de Sousa-Mendes ermöglichte während des Zweiten Weltkriegs Tausenden von vom Naziregime Verfolgten die Flucht aus Europa und wird oft als **»portugiesischer Oskar Schindler«** bezeichnet. Am 19.7.1885 wurde er in Cabanas de Viriato bei Viseu geboren. Aus seiner Familie, die dem Landadel angehörte, waren schon mehrere Diplomaten hervorgegangen. Auch Aristide schlug diese Laufbahn ein und wurde 1938 nach Bordeaux versetzt, wo er mit seiner Frau und seinen 14 Kindern lebte. Ab Mitte Mai 1940 waren bis zu 400 000 Menschen auf der Flucht vor den deutschen Besatzern. Portugal war das einzige Land in Europa, das von Flüchtlingen auf dem Landweg zu erreichen war und zunächst noch Visa zur Durchreise durch Spanien ausstellte, daher kamen mehr und mehr Exilsuchende, die von Portugal aus nach Übersee emigrieren wollten, in das Konsulat in Bordeaux. Juden und Staatenlose sollten auf Anweisung von Salazar bereits zu diesem Zeitpunkt kein Visum erhalten. Am 14.6.1940 verschärfte Salazar die Bestimmungen nochmals: Nur noch Personen mit außereuropäischem Ziel sollten Visa bekommen. Sousa-Mendes ließ dagegen am 17.6. mitteilen, dass er jedem, der ein Visum brauche – unabhängig von Rasse, Staats- und Religionszugehörigkeit oder Vermögen –, eines erteilen würde. Seine Beweggründe waren religiöse, als Katholik fühlte er sich Gott verpflichtet. Vier Tage lang stellten er und seine Mitarbeiter etwa 30 000 Visa aus, stundenlang, tagsüber und die Nächte hindurch. Schließlich wurde Sousa-Mendes nach Lissabon zitiert – und unterzeichnete noch an der französisch-spanischen Grenze eigenhändig die letzten Visa. Am 25.6. ließ die portugiesische Regierung über eine Zeitschrift informieren, dass die in Bordeaux ausgestellten Visa keine Gültigkeit hätten. Sousa-Mendes wurde des diplomatischen Dienstes enthoben – mit 14 Kindern eine katastrophale Situation – und starb vollkommen verarmt und gesellschaftlich geächtet in Lissabon. Von seinem Engagement hatte in Europa niemand Kenntnis, erst Jahrzehnte später wurde seine Geschichte publik. 1988 wurde er vom portugiesischen Parlament rehabilitiert. In Lissabon wurde die Fundação Aristide de Sousa-Mendes eingerichtet, in Cabanas de Viriato und in der Metro-Haltestelle Parque in Lissabon erinnern Gedenktafeln an ihn.

ERLEBEN UND GENIESSEN

Viele gute Anregungen und Tipps für alle, die ein nettes Hotel und ein passendes Restaurant suchen, sich ins Kaufvergnügen stürzen oder sich die Nächte um die Ohren schlagen möchten.

Am Abend

Nachtschwärmer am Tejo

Trotz der Krise, die das Land beutelt, lassen sich die Lisboetas den Spaß am Ausgehen nicht nehmen – »sair« ist ein Lissabonner Bürgerrecht. Anders als beispielsweise in Deutschland, wo man neue Bekannte recht schnell nach Hause einlädt und ein schönes Menü kocht, trifft man sich in dieser – auf ihre Weise sehr privaten – Kultur im Café, in der Bar, im Restaurant.

Ausgehen – oft, spät, intensiv

Die Abendunterhaltung beginnt spät in Lissabon. Ins Nachtleben startet man nach einem guten »jantar«, einem ausgiebigen Abendessen. Danach geht es los, und in einigen Bars und Diskotheken wird es überhaupt erst **ab Mitternacht** allmählich voll.
Europäischen Umfragen zufolge sind die Portugiesen das Volk, das morgens am schwierigsten aus dem Bett kommt. Kein Wunder: Vernissagen von Kunstausstellungen zum Beispiel werden gern für 22 Uhr angesetzt, Jazzkonzerte und Performances beginnen sogar oft erst um 23 Uhr, so ungefähr jedenfalls – demonstratives Auf-die-Uhr-Gucken bringt da wenig. Bars füllen sich um diese Zeit, Clubs meist erst um ein Uhr nachts, manche auch erst um drei – viele Bars und Diskotheken sind übrigens von außen als solche gar nicht zu erkennen, oft muss man klingeln, um hereingelassen zu werden.
Beim Lissabon-Urlaub sind Nachtleben und Schönheitsschlaf absolut inkompatibel: In den In-Clubs wie dem Lux am Tejo-Ufer (Achtung: lange Schlangen und Gesichtskontrolle) ist die Musik gegen vier, fünf Uhr morgens am besten. Da herrscht eine gewisse Arroganz und Komplizenschaft der **gente da noite**, einer bohemischen Klasse, die es sich leisten kann, mittwochnachts in den Sonnenaufgang zu tanzen. Wer sich darauf einlässt, wird warm empfangen. Die Lissabonner Nacht hat viele Hedonisten, ein gewisses Erbe vielleicht aus der grauen Zeit der Diktatur. Und wer ein bisschen Zeit in der Lissabonner »noite« verbringt, stellt fest: Die Großstadt Lisboa ist ein Dorf, man läuft sich immer wieder über den Weg – ein besonderer Charme der alten Dame am Tejo.

Etikette für die Nacht

Dem Alkohol wird generell in Maßen zugesprochen, wobei aber in den populären Vierteln schon mal betrunkene Männer grölend und fluchend durch die engen Gassen fallen. **Frauen**, die alleine ausgehen, werden in Lissabon gemeinhin akzeptiert, sogar ein gewisser Respekt wird ihnen gezollt, auch wenn »sozinha« auszugehen für Frauen nicht üblich ist.

Eine wunderbare Lissabon-Erfahrung: sich mit der Taxe durch die nächtlich beleuchtete Stadt nach Hause schaukeln lassen

Lissabon hat eine der **niedrigsten Kriminalitätsraten** im Vergleich der europäischen Großstädte. Gewaltverbrechen sind selten, Gelegenheitsdiebstahl kann vermeiden, wer das Handy nicht zu offen auf dem Cafétisch liegenlässt und seine Jacke in der Garderobe abgibt. **Taxis** sind sehr günstig. Ein Tipp allerdings: Die Fahrer kennen nicht immer alle Veranstaltungsorte – man sollte die Adresse wissen. Portugals **Drogenpolitik** ist recht progressiv – oder lax, je nach Perspektive –, und selbst wer sich für respektabel aussehend hält, bekommt leicht auf dem Rossio Haschisch angeboten. Wer darauf eingeht, wird auch schon mal doppelt über den Tisch gezogen: mit 20 Euro für ein Päckchen echter Lissabonner Erde plus das Gleiche noch mal als Obolus für den Kumpan, der den Zivil-»Polizisten« spielt.

WOHIN?

Bairro Alto

Klassisches Ausgehviertel von Jugendlichen und Nachtschwärmer-Veteranen ist immer noch das Bairro Alto, wo in den 1980er-Jahren das Nachtleben des neuen Lissabons seinen Anfang nahm.
Das »hochgelegene Viertel« hat zwei ganz unterschiedliche Gesichter. **Tagsüber** gehen die meist älteren Bewohner zwischen den bröckelnden und mit Graffiti unterschiedlicher Qualität besprühten Hauswänden unter dicht bepflanzten Balkonen ihrem Leben nach. Erst **um die Mittagszeit** öffnen die modischen Retro-Läden, die Friseursalons mit witziger Mode, die Headshops für legale Aufputschmittelchen, Läden mit Vinyl-Platten und Turnschuhen, mit Fashion-Korkprodukten oder einer, in dem ungewöhnliche Taschen von Fleischerhaken hängen. Später **am Abend** dann füllen sich die Fadolokale und Restaurants und Bars, die Halbliter-Plastikeimer Caipirinha, Caipiroshka oder Bier ausschenken, die man dann durch das Fadenkreuz des Bairro trägt. Taxis schieben sich durch die engen Gassen und teilen die Menge: Studentinnen mit Designerbrillen unter asymmetrischen Ponyfransen, junge Männer mit gewelltem Emo-Schnitt und coole Schwule, Hip-hop-Anhänger mit hervorblitzenden Boxershorts und konventionelle Hemd-und-Bügelfaltenhosenträger. Dazwischen preisen senegalesische Tand-Verkäufer freundlich ihre Ware an, Grüppchen quirlen und flirten vor den Eingängen der Bars auf dem Kopfsteinpflaster, setzen »beijinhos« des (Wieder-)Treffens auf die Wangen, und dann wieder beim Abschied, der so in Portugal lange andauern kann. Viele haben ein Handy am Ohr – »'tás aonde?«, »wo bist du?« –, man zieht ein vages »Wir sprechen uns dann« genauen Verabredungen vor und hält sich gerne alle Optionen offen. Bis drei Uhr morgens wackeln die Balkone der Bewohner, bis die Karawane weiterzieht, in die **Clubs von Santos**, in die Locations der Docas und an den Cais do Sodré, dort vor allem in die überdrehte Rua Nova do Carvalho.

Cais do Sodré

Das etwas gammelige **Hafenviertel** mit seinen altmodischen Neonreklamen-Rock- und -Reggae-Discos, die wie Hafenbars der Fünfzigerjahre wirken, mutet vielleicht erst einmal wenig einladend an. In der Rua Nova do Carvalho mit ihren alteingesessenen Clubs stehen Lissabons Nachteulen vor »Jamaica«, »Roterdão«, »Europa« und der Fischkonserven-Snackbar »Sol & Pesca« Schlange. Doch man findet in dieser Gegend auch liebenswerte Etablissements wie die »British Bar«, in der es Real Ale und Ingwerbier gibt und die Uhr rückwärts läuft, und den sehr beliebten irischen »O'Gilins-Pub«.

Docas

Wer die Avenida 24 de Julho flussabwärts einschlägt, findet kurz vor der Ponte 25 de Abril die **Docas de Santo Amaro** und die **Docas de Alcântara**, wo sich zwischen vertäuten Segelbooten recht grelle und austauschbare Bars und Clubs aneinanderreihen. Im Techno- und Elektrotempel »OpArt« direkt am Fluss beginnt die Action erst um drei Uhr nachts. Ab und zu gleitet ein riesiges Containerschiff leise vorbei, während die ersten Angler um fünf, sechs Uhr direkt neben dem wummernden Glaskasten ihre Ruten auswerfen und auf der Ponte 25 de Abril über den Köpfen der Autoverkehr niemals abbricht. Ein paar Kilometer tejoaufwärts ist das **Expo-Gelände** mit Casino eher konservativ und steril; es fehlt das Gewachsene, eine gewisse Atmosphäre, die jahrzehntelanger Alkohol- und Musikkonsum und die Erinnerung an (un-)glückliche Treffen mit sich bringen.

Das klassische Ausgehviertel Bairro Alto ist nach wie vor angesagt.

Schöne Aussichten und Straßenleben

Im Sommer findet vor allem in den historischen Stadtvierteln wie **Alfama, Mouraria und Bairro Alto** das Leben auf der Straße statt, verlegen so manche Stadtbewohner ihr Wohnzimmer auf einen der vielen schönen **Miradouros** mit weiten Blicken über die Dächer und den Tejo, in das berühmte Licht Lissabons getaucht. Die Auswahl ist groß: windverweht neben der Graça-Kirche, sonnenverbacken auf der Esplanada auf dem Largo das Portas do Sol, in zeitgenössischen Glasobjekten am Flussufer von Belém oder direkt neben dem Museu de Arte Antiga. Den ganzen Sommer über bekleckert sich die viel gescholtene Stadtverwaltung Câmara Municipal mit Ruhm und bietet Oper, Tanz und Konzerte unter freiem Himmel auf dem Burggelände – vieles davon gratis. Der Juni, Monat der Stadtheiligenfeste, ist die beste Zeit für Lissabon: Dann feiern die Leute abends beim sogenannten **Arraial** in ihrem Stadtviertel, und Schwaden von gegrillten Sardinen und Bier mischen sich mit den Klängen von populären Songs mit doppeldeutigen Texten, die man sich von den Einheimischen erklären lassen sollte. Ein Spezialtipp für einen etwas alternativeren Arraial, bei dem es sogar vegetarische Küche gibt: In der Mouraria findet ein Stadtviertelfest statt, das vom Time-Out-Stadtmagazin zum besten Lissabons erklärt wurde.

SO GEHT DAS LISSABONNER NACHTLEBEN

Mit oder ohne ...?

Es sind die altmodischen Rituale, die historische Dimension und ungewöhnliche Begegnungen, die das Ausgehen in Lissabon so liebenswürdig und spannend machen können. Ein Beispiel ist die berühmte **Ginjinha**, ein schmackhafter dunkelroter **Kirschlikör**, der für wenig mehr als einen Euro serviert wird, mit Kirschen oder ohne – »com ou sem elas«. Gleich zwei **Ginjinha-Kioske** befinden sich im Umkreis des São-Domingos-Platzes direkt hinter dem Rossio. Der erste gegenüber dem Palácio da Independência: Hier stehen Sie mitten in der Lissabonner Historie. Der Platz mit der erdbebengeschüttelten und ausgebrannten Kirche, vor der die Edikte der Inquisition verlesen wurden, war 1506 Ort eines Pogroms gegen die jüdische Bevölkerung. Heute ist der Largo de São Domingos ein Treffpunkt der afrikanischen Community, das steile Sträßchen hinter dem Platz ist gesäumt mit Läden aus Guinea-Bissau, eine Wandtafel buchstabiert in über 30 Sprachen »Lissabon, Stadt der Toleranz«. Der zweite Kirschlikörkiosk schenkt am Anfang der Restaurantmeile Rua das Portas de Santo Antão aus, das gibt Kraft für den Spalierlauf durch die Reihe von Kellnern, die zum Menügenuss überreden wollen. Ginjinha wird klassen- und altersgruppenübergreifend genossen.

Gin-, Wein-, Cocktailbars

Allerdings entdecken die Lissabonner auch zunehmend den hervorragenden und günstigen portugiesischen Wein. Gleich zwei der inte-

Cais do Sodré: Nächte durchfeiern in alten Hafenspelunken, neuen Discos und Clubs oder einfach auf der Straße

ressantesten Weinbars liegen in einer Seitenstraße der Avenida da Liberdade: »Os Goliardos«, eine winzige Laden-Bar mit liebevoller Wein-Auswahl, und ein paar Schritte bergauf der »Chafariz do Vinho«, stimmungsvoll eingerichtet in einem ehemaligen Wasserreservoir. Cocktail- und Gin-Bars sind ein weiterer Trend der Lissabonner Ausgehlandschaft.

Kaffeekultur

Hübsche Blüten treibt auch die Lissabonner Kaffeekultur: Wer ein klassisches Konzert in der Gulbenkian-Konzerthalle besucht, wird feststellen, dass die Konzertgänger sich in der Pause statt auf aufgereihte Sektgläser auf **»cafezinhos«** und ein Törtchen stürzen.

MULTIKULTURELL UND INNOVATIV

Die Welt in Lissabon

Das multikulturelle Gefüge der Stadt bereichert das Nachtleben, insbesondere die ehemaligen Kolonien sind vertreten: In afrikanischen Diskotheken werden softe Kizomba-Klänge und harte angolanische Kuduro-Rhythmen gespielt (unter www.lisboaafricana.com findet man ein paar Clubs). Im alten Arbeiterklub »Lusitano Clube« in der Alfama bittet einmal in der Woche ein portugiesisch-brasilianisch-französisches Quintett zum Tanz, und im **kapverdischen Restaurant** »Casa da Morna« in Alcântara genießen Lissabonner traditionelle Gerichte aus der ehemaligen portugiesischen Kolonie zu kapverdischer Musik. Mitbesitzer Tito Paris und seine Kollegen singen Mornas, populäre melancholisch-getragene Songs, bekannt gemacht durch die große Cesária Évora. Denn die »sôdade« der Morna hat so einiges mit dem Fado gemein.

Besondere Locations In letzter Zeit haben sich in Lissabon spannende Großprojekte herausgeschält, die **Kultur und Nachtleben** verbinden – ein für Lissabon momentan typischer Mix. So ist die ehemalige **Munitionsfabrik Braço de Prata** in der Nähe des Expo-Geländes heute ein wahres Kultur-Labyrinth mit einer Fotografieausstellung in dem einen, einem Solo-Musiker-Auftritt in einem anderen Raum, einem gemütlichen Café und vielen Büchern zum Reinblättern. Ein paar Kilometer den Tejo abwärts ist die **Lx Factory** eine weitere Erfolgsstory. In einer Textilfabrik aus dem 19. Jh. eröffnete 2007 ein Kulturzentrum mit Designläden und -studios, Café, Restaurant und kreativen Arbeitsgemeinschaften. Und während man in dem raucherfreundlichen, bis spät in die Nacht hinein geöffneten Buchhandlungs-Café lesen kann, läuft eine Etage drüber vielleicht ein Konzert mit experimenteller Musik. Dieser innovative Mix ist typisch für Lissabon.

Ausgehadressen

❶ etc. ▸ Karte S. 78/79

BARS & KNEIPEN

❶ Nova Tertúlia Bar
Rua Diário de Notícias 60
Eine beliebte Bar im Bairro Alto. Tertúlia bezeichnet den Austausch über Kunst, Kultur und Ähnliches.

❷ Arroz Doce
Rua da Atalaia 119
Eine der Bars im Bairro Alto, die seit Jahrzehnten gut gefüllt sind

❸ Le Chat
Jardim 9 de Abril
Glaseingefasste Cocktailbar/Bistro mit perfektem Ausblick von drinnen oder draußen über den Hafen und den Fluss. Absolut ideal für einen Sundowner nach dem Besuch des Museu de Arte Antiga gleich nebenan. Di. geschl.

❹ Pavilhão Chinês
Rua Dom Pedro V.
Ungewöhnlich, leicht exzentrisch, trotzdem gemütlich und manchmal sogar etwas gesetzt

❺ Chapitô
Costa do Castelo 7
www.chapito.org
Ein schönes weitläufiges Plätzchen auf der Rückseite des Burghügels: ein Restaurant, in dem man auch nur etwas trinken kann. Bei gutem Wetter ist das Chapitô angenehm zum Draußensitzen.

❻ Chafariz do Vinho
Rua da Mãe d'Água à Praça da Alegria
Tel. 213 42 20 79
www.chafarizdovinho.com
Schöne Weinbar im ungewöhnlichen Ambiente eines alten Wasserreservoirs

❼ Os Goliardos
Rua da Mãe de Água 9
Tel. 213 46 21 56
www.osgoliardos.com
Ein kleiner feiner Weinladen unter junger portugiesisch-französischer Leitung; Do.–Sa. fungiert er auch als Weinbar mit einem winzigen »Weingarten«.

8 Bar Bicaense
Rua da Bica de Duarte Belo 42a
Tel. 213 25 79 40
Etablierte Club-Bar in einer ehemaligen Tasca an steiler Standseilbahn-Straße – beliebt bei Künstlern und Musikern. Zwischen Bairro Alto und Santos.

9 Bairro Alto Hotel
Praça Luís de Camões 2
Tel. 213 40 82 88
www.bairroaltohotel.com
Die gestylte Bar und die Aussichtsterrasse des Fünfsterne-Hotels am Fuße des Bairro Alto zieht eine ältere, gehobenere Klientel an, die sich nicht in das Gewühl der Mittzwanziger drängeln will.

10 Procópio
Alto de São Francisco (Rua João Penha), Jardim das Amoreiras
Tel. 213 85 28 51
www.barprocopio.com
Diese altmodische – fast etwas britische – Wohnzimmerbar in einem versteckten Winkel in der Nähe des Amoreiras-Shoppingcenters ist eine weitgehend touristenfreie Institution. Es darf geraucht werden. Mo.–Fr. 18.00–3.00, Sa. ab 21.00 Uhr.

11 Cinco Lounge
Rua Ruben A. Leitão 17 A
Tel. 213 42 40 33
www.cincolounge.com
Angesagte, etwas dunkle Cocktailbar hinter der Praça do Príncipe Real mit angenehmer Atmosphäre. Die Altersgruppen sind gemischt und die Cocktailliste ist einfallsreich mit vielen alkoholfreien Mixgetränken.

12 Matiz Pombalina Bar
Rua das Trinas 25
Tel. 214 04 37 03
www.matiz-pombalina.pt
In der Matiz Pombalina Bar gibt es Gin in allen Variationen und aus aller Herren Länder in gemütlichem Ambiente. Die Bar bietet ihren Gästen einen Gratis-Shuttle zum Parkplatz.

13 Wine Bar do Castelo
Rua Bartolomeu de Gusmão 13
Tel. 218 87 90 93
Weinbar ganz in der Nähe des Kastells, in der vor allem der portugiesische junge Vinho Verde fließt. Es gibt aber auch diverse andere gute Tropfen, und dazu kann man Tapas (klassisch: Käse, Schinken, Wurstauswahl) wählen. Das alles in ruhiger Atmosphäre.

14 Miradouro's
Miradouro de São Pedro de Alcântara
Eine Weinbar an einem der Top-Aussichtspunkte von Lissabon. Hier kann man schön sitzen und in Ruhe ein paar gute Tropfen probieren – sehr angenehme Atmosphäre und eine hervorragende Aussicht

AFRIKANISCHE CLUBS

15 B.Leza
R. Cintura do Porto de Lisboa 16
Tel. 210 10 68 37
Im B.Leza gibt es sehr häufig Live-Musik, oft von den Kapverdischen Inseln. Der Name (beleza = Schönheit) stammt auch von den Kapverden: Der Vater der Sängerin Cesária Évora hat unter dem Pseudonym B.Leza Musik gemacht.

Ausgehen

Ausgehen
1 Nova Tertúlia Bar
2 Arroz Doce
3 Le Chat
4 Pavilhão Chinês
5 Chapitô
6 Chafariz do Vinho
7 Os Goliardos
8 Bar Bicaense
9 Bairro Alto Hotel
10 Procópio
11 Cinco Lounge
12 Matiz Pombalina Bar
13 Wine Bar do Castelo
14 Miradouro's
15 B.Leza
16 Kandandu
17 Casa de Lafões
18 Station Club
19 Chafarica
20 Kremlin
21 Incógnito
22 Lux
23 Hot Clube de Portugal
24 Artis Wine Bar
25 Speakeasy
26 Fábrica Braço de Prata
27 Lx Factory
Fado-Lokale
1 Mesa de Frades
2 Clube de Fado
3 Adega Machado
4 O Senhor Vinho
5 Maria da Mouraria
6 Parreirinha de Alfama
7 Museu do Fado
Fundação Arpad Szenes
Mãe d'Agua
Praça do Marquês de Pombal
Museu Gulbenkian
Jardim Zoológico
Av. da Liberdade
C. M. L.
R. Alexandre Herculano
Sinagoga
Largo do Rato
RATO
Jardim Botânico
Academia das Ciências
Praça da Alegria
Praça do Príncipe Real
Jardim da Estrela
Palácio de São Bento (Parlament)
Miradouro S. Pedro d. Alcântara
Solar do Vinho do Porto
BAIRRO ALTO
Atelier-Museu Júlio Pomar
Igreja dos Paulistas
Calçada do Combro
LAPA
Miradouro d. S. Caterina
Ascensor da Bica
Igreja do Loreto
Praça Camões
N.S. da Encarnação
Teatro N. São Carlos
Largo de Santos
Santos
Museu Nacional de Arte Antiga
Belém
Palácio das Necessidades
Av. Vinte e Quatro de Julho
Avenida Vinte e Quatro de Julho
Praça de Dom Luís I.
Mercado
Estação do Cais do Sodré
Cais do Sodré
Doca de Alcântara
Tejo
Cacilhas
Seixal

Aeroporto
R. Bern. Ribeiro
Largo de Santa Bárbara
R. da Escola do Exército
Rua Zaire
Largo da Penha de França
Rua do Passadiço
Rua Luciano Cordeiro
Rua Gomes Freire
Paço da Rainha
Rua dos Anjos
Avenida Almirante Reis
Igreja dos Anjos
Rua Palmira
Rua H. Salgado
Rua da Penha de França
Avenida General Roçadas
Av. Machado dos Santos
Embaixada da R. F. da Alemanha
Campo dos Mátires da Pátria
Rua Maria
Rua A. Vidal
São José
Rua da Fé
R. Renato Baptista
R. Inst. Bacteriológico
Rua de S. Lázaro
Rua Maria da Fonte
R. Damasceno Monteiro
Pr. Quatro Caminhos
Rua dos Sapadores
Av. da Liberdade
Elevador da Lavra
Rua das Portas de Santo Antão
Miradouro Senhora do Monte
GRAÇA
R. S. de Monte
Rua da Graça
R. da Bela Vista à Graça
Rua da Palma
Rua do Benformoso
R. das Olarias
Rua Senhora da Glória
Elevador da Glória
Praça dos Restauradores
R. d. Cavaleiros
Igreja e C. da Graça
Largo da Graça
R. Leite de Vasconcelos
Teatro D. Maria II
Palácio da Independência
São Domingos
Calç. de Santo André
Miradouro da Graça
R. da Verónica
Museu Nacional do Azulejo
Estação do Rossio
CP
Praça Dom Pedro IV (Rossio)
MOURARIA
Costa do Castelo
Liceu Gil Vicente
Praça da Figueira
Rua Voz do Operário
Igreja do Carmo
Rua Betesga
Castelo de São Jorge
R. de S. Vicente
São Vicente de Fora
Campo d. Sta Clara
Largo do Carmo
Rua do Carmo
R. da Madalena
Rua dos Fanqueiros
R. do Salvador
Elevador do Carmo
Rua do Ouro
Rua Sta Justa
R. d. Assunção
Museu de Artes Decorativas
B. d. Loureiro
Panteão Nacional
Estação de Santa Apolónia
Garrett
CHIADO
BAIXA
Rua da Vitória
Rua Augusta
R. de S. Mamede
R. de S. António
R. Recol.
Miradouro d. S. Luzia
R. J. Regueira
Museu Militar
Rua de Nicolau
Rua da Prata
T. do Almada
R. S. Tiago
Rua dos Remédios
Museu do Chiado
Rua da Conceição
R. de S. Julião
Museu do Design (MUDE)
Santo António da Sé
Sé Patriarcal
R. do Limoeiro
R. Jardim d. Tobaco
Terminal dos Cruzeiros
Câmara Municipal
Igreja da Madalena
R. de Barão
R. d. S. Pedro
Museu do Fado
Praça do Município
Arco Triunfal
Conceição Velha
Casa dos Bicos
R. Terr. do Trigo
Avenida Infante D. Henrique
ALFAMA
R. da Alfândega
R. d. Bacalhoeiros
Praça do Comércio (Terreiro do Paço)
Tejo
Ribeira das Naus
Estação Fluvial
250 m
©BAEDEKER
Barreiro
Montijo Seixal

Fado authentisch – in einem einfachen Lokal

⑯ Kandandu

Avenida 24 Julho 118
Tel. 968 94 91 65
Für die heißen Nächte in der angesagten afrikanischen Diskothek (Fr., Sa. und So. ab Mitternacht) mit dem Sound von Kizomba, Zouk und Kuduro sollte man sich durchaus in Schale werfen und vor allem auch keine Berührungsängste haben: »Kandandu« nennen die Angolaner eine Umarmung.

RESTAURANT & MUSIK

⑰ Casa de Lafões

Rua da Madalena 199, 1. Stock
Lokal in der Baixa. Jeden Dienstag gibt es brasilianischen »Roda de Choro«-Tanz (forró) mit gemischtem Publikum und guter Stimmung; ab 22.00 Uhr.

⑱ Station Club

Cais do Gás, Armazém A, Porta 7
Tel. 210 11 65 46
Dieser Mix aus Diskothek und asiatischem Fusion-Restaurant richtet sich an eine reifere Generation. An Wochenenden bis 6 Uhr geöffnet.

BRASILIANISCH

⑲ Chafarica

Calçada São Vicente 79
Sehr entspannt, viel Atmosphäre und gute brasilianische Musik. Viele Brasilianer kommen hierher.

DISKOTHEKEN

⑳ Kremlin

Trav. das Escadinhas da Praia 5
www.grupo-k.pt
Große Diskothek mit außergewöhnlichem Innendesign

21 Incógnito
Rua dos Poiais de São Bento 37
www.incognitobar.com
Alternative Bar und Diskothek

22 Lux
Av. Infante D. Henrique,
Armazém A, Cais da Pedra
www.luxfragil.com
Das Lux ist immer noch die angesagteste Diskothek in Lissabon; der Eintritt ist relativ hoch, dafür legen oft weithin bekannte DJs auf. Ab 2.00 Uhr gibt es in der Regel lange Schlangen und Gesichtskontrolle.

JAZZ

23 Hot Clube de Portugal
Praça da Alegria 47–49
www.hcp.pt
Legendärer Jazz-Club mit Konzerten an ca. drei Tagen pro Woche

24 Artis Wine Bar
Rua Diário de Notícias 95
Angenehme Bar, in der guter Jazz vom Band zu hören ist

25 Speakeasy
Rocha do Conde de Óbidos, Cais das Oficinas, Armazém 115
www.speakeasy-bar.com
Im Speakeasy bekommt man auch nachts noch Kleinigkeiten zu essen, und es gibt oft guten Live-Jazz.

NEUE KULTURZENTREN

26 Fábrica Braço de Prata
Rua da Fábrica do Material de Guerra 1
Tel. 925 86 45 79
www.bracodeprata.com
Kulturkomplex etwas ab vom Schuss (am besten ein Taxi nehmen) mit Kunst-, Performance- und Musik-Programm, Café

27 Lx Factory
Rua Rodrigues de Faria 103
Tel. 213 14 33 99
www.lxfactory.com
Angesagter Kulturkomplex mit Buchhandlung/Café, Club und mehreren Restaurants und Läden in Alcântara.

FADO

Oft ist die erste Frage, die Einheimischen gestellt wird: Wo kann ich »echten« Fado hören – ohne Touristen? Man hat die Konserve der »Best of Amália Rodrigues« aus dem **Fadomobil** auf der Rua Garrett gehört und vielleicht das **Fadomuseum** besucht, will aber nicht abends von perfekt englischsprachiger Bedienung zum Fado überteuerten Stockfisch serviert bekommen. Um den typischen nostalgischen Gesang der Portugiesen ganz ohne Touristen zu erleben, muss man Glück haben, aber es gibt **Alternativen** zu den Restaurants, die ganze Busladungen abfertigen. In der kleinen **Mesa de Frades** zum Beispiel, einer umgebauten Kapelle mit blauweißem Azulejofries, startete Carminho ihre Karriere. Hier kann man auch nur etwas trinken. In einer kleinen Tasca unterhalb der Burg verwandelt sich der Kellner plötzlich in einen Fadosänger, und im Arbeiterviertel Graça bitten **Jaime und Laura** am Wochenende nachmittags zum Fado vadío, an dem jeder teilnehmen kann.

Nicht nur in Moll

Seit 2011 gehört der Fado zum immateriellen Kulturerbe der UNESCO. Der Gesang gilt als melancholisch, traurig und sehnsuchtsvoll – so jedenfalls will es das Klischee. Dabei kann Fado auch ausgesprochen heiter sein und kleine Alltagsanekdoten besingen. Anrührend ist er aber in jedem Fall. Unbedingt lohnt das Museu do Fado in der Altstadt.

▶ **Klassische Fado-Besetzung**

Es gibt zwar keine Kleidervorschrift, aber der Kodex sagt schwarz. Männer wie Frauen singen den Fado, doch traditionell spielen Männer die Begleitinstrumente.

▶ **Fado-Legenden**

Amália Rodrigues
1920–1999
Sie trägt den inoffiziellen Namen »Königin des Fados«.

Maria Severa
1820–1846
Auch heute noch treten viele Fadistas mit ihrem Markenzeichen auf, dem schwarzen Seidenschal.

Die typischen Fado-Instrumente, ihre Stimmungen und ihr Tonumfang

Die kleinere portugiesische Gitarre gibt es in der Lissabon-Variante und in der Coimbra-Variante, die einen Ton tiefer ist.

Klassische Gitarre

Amalia Rodrigues singt Lissabon-Fado

Portugiesische Gitarre
Lissabon

José Afonso singt Coimbra-Fado

Portugiesische Gitarre
Coimbra

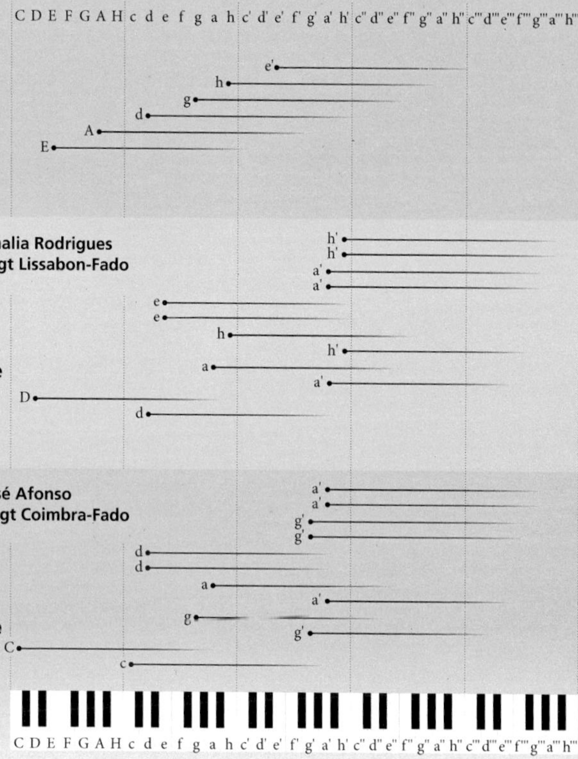

Fadistas heute

Camané
geboren 20.12.1966
Mit bürgerlichem Namen: Carlos Manuel Moutinho Paiva dos Santos Duarte. Einer der wenigen bekannten männlichen Fadistas. 1995 erschien sein erstes Album.

Mariza
geboren 16.12.1973
Mit bürgerlichem Namen: Marisa dos Reis Nunes. 2001 erschien ihr Debütalbum, welches sich mittlerweile über eine Million mal verkauft hat.

Portugals Schicksalsgesang

Fado ist eine typische Musik der Städte. Man hört ihn vor allem in Lissabon und Coimbra, in beiden Städten ist er aber sehr unterschiedlich. Die Herkunft des Fado ist unklar. Sicher ist nur, dass er zu Beginn des 19. Jahrhunderts in den Lissabonner Hafenvierteln auftauchte – alles Weitere fällt in den Bereich der Spekulation.

Die einen können ihn nicht leiden, für die anderen ist er wichtiges portugiesisches Kulturgut. Das Wort Fado leitet sich ab vom lateinischen fatum, Schicksal. Und so handeln auch viele Fados von einem **Schicksal**, das sich nicht abwenden lässt – von enttäuschter oder unerreichbarer Liebe, von Abschied, sozialer Not, von Heimweh und Fernweh, von Trauer, von Lissabons zerstörter Pracht, von Portugals einstiger Größe. Kurz: Die Musik strahlt **Sehnsucht, Wehmut, Melancholie** und **»saudade«** aus, wie es auf Portugiesisch heißt – »saudade«, die vermeintliche Seelengrundstimmung der Portugiesen, die so etwas wie eine rückwärts gewandte Sehnsucht umschreibt.

Soweit das Klischee, das sich um den Fado rankt. Bisweilen besingen die Lieder aber auch das **städtische Leben** oder erzählen kleine anstößige oder lebhaft **heitere Anekdoten**. Der für Nichtportugiesen fast etwas geheimnisvolle und schwer verständliche, ja kaum nachvollziehbare Gesang ist zwar eine Musik des Volkes, aber doch keine für ganz Portugal geltende Volksmusik. Er ist eine **städtische Musik** und vor allem in **Lissabon** und in **Coimbra** zu Hause, ist in den beiden Städten aber jeweils sehr unterschiedlich. In Porto spielt Fado ursprünglich keine Rolle.

Lissabonner Fado

Fado aus Lissabon wird von einer weiblichen oder einer männlichen Stimme vorgetragen, von der bzw. dem **»fadista«**. Die Sängerinnen tragen oft eine schwarze Stola mit Fransen um ihre Schultern; die Sänger erscheinen **ganz in Schwarz**. Für die musikalische Begleitung sorgen in der klassischen Form zwei ebenfalls schwarz gekleidete Männer. Der eine spielt die zwölfsaitige **»guitarra portuguesa«**, die portugiesische Gitarre, eine Laute, die der Melodie folgt, der andere die sechssaitige **»viola«**, die – auch bei uns übliche – spanische Gitarre, die den Rhythmus markiert. Die »guitarra portuguesa«, die spezielle Fadogitarre, entstand aus zwei Instrumenten: aus der Zither, die im 16. Jh. aus Italien und Flandern in Portugal eingeführt wurde, und aus der englischen Gitarre, die im 18. Jh. über Porto ins portugiesische Königreich gelangte.

Fado für die Seele

Lissabonner Fado hat unter den Portugiesen seine Gegner und seine Anhänger. Manche verdammen ihn als **sentimentales Gehabe**, als wehmütige und **melancholische Volksverdummung**. Der portugiesische Komponist und Musikwissenschaftler Fernando Lopes Graça, der portugiesische Volkslieder aufzeichnete, lehnte Fado als kommerziell und künstlich rigoros ab. Andere dagegen schätzen ihn als **Ausdruck portugiesischen Volksempfindens**. Danach kann sich im Fado vermeintlich jeder Portugiese wiederfinden, denn was hier besungen wird, ist sein eigenes Schicksal, sein Scheitern, seine unerfüllte Liebe, sind seine Sehnsüchte; hier findet er den bittersüßen Ausdruck seiner Träume, seiner Wünsche, seiner Hoffnungen. Und er ist nicht allein. Fado vereint angeblich die Einsamen zu einer Gemeinschaft, lädt ein zu einer Art kollektivem Ritual. Sobald ein Fado zu hören ist, verstummt augenblicklich jedes Gespräch, ist es im Nu still im eben noch lauten Lokal. Die Gesichter verändern ihren Ausdruck, die Augen schweifen in unbestimmte Ferne. Die Zuhörer fühlen sich, ungeachtet ihrer sozialen Stellung, aus der Vereinsamung in der Masse herausgerissen und für eine kurze Zeit miteinander verbunden, zu einer gemeinschaftlich genossenen Resignation – so diese Lesart des Fado.

Aus genau diesem Grund hasste **Salazar** den Fado. Er trage zu einer eher pessimistischen, passiven Lebenshaltung bei, bemerkte der Diktator. Und deshalb versuchte er, gegen ihn anzugehen. Als geradezu **vorbildlich** galten ihm die Aktivität ausstrahlenden **deutschen Lieder** wie »Ein Jäger aus Kurpfalz« und »Das Wandern ist des Müllers Lust«.

Einst anrüchig

Selbst Musikwissenschaftler sind sich nicht einig, **woher der Fado ursprünglich kommt**. Die einen behaupten, er sei ein Erbe der 500 Jahre währenden **maurischen Herrschaft** in Portugal. Portugiesische Troubadoure hätten die schwermütige Liebeslyrik der Mauren übernommen und weitergeführt. So erinnere die bisweilen klagende Modulation des heutigen Fado, bei der eine Silbe über mehrere Töne gezogen wird, an die arabische Art des Gesangs. Und **Troubadourlieder** des 12. Jh.s seien in Form und Inhalt mit den Fados heutiger Zeit verwandt. Einer anderen Theorie zufolge hat sich der Fado aus einem **afrikanischen Tanz** (»lundum«) entwickelt, der durch Sklaven nach Brasilien kam und schließlich auch in Portugal bekannt wurde. Hier seien die wesentlichen musikalischen Elemente dann in Gesang übertragen worden. Wegen des oft melancholischen und sehnsuchtsvollen Charakters von Musik und Texten hält sich auch die Meinung, der Fado sei bei den **portugiesischen Seefahrern** entstanden, die ihn bei ihrer langen Abwesenheit von der Heimat gesungen hätten.

Anfang des 19. Jh.s jedenfalls breitete sich der Fado in Lissabons sozial schwächsten Stadtvierteln **Alfama, Mouraria und Bairro Alto** aus und galt lange Zeit als **anrüchig** und **zwielichtig**. Fado war die Musik der Seeleute, der Zuhälter, der Huren, der Stadtstreicher, der Tagelöhner, armer Leute, krimineller Existenzen wie unglücklicher Liebhaber. Dass er dann langsam gesellschafts- und salonfähig wurde, ist vor allem adligen Müßiggängern zu verdanken, die die verruchten **»casas de fado«** aufsuchten, Fado zur neuesten Mode machten und ihn in den Salons ihrer vornehmen Stadtpaläste anstimmten. Einige von ihnen versuchten sich sogar selbst als Komponisten von Fados oder als Fadosänger. Andere gerieten durch ihre Liebe zu Fadosängerinnen in die Schlagzeilen, wie der junge **Graf Vimioso**, der sich im Jahr 1840 in die unglaublich hübsche und rassige Fadosängerin **Maria Severa** verliebte und damit einen Skandal auslöste. Maria Severa war die bekannteste und am meisten bewunderte »fadista« des 19. Jahrhunderts. Als sie im Alter von nur 26 Jahren starb, trauerte ganz Lissabon, und viele Dichter widmeten der hochverehrten »A Severa«, wie sie genannt wurde, später Romane und Theaterstücke.

Fado der Studenten

Auch in **Coimbra** gibt es Fado, der sich vom Lissabonner Fado aber erheblich unterscheidet. Der zeitlich jüngere Fado aus Coimbra entstand im Studentenmilieu der alten Universitätsstadt. Er ist akademischer und nicht so schwermütig wie der Lissabonner, er ist heiterer und humorvoller, überwiegend lyrisch, mit Anklängen an die Ballade, und er greift Themen aus dem studentischen Milieu auf. Vorgetragen wird er **ausschließlich von männlichen Studenten** mit schwarzen Umhängen – und geschulten Stimmen –, die sich von der **»guitarra de Coimbra«** begleiten lassen und dabei oft von Kneipe zu Kneipe ziehen. Hin und wieder zeigt Fado aus Coimbra auch **politische Züge**. Vor 1910 beispielsweise verspotteten Fadosänger aus Coimbra in ihrem Gesang den König und forderten sogar die Abschaffung der portugiesischen Monarchie.

Fado heute

Im 20. Jh. wurde Fado international bekannt, vor allem dank der großartigen »fadista« **Amália Rodrigues**, die ihn weltweit auf die Bühne brachte (▶Berühmte Persönlichkeiten). In Lissabon wird Fado in nicht ganz billigen **Speiselokalen** für Touristen vor allem im Bairro Alto und in der Alfama angeboten. Origineller und preiswerter erlebt man ihn in versteckten Fadolokalen, in denen oft auch Gäste aufstehen und spontan singen.

Seit Mitte der 1990er-Jahre hört man den eher künstlerischen Fado häufiger. Die schönsten Fados – wie **»Uma casa portuguesa«**, **»Barco negro«** oder **»Nem às paredes confesso«** – sind seitdem allerorten zu hören: auf neu aufgelegten CDs mit der Stimme von Amália Rodrigues. Aber auch neue »fadistas« sind zu hören: die in Mosambik geborene und in der Mouraria aufgewachsene **Mariza**, **Dulce Pontes**, **Mafalda Arnauth**, **Carminho**, **Mísia**, **Ana Moura**, die Lieblingsfadista von Rolling Stones und Prince, die neueste Entdeckung **Gisela João** und nicht zu vergessen die stimmgewaltige **Cristina Branco** mit der Präsenz einer Diva alter Schule, **António Zambujo** und **Camané**, dessen Timbre zeitlos klingt. Sie alle orientieren sich am klassischen Fado. **Mariza** steht europaweit auf der Bühne mit einer sehr individuellen Art des Fado-Vortrags. Selbst die Jazz-Sängerin **Maria João** widmet sich hin und wieder einem klassischen Fado, und das **Quinteto Amália** macht Fado mit einem Streichquartett und einer Gesangsstimme. Interessant ist auch der rein instrumentale Fado von **Carlos Paredes** (1925–2004), der als Mitglied der Kommunistischen Partei unter der Diktatur Jahre im Gefängnis verbrachte. Der gebürtige Lissabonner **Rão Kyão** spielt Fado mit Flöte und Saxofon. Und nicht zuletzt hat der spanische Regisseur Carlos Saura den Film »Fados« gedreht, in dem unter anderem Mariza und Camané mitwirken. Im Oktober 2007 war Premiere. Eine echte Fado-Renaissance also! Die Krönung war schließlich das Jahr 2011, als Fado zum immateriellen Kulturerbe der UNESCO erklärt wurde.

In der Regel wird in den Fadolokalen kein Eintrittsgeld erhoben, dafür aber ein Mindestverzehr gefordert. Zeit sollte man auf jeden Fall mitbringen: Die besten Fadosänger treten oft erst gegen oder nach Mitternacht auf. In den meisten Fadolokalen empfiehlt sich eine Tischreservierung.

FADOLOKALE

❶ etc. ▸ Karte S. 78/79

❶ Mesa de Frades

Rua dos Remedios 139
Tel. 917 02 94 36
In dieser ehemaligen Konventskapelle in der Alfama begann die Karriere der Fadista Carminho. Ab 23 Uhr auch Zutritt nur für einen Drink.

❷ Clube de Fado

Rua São João da Praça 92/94
Tel. 218 85 27 04
Guter Fado in der Alfama – sehr zu empfehlen

❸ Adega Machado

Rua do Norte 91
Tel. 213 42 22 82
Klassisches Lokal im Bairro Alto: Fado in gemütlichem Ambiente

❹ O Senhor Vinho

Rua do Meio à Lapa 18
Tel. 213 97 26 81
Hier treten sehr gute Musiker auf, dafür ist »O Senhor Vinho« teurer als andere Fado-Lokale.

❺ Maria da Mouraria

Largo da Severa 2
Tel. 218 86 01 65
Ein Fado-Haus im Geburtshaus der legendären Maria Severa. Tapas und Fado Di.–Sa. ab ca. 22 Uhr. Vom Largo Martim Moniz (Metro) hinter dem Centro Comercial zu Fuß die Rua Capelão an der Gitarrenstatue aufwärts.

❻ Parreirinha de Alfama

Beco Do Espírito Santo 1
Tel. 218 86 82 09
www.parreirinhadealfama.com
Ein nettes kleines Alfama-Lokal, in dem man gut isst und zwischendurch ohne großen Aufwand soliden Fado zu hören bekommt.

❼ Museu do Fado

Largo do Chafariz de Dentro 1
Tel. 218 82 34 70
www.museudofado.pt
In dem lohnenden Fadomuseum am Fuß der Alfama finden ab und zu Fadokonzerte und gesungene Führungen statt.

KINO IN WIM WENDERS' »WEISSER STADT«

Die Lissabonner sind **begeisterte Kinogänger** – außer im August, wenn das Programm sehr reduziert und sommerseicht ist. Viele Kinosäle befinden sich in mehr oder weniger seelenlosen Shoppingcentern, aber es gibt auch **schöne altmodische »salas«**, in denen die Filme normalerweise in der **Originalversion** laufen. Das schönste Kino der Stadt steht direkt an der Avenida da Liberdade: das stilvolle **São Jorge**, das 1950 – damals als größtes Lichtspielhaus der Iberischen Halbinsel – eröffnet wurde. Seit der Wiedereröffnung 2007 werden hier auch viele Filmfestivals veranstaltet.

KONZERTE · THEATER

Veranstaltungen Auch die Kultur startet spät. **Vorstellungsbeginn** für die meisten Veranstaltungen ist erst um 21.30 Uhr, aber es gibt auch frühabendliche Veranstaltungen mit Beginn um 18.30 Uhr. Oft gibt es an der Abendkasse kaum noch **Karten**, insbesondere für Konzerte sollte man sich am jeweiligen Veranstaltungsort bzw. an anderen Vorverkaufsstellen rechtzeitig um Karten bemühen.

Theater Neben den staatlichen Theatern gibt es in Lissabon viele unabhängige Bühnen, die trotz begrenzter Mittel sehr erfolgreich arbeiten.

Klassikkonzerte Für große Konzerte bietet das **Centro Cultural in Belém** (CCB) einen guten Rahmen. Die **Fundação Calouste Gulbenkian** hat mehrere eigene Konzertsäle in ihren Gebäuden, im Sommer gibt es Open-air-Veranstaltungen auf einer Bühne im Park. Viele Konzerte finden zudem in **Kirchen** statt, die größeren in der Kirche des Mosteiro dos Jerónimos, in der Basílica da Estrela oder in der Sé Patriarcal. Auch die Ruine der Igreja do Carmo dient in den Sommermonaten hin und wieder als Veranstaltungsort. Konzerte gibt es auch in den Sälen des **Teatro Nacional de São Carlos** und im **Teatro São Luís**. Sommerliche Festspiele und Konzertreihen werden in Sintra und in den **Schlossgärten von Queluz** veranstaltet. Auch im Spiegelsaal des Palácio Foz an der Praça dos Restauradores sind des Öfteren Konzerte (gratis) zu hören.

Tanz, Ballett Tanz- und Ballettveranstaltungen finden in erster Linie im Tanztheater im Parque das Nações, auf dem ehemaligen Expo-Gelände, im Centro Cultural de Belém und im Teatro São Luís statt. Hier gastieren namhafte Tanztruppen aus aller Welt.

Jazz Der **Lissabonner Jazzclub (Hot Clube de Portugal)** veranstaltet regelmäßig Konzerte in seinen Räumen. Größere Jazzkonzerte organisiert von Zeit zu Zeit die Fundação Calouste Gulbenkian, ferner finden Veranstaltungen im Centro Cultural de Belém statt.

Portugiesische und internationale Rock-, Pop- und Chansonkonzerte werden u. a. in der Meo Arena im Parque das Nações, im Coliseu, im Parque da Bela Vista und in den großen Stadien (Restelo, Alvalade) veranstaltet. **Rock, Pop, Chanson**

Kino · Konzert · Theater

KINO

Cinemateca
Rua Barata Salgueiro 39
Tel. 213 59 62 00
www.cinemateca.pt
Alteingesessenes Autorenkino mit täglich wechselndem Programm, gezeigt werden auch Retrospektiven (Eintritt 3 €). Angeschlossen ist ein gutes Restaurant.

Medeia King
Av. Frei Miguel Contreiras 52a
Tel. 218 48 08 08
www.medeiafilmes.com
In diesem kleinen, aber feinen Kino finden Cineasten garantiert einen guten aktuellen Film. Tipp für einen Drink und/oder Snack danach: statt des hauseigenen Kinocafés die gestylte, aber freundliche Bar im ersten Stock des Teatro Maria Matos nebenan.

São Jorge
Avenida da Liberdade 175
Tel. 213 10 34 00
www.cinemasaojorge.pt
Lissabons schönstes Kino, Veranstaltungsort diverser Filmfestivals

Eine Tasca im Bairro Alto. An der Theke rechts der Fado-Star Camané.

KONZERTE

CCB – Centro Cultural de Belém
Av. da Índia, Belém
Tel. 707 30 30 00
www.ccb.pt
Hochkarätiges Programm klassischer Musik, Theater und Tanz im modernistischen Kulturzentrum

Fundação Cal. Gulbenkian
Avenida de Berna 45a
Tel. 217 82 37 00, 217 82 30 30
www.gulbenkian.pt
Hervorragende Konzerte u. a. des hauseigenen Orchesters und Performances klassischer und zeitgenössischer Musik; im Sommer auch im Amphitheater im Garten mit schöner Atmosphäre

Teatro Nacional de São Carlos
Largo de São Carlos
www.saocarlos.pt

Palácio Foz
www.gmcs.pt

Coliseu dos Recreios
R. das Portas de S. Antão 92/104
www.coliseulisboa.com

Meo Arena
Parque das Nações
www.arena.meo.pt

TMN ao vivo
Rua da Cintura, Arm. 65,
Cais do Gás
www.tmn.pt
Veranstaltungshalle am Tejo

Culturgest
Rua Arco do Cego
www.culturgest.pt

Hot Clube de Portugal
Praça da Alegria 47-49
www.hcp.pt

Estádio de Alvalade
Rua Francisco Stromp

Estádio do Restelo
Av. da Ilha da Madeira

OPER

Teatro Nacional de São Carlos
Rua Serpa Pinto 9
www.saocarlos.pt

THEATER

Teatro Nacional Dona Maria II.
Praça D. Pedro IV. (Rossio)
www.teatro-dmaria.pt

Teatro São Luís
Rua António Maria Cardoso 54
www.teatrosaoluiz.pt

Teatro Politeama
Rua das Portas de S. Antão 109
www.teatropoliteama.com

Teatro do Bairro
Rua Luz Soriano 63
www.teatrodobairro.org

CASINOS

Casino de Lisboa
Parque das Nações
www.casinolisboa.pt
Auf dem ehemaligen Expo-Gelände

Casino Estoril
Av. Dr. Stanley Ho
www.casino-estoril.pt
Eines der größten Casinos Europas

Das Lux, immer noch Lissabons Top-Adresse für Nachtschwärmer

INFORMATION & INTERNET

Wer des Portugiesischen mächtig ist, kauft »Time Out« (Mi.), das Veranstaltungsmagazin nach dem Londoner Modell, das immer hervorragend informiert. Visit Lisboa gibt das gute monatliche Veranstaltungsprogramm »Follow Me Lisboa« (auch auf Englisch) heraus, das vielerorts ausliegt. Eine empfehlenswerte Website ist www.lecool.com (Lisboa), auch auf Facebook vertreten.

VORVERKAUFSSTELLEN

Kiosk Praça dos Restauradores

für Veranstaltungen aller Art in der Stadt

Fundação Cal. Gulbenkian

▸ S. 90

Im Hauptgebäude und im Centro de Arte Moderna nebenan für alle Veranstaltungen der Gulbenkian-Stiftung

Centro Cultural de Belém

▸ S. 90

für Veranstaltungen im Centro Cultural

Fnac

▸Shopping

Musikgeschäft mit diversen Filialen, u. a. im Amoreiras Shopping Center, im Centro Colombo und in den Armazéns do Chiado (für diverse Konzerte)

Essen und Trinken

Bom Apetite!

Warum die Lissabonner »alfacinhas« genannt werden, »kleine Kopfsalate«, verliert sich in den Annalen der Geschichte und erschließt sich auch bei einem Restaurantbesuch nicht. Auf 90 % der Hauptstadt-Speisekarten stehen Fleisch oder Fisch zur Auswahl. Erst in jüngster Zeit kommen auch Vegetarier in den Genuss einfallsreicher Gerichte.

Lissabon als Hauptstadt hat immer Portugiesen aus dem ganzen Land angezogen, und wer darauf achtet, kann **viele regionale Spezialitäten aus Portugal** probieren: Schweinefleisch im Brotkrumenmantel (migas) aus dem Alentejo, Meeresfrüchtegerichte aus der Algarve, im gedeckelten Cataplana-Kupfertopf geköchelt, oder junge Glasaale aus dem Minho-Tal im Norden.
In der **größten Fischverzehrernation Europas** kommt natürlich viel Fisch auf den Tisch – meist gegrillt. Das Aroma gegrillter Sardinen hängt zur Mittagszeit oft in der Luft, im Juni – dem Festmonat des Heiligen António, des Schutzpatrons von Lissabon – schwebt der Duft den ganzen Monat über Lissabons engen Altstadtgassen. Oder es gibt eine gegrillte Dorade mit einfacher Salatgarnitur, serviert in einer winzigen »tasca« in der man die Dame des Hauses über ihrem Gasherd werkeln sieht. An Sonntagen oder an Feiertagen wird dann aber ein Feuerwerk aus verschiedenen Fleisch- und Wurstsorten namens »Cozido à Portuguesa« zubereitet. Die lusitanische Küche ist ursprünglich eine Arbeiterküche, deftig, **unverfälscht und rustikal**. Typisch für die portugiesische Küche ist auch die clevere Verwendung der Reste vom Vortag.
Und die **Einflüsse der ehemaligen Kolonien** sind der Landesküche anzumerken. Es gibt eine Reihe solcher Eintöpfe: die kapverdischen »cachupa« mit Mais, Fleisch und Bohnen, die angolanische »muamba« mit Hühnchen in Palmöl, und vor allem der brasilianische Schweinefleisch-Bohnen-Feijoada.
Für **Vegetarier** kamen bisher fast nur rein vegetarische Restaurants mit wenig hiesigem Flair oder indisch-pakistanische Restaurants in Frage. In traditionellen Restaurants ist nach wie vor meist ein Omelett und Salat das Höchste der Gefühle. Doch in moderneren Etablissements finden sich heute mitunter sogar vegane und glutenfreie Gerichte auf der Speisekarte. Das hat einerseits mit ausländischen Gästen zu tun, aber auch mit der wachsenden Zahl junger Lissabonner, die vegetarisch essen.

Sehr beliebt: Fisch und Meeresfrüchte, in der Cataplana zubereitet – eine Spezialität aus der Algarve, die es auch in der Hauptstadt gibt

Schnell eine Tasse Kaffee im Stehen und dazu etwas auf die Hand – kleine Zwischenmahlzeiten sind in Portugal sehr beliebt.

Trends

Vieles ist wie in Mitteleuropa auch. Die junge Generation liebt ihr Fastfood, über fünfzig Prozent der Bevölkerung sind **übergewichtig** und portugiesische Kinder liegen im europäischen Vergleich in Sachen Gewicht an zweiter Stelle! »Bio« bleibt Bastion der oberen Mittelschicht, auch wenn es heute sogar Bio-Supermärkte gibt.
Globale Food-Trends wie Sushi und Gourmet-Hamburger sind mittlerweile auch in Lissabon angekommen, die Kochbücher des lockeren Jamie Oliver und ein beliebtes **TV-Kochprogramm** des einheimischen Henrique Sá Pessoa versuchen Spaß am Kochen zu wecken, und eine neue Generation von Starköchen wie Nuno Mendes, gebürtiger Lissabonner, sorgt auch international für Furore.
Generell lässt sich auch im südwestlichen Europa eine ausgezeichnete **Gourmetküche** finden, bisher überwiegend in den Städten und in touristischen Gegenden – Insider kennen aber auch auf dem Land die Adressen, die für die Zubereitung spezieller verfeinerter Küche bekannt sind. Und wo es eine teure Delikatesse gibt: schwarze Entenmuscheln namens »percebes«.

VON FRÜH BIS SPÄT

Mahlzeiten

»Die einfachste Art zu Tode getrampelt zu werden, ist, sich zwischen einen Portugiesen und sein Mittagessen zu stellen.« So drückt es eine Romanfigur in Robert Wilsons Kriminalroman »Tod in Lissabon« aus. Portugiesen lieben ihre zwei warmen Mahlzeiten am Tag – was sie nicht davon abhält, sich zwischendurch noch »petiscos«, kleine salzige Snacks, und süße Teilchen zum Kaffee zu gönnen.

Vergleichsweise unwichtig ist das **Frühstück**. Meist besteht das »pequeno almoço« nur aus einem schwarzen Kaffee oder einem Milchkaffee mit Toast, wobei die jüngere Generation jetzt auch schon mal zu Getreideflocken greift.
Im Normalfall wird dann aber **zweimal pro Tag warm** gegessen, dank vergleichsweise niedriger Preise – nicht selten sieht man auch ein »Troika«-Menü – zumeist im Restaurant. Die Krise lässt allerdings doch auch schon manche Restaurantbesitzer verzweifeln. Mittagessen gibt es normalerweise zwischen 12.30 und 14.00 Uhr, Abendessen zwischen 20.00 und 22.00 Uhr.
Wer nur den kleinen Hunger zwischendurch stillen möchte, nimmt in Cafés oder Bars einen **Snack** in Form von Toasts, belegten Brötchen oder typisch portugiesischen »Pastéis de Bacalhau«. Viele Portugiesen trinken auch zwischendurch nur schnell eine Tasse Kaffee im Stehen. Vor dem Abendessen wird manchmal ein gepflegter »aperitivo« eingenommen, z. B. in einer Gin-, Wein- oder Cocktailbar.

Die ganze Familie im Lokal

Die Stadt mag eine immer größere Auswahl an feinen Restaurants bieten, doch die große Mehrheit isst abends in den **zahllosen traditionellen Restaurants** günstig einen Fisch oder ein kleines Steak mit Salat. Die Lissabonner haben lange Arbeitstage – im europäischen Vergleich werden die Portugiesen da nur von den Briten übertroffen –, und zum Kochen fehlt oft einfach die Zeit. Ganz zu schweigen von den teuren Strom- und Gaspreisen.
Zudem hat **Geselligkeit** oberste Priorität, und so mag es Besucher erstaunen, dass trotz der desolaten finanziellen Lage bisher nur wenige Portugiesen auf ihr Essen im Restaurant verzichten; nur gelegentlich holt man sich ein gegrilltes Takeaway-Hühnchen oder ganz modern Sushi. Viele Portugiesen haben ihr Stammlokal in der Nähe des Arbeitsplatzes und verabreden sich zum Abendessen gern mit Freunden oder Bekannten in einem Restaurant. **Familienfeste** und Geburtstage werden ebenfalls häufig außer Haus begangen. Nicht selten gerät man in ein winziges Lokal, in dem ein Jubilar ausgelassen gefeiert wird. Die Kinder essen, was ihre Eltern essen, und bleiben, überdreht und rotbackig, bis spät dabei.

RESTAURANTS UND CAFÉS

Restaurants

Es gibt jede Menge Restaurants, in denen oft internationale Küche bzw. eine Mixtur aus portugiesischen und internationalen Gerichten angeboten wird. Normalerweise sind in solchen Restaurants die **Speisekarten in mehreren Sprachen** – oft auch auf Deutsch – geschrieben. Gute landestypische und regionale Gerichte bekommt man meist in einfachen Lokalen. Vorweg gibt es im Allgemeinen **Brot, Butter,** manchmal dazu **Käse** oder **Oliven**. Mitunter werden auch kleine Mengen Meeresfrüchte vorab auf den Tisch gestellt. Bei all diesen unaufgefordert gereichten Kleinigkeiten muss das, was verzehrt wird, auch bezahlt werden, was beispielsweise bei Meeresfrüchten die Rechnung ungeahnt ansteigen lassen kann.

Cafés

Etwas Besonderes sind in Portugal die Cafés, die meist sehr einfach eingerichtet sind. Sie sind traditionell ein **Treffpunkt**, hier kommt man zum Diskutieren über Politik und Fußball oder zum Plaudern über Alltägliches zusammen. Oder man liest bei einem »café«, einem kleinen schwarzen Kaffee, die Tageszeitung, studiert seine Arbeitsunterlagen oder guckt nur einfach auf die Straße. Manch ein Student hat auch schon behauptet, im Wesentlichen im Café studiert zu haben. Wer gerne Kuchen und kleine süße Teilchen isst, sollte auf Cafés – auch einfache – mit dem Hinweis **»fábrico próprio«** (eigene Herstellung) achten. Nach wie vor existieren in Lissabon noch einige traditionsreiche Cafés, wie die »Confeitaria Nacional«, die »Brasileira«, die Cafés »Versailles«, »Suiça« und »Nicola«, die für eine ganz eigene portugiesische Kaffeehauskultur stehen.

AUS PORTUGALS KÜCHE

Suppen

Quasi ein Muss sind die leckeren, leichten und unverfälschten portugiesischen Suppen als Vorspeise (entrada) oder als schnelle Mahlzeit zwischendurch. Suppen mit Preisen zwischen ein und zwei Euro sind die günstigste Art, satt zu werden. Eine portugiesische Nationalsuppe ist die grüne »caldo verde« (►typische Gerichte, S. 99), die auch gern von Nachteulen nach durchtanzter Nacht verspeist wird. Einfach und schmackhaft ist immer auch eine »sopa de legumes«, eine Gemüsesuppe. »Cozido à Portuguesa« ist ein schmackhafter Gemüseeintopf mit verschiedenen Fleischarten (►typische Gerichte, S. 98), eine »Caldeirada« ein Fischeintopf.

Tipps für Genießer

Das beste portugiesische **Brot** ist »pão alentejano«, ein dicht gebackenes Weißbrot, das sich lange hält und einen leckeren »torrada«-Toast mit Butter abgibt. **Käse** wird in Portugal zu Beginn der Mahlzeit serviert, mit Brot und Sardinenpaste. Der portugiesische Käsekönig ist »Serra da Estrela«, ein buttriger Weichkäse. Seit westgotischer Zeit wird hier im Südwesten Europas hervorragendes **Olivenöl** produziert. Bei einem internationalen Gourmet-Wettbewerb 2010 gewann die junge kaltgepresste Extra-Virgem-Ernte der Marke »Gallo« mit einem Säureanteil von nur 0,3 % die Goldmedaille!
Die wichtigsten **Kräuter** der portugiesischen Küche sind Oregano, flachblättrige Petersilie und Koriander; reines Lagunensalz aus der Algarve eignet sich gut als Mitbringsel. Die Entdeckungsfahrten brachten Piri-Piri-Gewürzpfeffer und Curry in die Töpfe.

Die portugiesische »Caldeirada«, ein leckerer Fischeintopf

365-mal Bacalhau

Eines der portugiesischen Nationalgerichte – neben den legendären Sardinen – ist **»bacalhau«** (Stockfisch). Zubereitet wird er in unzähligen Variationen, zu den gängigsten gehört »Bacalhau à Brás« (►typische Gerichte, S. 98). Bei »bacalhau com todos« handelt es sich um Stockfisch mit allerlei Gemüse, bei »bacalhau dourada« wird der Fisch mit Tomaten, Petersilie, Knoblauch und Wein zubereitet.

Köstlich süß

Der süße Zahn der Portugiesen ist so berühmt wie sympathisch. Zum **Nachtisch** wird oft eine »Mousse au Chocolat« gereicht, so gut wie in Frankreich – dem Zielland so vieler portugiesischer Emigranten –, Obst oder Milchreis mit Zimt. Häufig stehen in den Kühlvitrinen der Restaurants auch **»pudim flan«**, eine Karamell-Pudding-Variante, und »pudim Molotov« – im Wesentlichen eine Masse aus Eischaum, die im Nu auf der Zunge zergeht –, oder »leite creme«, eine leicht karamellisierte Masse aus Zucker, Ei und Milch. Der »doce da casa«, der Nachtisch nach Art des Hauses, ist überall ähnlich: eine Kalorienbombe aus Sahne, Kaffee, süßer Kondensmilch und Eiercreme. Berge von Süßem auch in der **Patisserie** – weltbekannt sind die Vanillepudding-Törtchen mit Zimt, »Pastéis de Nata«, die seit 1837 in Lissabons Stadtteil Belém nach Geheimrezept gebacken werden (►Baedeker Wissen, S. 100).
Kleine Süßigkeiten aus Ei und Zucker, Gebäckfüllungen bestehen fast immer aus einer **Eigelbcreme**. Warum? In der Vergangenheit blieb in den vielen Klöstern des Landes nach dem Stärken der Gewänder und Hauben mit Eiweiß immer Eigelb übrig, das so kulinarische Verwendung fand. »Doces conventuais«, Klosterspeisen, werden bis heute nach Rezepten aus dem 17. Jh. hergestellt. Darunter gibt es so unklösterliche Köstlichkeiten wie »Beijos de Freiras« (Nonnenküsse), »Toucinho do Céu« (Himmelsspeck) oder »Barriga de Freiras« (Nonnenbauch).

Typische Lissabonner Gerichte

Auf den Lissabonner Speisekarten steht Leckeres aus dem ganzen Land. In Portugal liebt man einfach und frisch zubereitete Speisen – mehr Fisch an den Küsten, mehr Fleisch im Hinterland. Und der Hang zu Suppen ist überall ausgeprägt und fast schon legendär.

Bacalhau à Brás: Man sagt, es gibt so viele Stockfischrezepte wie Tage im Jahr, und traditionell mussten heiratswillige Frauen in der Lage sein, ihn in unterschiedlichen Variationen zuzubereiten. Die bekanntesten sind »Bacalhau à Brás« und »com natas«, in Sahnesauce. Die Stockfischhälften, die man in Supermärkten sieht, kommen meist aus Norwegen. Am einfachsten ist es, Bacalhau schon vorfiletiert und fertig aufgetaut (desfiado e demolhado) zu kaufen. Für Bacalhau à Brás werden Stockfischstreifen, Kartoffelstäbchen, Zwiebeln und Knoblauch in Olivenöl gedünstet und mit Pfeffer gewürzt. Schaumig geschlagene Eier kommen dazu, und die Masse wird mit Petersilie und schwarzen Oliven garniert.

Cozido à Portuguesa: Bei diesem Eintopf, der noch aus den Zeiten stammt, als ein Großteil der Portugiesen in harter Arbeit das Feld bestellte, kommt wirklich alles zusammen: Rindfleisch, Schweinefuß, portugiesische Wurstspezialitäten wie Farinheira, Linguiça und Salpicão, Schinkenspeck, küchenfertige Hähnchenteile. Nach Gusto kommen Grünkohl, Weißkohl, Möhren, Kartoffeln, Kichererbsen und Petersilie dazu. Ganz authentisch wird die Symphonie aus Fleisch, Wurst und Gemüse mit einem borstigen Schweineohr oben drauf.

Caldo verde: Die grüne Kohlsuppe mit Wursteinlage ist ein echter Klassiker, sie steht in fast jedem Lokal unter »sopas« auf der Speisekarte. Ursprünglich stammt sie aus Nordportugal, dort wurde sie viel von Landarbeitern gegessen, heute ist sie aber eine beliebte Vorspeise im ganzen Land, die auch nach einer durchzechten Nacht gut mundet und die Lebensgeister weckt. Caldo Verde besteht aus mehlig kochenden Kartoffeln, in feine Streifen geschnittenen Grünkohl, einem Schuss Olivenöl und einer Scheibe Chouriço-Wurst.

Chouriço: Der beliebten geräucherten Wurst aus Schweinefleisch, Grieben und Knoblauch wird meistens noch Paprika zugesetzt. Gern wird die Chouriço auf einem kleinen Keramikgeschirr gegrillt, ein braun glasierter Tischgrill, den man auch in vielen Souvenirläden findet. In einigen Restaurants wird sie auf südportugiesische Art zubereitet: Man gießt hochprozentigen Medronho in die Grillpfanne, zündet ihn an und lässt das Ganze ein paar Minuten brennen – sehr schmackhaft! Chouriço ist auch als Mitbringsel gut geeignet.

Carne de porco à Alentejana: Das berühmteste Schweinefleischgericht Portugals kommt im Idealfall vom trüffelgefütterten schwarzen Schwein aus dem Alentejo, dem »porco preto«, meist wird aber normales Schweinefleisch genommen. Der Clou an »Schweinefleisch nach Alentejo-Art« ist die Kombination mit Venusmuscheln, die anderswo kaum zu finden ist. Paprika, Tomaten, Kartoffeln, Zwiebeln, Knoblauch, Olivenöl, ein Lorbeerblatt und gehackter Koriander kommen bei dieser ungewöhnlichen Mixtur mit in den Topf.

Eine portugiesische Versuchung

Sie gehören zu Portugal wie das Meer und der Strand: die Pastéis de Nata, Vanille-Sahnetörtchen in knusprigem Blätterteig, die im ganzen Land zu kaufen sind. Ein portugiesischer Witz beschreibt das Suchtpotenzial der ikonischen Törtchen so:

»Der kleine Pedro fragt seine Mutter: ‚Mãe, darf ich noch ein Pastel de Nata haben, bitte, bitte?!' Die Mãe: ‚Wenn du noch eins isst, dann platzt du!' Pedro: ‚Okay, also noch eins, und dann geh mal zur Seite.'«

Geheimrezept

Ein Großteil der in Portugal verkauften Sahnetörtchen wird in Lissabons berühmtem Vorort Belém verspeist, **noch warm und frisch** aus dem Ofen, nach Gusto **mit Zimt und Puderzucker** bestreut. Die meisten Besucher der Hauptstadt finden den Weg nach Belém zu dem Entdeckerdenkmal, der Torre de Belém und dem Hieronymuskloster. Von den kulturinteressierten Touristen besuchen wahrscheinlich 80 Prozent die **Antiga Confeitaria de Belém**, wo die süßen Törtchen seit 1837 nach Geheimrezept hergestellt werden: 10 000 bis 15 000 Stück pro Tag. Der Ort, obwohl natürlich auf dem obligatorischen Touristentrail, hat Charme: Neben der Schlange für den Direktverkauf liegt der Eingang zum antik gefliesten Labyrinth der Confeitaria mit ihren typisch portugiesischen, reserviert-freundlichen Kellnern. Und die Objekte der Begierde sind hier ganz einfach die frischesten.

Übrigens ist in der Belém-Variante **keine Sahne** (natas) enthalten. Da kann man also ruhig eins mehr genießen … Wie viele sollte man denn überhaupt bestellen? Aller guten Dinge sind drei, heißt es – und vielleicht sind drei, wie fotografisch auf der Homepage der Pastéis de Belém (www.pasteisdebelem.pt, nicht auf Deutsch) suggeriert, tatsächlich ideal. Und seitdem der Fußweg am Tejo-Ufer ausgebaut ist, kann man die Kalorien bei einem schönen 6-km-Fußmarsch auf dem Rückweg in die City gleich wieder abarbeiten.

Süße Geschichte

Die Geschichte besagt, dass Anfang des 19. Jahrhunderts neben dem Hieronymuskloster eine Zuckerfabrik stand. Als die religiösen Orden 1834 im Zuge der liberalen Revolution aufgelöst wurden, begannen die Mönche als Überlebensstrategie die Pastéis neben der Zuckerfabrik zu verkaufen. Das Rezept ist bis heute gleich geblieben. Die Chefbäcker, die in der **Oficina do Segredo** (»Geheim-Werkstatt«) arbeiten, müssen eine Vertraulichkeitserklärung unterschreiben. 2011 wurde das Pastel de Belém zu **einem von Portugals Sieben Gastronomischen Wundern** gekürt.

Die weltbesten Pastéis

In Lissabon wird jedes Jahr ein Wettbewerb ausgeschrieben: »Lissabons bestes Pastel de Nata« – die Confeitaria aus Belém ist ausgeschlossen. Der Pastel-Oscar ging schon an **O Chique** ein paar Häuser

weiter (gut zu wissen, sollte die Schlange bei der Confeitaria zu lang sein), und schon zweimal an **Aloma**, eine Pastelaria im Viertel Campo de Ourique, die immerhin auch schon seit 70 Jahren besteht. Ein lohnender Trip für besessene Foodies und Literaturliebhaber: Das Pessoa-Museum ist nämlich nur fünf Minuten entfernt.

Exportverdächtig

Die Pastéis de Nata hat es nicht in den portugiesischen Grenzen gehalten. In den Pastelarias der lusophonen ehemaligen Kolonien wie **Brasilien** und **Mosambik** sind sie gang und gäbe. Und über **Macau** haben sie auch den Siegeszug nach Asien angetreten. Seit gut zehn Jahren sind die »pu shi dan ta«, wörtlich: »Eiertörtchen im portugiesischen Stil« auch in **China** vertreten, und bei der EXPO 2010 in Shanghai verkaufte der portugiesische Pavillon an einem Tag nicht weniger als 17 000 Stück. Und auch in **deutschsprachigen Landen** sieht man sie in Cafés und in Ketten-Coffeeshops, wo sie oft als »Nata« zu haben sind. In Zeiten der Krise soll ein portugiesischer Minister sogar gesagt haben, er habe eine Idee, die möglicherweise zur Sanierung der Staatskassen beitragen könne: Man solle den Export von Pastéis de Nata erwägen …

Zum Ausprobieren:

3 Eigelb
115 g Feinzucker
2 EL Maismehl
230 ml Schlagsahne
170 ml Milch
2 Teelöffel beste Vanillepaste
1 Platte gekaufter Blätterteig

Der Ofen wird auf 220 °C vorgeheizt, der Blätterteig aufgetaut. Eigelb, Zucker, Vanille und Maismehl werden schaumig geschlagen, Sahne und Milch vorsichtig mit dem Schneebesen eingearbeitet, alles 1 oder 2 Min. in die Mikrowelle gestellt und nochmals mit dem Schneebesen aufgeschlagen. Das Ganze wird zweimal wiederholt, die Vanille-Sahnemischung sollte insgesamt 5 bis 6 Min. eindicken. Dann wird sie aus der Mikrowelle genommen, Küchenfolie auf die Masse gelegt, damit sich keine Haut bildet, und alles zum Abkühlen stehengelassen. Die Teigplatte wird in zwei Teile geteilt, diese werden 5 Min. ruhen gelassen, zu einer festen Rolle gewickelt und diese in zwölf Rondelle geschnitten. Jedes Rondell wird dünn ausgerollt. Mit einem Ausstecher werden Kreise geschnitten, die man in metallene Kuchen-Förmchen legt. Die Vanille-Sahnemischung wird hineingegeben. Man lässt sie 15 bis 20 Min. bei 220 °C backen, bis die Ränder knusprig sind. Eventuell mit Zimt und Puderzucker bestreuen und warm servieren.

Wer zu Hause gern das Original essen möchte: Man kann die Pastéis in Portugal in hübschen Papprollen verpackt kaufen und selbst mit auf die Heimreise nehmen.

GETRÄNKE

Erfrischend Neben Cola und Tonicwasser (água tónica) bekommt man **Mineralwasser** (água mineral) mit milder Kohlensäure (com gás), häufiger stilles Wasser (sem gás). Außerdem gibt es gute **Säfte** (sumo), Orangensaft ist oft frisch gepresst und günstig.

Bier (cerveja) ist in Portugal sehr beliebt. Am meisten werden »Sagres« und »Superbock« getrunken, das Boémia von Sagres ist ein dunkles Bier. Bestellt man »cerveja«, bekommt man Flaschenbier, »imperial« ist ein kleines Bier vom Fass, »caneca« ein großes.

Kräftig Nach dem Essen genehmigt man sich in Portugal gern einen kleinen schwarzen Kaffee und etwas Hochprozentiges, einen **»aguardente velha«**, alter Weinbrand, einen »bagaço«, Tresterschnaps, oder auch einen Medronho aus der Algarve. Meist werden die Gläser randvoll gefüllt. Relativ süß ist der Ginjinha, ein Kirschlikör, der mit (com elas) und ohne (sem elas) Kirschen bestellt werden kann (►Baedeker Tipp, S. 306).

Kaffee Kaffee wird als »café« oder »bica« serviert, also als kleiner, starker Kaffee, oder als **»galão«**, Milchkaffee im Glas. Wer »café com leite« bestellt, erhält normalerweise einen Milchkaffee in der Tasse. »Meia de leite« bezeichnet einen Milchkaffee mit etwas weniger Milch – ebenfalls in der Tasse serviert. Aromatischer im Geschmack ist oft der frisch gebrühte Milchkaffee »meia de leite à máquina«.

Wein Weine aus Portugal sind in Mitteleuropa kaum zu bekommen, viele sind aber ausgesprochen gut. Portugal gehört zu den traditionellen Weinanbauländern, Portugals Weingesetze sind die ältesten Europas. Seit dem 15. Jh. exportiert das Land Wein. In Deutschland waren lange vor allem der Mateus rosé und der Gatão, ein Vinho Verde, bekannt – Weine, die aber nicht stellvertretend für portugiesische Weine stehen können. Mit dem Eintritt in die EU verbesserte sich ihre Qualität, moderne Keltermethoden setzten sich durch. Mittlerweile bestimmen **sowohl Tradition als auch Avantgarde** Portugals Weinanbau. Einige Weine gelten inzwischen als Spitzenweine oder sind bei Kennern geradezu ein Geheimtipp. Zum Essen trinkt man normalerweise einen Tischwein (vinho da mesa) oder einen Hauswein (vinho da casa). Ein **»vinho tinto«** ist ein Rotwein, **»vinho branco«** ein Weißwein. Bekannte Weinregionen bei Lissabon sind Colares bei Sintra und die Gegend um Setúbal auf der Península de Setúbal auf dem südlichen Tejo-Ufer; hier wird auch der Moscatel de Setúbal, ein beliebter Dessertwein aus Muskatellertrauben, produziert.

»Vinho verde« ist ein leicht moussierender, frischer Wein, der aus dem Gebiet nördlich und östlich von Porto kommt und etwa 20 % der portugiesischen Weinproduktion einnimmt. Die Bezeichnung

»grüner Wein« bezieht sich auf die Herstellungsmethode: Die Trauben werden sehr früh geerntet und nur kurz vergoren.
Der berühmteste portugiesische Wein ist zweifellos **Portwein**, dessen Name sich von der Stadt Porto im Norden herleitet. Das Hauptanbaugebiet am Oberlauf des Douro verfügt über einen besonders schieferhaltigen Boden, der dem Wein seinen eigenen Geschmack verleiht. Eine Mischung aus teilvergorenem Rotwein und Branntwein wird über mehrere Jahre in Fässern oder bei besonderer Qualität in Flaschen gelagert. Trockene Portweine werden gern als Aperitif getrunken, die süßen dagegen als Dessertweine bevorzugt.

Ausgewählte Restaurants und Cafés

1 etc. ► Karte S. 106/107

PREISKATEGORIEN

für ein Hauptgericht
€€€€ über 20 €
€€€ 15 – 20 €
€€ 10 – 15 €
€ bis 10 €

FEIN & TEUER

1 Clara €€€€
Campo dos Mártires da Pátria 49
Tel. 218 85 30 53
www.lisboa-clara.pt
Eines der Spitzenlokale Lissabons in dem kleinen Park oben auf dem Campo dos Mártires da Pátria. Bei gutem Wetter lässt es sich zauberhaft im Innenhof-Garten speisen.

2 100 Maneiras €€€€
Rua do Teixeira 35
Tel. 910 30 75 75
www.restaurante100maneiras.com
Hochgelobte mediterran-portugiesische Tasting-Menüs. Wer etwas weniger Geld ausgeben möchte oder spät nachts noch Hunger auf die Kreationen des Starkochs Ljubomir Stanisic verspürt, kann auf den neuen Ableger »Bistro 100 Maneiras« am nahen Largo da Trindade ausweichen.

BAEDEKER TIPP !

Freund Ralf hilft

Dieser Service bietet für einen Pauschalpreis ein portugiesisches Handy – nützlich für Tischreservierungen u. ä. – und dazu einen »Freund vor Ort« an. Wer sich auf der Website www.askralf.net registriert, kann eine deutsche oder deutschsprachige Person, die in Lissabon lebt, anrufen, um Informationen, Erklärungen oder Restaurant-Vorschläge einzuholen.

3 MYRIAD by Sana Oriente €€€€
Cais das Naus, Parque das Nações
Tel. 211 10 76 00
www.myriad.pt
Auch wer sich nicht den Fünf-Sterne-Luxus des neuen Expogelände-Hotels am ehemaligen Raffinerie-Turm leisten kann, kann (bei gutem Wetter) auf dem Schiffsdeck River Lounge unvergesslich dinieren. Man speist wie auf einem Schiffsbug, die Vasco-da-Gama-Brücke im Blick. Auch

den Blue-Hour-Aperitif kann man hier bei DJ-Loungemusik ab 19 Uhr einnehmen.

4 Tágide €€€/€€€€
Largo da Academia de Belas Artes 18
Tel. 213 40 40 10
www.restaurantetagide.com
Beeindruckend ist die elegante Ausstattung mit antiken Fliesenbildern. Man sitzt mit schönem Blick über Stadt und Fluss. Serviert wird portugiesische und internationale Küche. Die angeschlossene Wein- und Tapas-Bar bietet eine günstige informelle Alternative.

5 Comida de Santo €€€
Calçada Eng. Miguel Pais 39
Tel. 213 96 33 39
www.comidadesanto.pt
Gute brasilianische Küche zu gehobenen Preisen

6 Via Graça €€€
Rua Damasceno Monteiro 9 B
Tel. 218 87 08 30
Grandioser Blick über die Stadt, schönes Art-déco-Ambiente, freundlicher Service

7 Chapitô a mesa €€€
Rua da Costa do Castelo 7
Tel. 218 87 50 77
www.chapito.org
Nettes Lokal auf halber Höhe am Kastellhügel mit alternativer, künstlerischer Stimmung. Wer einen Tisch am Fenster erwischt, hat einen tollen Blick über die Stadt. Im Sommer kann man sehr schön draußen sitzen. Es gibt gute internationale Küche, u. a. ein günstiges Tapasmenü.

8 Martinho da Arcada €€€
Praça do Comércio/Rua da Prata
Tel. 218 87 92 59
www.martinhodaarcada.pt
Früher war das Martinho da Arcada das Stammcafé von Fernando Pessoa, in den 1990er-Jahren wurde umgebaut. Heute ist das frühere einfache Café ein nicht ganz billiges Restaurant. In einer Ecke wird an Pessoa erinnert.

9 Enoteca de Belém €€€
Travessa Marta Pinto 10
Tel. 213 63 15 11
www.travessadaermida.com
Nach all den Sehenswürdigkeiten in Belém kann man in diesem gemütlichen Gourmet-Weinbar-Restaurant in einer ruhigen Seitengasse schön ausspannen: interessante Speisekarte, frisch-romantisches Design, Weine zu fairen Preisen und ein sehr freundlicher Service.

10 Pharmácia €€€
Rua Marechal Saldanha 1
Tel. 213 46 21 46
Mit seinem Tapas-basierten Konzept, einer original portugiesischen Cocktailliste und pharmazeutisch angehauchtem Flair hat das Restaurant im Apothekenmuseum seine Fangemeinde. Für Gäste mit großem Hunger lohnt sich das Überraschungsmenü, das auch problemlos vegetarisch zu haben ist. Im Sommer sitzt man draußen, mit Blick auf den Fluss.

11 12 Bistro & Terrace €€€
Rua Marquês da Fronteira (Jardim Amália Rodrigues)
Tel. 917 661 111
12bistro.com

Im Chapitô a mesa bekommt man internationale Gerichte, und wer einen Fensterplatz erwischt, hat einen schönen Blick über die Stadt.

Das Projekt des deutschen Sternekochs Joachim Körper ist eine Bistro-Alternative zu seinem eingesessenen michelinsterngekrönten »Eleven«. Es gibt moderne europäische Küche, die man mit schönem Blick genießen kann. Nur Mi.–Sa. geöffnet.

12 Cantinho do Avillez €€€

Rua Duques de Bragança 7
Tel. 211 99 23 69
www.cantinhodoavillez.pt
José Avillez ist der zur Zeit angesagteste Küchenmeister der Stadt, und hier lassen sich seine Kochkünste, die im Mutterhaus Belcanto das Budget sprengen würde, zu relativ zivilen Preisen ausprobieren. Gäste können sich auf Thunfischtartar mit Quinoa und Miso-Mayonnaise oder Spanferkel-Bruschetta freuen. Das dritte Avillez-Objekt, eine neue Pizzeria, ist in der gleichen Straße, allerdings sind die ausgefallenen Pizzen recht teuer.

13 Cervejaria Ramiro €€€

Avenida Almirante Reis 1
Tel. 218 85 10 24
www.cervejariaramiro.pt
Vor der Meeresfrüchte-Kathedrale bilden sich regelmäßig Schlangen.

14 Confraria Lx €€€

Rua do Alecrim 12
Tel. 213 42 62 92
Bar/Restaurant in schön eingerichtetem großen Raum: gute Adresse für Sushi-Fans nahe Cais do Sodré, gemütlich und trendig

15 La Paparrucha €€€

Rua Dom Pedro V. 18-20
Tel. 213 42 53 33
www.lapaparrucha.com
Bei unerwartet grandioser Aussicht auf die City sind hier vor allem Fleischesser glücklich. Das argentinische Restaurant in toller Lage bereitet viele gute Steak- und nur sehr wenige Fischgerichte zu. Einen Tisch am Fenster zu reservieren, lohnt sich unbedingt!

Hotels und Restaurants

Essen
1 Clara
2 100 Maneiras
3 MYRIAD by Sana Oriente
4 Tágide
5 Comida de Santo
6 Via Graça
7 Chapitô a mesa
8 Martinho da Arcada
9 Enoteca de Belém
10 Pharmácia
11 12 Bistro & Terrace
12 Cantinho do Avillez
13 Cervejaria Ramiro
14 Confraria Lx
15 La Paparrucha
16 Taberna Ideal
17 Flor dos Arcos
18 Sessenta
19 Cervejaria da Trindade
20 Santo António de Alfama
21 Casa do Alentejo
22 Madragoa Café
23 Osteria
24 Noobai Café
25 Rosa da Rua
26 Al Cantaro
27 Restaurante Águas Livres
28 Adega São Roque
29 Toma Lá-dá-Cá
30 Estrela da Bica
31 O Galeto
32 Café Nicola
33 Café Suíça
34 Café A Brasileira
35 Confeitaria Nacional
36 Pastelaria Versailles
37 Antiga Confeitaria de Belém
38 Pastelaria Benard
Fundação Arpad Szenes
Mãe d'Água
C. M. L.
Praça do Marquês de Pombal
Largo do Rato
Sinagoga
RATO
Jardim Botânico
Academia das Ciências
Praça do Príncipe Real
Palácio de São Bento (Parlament)
Miradouro S. Pedro d. Alcântara
Solar do Vinho do Porto
BAIRRO ALTO
Atelier-Museu Júlio Pomar
Igreja dos Paulistas
Igreja do Loreto
N.S. da Encarnação
Teatro N. d. São Carlo
Miradouro d. S. Caterina
Ascensor da Bica
LAPA
Museu Nacional de Arte Antiga
Santos
Largo de Santos
Praça de Dom Luís I.
Mercado
Estação do Cais do Sodré
Av. Vinte e Quatro de Julho
Avenida Vinte e Quatro de Julho
Av. da Liberdade
Av. Pedro Álvares Cabral
Calçada da Estrela
Calçada do Combro
Rua de S. Paulo
Belém
Palácio das Necessidades
Doca de Alcântara
Tejo
Cacilhas
Seixal

Übernachten
1 Lapa Palace
2 Ritz Four Seasons
3 Avenida Palace
4 Solar do Castelo
5 H10 Duque de Loulé
6 Britania
7 Senhora do Monte
8 Hotel do Chiado
9 Palácio Ramalhete
10 Casa Amora
11 Casa das Merceeiras
12 Monte Belvedere
13 Casa do Bairro
14 Hotel Aviz
15 Hotel Portugal
16 Hotel Sana Rex
17 Casa de São Mamede
18 Ibis Saldanha
19 Residencial Florescente
20 Pensão Alegria
21 Pensão Londres
22 Residencial Portuense
23 Lisbon Lounge Hostel
24 Rossio Hostel
25 Lisbon Destination Hostel
26 Travellers House
27 The Independente
Aeroporto
Largo de Santa Bárbara
Largo da Penha de França
Igreja dos Anjos
Embaixada da R. F. da Alemanha
Campo dos Mártires da Pátria
Pr. Quatro Caminhos
Miradouro Senhora do Monte
GRAÇA
Elevador da Lavra
Elevador da Glória
Praça dos Restauradores
Igreja e C. da Graça
Largo da Graça
Miradouro da Graça
Teatro D. Maria II
Palácio da Independência
São Domingos
Estação do Rossio
MOURARIA
Praça Dom Pedro IV (Rossio)
Praça da Figueira
Liceu Gil Vicente
São Vicente de Fora
Campo d. Sta Clara
Igreja do Carmo
Largo do Carmo
Castelo de São Jorge
Elevador do Carmo
BAIXA
Panteão Nacional
Museu de Artes Decorativas
CHIADO
Miradouro d. S. Luzia
Museu do Chiado
Santo António da Sé
Sé Patriarcal
Museu do Design (MUDE)
Igreja da Madalena
Câmara Municipal
Arco Triunfal
Conceição Velha
Casa dos Bicos
Museu do Fado
ALFAMA
Museu Militar
Estação de Santa Apolónia
Terminal dos Cruzeiros
Museu Nacional do Azulejo
Praça do Município
Praça do Comércio (Terreiro do Paço)
Estação Fluvial
Tejo
Avenida Infante D. Henrique
Avenida Almirante Reis
Av. da Liberdade
Rua da Palma
250 m
Barreiro
Montijo Seixal
©BAEDEKER

⑯ Taberna Ideal €€/€€€

Rua da Esperança 112
Tel. 213 96 27 44
Eine Neuauflage portugiesischer Gerichte nach Großmutters Art, ganz im Stil einer alten Taverne eingerichtet. Es empfiehlt sich, einen Tisch vorzubestellen!

⑰ Flor dos Arcos €€

Largo do Chafariz de Dentro 11
Tel. 218 87 20 35
www.flordosarcos.com
Nettes Familienlokal in der Alfama. Die Küche ist bodenständig, hier werden gute, typisch portugiesische Gerichte zubereitet. Besonders lecker ist der gegrillte Lachs.

⑱ Sessenta €€

Rua Tomás Ribeiro 60
Tel. 213 526 060
Das Sessenta zeichnet sich durch eine hervorragende portugiesische Küche und unprätentiösen Service aus. Es gibt Spezialtage mit Weinen und Gerichten aus verschiedenen Regionen des Landes und für Naschkatzen edle hausgemachte Schokoladen.

⑲ Cervejaria da Trindade €€

Rua Nova da Trindade 20
Tel. 213 42 35 06
www.cervejariatrindade.pt
Eingerichtet in dem ehemaligen Convento da Trindade. Man sitzt in zwei hallenartigen Räumen mit schönen, großen Fliesenbildern an den Wänden oder im kleinen, intimen Innenhof. Gut sind vor allem die Meeresfrüchte, alles in allem gilt das Hauptinteresse beim Besuch der Cervejaria Trindade dem Dekor und Bier.

⑳ Santo António de Alfama €€

Beco São Miguel 7
Tel. 218 88 13 28
www.siteantonio.com
Hübsches Lokal am lauschigen Beco São Miguel inmitten der Alfama. Schönes Ambiente mit alten Fliesen und Fotos an den Wänden. Kleine Speisekarte und sehr gute verfeinerte portugiesische Küche.

㉑ Casa do Alentejo €€

Rua das Portas de S. Antão 58
Tel. 213 40 51 40
Das spektakuläre neomaurische Dekor der Eingangshalle lockt viele Touristen an. Es gibt typische Gerichte des Alentejo, besonders gut ist »Carne de Porco à Alentejana«: Schweinefleisch mit Muscheln (►Rua das Portas de Santo Antão).

㉒ Madragoa Café €€

Rua da Esperança 136
Tel. 214 00 54 47
Freundlich, persönlich, gemütlich: In dem kleinen portugiesischen Restaurant im hübschen Stadtteil Madragoa wird nur Abendessen serviert. Christina kocht, ihr Mann António berät zur Weinauswahl. Vegetarier können sich auf einen Açorda-Broteintopf mit Pilzen freuen, und auch Diät-Sonderwünsche werden berücksichtigt.

㉓ Osteria €€

Rua das Madres 52-54
Tel. 213 96 05 84
www.osteria.pt
Wer etwas Abwechslung zur portugiesischen Küche sucht, wird hier fündig: In dem immer gut be-

Die Cervejaria Trindade – man sitzt in alten Klostermauern.

suchten italienischen Restaurant zaubert die Küche Spezialitäten wie sardisches »pane carasau« und spannende Abwandlungen beliebter Klassiker. Die Lautstärke ist wie in Italien, und man sitzt eng beieinander.

24 Noobai Café €€

Miradouro do Adamastor
Tel. 213 46 50 14
www.noobaicafe.com
Hier sitzt man fantastisch an einem warmen Sommertag – am schönsten auf der oberen Terrasse mit Blick über die Dächer auf den Tejo und die Brücke. Es gibt eine kleine Auswahl an leckeren Gerichten, Salaten, Tapas und Toasts.

25 Rosa da Rua €€

Rua da Rosa 265
Tel. 213 43 21 95
Kleines behagliches Lokal mit freundlichem Service. Es gibt eine große Buffettauswahl an typisch Portugiesischem, Internationalem und Vegetarischem.

26 Al Cantaro €€

Rampa das Necessidades 6
Tel. 213 95 15 88
www.alcantaro.pt
Ein nettes Lokal in Alcântara. Auf der Speisekarte steht eine Auswahl an einfallsreich zubereiteter portugiesischer Hausmannskost. Nur mittags und Fr., Sa. abends ab 19.30 Uhr geöffnet.

Ein Paradies für Süßschnäbel: die Confeitaria Nacional

27 Restaurante Águas Livres €/€€
Calçada Bento Rocha Cabral 18
Tel. 213 87 83 65
Hier in der Nähe vom Largo do Rato sitzt man schön und bekommt gute, günstige Gerichte der Landesküche, die nicht ganz so rustikal angerichtet sind wie sonst üblich in dieser Preisklasse.

28 Adega São Roque €
Rua da Misericórdia 120
Tel. 213 43 21 67
Ein traditionelles Restaurant, mit Fußball- und Fado-Dekor, weniger für ein romantisches Dinner als für ein unprätentiöses Abendessen. Man kann ohne Vorbehalte die gesamte Speisekarte durchprobieren.

29 Toma Lá-dá-Cá €
Travessa Sequeiro 38
Tel. 213 47 92 43
Im Toma Lá-dá-Cá im Stadtteil Bica gibt es sehr guten Fisch oder auch Steaks. Alles ist absolut frisch und hausgemacht. Total lecker sind auch die Nachtische – unbedingt probieren!

30 Estrela da Bica €
Travessa do Cabral 33
Tel. 213 47 33 10
Kleines Lokal nahe der Bica-Standseilbahn, in dem portugiesische Spezialitäten mit internationalem Touch auf den Tisch kommen. Der »Stern der Bica« ist auch eine gute Adresse für Vegetarier, und der Service ist sehr freundlich.

31 O Galeto €

Avenida da República 14
Tel. 213 54 44 44
Eine fast schon kultige Adresse für den späten Hunger und für Nachteulen aus allen sozialen Schichten, inkl. VIPs – hier gibt es noch bis tief in die Nacht etwas Warmes zu essen. In dem großen Raum sitzt man an langen Theken und bekommt gute einfache Gerichte.

CAFÉS

32 Café Nicola

Praça D. Pedro IV (Rossio) 24
►Rossio

33 Café Suíça

Praça D. Pedro IV (Rossio) 99
www.casasuica.pt
Der Preis für den zentralen Kaffeegenuss: Straßenmusik und -kunst wechselnder Qualität direkt vor der Terrasse

34 Café A Brasileira

Rua Garrett 120, ►Chiado

35 Confeitaria Nacional

Praça da Figueira 18 B/C
www.confeitarianacional.com
Riesenauswahl an feinem Gebäck, das man in schöner altertümlicher Atmosphäre genießt

36 Pastelaria Versailles

Av. da República 15 A
Alteingesessene stilvolle Pastelaria im Kaffeehausstil

37 Antiga Confeitaria de Belém

Rua de Belém 84/86
www.pasteisdebelem.pt
Der Törtchenklassiker in Belém!

38 Pastelaria Benard

Rua Garrett 104-106
Traditionscafé – feiner als die benachbarte Brasileira

Feiertage · Feste · Events

Feste muss man feiern ...

Trotz Troika und großer Einschnitte im Kulturbudget lassen sich die Lissabonner die Freude am Feiern nicht nehmen. In schwierigen Zeiten bleibt der »convívio« wichtig, das Zusammenkommen mit Freunden und Familie bei Konzerten, bei Stadtheiligenfesten oder Spielen der Nationalmannschaft.

Konzerte

Musik ist ein wichtiger Teil des Lebens dieser Stadt. Gleich am ersten Januar läutet das Konzert des Orquestra Metropolitana de Lisboa im Centro Cultural de Belém (CCB) das Jahr ein. Im April bringen die **Dias da Música** Interpreten von Weltrang an den gleichen Ort, mit musikalischem Angebot und Aktivitäten für alle Generationen. Zwischen Juni und September finden in und um **Sintra** sowie in den Schlossgärten von **Queluz** klassische Konzerte statt. In dieser Zeit bringt auch das MEO-Outjazz-Festival Wochenendkonzerte in die Stadt. Der Soundtrack des Monats Juni ist die populäre Pimba-Volksmusik der Stadtheiligenfeste.
Eigentlich ist musikalisch immer etwas los in der Stadt: Da formiert sich vielleicht plötzlich an einer Straßenecke eine Truppe traditionell gekleideter Herrschaften und stimmt alentejanische Chorgesänge an, oder neue Bands spielen gratis in der Fnac-Buchhandlung im Chiado oder der Metrostation Baixa-Chiado.

Kulinarische Feste

Die Gastronomie wird immer wichtiger im Festkalender von Lissabon, bestimmten Nahrungsmitteln werden gern ganze Festivals gewidmet. So bietet sich in der Hauptstadt dieser begeisterten Fischessernation zum Beispiel beim größten **Fisch- und Meeresfrüchte-Festival** des Landes »Peixe em Lisboa – Fish & Flavours« eine hervorragende Gelegenheit, sich durch innovative fischige Spezialitäten zu probieren.

Gratis und »open house«

Vor allem im Sommer wird Kultur demokratisch, wenn in den städtischen Parks **günstiges Open-Air-Kino** gezeigt wird, auf dem Platz vor dem Theater Opern auf Großleinwand übertragen und an zentralen Orten **Gratis-Konzerte** veranstaltet werden – da kann auch schon mal die große Mariza ein Homecoming-Fadokonzert geben. Wer **hinter die Kulissen** normalerweise geschlossener Institutionen blicken will, muss bis Anfang Oktober warten, wenn beim Open House (www.openhouselisboa.com) Dutzende faszinierender Orte aufgeschlossen werden.

Festlich beleuchtet: Die Ruine der Igreja do Carmo ist eine eindrucksvolle Kulisse für abendliche Konzerte.

Kino Selbst wenn die altehrwürdige Cinemateca vor dem Konkurs gerettet werden musste – Lissabon bleibt eine Stadt der Kinogänger. Über das ganze Jahr verteilt, sind spezielle **Filmfestivals** – dem Zeichentrick-, Horror- oder Dokumentarfilm oder spezifischen Länderkinos gewidmet – auch für Besucher eine gute Gelegenheit, sich unter die cinephilen Lissabonner zu mischen. Sehr viele Filme werden im Original gezeigt. Festivalzentrum ist das schöne Art-déco-Kino São Jorge an der Avenida da Liberdade, die Ticketpreise sind günstig.

Mode-Events Lissabon ist auch Modestadt, und zweimal im Jahr – im März und Oktober – trifft sich bei der Moda Lisboa (www.modalisboa.pt) in und um den Patio da Galé an der Praça do Comércio eine Woche lang alles, was Rang und Namen hat in der Fashionista-Szene.

Studentisches Nicht nur in Coimbra im Norden ist es Usus, auch in Lissabon verbrennt die Studentenschaft bei der **»Queima das Fitas«** im Mai nach Abschluss der Universität rituell ihre farbigen Fachbereichs-Bänder, dazu gibt's Konzerte portugiesischer Bands (www.semanaacademica.pt). Bekleidet mit schwarzen Tuniken, einen Plastikbecher Bier in der Hand vielleicht und auf jeden Fall unverständliche Lieder skandierend, ziehen die Lissabonner Studentinnen und Studenten durch die Stadt, musikalisch begleitet von den universitären »tunas«-Combos. Die nächste Generation zieht im Herbst ebenso stolz in ihren neuen schwarzen Tuniken umher, die ihnen den Beinamen »corvos«, Raben, einbringen. Dann unterwerfen die älteren Semester insbesondere der privaten Universitäten die neuen Kommilitonen der »praxe«, mitunter etwas schikanösen Aufträgen und Aufgaben.

Zuschauersport Zuschauersport wird großgeschrieben in Lissabon. Wenn eine **Fußball-Welt- oder Europameisterschaft** ansteht, ist Portugal natürlich immer dabei; die Lissabonner legen dann ihre Benfica/Sporting-Fehde beiseite und sammeln sich unter der rot-grünen Flagge. Besucher dürfen gern mitfeiern und mitleiden, ob in der schummrigen Tasca oder auf den großen Plätzen wie Martim Moniz, wo Fußballfans aus Bangladesch, Pakistan und China vor Großleinwänden zusammenkommen – und sich bei dem täglichen Fusion-Foodmarkt stärken. Und die ganz echte Fußballstimmung gibt es in den **Stadien von Benfica oder Sporting** in den Liga- oder Pokalspielen.

Aktuelle Hinweise Follow-Me Lisboa ist ein englisch- und spanischsprachiger Veranstaltungskalender mit einer Onlineversion (herunterladbar über www.visitlisboa.com). Wer ein bisschen Portugiesisch kann, kann sich auch im wöchentlich erscheinenden Time-Out-Veranstaltungsmagazin informieren. Und manches neuere Guesthouse hält seine Gäste mit einem täglichen Newsletter zu Veranstaltungen in der Stadt auf dem Laufenden.

Geschenk der Stadt Lissabon zum Dia de Santo António: Wer heiraten will, bekommt ein Fest und eine Trauung in der Kathedrale finanziert.

Veranstaltungskalender

GESETZLICHE FEIERTAGE

1. Januar: Neujahr
Februar: Faschingsdienstag
März/April: Karfreitag
25. April: Tag der Freiheit (Nationalfeiertag: Erinnerung an die Nelkenrevolution am 25.4.1974)
1. Mai: Tag der Arbeit
10. Juni: Nationalfeiertag (Todestag des Nationaldichters Luís de Camões am 10. Juni 1580)
13. Juni: Feiertag in Lissabon (Tag des Santo António)
24. Juni: Feiertag in Porto (Tag des São João)
15. August: Mariä Himmelfahrt
8. Dezember: Tag der Unbefleckten Empfängnis
25. Dezember: Weihnachten
Wegen der Krise wurden ab 2013 für die folgenden fünf Jahre vier Feiertage gestrichen.

JANUAR

Dia dos Reis Magos

Der Dia dos Reis Magos, der 6. Januar, ist kein Feiertag in Portugal, sondern hauptsächlich eine Entschuldigung, noch eine Schnitte Bolo Rei, Hefekuchen mit kandierten Früchten, zu essen. Traditionell enthielt der an diesem Tag verzehrte Kuchen eine Bohne – wer sie fand, hatte die Verpflichtung, den Kuchen im Folgejahr zu bezahlen – und kleine Spielsachen. Die Tradition fiel Sicherheitsbedenken zum Opfer.

MÄRZ/APRIL

Prozession Senhor dos Passos

Am zweiten Sonntag der Fastenzeit wird in Graça die Statue des blutenden Heilands auf einem

Die fünfte Jahreszeit

Wer im Juni nach Lissabon kommt, erlebt die Stadt im Ausnahmezustand: Zwischen dem 12. und dem 29. werden die ausgelassenen Feste der Santos Populares gefeiert, der Volksheiligen Santo António, São João und São Pedro. Das Hauptfest aber ist Santo António gewidmet.

Der Todestag des **Stadtheiligen Santo António** gibt Anlass zu den größten Festlichkeiten im Kalender der Stadt. Der Heilige wird nicht nur hier gefeiert, auch andere Städte wie Faro oder Setúbal sind an diesem Tag im Festrausch.

Man kennt den Heiligen als **Santo António »von Padua«**, wo er am 13. Juni 1231 im Alter von 36 Jahren starb. Aber die Lissabonner verweisen zu Recht darauf, dass der Heilige die prägenden Jahre seines Lebens in Portugal verbracht hat. Der Heilige Antonius wurde um 1195 als **Fernando Bulhões** geboren, der Legende nach in einem Haus, auf dessen Grund heute die Igreja de S. António da Sé steht. Wenn die Santo-António-Prozession am 12. Juni durch die Altstadtgassen der Alfama unter Gesängen wieder beim Museum ankommt, sind die Kerzen auf dem Vorplatz schon zu einem formlosen Wachsgebilde zusammengeschmolzen.

Der hochgebildete Theologe und begnadete Redner António legte bei der Bekehrung der Heiden eine charismatische Überzeugungskraft zutage und tätigte manche Wunder. Der **zweite Schutzheilige Portugals** (nach Unserer Lieben Frau der Unbefleckten Empfängnis) ist zugleich **Schutzpatron der Armen und der Opfer sozialen Unrechts** – ein Aspekt, der im heutigen Portugal nicht einer gewissen Resonanz entbehrt.

Santo António ist aber auch der **Schutzpatron der Vergesslichen und der Liebenden**. So sagt die Legende, dass er schon als Student in Coimbra auf der Straße Almosen erbat, um jungen Leuten die Heirat zu ermöglichen. Und so werden seit 1997 jedes Jahr 16 Lissabonner Paare ausgewählt, die auf Kosten der Stadt ein großes Hochzeitsfest am 12. Juni feiern: »Santo António, Santo Antoninho, arranja-me lá um maridinho«, »... besorg mir doch einen Ehemann« weiß das Volkslied. Ein »casamento de Santo António«, eine Hochzeit an diesem Tag, ist unauflöslich, heißt es; in jedem Fall ist es ein bewegender Moment im Festkalender.

Für Leib und Seele

In der Nacht vom 12. auf den 13. Juni drängen sich die Menschenmengen durch die bunt bewimpelten Kopfsteinpflastergassen der Altstadt, vorbei an Ständen, an denen Sagres- oder Superbock-Bier und Caipirinha in Plastikbechern verkauft werden. Der **Duft von gegrillten Sardinen**, die auf kleinen wackligen Rosten hin- und hergewendet werden, erfüllt die Luft. Überall zwischen Alfama, Mouraria und dem Castelo tönt »Pimba«-Volksmusik: »Cheira bem, cheira a Lisboa« – »Es riecht gut, es riecht nach Lissabon!« Alle singen die traditionellen eindeutig-zweideutigen Gesänge mit.

Alles ist auf den Beinen beim Fest des Santo António in Lissabon.

Liebesbeweis

An kleinen Ständen und in Supermärkten sieht man überall Blumentöpfe mit **kleinblättrigem Basilikum**, dem Mangerico, der nicht als Gewürz verwendet wird, sondern seine eigentliche Bestimmung bei den Heiligenfesten erfährt. Traditionell wird der Mangerico einer angebeteten Person mit einem altmodischen gereimten Sinnspruch offeriert. Sogar **Fernando Pessoa** ließ sich zu einem solchen hinreißen, mit der gewohnt-portugiesischen und ihm besonders eigenen Melancholie: »Manjerico, manjerico, Manjerico que te dei, A tristeza com que fico, Inda amanhã a terei«. (Manjerico, den ich dir gab ..., die Traurigkeit, die in mir wohnt, auch morgen ist sie noch da.) Und tatsächlich wurde der große Poet selbst an einem 13. Juni geboren.

Bunter Festumzug

Bis spät in die Nacht defilieren auf der Avenida da Liberdade die 22 **»marchas populares«** von Lissabon, die schönste der Stadtviertelgruppen wird anschließend ausgezeichnet. Monate von Arbeit stecken in den **Kostümen** dieses Straßenkarnevals: ausladende Krinolinen und breitkrempige Hüte, lässig-elegante Federboas. Und auch wenn die alten Viertel Alfama, Mouraria oder Bairro Alto meist die vorderen Plätze belegen – zuletzt gewann auch mal ein Stadtviertel namens Alto da Pina, das keinem Touristen und sicher nicht mal allen Lissabonnern ein Begriff ist. Und ein noch ein nettes Detail am Rand: Für ihre Festivalwerbung ruft die Stadtverwaltung jedes Jahr einen Wettbewerb um das **witzigste Sardinen-Design** aus.

Bett von Veilchen durch die Straßen getragen. Laut Facebook-Seite der Bruderschaft wurde die Prozession schon 1586 veranstaltet – und wird beileibe nicht nur von älteren religiösen Herrschaften begleitet. Zu Ostern finden weitere Prozessionen statt.

APRIL

Peixe em Lisboa

www.peixemlisboa.com
Im April oder Mai findet rund um die Praça do Comércio ein großes kulinarisches Festival in Sachen Fisch und Meeresfrüchte statt.

Dia da Liberdade – 25 April

Bei den Feierlichkeiten zum 25. April spürt man auch nach 40 Jahren noch den politischen Puls des Landes. Jedoch ist nicht alles seriös und tiefschürfend: Manche Lissabonner gehen auf eine Demonstration, andere laufen lieber einen Marathon über die gleichnamige Brücke, wieder andere profitieren von Gratiskonzerten und anderen Veranstaltungen.

MAI

Internationaler Tag der Museen

Lange Nacht der Museen: Am 18. Mai haben Lissabonner Museen länger geöffnet und veranstalten Museumsaktivitäten, szenische Führungen und Workshops (nicht nur) für Kinder, Kunsthandwerk, Tanz und Gastronomie.

JUNI

Festas dos Santos Populares

Der Monat der Straßenfeste, Sardinen und vieler Open-Air-Kulturveranstaltungen findet seinen Höhepunkt am 12./13. Juni, dem Dia de Santo António (▶Baedeker Wissen, S. 116). Auch São João (24.6.) und São Pedro (29.6.) werden im Juni mit Straßenfesten gefeiert. Am Vorabend des Santo António gibt es in den historischen Vierteln Stadtfeste mit viel Bier und Caipirinha und einem Umzug der Stadtviertel auf der Avenida da Liberdade, der sich bis nach Mitternacht hinzieht.

JULI

Optimus Alive

www.optimusalive.com
Der Juli ist der Monat der großen Open-Air-Pop- und Rockfestivals. Das dreitägige Optimus Alive findet in Algés am Tejoufer statt – gut angebunden mit Zug und Straßenbahn –, zieht Bands aus Portugal und dem Ausland an und integriert urbane Straßenkultur. Das Festival Super Bock Super Rock findet alle zwei Jahre südlich von Lissabon in der Nähe von Sesimbra statt (www.superbock-superrock.pt).

AUGUST

Jazz em Agosto

www.musica.gulbenkian.pt/jazz
Viele Lissabonner sind am Strand, wo ebenfalls Konzertveranstaltungen stattfinden – doch richtige Jazzfans treffen sich im Amphitheater des Gulbenkian-Gartens zu hochkarätigen Konzerten.

SEPTEMBER

Festa do Avante

www.avante.pt
Die dreitägige Festa do Avante – benannt nach dem Parteiorgan der Kommunistischen Partei Por-

tugals – Anfang September mag eine Selbstzelebrierung der PCP sein, ist aber spannend für Besucher jeder politischen Couleur. Das Festival zieht große Namen der portugiesischen Musik- und Kulturszene nach Seixal auf der anderen Tejo-Seite. Das Event ist günstig, gut organisiert, mit Gastronomie aus den Landesregionen und familienfreundlich.

OKTOBER

Lissabon-Marathon

www.running-portugal.com
Der große Marathonlauf, der Maratona de Lisboa, startet in Cascais und endet am Parque das Nações, wo ein großes Rockkonzert stattfindet, bei dem bekannte Gruppen wie Xutos e Pontapés auftreten. Wer sich die 42 km nicht zutraut, kann den »meia maratona« oder den »mini maratona« laufen.

DEZEMBER

Adventszeit

Die Straßen in der Unterstadt und im Chiado werden festlich beleuchtet, und in den Kirchen werden die traditionellen Weihnachtskrippen (presépios) aufgebaut. In den zentralen Kirchen wie der Sé oder São Domingos gibt es lohnende (Gratis-)Klassikkonzerte.

Silvester

Am Silvesterabend treten große Namen der portugiesischen Musikszene an der Praça do Comércio auf, es gibt ein spektakuläres Feuerwerk über dem Tejo, und die Restaurants servieren zwölf Weintrauben, die zu den Gongschlägen nacheinander zu verzehren sind. Und aus manchem Fenster hört man sogar noch ganz traditionell Töpfe und Pfannen zum Jahreswechsel klappern.

Zuschauersport / Fußball

Benfica Lissabon

www.slbenfica.pt
Estádio da Luz
(ca. 65 650 Plätze)
Av. Eusébio da Silva Ferreira
Metro: Alto dos Moinhos, Colégio Militar/Luz
Tel. 217 21 95 00

Sporting

www.sporting.pt
Estádio José Alvalade
(ca. 52 300 Plätze)
Rua Professor Fernando da Fonseca
Metro: Campo Grande
Tel. 217 51 60 00

Mit Kindern unterwegs

Lissabon für kleine Entdecker

Auch wenn das Land mit einer sehr niedrigen Geburtenrate im europäischen Vergleich schlecht dasteht – die Portugiesen sind ausgesprochen kinderlieb, und beim Städtetrip mit Kindern kommt man garantiert mit Einheimischen in Kontakt.

Kinder in Portugal

Die **niedrige Geburtsrate** hat andere Gründe: Die »filhos« kosten Geld – Kinderbetreuung ist teuer, vor allem in Zeiten der Krise. Andererseits werden die vielen Einzelkinder mit Markenartikeln und dem neuesten Smartphonemodell eingedeckt – eine kleine Entschädigung dafür, dass »mãe« und »pai« beide berufstätig und den ganzen Tag weg sind. Patchworkfamilien werden immer häufiger.
Eine **portugiesische Kindheit** ist wenig reglementiert, Kinder laufen so mit; die Kleinen werden auf alle Feierlichkeiten und ins Lokal mitgenommen und bleiben oft bis in die Puppen auf. In den sozial schwachen Vierteln der Städte und in Dörfern sind Eltern bei der Kinderbetreuung auf Nachbarschaftshilfe angewiesen, Kinder werden oft bei der Nachbarin abgegeben, damit die Mutter ein paar Stunden arbeiten gehen kann. All das ist anstrengend, und wer einmal eine halbe Stunde einen Kinderwagen über die holprigen schiefen Bürgersteige in Lissabon geschoben hat, versteht vielleicht, warum man in der Innenstadt nur wenige kleine Kinder sieht.

WAS KINDER INTERESSIEREN KÖNNTE

Lissabon City

Wer mit Kindern Ferientage in Lissabon verbringt, kann mit einigen gezielten Vorschlägen für gute Stimmung sorgen, Familien hat Lissabon eine Menge zu bieten, und oft zu günstigen Familien-Eintrittspreisen. Ein Highlight mitten in der Stadt ist beispielsweise die **Fahrt mit der Straßenbahnlinie 28**, auch Fahrten mit dem Schiff über den Tejo sind meistens ein Hit. Der **Elevador de Santa Justa**, der alte Aufzug, der Baixa und Bairro Alto miteinander verbindet, ist beliebt bei Kindern, ebenso die Standseilbahnen Elevador da Bica oder Elevador da Glória.
Dann lockt zum Beispiel das **Expo-Gelände** mit dem für die ganze Familie sehenswerten **Ozeanarium**, einer Seilbahn, dem interaktiven Wissenspavillon (► S. 123) und einem Kettcar-Verleih (► S. 124). Die 6 km Tejo-Ufer zwischen Cais do Sodré und Belém kann man mit gemieteten Rädern, Skates und Kettcars abfahren. Ein **Hippotrip** mit einem Amphibienfahrzeug kann ein Spaß für die ganze Familie sein (► S. 151). Der Lissabonner **Zoo** (► S. 246) mit Seelöwenfütte-

Auch für Kinder hat der beliebte Rossio etwas zu bieten.

rung, Delfinshow und Streichelzoo ist natürlich ein Klassiker. Wer des Portugiesischen mächtig ist, findet im **Veranstaltungsmagazin** Time Out Lisboa auf der »Miúdos«-Seite jede Woche originelle Inspirationen und Infos zu Workshops und anderen Aktivitäten.

Museen

Einige der Lissabonner Museen sind auch für Kinder interessant: Das **Kutschenmuseum** in Belém (► S. 270) versetzt die Kleinen in andere Zeiten, in denen es noch autofrei zuging. Ein paar Prachtexemplare, die zu besonderen Anlässen über die Straßen und durch die Städte rollten, lassen die Geschichte lebendig werden. Das **Theatermuseum** (► S. 283) mit seinen Kostümen und das **Azulejo-Museum** (► S. 222) finden bei etwas älteren Kindern sicherlich Zustimmung. Auch das Marionettenmuseum (► S. 130) im Stadtviertel Madragoa ist eine gute Idee. Es ist in einem alten Kloster eingerichtet und hat eine schöne Sammlung von Marionetten, Puppen und Masken aus aller Welt. Im **Museu do Carris** (► S. 135) sind alte Straßenbahnen, Busse und Schaffneruniformen zu sehen, man kann auch eine kleine Straßenbahnrunde fahren. Das **Museu da Electricidade** (► S. 135) in Belém, ein tolles Industriedenkmal, ist ein Hit für kleine technikbegeisterte Lissabonbesucher. Und für junge Fußballfans gibt es die Museen der Lissabonner Klubs Benfica und Sporting (► S. 130, 131).

Im Grünen

Wenn man etwas Grünes sucht, ist der 1000 ha große **Monsanto-Park** das Richtige: ein riesiger Spielplatz, Picknickplätze und Trails. Alternativer Insider-Tipp: Ein recht zentraler großer Stadtpark, mit ausschließlich portugiesischer Gesellschaft fürs Picknick und Ballspielen, ist die **Quinta das Conchas**, eine grüne Großstadtoase mit zwei Cafeterias (Metro Quinta das Conchas). Auch das Colombo-Einkaufszentrum hat unlängst einen riesigen Garten eröffnet.

An den Strand

Stadtnahe Strände mit kindergerechter Infrastruktur wie Santo Amaro oder Carcavelos (20 bzw. 30 Min. Zugfahrt ab Bahnhof Cais do Sodré) oder die wildere Costa da Caparica (► S. 286), an der im Sommer ein Bummelzug zu den einzelnen Stränden fährt, lassen sich gut mit öffentlichen Verkehrsmitteln erreichen. Und an der Lagoa de Albufeira am südlichen Rand der Costa de Caparica können die Kinder ungewöhnliche orangefarbene Muscheln finden.

Ausflugsziele

Auch die **Lissabonner Umgebung** hat viel zu bieten: Ein ideales Ausflugsziel für die ganze Familie ist das UNESCO-Weltkulturerbe-Städtchen **Sintra** bei Lissabon mit seinen wunderbar exzentrischen Schlössern, verwunschenen Parks, Minibummelzug, vielen Aktivitätsangeboten und Spielzeugmuseum (s. u.). Interessant ist auch eine Fahrt zum **Cabo da Roca**, dem **westlichsten Punkt des europäischen Festlands**; dort kann man sich sogar ein Zertifikat ausstellen lassen über den Besuch an diesem geografisch besonderen Ort.

Als wäre man selbst auf Tauchgang – das Lissabonner Ozeanarium

Alles für Kinder

Informationen

www.visitportugal.com
Tipps für Ferien mit Kindern in Lissabon

Luaverde

Tel. 217 27 96 83, 969 83 81 83
www.luaverde.com
Preise: ab 50 € für eine 2,5-Std.-Exklusivführung für Familien mit Kindern unter 12 Jahren
Wer kennt das nicht bei Stadtführungen: Wenn es mit Jahreszahlen und Königsdynastien losgeht, fangen die Kinder nach fünf Minuten an zu gähnen. Luaverde bietet kindgerechte Führungen an und je nach Interessenslage auch maßgeschneiderte thematische Besichtigungen, z. B. zum Thema Fliesen mit Besuch eines Ateliers. Einfach anfragen!

Puppenkrankenhaus

Hospital de Bonecas
Praça da Figueira 7
Tel. 213 42 85 74
www.hospitaldebonecas.com
Öffnungszeiten: Mo. – Fr. 10.00 – 19.00, Sa. bis 18.00 Uhr (Führungen zwischen 11.00 u. 12.30 und 15.30 u. 17.30 Uhr)
Laden gratis, Krankenhaus 2 €
Das älteste Puppenkrankenhaus Europas steht in Lissabon, ganz zentral. Bei seiner Eröffnung in einem Kräuterladen 1830 reparierte die Besitzerin Lumpen- und Tonpuppen für Kinder der Nachbarschaft. Heute werden hier alle möglichen Puppen repariert und restauriert, bis hin zu Barbiepuppen und Teddybären. Vielleicht ist man gerade da, wenn ein eiliger Fall für die plastische Chirurgie

eingeliefert wird, wie eine alte Schrühwarenpuppe mit Kopfverletzung. Im Geschäft im Untergeschoss werden Puppen, Puppenhauseinrichtungen und -geschirr verkauft. Die Operationssäle sowie das Lager voller Puppen-Haare, -Beine, -Arme und -Augen sind im 1. Stock im eigentlichen Krankenhaus zu besichtigen.

Wissenspavillon

Pavilhão do Conhecimento
Alameda dos Oceanos, Parque das Nações
Tel. 218 91 71 00
www.pavconhecimento.pt
Di.–Fr. 10.00–18.00, Sa., So. 11.00–19.00 Uhr
Eintritt: 8 € (Familien 17 €)
Im »Wissenspavillon« wird Wissenschaft interaktiv, visuell und kindgerecht präsentiert, und im Lounge-Bereich mit Sofas zum Ausruhen erzählen Skulpturen zeitgenössischer Wissenschaftler ihre Geschichte(n). Tipp: Zwischen Pavillon und Shoppingcenter sprudeln in regelmäßigen Abständen Wasserfontänen aus riesigen bunt gekachelten Vulkankegeln, das macht Kindern großen Spaß.

Tuk-tuk!

Travessa da Pereira 16A
Tel. 914 92 54 50
www.ecotuktours.com
Lissabon lässt sich auch auf sogenannten Tuk-tuk-Touren erkunden. Tuk-tuks sind diese kleinen dreirädrigen elektrischen Transportwägelchen, die Asienreisenden gut bekannt sind und bei Kindern immer gut ankommen. Die Gefährte warten an touristischen Punkten wie der Kathedrale auf Kunden. Verschiedene Touren werden angeboten (wie z. B. eine, die der 28er-Straßenbahn folgt), aber Familien können auch eine À-la-carte-Tour vorbestellen, mit einem Fahrer, der weiß, was Kinder wollen.

Schmetterlingshaus

Jardim Botânico
Rua da Escola Politécnica 58
Tgl. 10.00–17.00 Uhr
Eintritt: 1 €, Kinder 0,50 €
Im schönen Jardim Botânico gibt es ein Schmetterlingshaus, in dem man zahlreiche Schmetterlingsarten in ihren verschiedenen Entwicklungsstadien bewundern kann.

Schnitzeljagd mit GPS

www.geocaching.com
Der neue Trend Geocaching ist ideal für Kinder, die vielleicht wenig Lust auf »schon wieder Wandern« haben. GPS – Global Positioning System – bringt Geocacher bis auf 5 m an den »Schatz«, eine Tupperbox, die sogenannte »Cache« heran, die irgendwo versteckt ist und gesucht werden muss. Der Finder verewigt sich im Logbuch, platziert vielleicht ein Erinnerungsstück in der Box und bugsiert sie wieder an ihren alten Ort. Auf www.geocaching.com sind die portugiesischen Caches verzeichnet. Anfänger können sich auf www.geocaching.de informieren (nur Deutschland-relevante Informationen). Wenn man kein GPS hat: Viele aktuelle Fotoapparate haben GPS, und zur Not lässt sich über www.viewranger.com jedes Smartphone sehr günstig zum GPS umfunktionieren.

Dinosaurier-Fußspuren

Cabo de Espichel, Sesimbra, südl. von Lissabon

Ein Tipp für den Ausflug an das raue Cabo de Espichel (▶ Península de Setúbal) südlich von Lissabon auf der Península de Setúbal. Normalerweise sehen Touristen nur von fern die vertikal über die Klippen verlaufenden Saurierspuren. Aber es existieren frei zugängliche Spuren, in die sich Kinder sogar hineinstellen können (nicht ausgeschildert; GPS-Koordinaten: 38.42580, -9.21634). Man parkt beim Santuário de Nossa Senhora do Cabo, läuft 480 m auf der betonierten Straße Richtung Osten, biegt dann links ab, nach 380 Metern biegt man rechts ab und geht noch weitere 820 m. An diesem Punkt kann man sich die (Achtung: unbefestigte!) Klippe hinuntertasten, um die Spuren zu finden. Etwas Vorsicht ist geboten!

Bilderbuch-Portugal

Portugal para Crinças
J. Paz & D. Wojciechowska
Lupa Editora, 2012
12,50 €
www.fnac.pt

Das Malbuch »Portugal para Crianças« führt in vier Sprachen (Portugiesisch, Englisch, Französisch, Deutsch) durch's Land. Themen wie das Alltagsleben in Lissabon oder die Nelkenrevolution werden kindgerecht präsentiert.

Museen

Schätze aus aller Welt

In Sachen Museen kann Lissabon sich nicht mit Städten wie Paris oder London messen, aber die Stadt bietet ein breites Spektrum – von alteingesessenen Sammlungen, in denen die Zeit stehengeblieben zu sein scheint, bis zu Museen, die sich multimedial und dynamisch geben. Sie alle gewähren einen umfassenden Einblick in Kultur, Designauffassung und Mentalität des Landes.

Museumslandschaft

Museumsschätze, die sich von der **gloriosen Zeit der Entdeckungen** nähren, pädagogische Institutionen, in denen mit recht altmodischer Präsentation und praktisch nur in der Landessprache Informationen vermittelt werden – alles das ist auf seine Art sehr portugiesisch. Sehr portugiesisch sind aber auch die modernen Museen in **auffällig gutem Design**. Oft ist schon der architektonische Rahmen sehr interessant: Das vielleicht schönste Museum der Stadt das Azulejo-Museum im ehemaligen Klarissen-Konvent – liegt etwas ab vom Schuss, und es gibt keine Metro-Station, was ihm schon automatisch weniger Besucher beschert. Ähnlich das Archäologie-Nationalmuseum: Kaum ein Belém-Besucher widmet diesem faszinierenden Museum einen Blick, obwohl oder gerade weil es genau neben dem Jerónimos-Kloster untergebracht ist.

Kulturförderung

Die viel gescholtenen **Banken** spielen eine wichtige Rolle in der Museumslandschaft: Unter einer Filiale der Millennium-Bank in der Baixa entfaltet sich ein faszinierendes archäologisches urbanes Universum, und eine Filiale der Banco Espírito Santo an der Praça Marquês de Pombal zeigt hochkarätige zeitgenössische Kunstausstellungen. Eine ehemalige Kolonialbank beherbergt jetzt ein Museum für Design und Mode, und ein ehemaliges Stockfischlager erzählt die Geschichte des portugiesischen Kontakts mit dem Fernen Osten.

Praktisches

Trotz der gravierenden Kürzungen im Kulturbereich ist ein Museumsbesuch nach wie vor günstig – vor allem **Sonntag vormittags**, wenn der **Eintritt oft gratis** ist. Und trotzdem ist es – höchstens bei großen Wechselausstellungen oder beim plötzlichen Einfall von Reisegruppen – nie richtig voll.

Es kommt relativ häufig vor, dass eines der Lissabonner Museen wegen Renovierung geschlossen ist, u. U. sollte man sich vor einem geplanten Museumsbesuch in der Touristeninformation erkundigen. Auch die **Öffnungszeiten** können sich schnell ändern. Im Allgemei-

Sehr lohnend: das Museu Colecção Berardo im Centro Cultural de Belém, in dem auch Werke der klassischen Moderne zu sehen sind

nen gilt aber, dass die meisten Museen mittags zwischen 12.30 und 14.30 Uhr zumachen und **montags geschlossen haben** – das kann dann ein guter Tag für einen Ausflug nach Sintra sein, wo die meisten Sehenswürdigkeiten die ganze Woche über geöffnet sind. Für Lissabonreisende, die vielleicht zum wiederholten Mal in der Stadt sind, lohnt sich der Besuch solch unbesungener Juwelen wie des Palasts der Casa Medeiros e Almeida.

Landestypisch Wer sich für **spezifisch portugiesische Kunst und Kultur** interessiert – Picassos gibt es auch anderswo – sollte neben dem Azulejo-Museum folgende Museen ins Auge fassen: das Fado-Museum und das Stadtmuseum, für die Alten Meister das Museu de Arte Antiga, und für moderne/zeitgenössische Kunst das Museu do Chiado und das Centro de Arte Moderna – Letzteres liegt direkt neben dem weltberühmten Gulbenkian-Museum. Unter den Museen, die **portugiesischen und Lissabonner Persönlichkeiten** gewidmet sind, lohnen sich das Museu Rafael Bordalo Pinheiro über den großen Keramikkünstler und ganz neu und sehr zentral: das Studiomuseum des noch aktiven Júlio Pomar. Besuche der letzten Wohnhäuser der Fadokönigin Amália Rodrigues in der São-Bento-Straße oder von Fernando Pessoa in Campo de Ourique bieten zudem Gelegenheit, in unmittelbarer Nachbarschaft zu den Museen attraktive Straßen und Viertel ohne Tourismus kennenzulernen.

Extras Ein bisschen (Online-)Recherche lohnt sich: Wo **englischsprachige Führungen** (visitas guiadas) angeboten werden wie z. B. im Museu de São Roque, sind sie erstaunlich wenig frequentiert. Ganz langsam erscheinen auch die ersten **Museums-Apps**, das Marionetten-Museum spielte hier den Vorreiter. Nicht zuletzt bieten viele Lissabonner Museen sehr interessante **Workshops** – ein gutes Beispiel hier das Museu do Oriente, z. B. zu Kalligrafie oder Origami – von denen sich einige auch ohne Portugiesischkenntnisse bestreiten lassen.

Souvenirs Lissabonner **Museumsläden**, in der Vergangenheit oft recht konservativ in der Auswahl, mit wenig mehr als teurem Porzellan, Schmuck und reproduzierten Fliesen, haben sich verjüngt und bieten heute ein interessantes Spektrum an Souvenirs an, inklusive essbarer Gourmet-Mitbringsel.

Galerien Die größte Konzentration an Kunstgalerien findet sich im teuersten Stadtviertel, dem Chiado. Wer sich vor der Reise auf die Newsletter-Mailingliste der **Vereinigung portugiesischer Kunstgalerien** (www.apga.pt, auch auf Englisch) setzen lässt, kann Informationen zu Vernissagen sichten. Auf der Seite kann man auch Namen von Künstlern recherchieren. Die Website des wöchentlichen Veranstaltungsmagazins Time Out zeigt eine Auswahl aktueller Eröffnungen.

So manche Lissabonner Kunst lässt sich an **Hauswänden** entdecken, eine Kunstform, die in den späten 1970er-Jahren schon einmal aufblühte und damals, unmittelbar nach der Nelkenrevolution, eine wichtige politische Dimension hatte. Heute zeigen die »Open-air-Galerien« Fadofotografien (Fado-Trail in der Mouraria) oder Graffitis an Häusern. Eine Entdeckungstour durch die Lissabonner Straßenkunst bietet eine holländische Wahl-Lissabonnerin an (»Street Art Graffiti Tour« auf facebook, ▶Stadtbesichtigung).

Kunst open air

Lissabonner Museen

KULTURGESCHICHTE

Casa Fernando Pessoa

▶ Casa Fernando Pessoa

Casa Museu Amália Rodrigues

Rua de São Bento 193
Di.–So. 10.00–13.00 und 14.00–18.00 Uhr
Eintritt: 5 €
Bus: 706, 727, 773
Kleines Museum im Wohnhaus der großen Fadista mit Erinnerungsstücken aus ihrem Leben

Lisboa Story

▶ Praça do Comercio

Museu Arqueológico

▶ Igreja do Carmo

Museu de Arte Popular

Avenida Brasília, Belém
Mi.–So. 10.00–18.00 Uhr (Sa., So. 13.00–14.00 Uhr geschl.)
Eintritt: 2.50 €
www.map.imc-ip.pt
Straßenbahn: 15; Bus: 714, 727, 728, 729, 751
Sammlung volkstümlicher Kunst aus unterschiedlichen Provinzen, dessen weitere Zukunft ungewiss ist. Lohnend ist ein Besuch des hervorragenden Museumsladens.

Museu de Centro Científico e Cultural de Macau

Rua da Junqueira 30
Di.–So. 10.00–17.00 Uhr
Eintritt: 3 €
www.cccm.pt
Straßenbahn: 15; Bus: 714, 727, 732, 751
Wertvolle und umfangreiche Sammlung chinesischer Kunst. Anhand der Exponate soll die Rolle Macaus als Mittler zwischen China und Europa gezeigt werden.

Museu de Lisboa

▶ Museu de Lisboa

Museu da Cinemateca

Rua Barata Salgueiro 39
Mo.–Fr. 13.30–21.30 Uhr
www.cinemateca.pt
Metro: Avenida, Marquês Pombal
Geräte und Materialien und Fotos aus den Anfängen des Films. Zudem gibt es Vorführungen alter Filme.

Museu do Fado

▶ Alfama

Museu da Farmácia

Rua Marechal Saldanha 1
Mo.–Fr. 10.00–18.00 Uhr

Im Kutschenmuseum sind die pompösesten Gefährte ausgestellt, einige von ihnen haben weite Reisen zurückgelegt.

Kleines, hübsch gemachtes Apothekenmuseum in der Bica, angeschlossen ist ein schönes Restaurant mit Gartenterrasse.

Museu Maçónico

► Bairro Alto

Museu de Marinha

► Mosteiro dos Jerónimos

Museu da Marioneta

Rua da Esperança 146
Di.–So. 10.00–13.00,
14.00–18.00 Uhr
Eintritt: 5 €
www.museudamarioneta.pt
Straßenbahn: 15, 18, 25; Bus: 706, 713, 714, 727
Das Marionettenmuseum wurde von Puppenspielern, Mitgliedern der international bekannten Bühne »Marionetas de São Lourenço«, gegründet, um Geist und Charakteristika der Opera buffa neu zu beleben. Puppentheater hat in Portugal eine lange Tradition. Im 18. Jh. hatte es seinen kulturellen Höhepunkt mit eigens für diese Form des Theaters geschriebenen Marionettenopern, die wegen ihrer Originalität als einmalig in der Geschichte des Theaters bezeichnet werden.

Museu da Música

Metro-Station Alto dos Moinhos
Di.–Sa. 10.00–18.00 Uhr
Eintritt: 3 €
www.museudamusica.pt
Metro: Alto dos Moinhos
Mehr als 800 Musikinstrumente, die ältesten aus dem 16. Jh., sind hier in der Metro-Station zu sehen. Ein Umzug der Sammlung in adäquatere Räume wird überlegt.

Museu Benfica Lissabon

Estádio da Luz
Av. General Norton de Matos
tgl. 10.00–18.00 Uhr
Eintritt: 10 €
www.slbenfica.pt
Metro: Alto dos Moinhos, Colégio Militar/Luz
Museum zur Vereinsgeschichte des mitgliederstärksten Klubs der Welt

Torre de Belém: Wahrzeichen der Stadt und ein Symbol für das »Zeitalter der Entdeckungen«

lich flüchtete der Elefant aus Schreck vor seinem Gegner. Manuel wollte das Rhinozeros auf dem Seeweg als Geschenk an Papst Leo X. schicken. Das Schiff geriet in einen Sturm und versank vor Italien.

Manuelinische Ornamentik

Deutlich zu erkennen sind die vielen typischen Elemente manuelinischer Ornamentik: Die Zinnen bildenden Wappen und die Geländer der kleinen Balkone tragen das Kreuz der Christusritter, auf der Hauptfassade ist das portugiesische Wappen mit der Krone zu sehen sowie zu beiden Seiten die Armillarsphären. Ein steinernes Tau, das auf der dem Festland zugewandten Seite zu einem großen Knoten verschlungen ist, umfasst den gesamten Turm. Andere Schiffstaue tragen zur waagerechten Gliederung bei. Die Verzierungen der Ecktürme und besonders der Baldachin der Madonnenfigur weisen Säulen, Spitzen und stilisierte organische Blattelemente von unverkennbar manuelinischer Ausprägung auf.

CLUBE DE FUTEBOL
DE
SANTA CATARINA
CALCADA
DO
COMBRO
SAÍDA
582

Museu Mundo Sporting
Estádio José Alvalade (1. Etage)
Rua Prof. Fernando da Fonseca
Tel. 217 51 64 44
Mo.–Fr. 11.00–18.00 Uhr,
Sa., So. Museumsbesuch nur mit Stadionführung (11.30, 14.30, 16.00 Uhr)
Eintritt: 8 € (mit Führung 10 €)
www.sporting.pt
Metro: Campo Grande
Museum zur Klubgeschichte von Sporting

Museu Nacional de Arqueologia
►Mosteiro dos Jerónimos

Museu Nacional do Azulejo
►Convento da Madre de Deus

Museu Nacional dos Coches
►Museu Nacional dos Coches

Museu Nacional de Etnologia
Avenida Ilha da Madeira
Mi.–So. 10.00–18.00,
Di. 14.00–18.00 Uhr
Eintritt: 3 €
mnetnologia.wordpress.com
Bus: 714, 728, 732
Materialien und interessante Informationen zu den früheren portugiesischen Kolonien in Südamerika, Afrika und Indien

Museu Nacional do Teatro e de Dança
►Parque do Monteiro-Mor

Museu Nacional do Traje
►Parque do Monteiro-Mor

Museu do Oriente
►Museu do Oriente

Museu da Presidência
►Belém

Museu Rafael Bordalo Pinheiro
Campo Grande 382
Di.–So. 10.00–18.00 Uhr
Eintritt: 1,50 €
museubordalopinheiro.cm-lisboa.pt
Metro: Campo Grande
Überwiegend Keramiken, denen man die karikaturistische Ader des Künstlers Rafael Bordalo Pinheiro (1846–1905) deutlich anmerkt. Die von Rafael Bordalo Pinheiro geschaffene Figur des »Zé Povinho«, eine bekannte Karikatur des typischen kleinen Mannes Portugals, ist in ganz unterschiedlichen Ausführungen zu sehen.

Museu Teatro Romano
Pátio do Aljube/Rua da Saudade
Di.–So. 10.00–13.00, 14.00 bis 18.00 Uhr
Eintritt frei
www.museuteatroromano.pt
Straßenbahn: 12, 28; Bus: 737
Das Museum ist einer Ausgrabung des römischen Theaters angeschlossen. Interessante Erläuterungen zur Fundstelle und Olissipo, dem römischen Lissabon.

KUNST, KUNSTGEWERBE, DESIGN

Atelier Museu Júlio Pomar
Rua do Vale 7
Di.–So. 10.00–18.00 Uhr
Eintritt frei
fundacaojuliopomar.org/atelier-museu
Straßenbahn: 28
Studio-Museum eines der bekanntesten lebenden Künstler

Portugals, dessen Schaffensphasen sich hier nachvollziehen lassen. Die minimalistische lichtdurchflutete Architektur trägt die Handschrift des Architekten Álvaro Siza Vieira (►Berühmte Persönlichkeiten).

BES – Arte & Finança

Praça Marquês de Pombal (Avenida da Liberdade)
Mo.–Fr. 9.00–19.00 Uhr
Eintritt frei
Metro: Marquês de Pombal
Wechselnde Ausstellungen zu zeitgenössischer Kunst, darunter viel Fotografie

Casa Museu da Fundação Medeiros e Almeida

Rua Rosa Araújo 41
Mo.–Fr. 13.00–17.30, Sa. 10.00–17.30 Uhr
Eintritt: 5 €, Sa. vormittags gratis
www.casa-museumedeirosealmeida.pt
Metro: Marquês de Pombal
Sammlung mit wertvollen Gemälden, Möbeln, Teppichen, Silber, Schmuck, Porzellan und Uhren

Casa Museu de José Anastácio Gonçalves

Av. 5 de Outubro 8
Mi.–So. 10.00–18.00, Di. ab 14.00 Uhr
Eintritt: 3 €, So. vormittags gratis
www.patrimoniocultural.pt
Metro: Picoas
Die Sammlung des Pelzfabrikanten José Anastácio Gonçalves mit portugiesischer Malerei – zu sehen sind Gemälde von Columbano und Malhoa –, Keramiken, chinesischem Porzellan, Möbeln, Teppichen. Das beeindruckende Gebäude wurde Anfang des 20. Jh.s für den berühmten Genremaler José Malhoa gebaut.

Centro de Arte Moderna

►Fundação C. Gulbenkian

Culturgest

Rua Arco do Cego
Di.–Fr. 11.00–18.00 Uhr, Sa., So. 11.00–19.00 Uhr
Eintritt: 4 €, So. gratis
www.culturgest.pt
Metro: Campo Pequeno
In dem wuchtigen modernistischen Gebäude, geschaffen von dem 2013 verstorbenen Architekten und Lusitano-Pferdezüchter Arsénio Cordeiro und Hauptsitz der Caixa Geral de Depósitos, werden hervorragende Ausstellungen gezeigt und Konzerte und Filmfestivals veranstaltet.

Museu Arpad Szenes · Vieira da Silva

Praça das Amoreiras 56
Di.–So. 10.00–18.00 Uhr
Eintritt: 5 €, So. bis 14 Uhr gratis
Metro: Rato
In einem Gebäude aus dem 18. Jh., ehemals eine Seidenmanufaktur, werden Werke der bekannten Malerin Maria Helena Vieira da Silva (1908–1992, ► S. 53) und ihres ungarischen Ehemanns Arpad Szenes (1897–1985) gezeigt.

Museu Calouste Gulbenkian

►Fundação Calouste Gulbenkian

Museu Colecção Berardo

►Belém

Museu do Chiado

►Museu do Chiado

** Wahrzeichen Lissabons

Gebaut wurde er zur Verteidigung der Tejo-Mündung, zudem diente er den Schiffen als Orientierung, gab er doch mit seinem Leuchtfeuer die Einfahrt nach Lissabon an. Der Turm von Belém überstand das schwere Erd- und Seebeben im 18. Jh. nahezu unbeschadet und ist längst zum Wahrzeichen der Stadt und von der UNESCO zum Weltkulturerbe erklärt worden.

1 Eingang
Über einen kleinen Steg kommt man in das Innere des Turms.

2 Saal des Gouverneurs
Innen ist der Turm vollkommen schmucklos, die Originaleinrichtung existiert schon lange nicht mehr.

3 Königssaal
Eindrucksvoll sind die dicken Mauern. Vom Königssaal tritt man hinaus auf die siebenbogige Loggia.

Ein Turm wie aus Tausendundeiner Nacht

4 Audienzsaal
Ein geschichtsträchtiger Ort – in dem heute völlig kahlen Raum lässt sich nur erahnen, welche weit gereisten Seefahrer hier empfangen wurden und wie die Audienz vonstatten ging.

5 Kapelle
Ein Oratorium im obersten Stock des Turmes

6 Turmterrasse
Blick auf den Tejo, den Atlantik und bis hin zum Palácio da Pena in der Serra de Sintra

7 »Schiffsbug« und Wehrtrakt
Hinter den kleinen Luken in dem unteren Gewölberaum waren Kanonen stationiert.

8 Kellergeschoss
Der Keller war im Lauf der Jahrhunderte mehrfach Gefängnis. Bei hoher Flut standen die Gefangenen bis zu den Hüften im Wasser.

9 Armillarsphären
Nautisches Instrument als manuelinisches Dekor

10 Nossa Senhora do Bom Sucesso
Statue für die Beschützerin auf den Weltmeeren

Azenhas do Mar, einst Künstlerdorf, heute beliebtes Fotomotiv

Weitere Ziele in der Umgebung

Wenige Kilometer südlich von Sintra liegen die beliebten Küstenorte ►Cascais und ►Estoril mit ihren kleinen Stränden, die gern von den Hauptstädtern aufgesucht werden. Gut 20 km in nördlicher Richtung sind es nach ►Mafra mit seinem gigantischen Klosterpalast.

** Torre de Belém

B 10

Lage: Belém Avenida da Índia
Straßenbahn: 15
Bus: 714, 727, 728, 729, 751
Vorortzug: ab Estação Cais do Sodré, bis Station Belém
Di. – So. 10.00 – 17.30, im Sommer bis 18.30 Uhr
Eintritt: 6 €
www.torrebelem.pt

1983 wurde er von der UNESCO als Weltkulturerbe klassifiziert: der Turm von Belém am Ufer des Tejo, das wohl berühmteste Bauwerk Portugals und Wahrzeichen Lissabons.

Hafenschutz

Ursprünglich als Leuchtturm und Verteidigungsfestung für den Hafen von Restelo konzipiert, ließ Manuel I. den Turm 1515 auf einer kleinen, dem Ufer vorgelagerten Insel errichten. Alte Stadtveduten zeigen die Torre de Belém noch weitab vom Festland von Tejo-Wasser umspült. Ein älterer Turm auf dem gegenüberliegenden Ufer und der Festungsturm von Belém sollten einen optimalen Hafenschutz gewähren. Durch eine allmähliche Verlagerung des Uferstreifens

Museu do Design e da Moda
▶Baixa

Museu Nacional de Arte Antiga
▶Museu Nacional de Arte Antiga

Museu-Escola de Artes Decorativas
▶Museu-Escola de Artes Decorativas

NATURWISSENSCHAFTEN

Aquário Vasco da Gama
Rua Direita do Dafundo (westl. von Belém)
tgl. 10.00 – 18.00 Uhr
Straßenbahn 15 bis Endstation oder Zug ab Cais do Sodré bis Algês, von dort Bus 76
Altmodisches, aber sehenswertes Aquarium mit Meerestieren.

Museu Geológico
Rua Academia das Ciências 19
Mo. – Sa. 10.00 – 18.00 Uhr
Eintritt: 2,50 €
www.lneg.pt/MuseuGeologico/
Straßenbahn: 28; Bus: 773
Ein wenig beachtetes Museum – schade, denn es wartet ein Füllhorn geologischer Schätze, wenn auch recht altmodisch präsentiert. Immerhin wird englischsprachige Information zu den nummerierten Highlights ausgehändigt.

Museu Nacional de História Natural
▶Jardim Botânico

Grenzenlose Sammelleidenschaft: eine der Kostbarkeiten des Armeniers im Museu Calouste Gulbenkian

SAKRALKUNST

Museu Antoniano

Largo de S. António da Sé 24
tgl. 10.00 – 13.00, 14.00 – 18.00 Uhr
Straßenbahn: 12, 28
Bus: 737

Ein kleines Museum mit den unterschiedlichsten, teilweise auch recht kuriosen Darstellungen des Schutzpatrons von Lissabon. Dessen Geburtshaus stand angeblich an der Stelle, an der später die Kirche Santo António da Sé gebaut wurde, also gleich neben dem Museum.

Museu de São Roque

►Igreja de São Roque

TECHNIK

Museu da Água da EPAL

Rua do Alvíela 12
Di. – Sa. 10.00 – 12.30, 13.30 bis 17.30 Uhr, www.epal.pt
Bus: 12, 35, 706, 735, 759, 794

Das Wassermuseum ist in einer früheren Pumpstation eingerichtet; anschauliche Dokumentation der Geschichte der Lissabonner Wasserversorgung; unter anderem sind vier riesige Dampfmaschinen von 1880 erhalten, die zum Pumpen benutzt wurden. Zum Museum gehören auch ein Wasserreservoir an der Praça Príncipe Real, das Wasserschloss ►Mãe d'Água und der ►Aqueduto das Águas Livres.

Innenhof des Museu Militar. Militärgeschichtlich Interessierte können in diesem Museum Stunden zubringen.

Museu da Carris (Straßenbahnmuseum)

Rua 1° de Maio 101–103
Mo.–Sa. 10.00–18.00 Uhr
Eintritt: 4 €
museu.carris.pt
Straßenbahn: 15; Bus: 714, 724, 727, 732, 742, 751, 756

Während ein Teil der museumsreifen Lissabonner Straßenbahnen noch durch die Stadt rumpelt, ist ein anderer schon im Museum gelandet: In einem alten Straßenbahnschuppen der Lissabonner Verkehrsgesellschaft Carris ist ein Eldorado für Straßenbahnfans entstanden. Eine Multimedia-Show schlägt einen rein visuellen Bogen – ohne Sprachbarrieren – durch die Geschichte der Stadt und ihrer Transportmittel. Zur Besichtigung gehört auch eine kurze Fahrt über das Betriebsgelände.

Museu da Electricidade

Avenida Brasília, Belém
Di.–So. 10.00–18.00 Uhr
www.fundacaoedp.pt
Straßenbahn 15; Bus 714, 727, 728, 729, 751

Ein begehbares Industriedenkmal: In dem Elektrizitätswerk aus der Zeit um 1900 ist die Technik original erhalten. Zu sehen sind Exponate u.a. zur Straßenbeleuchtung Lissabons. In dem Backsteingebäude werden auch interessante Ausstellungen zu globalen Themen gezeigt.

Museu Militar

Largo do Museu da Artilharia
Di.–So. 10.00–17.00 Uhr
Metro: Santa Apolónia
Bus 706, 712, 728, 734, 735, 759, 781, 782, 794

Ein Ort mit entsprechender Geschichte: Schon in einem Vorgängerbau wurden seit der Mitte des 17. Jh.s Geschütze produziert, im jetzigen Gebäude stellte man noch bis ins 20. Jh. hinein Waffen her. Auch wenn die Geschichte hier mit dem Ersten Weltkrieg endet, können militärgeschichtlich Interessierte zwischen Memorabilia von Vasco Gamas Zeremonienschwert bis zu deutschen Kriegskreuzen ganze Stunden zubringen.

Shopping

Ein wahres Kaufvergnügen!

Es gibt in Lissabon wunderbare alte Geschäfte mit schmuckvollen Inneneinrichtungen, sodass der Einkauf manchmal zugleich ein Ausflug in die Vergangenheit ist. Und die Auswahl an schönen und ungewöhnlichen Lissabon-Souvenirs ist groß: Kunsthandwerk in gutem Design, die vielen Delikatessen, Weine oder eine wehmütige Fado-Erinnerung.

Traditionelles in neuem Design

In den letzten zehn Jahren hat eine junge Generation von Designern traditionelle Techniken, Produkte und Symbole neu entdeckt: Wer gern ein T-Shirt aus einer Stadt mitbringt, findet heute statt form- und einfallslosen »I Love Lisbon«-Modellen körperbetonte Schnitte und **einfallsreiche Motive** wie das Lissabonner Kopfsteinpflaster. Man findet Sardinen aus Schokolade oder Keksteig, Portwein-Pralinen und biologische Tees aus Kräutern, die man zu Hause nie sieht. Der berühmte Barcelos-Hahn, Pflicht-Souvenir für Generationen von Portugalurlaubern, trägt jetzt auch mal pinke Federn oder Regenbogenfarben, und den Stadtheiligen Santo António kann man als modernes, minimalistisches Mitbringsel erwerben.
Recycling ist ein Trend, der aus der Wirtschaftskrise Designer-Kapital schlägt: Aus Wellblechplatten werden geometrische Schüsseln, aus Dosenverschlüssen ungewöhnliche Taschen. Und nicht zuletzt wird Portugals Top-Exportrohstoff **Kork** heute zu ökologisch wertvollen Artikeln gestaltet, die man tatsächlich tragen möchte: schlichte Colliers, Krawatten, Handtaschen oder Pumps, die die Schönheit des dezent gemaserten Materials zur Geltung kommen lassen.

Die gute alte Zeit

Während die Lissabonner selbst viel in Shoppingcentern einkaufen – gern auch sonntags –, sind für Touristen Läden, in denen die Zeit stehengeblieben zu sein scheint, ein weitaus schöneres Erlebnis: Es gibt **viele Traditionsgeschäfte**, in denen Hüte, Handschuhe, Kurzwaren verkauft werden. Vergangenheit ist in. Die beiden **»Vida Portuguesa«**-Läden in Lissabon von Catarina Portas zum Beispiel sind sehr erfolgreich in der Vermarktung des Retro- und Vintage-Trends mit Kosmetika und Schreibwaren, Schokolade portugiesischer Traditionsfirmen.

Azulejos

Azulejos, glasierte und farbig bemalte Fliesen, sind überall in Portugal zu finden, sie kamen mit den Mauren auf die iberische Halbinsel (►Baedeker Wissen, S. 45). Heute gibt es überwiegend Massenware

Der allerschönste Handschuhkauf: Shoppen in der alteingesessenen Luvaria Ulisses im Chiado

zu kaufen, mitunter aber auch sehr hübsche Stücke. Nach alten Mustern gearbeitete Azulejos, teilweise auch echte alte Fliesen, findet man in Antiquitäten- oder Trödelläden, qualitätvollen Souvenirläden oder auch Museums-Shops. Geschmackvolle moderne Fliesen sieht man in den kleinen Geschäften junger portugiesischer Künstler.

Kulinarisches

Die meisten Lissabon-Besucher statten Belém einen Besuch ab, wo die berühmte Antiga Confeitaria de Belém die leckeren **Pastéis de Nata** – auch Pastéis de Belém genannt – (►Baedeker Wissen, S. 100) auf Wunsch in kleine feste Pappzylinder zum Mitnehmen verpackt. Alternativen sind leckere »doces conventuais«-Süßigkeiten und Schokolade aus der ehemaligen portugiesischen Kolonie São Tomé, die Claudio Corallo verkauft. Das hervorragende portugiesische **Olivenöl** kann man entweder im Fachgeschäft oder ganz einfach im Supermarkt kaufen, und die farbenfrohen **Sardinenbüchsen** sind zum wahren Trend-Souvenir geworden.

Spezialitäten aus Portugals Regionen kommen immer gut an: eine Flasche algarvischer Medronho, ein hochprozentiger Schnaps aus der Frucht des Erdbeerbaums, oder ein klassischer Ginjinha, ein für Lissabon und Obidos typischer Kirschlikör, aromatische Käsesorten wie der berühmte Azeitão oder »Kolonialkaffee« aus Afrika.

Trockenfrüchte sind eine portugiesische Sucht, und aus den wahren Pyramiden an Rocha-Birnen, Algarve-Feigen und eingelegten Elvas-Pflaumen, die sich in traditionellen Delikatessläden auftürmen, lässt sich schön eine persönliche Auswahl zusammenstellen, die liebevoll verpackt wird.

Weine und Portweine

Die **hervorragende Qualität** portugiesischer Weine hat sich inzwischen auch international herumgesprochen. Mit seinen ungewöhnlichen Rebsorten – über 250 sind es – ist Portugal ein wahres Schatzkästchen der Weinkultur. Klassisches Mitbringsel ist natürlich eine Flasche Portwein aus einer »Garrafeira«, einer Weinhandlung. Etwas ganz Besonderes sind auch Spätlese-Dessertweine oder eine ehrwürdige Flasche Wein aus Colares oder Carcavelos, alles Tropfen, die man daheim nicht bekommt. Wer es gern lokal hat, kann auch Wein aus der Lissabonner Region – »região de Lisboa« – kaufen: einen halbtrockenen Moscatel von der “ Península de Setúbal zum Beispiel.

Musik

Ein besonderes Andenken an eine Lissabon-Reise sind CDs mit **Lissabonner Fado** (►Baedeker Wissen, S.82). Die bekannteste Interpretin dieser typisch städtischen Musik war Amália Rodrigues (►Berühmte Persönlichkeiten), ihre Einspielungen wie »Best of Amália« und »Com Que Voz« sind Klassiker und z. B. im dunkelgrünen Fadomobil in der Rua do Carmo oder in der Discoteca Amália um die Ecke in der Rua do Ouro zu erwerben. Mit CDs von Mariza, Carminho, Ana Moura, Cristina Branco oder Camané kann man sich gute

Süße Souvenirs aus der Antiga Confeitaria de Belém

Musik von derzeit angesagten portugiesischen Fadistas mit nach Hause nehmen. Gut anzuhören ist auch der rein instrumentale Fado des 2004 verstorbenen Carlos Paredes. Weltweit bekannt – auch durch Wim Wenders' Film »Lisbon Story« – wurde die Gruppe Madredeus, die Elemente der portugiesischen Volksmusik verarbeitete. Ihr Best-of-Album »Antologia« von 2012 gibt einen guten Überblick.

WOHIN ZUM EINKAUFEN?

Einkaufsviertel

Klassisches Einkaufsviertel mit teuren und schicken Läden ist der **Chiado**, wo man auch wunderschöne alte Geschäfte mit vertäfelten und aufwendig verzierten Decken und Holztreppen findet. In der **Baixa**, vor allem rund um die Hauptfußgängerstraße Rua Augusta, sind in den letzten Jahren immer mehr austauschbare Kettenläden und Souvenirshops eingezogen. Kleine, teilweise alteingesessene Läden findet man im **Bairro Alto** und in den weniger belebten Straßen der Baixa. Die **Avenida da Liberdade** und das Chiado-Viertel sind die Domäne der klassischen Modeboutiquen, Schuhe kauft man gut in der Baixa und im Chiado. Günstigere Kleidung und Schnäppchen findet man in den Geschäften rund um die Praça da Figueira. Wer sich für gutes Design und Mode interessiert, wird in **Príncipe Real** fündig. Das kleine Embaixada-Einkaufszentrum in einem restaurierten neomaurischen Palast im Herzen des Viertels ist zum Beispiel die beste Quelle für Filzkleidung und -accessoires aus der Serra de Estrela. Viel Spaß macht es auch, Orte wie die Ideen- und Kulturfabrik **Lx Factory** zu durchstöbern. Hier sitzt zum Beispiel Newcomer Xuz, dessen rustikale, fast klobige Schuhmodelle ein weiteres Beispiel für den Trend, alte portugiesische Traditionen wiederzubeleben, sind. Ein Geheimtipp für Werktage ist die **Rua de São Bento** mit ihren Antiquitäten- und Kunsthandlungen, einem alentejanischen Delikatessenladen – und einer hervorragenden internationalen Reisebuchhandlung (Nr. 30) mit kleinem Café.

Shoppingcenter Bei den Portugiesen sind die großen **Einkaufszentren** äußerst beliebt, als da wären das **Amoreiras Shopping Center** und das **Centro Colombo**, in denen man nicht nur Hunderte von Geschäften und eine Vielzahl von exklusiven Boutiquen findet, sondern auch diverse Restaurants, Kinos, Fitnesscenter und vieles mehr. Seit der Expo 98 gibt es unmittelbar neben dem Expo-Gelände das **Centro Comercial Vasco da Gama**. Eine Filiale der spanischen Kette **El Corte Ingles** findet man etwas nördlich des Parque Eduardo VII.

Märkte So sehr die Lissabonner ihre Shoppingcenter lieben, Märkte haben Konjunktur. Der beste Beweis war die Wiedereröffnung 2013 des restaurierten **Mercado de Campo de Ourique**. In diesem Markt in einem der hübschesten und untouristischsten Lissabonner Wohnviertel werden nach Madrilenser Vorbild täglich frische (Gourmet-) Produkte feilgeboten, mit vielen Snackmöglichkeiten, von klassisch Portugiesischem über Sushi und Hamburger bis hin zu Champagner und Austern. Hier wird auch – mit ganz unportugiesischem Eigenlob – der »beste Schokoladenkuchen der Welt« angeboten.

Auf dem alten Stadtmarkt, der **Mercado da Ribeira** am Flussufer, werden dagegen ganz bodenständig Obst und Gemüse, Fleisch und Fisch sowie Blumen verkauft, und man hat Gelegenheit, zu sehen, was in Lissaboner Kochtöpfe gelangt. Samstags kommt Kunsthandwerk dazu, sonntagmorgens Münzen, Briefmarken und andere Sammelobjekte. Einen Farmladen mit Produkten von einem alentejanischen Biohof gibt es hier schon länger. Der beliebteste **Biomarkt** findet samstagmorgens im Herzen von Príncipe Real statt.

Flohmarkt Auf dem berühmten Lissabonner Flohmarkt **Feira da Ladra**, dem »Markt der Diebin«, wechseln Kurioses, Antikes, Trödel und Ramsch den Besitzer: Kleidung, gute alte Gläser und Porzellan, Spielzeug, Haushaltswaren, Medaillen. Seitdem wahre Schnäppchen rarer geworden sind, hat der »Vintage«-Trend dem Markt neues Leben eingehaucht. Attraktiv für Lissabonner und Besucher ist auch der angrenzende kleine Garten mit Kiosk.

Shopping-Adressen

SHOPPINGCENTER

Amoreiras
Avenida Eng. Duarte Pacheco
www.amoreiras.com
tgl. 10.00–23.00 Uhr
250 Geschäfte, 10 Kinosäle, Supermarkt, 50 Restaurants mit Fast-Food und portugiesischen Spezialitäten

Centro Colombo
An der Metro-Station Colégio/ Militar Luz
www.colombo.pt
tgl. 9.00–24.00 Uhr
Das größte Einkaufszentrum auf der Iberischen Halbinsel mit 420 Geschäften, 10 Kinosälen, über 60 Restaurants und Garten

Vasco da Gama
Am Bahnhof Oriente
www.centrovascodagama.pt
tgl. 9.00–24.00 Uhr
Einkaufszentrum, in interessanter Architektur anlässlich der Expo 98 zwischen Bahnhof Oriente und dem ehemaligen Expo-Gelände gebaut. Natürliches Licht sorgt für ein schönes Shopping-Erlebnis.

El Corte Inglés
Avenida António Augusto de Aguiar
www.elcorteingles.pt
tgl. 10.00–22.00, Fr., Sa. bis 23.30, So. bis 20.00 Uhr
Das spanische Einkaufszentrum gibt es auch in Lissabon.

Armazéns do Chiado
Rua do Carmo 2
tgl. 10.00–22.00 Uhr
www.armazensdochiado.com
Kleines, zentral gelegenes Einkaufszentrum, das nach dem Chiado-Brand hinter den alten Fassaden errichtet wurde

A Embaixada
Praça do Príncipe Real 26
tgl. 12.00–20.00 Uhr
Shopping-Adresse in einem umgebauten neomaurischen Stadtpalast mit überschaubarer Auswahl: eine Filiale der Storytailors-Modisten, portugiesische Schuhe und Woll- und Filzprodukte aus der Serra da Estrela in interessantem und ausgefallenem Design. Gastronomie im stilvollen Innenhof zu zivilen Preisen.

AZULEJOS

Albuquerque e Sousa Lda.
Rua D. Pedro V. 70
Große Auswahl an Azulejos

Sant' Anna
Rua do Alecrim 95
Traditionsreiches Geschäft, in dem es schöne handbemalte Fliesen gibt, auch Reproduktionen alter Azulejos

BÜCHER

Fábula Úrbis
Rua de Augusto Rosa 27
www.tabula-urbis.pt
Hervorragender kleiner Buchladen oberhalb der Kathedrale mit allem zu Lissabon – Sachbücher, Romane, Poesie, Kunstbücher und auch viele Bücher auf Deutsch kann man hier finden.

FNAC
►S. 143

Sock
Shop

HANDSCHUHE

Luvaria Ulisses

Rua do Carmo 87 A
Ob man nun gerade Handschuhe braucht oder nicht – dieses Minigeschäft ist auf jeden Fall einen Besuch wert.

HÜTE

Chapelaria Azevedo Rua

Praça Dom Pedro IV (Rossio) 73
Traditionsgeschäft für (Mass-) Hüte; über 100 Modelle für Damen und Herren.

KERZEN

Caza das Vellas Loreto

Rua do Loreto 53
Seit 1789 werden in diesem kleinen holzvertäfelten Laden an der Calçada do Combro handgemachte Kerzen verkauft! Kirchenkerzen, Engelkerzen oder Kreationen wie Salatköpfe und Obst. Alles wird liebevoll eingepackt.

MODE

Ana Salazar

Rua do Carmo 87
Im Chiado: Lissabons erste Adresse für Damenmode. Ana Salazar ist Portugals bekannteste Modedesignerin.

Storytailors

Calçada do Ferragial 8
Gutes portugiesisches Design, originelle Schnitte, theatralisch und romantisch. Eine weitere Filiale der Storytailors gibt es im Embaixada-Einkaufszentrum am Príncipe Real (Rua Escola Politécnica 26).

MUSIK

Fnac

Armazéns do Chiado
Rua do Carmo
Große Auswahl an CDs: Jazz, Rock, Pop, World Music, Klassik, Portugiesisches und Brasilianisches. An diversen Stellen in Lissabon, u. a. auch im Centro Colombo und im Amoreiras. Auch Kartenvorverkauf und Bücher.

PORTWEIN, SÜSSES, SPEZIALITÄTEN

Wine Spot Chiado

Rua Garrett 19 (Pátio Siza Vieira)
www.winespotchiado.pt
Portugiesische Weine zum Verkauf und zur Verkostung, die bei gutem Wetter auch im Innenhof stattfindet

Instituto do Vinho do Porto

Rua São Pedro de Alcântara 45
Im Portweininstitut (►Bairro Alto) kann man nicht nur sitzen und in aller Ruhe und Behaglichkeit Portwein trinken, sondern auch diverse Portweine erwerben.

Casa Macário

Rua Augusta 272–274
www.casamacario.com
Ein herrlich duftender alter Laden: Große Auswahl an Süßigkeiten, Kaffee und Tee, außerdem Portweine ab 1890!

Manuel Tavares

Rua da Betesga 1A-B
Weine, Delikatessen, Schokoladen, Trockenfrüchte (zwischen Rossio und Praça da Figueira)

Paradies für Kaufsüchtige: In den großen Shoppingzentren wie dem Centro Colombo kann man jeden Tag bis Mitternacht einkaufen.

Espaço Azores

Rua S. Julião 58
www.espacoazoresgourmet.com
Milchprodukte, Weine, Kekse, Kunsthandwerk von den Azoren. Donnerstags frisch eingeflogene Kuchen-Spezialitäten »bolos lêvedos« und »massa sovada«.

Claudio Corallo

Rua da Escola Politécnica 4
www.claudiocorallo.com
Der Italiener Claudio Corallo verkauft die »beste Schokolade der Welt« aus São Tomé in diesem kleinen Laden in Príncipe Real.

Conserveira de Lisboa

Rua dos Bacalhoeiros 34
www.conserveiradelisboa.pt
Ein kleines Geschäft, in dem Sardinen und Thunfisch in Büchsen in allen Geschmacksrichtungen und Farben verkauft werden – heute wie vor 80 Jahren.

Doce História

Rua Dom Pedro V. 1
Eine große Auswahl an hausgemachten und typisch portugiesischen Leckereien: von Kloster-Süßigkeiten, sogenannten »doces conventuais« wie dem berühmten »Himmelsspeck« über algarvischen Feigenkäse bis hin zu Carob-Törtchen. Ideal zum Ausprobieren und als Mitbringsel für Leckermäuler daheim. So. nachmittags geöffnet!

PORZELLAN

Lojas Vista Alegre

Largo do Chiado 20-23
www.vistaalegreatlantis.com
Alle Produkte aus der Porzellan-Manufaktur Vista Alegre. Die Lojas Vista Alegre gibt es in allen großen Einkaufszentren in Lissabon, außerdem für den Kauf in letzter Minute im Flughafen in der Abflughalle.

Conserveira de Lisboa: stapelweise Sardinenbüchsen

KUNSTHANDWERK/DESIGN

Loja dos Descobrimentos

Rua dos Bacalhoeiros 14
(neben der Casa dos Bicos)
Vielfältiges Angebot an portugiesischem Kunsthandwerk

A Vida Portuguesa

Rua Anchieta 11
Exklusive »Souvenirs«. A Vida Portuguesa im Chiado verkauft portugiesische Seifen, Cremes, Zahnstocher, Kaffee, Mehl, Spielkarten und vieles mehr, portugiesisch designt bzw. in schönen, alten Verpackungen made in Portugal! Sogar traditionelle Keramik etc. in moderner Aufmachung. Ein weiteres Geschäft gibt es nördlich des Largo Martim Moniz (Largo do Intendente Pina Manique 23).

Cork & Co.

Rua das Salgadeiras 10
Ungewöhniche Korkprodukte – Regenschirme, Taschen, Schmuck – im Bairro Alto; ab 14.00 Uhr

A ARTE DA TERRA

Rua Augusto Rosa 40
www.aartedaterra.pt
In den ehemaligen Stallungen der Kathedrale. originelle Souvenirs portugiesischer Kunsthandwerker, Liebes-Stickdecken aus dem Norden, Decken aus der Serra da Estrela, interessante Azulejos, ungewöhnliche Mode, Vasen etc.

SPITZE AUS MADEIRA

Regional Madeira

Rua Jardim Regedor 47 B
Auswahl an Madeira-Stickerei. Nur die Stücke mit einem kleinen Bleisiegel sind echt!

MARKT IN LISSABON

Mercado da Ribeira Nova

Av. 24 de Julho
Mo.–Sa. 5.00–14.00 Uhr
Großer Markt in der Markthalle am Cais do Sodré mit Obst, Gemüse, frischem Fisch und Fleisch; montags gibt es allerdings kein Fleisch und keinen frischen Fisch zu kaufen. Nach hinten hinaus versteckt sich ein Raum mit Bioprodukten aus dem Alentejo. Heiße Schokolade gibt's im azulejoverkleideten Café (►Bica).

MÄRKTE IN DER UMGEBUNG

Sintra (Ortsteil São Pedro)

jeden 2. und 4. Sonntag im Monat

Cascais

jeden 1. und 3. Sonntag im Monat

FLOHMARKT

Feira da Ladra

Campo de Santa Clara
Di. und Sa. 9.00–16.00 Uhr
►Alfama

Stadtbesichtigung

Hügelauf, hügelab

Noch nie gab es so viele unterschiedliche und innovative Möglichkeiten, die Stadt zu erkunden: von thematischen Stadtspaziergängen auf Deutsch und umweltschonenden Tuk-Tuk-Fahrten über Touren auf modernen Segways oder hybriden Amphibienfahrzeugen zu Törns auf einer historischen portugiesischen Jacht. Das touristische Potenzial des Flusses ist erst in der letzten Zeit wirklich entdeckt worden.

Mit Bus und Straßenbahn

Die Lissabonner Verkehrsgesellschaft Carris bietet drei verschiedene **Hop-on-hop-off-Touren im Bus** zu den Sehenswürdigkeiten, durch die Altstadtviertel, zum Expo-Gelände und durch Belém an, außerdem eine Fahrt **mit einer alten Straßenbahn**. Auch eine **Tramtour mit Fado live** ist im Angebot. Man kann zudem das Paket »Lisbon Premium 4 in 1« buchen, bei dem man alle drei Touren plus Straßenbahnfahrt innerhalb von 48 Stunden nutzen kann. Die Busse starten an der Praça da Figueira, die Straßenbahn an der Praça do Comércio, die Tour durch Belém vor dem Jerónimos-Kloster.

Klassische Busrundfahrten durch die Stadt starten etwa halbstündlich an der Praça Marquês de Pombal, die Informationen vom Band gibt es meistens auch auf Deutsch.

Kleinere, engagierte Veranstalter sind »We Hate Tourism Tours«, empfehlenswert sind z. B. deren englischsprachige King-of-the-Hills-Tour und die X-Day-Tour nach Sintra – von der gewollt saloppen Attitüde der Firma sollte man sich nicht schrecken lassen.

Zu Fuß

Trotz der vielen Hügel bietet sich Lissabon für eine Erkundung zu Fuß an, und kompetent geführt erschließt sich der Charme der Stadt besonders gut. Interessante **Themenspaziergänge** auf Deutsch, u. a. zu Fernando Pessoa, zur Nelkenrevolution und Fliesenkunst, werden von Luaverde angeboten. Lisboa Autêntica bietet mehrmals wöchentlich (im Winterhalbjahr meist nur an Wochenenden) ebenfalls Themenspaziergänge an: verschiedene Stadtviertel, das Flussufer, Literatur, Kunst, Musik, kulinarisches Lissabon etc.

Fans **urbaner Kunst** können eine »Public Art Tour« mit den Underdogs und eine »Street Art Tour« machen – die Tejo-Stadt war schon im Zuge der Nelkenrevolution eine Hochburg der Wandmalerei. Ganz Sportliche, die nicht auf ihr Fitness-Jogging verzichten möchten, können sich die **Sehenswürdigkeiten erlaufen** mit Lisbon City Runners, in ihrem eigenen Tempo und auf unterschiedlichen Rou-

Stadtbesichtigung ganz klassisch: In Belém kann man sich am Portal des Jerónimosklosters in Details vertiefen.

ten. Und wer auf das Reisebudget achten muss, ist mit den für gewöhnlich englischsprachigen Stadtführungen auf Trinkgeldbasis gut bedient, die normalerweise an der Praça Luís de Camões im Chiado starten und keiner Voranmeldung bedürfen: Lisbon Free Tour bietet im Sommer täglich Führungen um 10.00 und 15.00 Uhr, im Winterhalbjahr meist nur an Wochenenden.

Auf dem Wasser

Der Tejo, die Lebensader der Stadt, wird zunehmend von touristischen Anbietern entdeckt. Wer sich gern unters Volk mischt, kann einfach eine günstige Fähre ans andere Ufer nehmen, von den Terminals am Terreiro do Paço, Cais do Sodré oder Belém aus.
Die **Yellow Boat Tour** startet an der Praça do Comércio (Terreiro do Paço) und führt nach Cacilhas auf der anderen Tejoseite und nach Belém. Das Ticket gilt 24 Stunden und man kann zwischendurch aussteigen, um sich die Sehenswürdigkeiten in Belém oder das Cristo-Rei-Monument anzusehen. Marlin Boat Tours hat neben der klassischen Schiffstour, die bis nach Belém führt, auch Hop-on-hop-off-Fahrten, eine Sonnenuntergangstour, ein »romantisches Dinner an Bord« und vieles mehr im Angebot – sogar einen Angeltrip auf See.
Wer länger in der Stadt ist und etwas Besonderes unternehmen möchte, kann einen Törn auf der **Segeljacht Halcyon I** buchen.
Familien werden einen **Hippotrip** genießen, eine Stadtrundfahrt im leuchtend bemaltem Amphibienfahrzeug und anschließender 20-minütiger Tour auf dem Wasser.

Auf Rädern

Im Zuge des Retrotrends lässt sich die Stadt auch per **VW Käfer** erkunden, angeboten wird das Vergnügen von Lisbon by Beetle. Im Trend liegen außerdem Touren mit **Tuk-tuks**, inspiriert von dreirädrigen thailändischen Gefährten, die neben der Kathedrale oder weiter oben auf dem Largo Portas do Sol auf Kundschaft warten. Wer nicht mit lautem Geknatter unterwegs sein möchte, wählt die leisen umweltfreundlich batteriebetriebenen Modelle von EcoTukTours.
Und natürlich fehlen auch in Lissabon die **Segways** nicht. Der erfahrene Anbieter RedTours mit Sitz in der Baixa vermietet Segways für die eigene Stadterkundung und organisiert Touren. Nach einer Einführung auf der Praça do Comércio hat man das zunächst ungewohnte, jedoch sichere Transportmittel schnell im Griff. Segway-Anbieter gibt es auch am Expo-Gelände und in Belém.
Trotz einer Handvoll neuer Radwege ist Lissabon weit davon entfernt, eine fahrradfreundliche Stadt zu sein. Selbst auf dem ehemaligen Expo-Gelände, wo **Fahrräder** vermietet werden, ist der freie Manövrierraum sehr begrenzt. Eine gute Ausnahme sind die sechs Kilometer Flusspromenade zwischen dem Cais do Sodré und Belém. Lisbon Bike Tour und Bike Iberia bieten geführte Radtouren in der Stadt und in der Umgebung an und vermieten auch Räder. Am Tejo-Ufer kann man bei Slowfast Cycles ebenfalls Fahrräder mieten.

Linie 28: Die schönste Stadtrundfahrt

Fast 100 Jahre alt, schon 100-mal totgesagt, und immer noch rattern und schaukeln Lissabons altehrwürdige Trambahnen, die museumsreifen »eléctricos«, durch die Straßen. Einige Straßenbahnlinien sind schon der Modernisierung zum Opfer gefallen, und es werden sicher noch weitere eingestellt, doch eine Linie wird wohl auch noch in 50 Jahren über die Hügel in der Stadt am Tejo rumpeln: die 28.

Manche behaupten, sie sei die schönste Straßenbahnlinie der Welt. Auf alle Fälle ist sie die berühmteste, längste und – selbstverständlich! – schönste Lissabons.

Straßenbahnknigge

Bevor die Fahrt unten am Largo Martim Moniz losgeht, ein paar **ungeschriebene Regeln** vorweg. Erstens: Eingestiegen wird vorne, ausgestiegen hinten. Zweitens: In Lissabon stellt man sich an den Haltestellen hintereinander in einer Reihe an – kein Geschubse, kein Gestoße, kein Gedränge. Drittens: Auf die Geldbörse achten, in der 28 sind mitunter echte Könner am Werk! Und: Nicht wundern, wenn während der Fahrt junge »blinde Passagiere« aufspringen und sich außen an der Bahn festhalten – sie fahren ein Stück mit und springen lässig wieder ab.

Es zischt und spotzt

Mit Glück findet man einen Sitzplatz direkt am offenen Fenster. Zuerst fährt die 28 ins lebendige **Graça-Viertel** hinauf und an der Igreja de São Vicente vorbei. Dann geht's durch die verwinkelten Gassen der **Alfama.** Hier sind die Straßen und Kurven so eng, dass die Strecke eingleisig wird und man fürchtet, die Bahn könne an den Hauswänden entlangschrammen. In den Haarnadelkurven schüttelt der Wagen ruckartig hin und her und mit ihm die Fahrgäste, die Räder quietschen, der Fahrer kurbelt unablässig an irgendwelchen Rädchen, zieht an Hebeln.

Hat man dann erstmal die Kathedrale passiert, geht es flotter – die Straßen der Unterstadt sind gerade und breiter. Schnell ist die 28 durch die **Baixa** gefahren, und schon wieder muss sie eine Steigung von 13,5 % hinauf. Manchmal bleibt eine Bahn am Berg hängen und rührt sich nicht mehr. Oder ein Auto parkt auf der Spur. Dann ist der gesamte Schienenverkehr erstmal lahm gelegt. Mutig schiebt sich die Bahn durch den dichten Trubel am Largo do **Chiado,** und bald sieht man die Türme der Basílica da Estrela aufragen. Dann holpert die 28 Richtung **Endstation:** Die ist am **Cemitério dos Prazeres,** dem Zentralfriedhof der Stadt.

Stadttour mit Bike: bei jeder Sehenswürdigkeit eine Pause

STADTRUNDFAHRTEN

Carristur
www.yellowbustours.com
Mit offenen Doppeldeckerbussen und historischer Tram durch die Stadt. Tickets online, an der Praça do Comércio, an der Praça da Figueira und im Bus.

Viatour
www.viator.com

We hate tourism Tours
www.wehatetourismtours.com

STADTSPAZIERGÄNGE

Luaverde
Av. Columb. Bordalo Pinheiro 48
Tel. 969 83 81 83
www.luaverde.com

Lisbon Free Tours
http://lisbonfreetour.blogspot.pt

Lisboa Autêntica
Tel. 913 22 17 90, 969 23 38 91
www.lisboaautentica.com

Public Art Tour
Tel. 218 68 04 62
www.under-dogs.net/about

Lisbon Street Art Tours
Tel. 920 51 54 91
www.facebook.com/Lisbon-streetarttours

Lisbon City Runners
Tel. 917 50 44 21
www.lisboncityrunners.com

VW-KÄFER-TOUREN

Lisbon by Beetle
Rua dos Douradores 16
Tel. 218 87 32 74
mob. 961 30 84 15
www.lisbonbybeetle.com

FLUSSFAHRTEN

Yellow Boat Tour

Information und Abfahrt
Terminal Fluvial Terreiro do Paço
(Praça do Comércio)
www.yellowbustours.com

Marlin Boat Tours

Tel. 913 91 98 10
www.marlinboattours.com

Halcyon I - Lisbon Boat Tours

Doca de Alcântara, Pier 701
Tel. 913 67 19 56
www.halcyonlisbon.com

Hippotrip

Docas de Santo Amaro
(Alcântara)
Tel. 211 92 20 30
www.hippotrip.com

TUK-TUK-TOUREN

EcoTukTours

www.ecotuktours.com

SEGWAY-TOUREN

RedTours

Rua dos Fanqueiros 18/22
Tel. 211 92 88 52, 910 80 20 00
www.redtourgps.com

FAHRRAD

Lisbon Bike Tour

Tel. 912 27 23 00
www.lisbonbiketour.com

Bike Iberia

Lg. Corpo Santo 5 (Baixa)
Tel. 969 63 03 69
www.bikeiberia.com

Slowfast Cycles

Doca de Santo Amaro,
Armazém 7
Tel. 218 25 02 66
www.slowfastcycles.com

Übernachten

Zimmer mit Aussicht

Lissabon bietet Günstiges und Luxuriöses in Hülle und Fülle. Von der luftigen Suite mit Tejo-Blick und WLAN bis hin zum stylischen Hostelbett im neomaurischen Bahnhof lässt sich so ziemlich alles finden.

Hotels

Lissabonner Hotels werden offiziell nach dem Sternchensystem eingeteilt, wobei es innerhalb einer Kategorie oft große qualitative Unterschiede gibt. Luxushotels sind mit fünf Sternen ausgezeichnet, einfachste Hotels mit einem Stern. Die Lissabonner Hotellandschaft erlebt auch eine Welle von »Design«- und »Boutique«-Hotels, die als nicht geschützte Begriffe nicht immer viel aussagen.

Pensionen

Es gibt viele kleinere Pensionen (pensões, Sg.: pensão), die sich im Komfort oft nicht von den Hotels unterer Kategorien unterscheiden, jedoch meist preisgünstiger sind. Immer mehr frühere Pensionen haben sich auch in Hotels umbenannt. Oft sind dies relativ günstige Häuser, die zuvor eine 3- oder 4-Sterne-Pension waren, **angenehme Unterkünfte**, meist recht persönlich. Mitunter hat sich im Hotelnamen dann auch noch das frühere »Pensão«, »Residencial« oder »Albergaria« erhalten. Eine »Residencial« ist meist ein familiär geführter kleinerer Hotel- oder Pensionsbetrieb, »Albergarias« entsprechen Pensionen der höchsten Kategorie.

Bed and Breakfast

Ein neues Phänomen sind trendige B&Bs und »Guesthouses« – oft **von jüngeren Leuten geführt**, offerieren sie zeitgemäßen Komfort und persönlichen Service bei gutem Preis-Leistungs-Verhältnis. Der Service geht manchmal bis zum täglichen Newsletter mit Wetterbericht, Kochrezept und einer Liste von aktuellen Events in der Stadt.

Selbstversorger

Stadt-Apartments werden auch in Lissabon mehr und mehr vermietet. Sie sind oft wesentlich günstiger als Hotelzimmer, zumal wenn man mit mehreren Personen unterwegs ist; es gibt einem die Möglichkeit, mit hiesigen Produkten vom Markt selbst zu kochen und das Frühstück in wechselnden Cafés einzunehmen. Auch hier sind die Unterschiede groß, mit Glück findet man aber eine Oase mit moderner Ausstattung inkl. WLAN und der perfekten Mischung aus Tradition und Moderne. Viele ausländische Wahl-Lissabonner haben sich der bröckelnden Bausubstanz angenommen und Apartments stilvoll renoviert. Unter www.airbnb.com zum Beispiel findet man günstige Zimmer und Apartments von privaten Vermietern.

Hier ist gut sein: Zimmer mit Blick und Abendsonne in der Pensão Londres

Pousadas Pousadas sind Hotels der gehobenen Kategorie, die oft in besonders schöner **Lage mit Aussicht** oder **an geschichtsträchtigen Orten** stehen, sie sind in früheren Kastellen oder Palästen eingerichtet und bieten der älteren Generation einen günstigen »Golden-Age«-Rabatt. Die **vier Pousadas bei Lissabon** sind in historischen Gebäuden eingerichtet: In Cascais gibt es eine Pousada in der Zitadelle am Hafen, Gäste der Pousada Dona Maria I in Queluz wohnen in einem Teil des Schlosses, die Pousada de Palmela ist in einem früheren Kloster und die Pousada de São Filipe in einer alten Burg untergebracht.

Jugendherbergen Jugendherbergen (Pousadas de Juventude) sind nach wie vor eine preisgünstige Unterkunft, und die Jugendherbergen sind attraktiver geworden. Man braucht einen internationalen Jugendherbergsausweis, den das Deutsche Jugendherbergswerk ausstellt. Eine obere Altersgrenze gibt es nicht. Die Aufenthaltsdauer ist normalerweise auf acht aufeinanderfolgende Nächte begrenzt; wenn keine Reservierungen vorliegen, kann der Aufenthalt verlängert werden. Vor allem im Juli und August ist eine Voranmeldung anzuraten, und zwar über »Movijovem«, die zentrale Reservierungsstelle in Lissabon.

Hostels Lissabon wird immer wieder **ausgezeichnet** als die Stadt mit den **besten Hostels weltweit**. Es gibt eine Reihe von günstigen, komfortablen Hostels in zentraler Lage. WLAN und Schließfächer, die auch einen Laptop aufnehmen, sind gang und gäbe. Eines der besten ist im neomaurischen Rossio-Bahnhof zu finden, hier haben Traveller auch gleich ein günstiges Abendessen mit im Angebot. Die meisten Hostels bieten Aktivitäten wie Stadtführungen an – eine hervorragende Möglichkeit für Alleinreisende, Anschluss zu finden.

Camping Auch Lissabon hat einen Campingplatz! Camping ist eine so günstige wie angenehme Art, die Stadt zu erleben. Für die Dauer des Aufenthalts muss man entweder den Personalausweis bzw. Reisepass oder eine Campingcard abgeben; Letztere bekommt man beim ADAC oder bei anderen Automobilclubs.

Preise/ Bettensteuer Je nach Saison variieren die Übernachtungspreise teilweise erheblich. Preise für Einzelzimmer liegen generell etwa 30 % unter den Doppelzimmerpreisen. In jeder Unterkunft muss eine Bettensteuer bezahlt werden, die 1 € pro Person (ab 13 Jahre) und Nacht beträgt. Höchstens dürfen 7 € pro Aufenthalt berechnet werden.

Tipp für Nichtraucher Empfindliche Nasen sollten darauf achten, spezifisch ein Nichtraucherzimmer zu bestellen. Manche Hotels machen keine Unterteilung.

Reservierung Im Zentrum von Lissabon links und rechts des Rossio und der Avenida da Liberdade gibt es zahlreiche Hotels und günstige Pensionen, in der Alfama viele Apartments. Insbesondere in den Sommermonaten kann es schwierig sein, nach 18.00 Uhr eine Unterkunft zu finden. Vor allem Zimmer der mittleren und unteren Preisklasse sind dann oft völlig ausgebucht. Reservierungen im Voraus sind in der Hauptsaison generell ratsam.

Empfehlenswerte Adressen

1 etc. ▸ Karte S. 106/107

PREISKATEGORIEN
für eine Übernachtung im DZ
€€€€ über 175 €
€€€ 125 – 175 €
€€ 75 – 125 €
€ bis 75 €

1 Olissippo Lapa Palace Hotel €€€€
Rua do Pau de Bandeira 4
Tel. 213 94 94 94
www.olissippohotels.com
Mitglied der Leading Hotels of the World. Alle 109 Zimmer in dem ruhig gelegenen alten Stadtpalast mit subtropischem Garten sind mit Arraiolos-Teppichen ausgestattet. Guter Service, WLAN, Pools, Spa-Bereich und ein hervorragendes Restaurant, das mediterrane Küche bietet.

2 Ritz Four Seasons Hotel €€€€
Rua Rodrigo da Fonseca 88
Tel. 213 81 14 00
www.fourseasons.com
Das Ritz am Parque Eduardo VII. ist ein großes Luxushotel mit 290 Zimmern, das ca. 15 Fußgängerminuten vom Zentrum entfernt liegt. Ein nüchternes Hochhaus – aus den Zimmern hat man eine herrliche Aussicht. Angeschlossen ist ein sehr gutes Restaurant.

3 Hotel Avenida Palace €€€/€€€€
Rua 1° de Dezembro 123
Tel. 213 21 81 00
www.hotelavenidapalace.pt
Traditionelles Lissabonner Luxushotel, das schon im »Felix Krull« von Thomas Mann erwähnt wird. Sehr zentral gelegen und gediegen-edel (82 Z.).

4 Solar do Castelo €€€/€€€€
Rua das Cozinhas 2
Tel. 218 80 60 50
www.solardocastelo.com
Eine besondere Bleibe in Lissabon, die man frühzeitig reservieren muss. Das wunderschöne kleine Hotel mit 14 Zimmern steht oben im Kastellbereich. Das Frühstück wird im Innenhof serviert.

28 Albatroz Seafront Hotel €€€/€€€€
Rua Frederico Arouca 100
Cascais (Lage siehe Karte S. 210)
Tel. 214 84 73 80
www.albatrozhotels.com
Stilvoller Palast auf einem Felsen am Strand von Cascais an der Tejo-Mündung. Schöne Terrasse mit Pool und Blick aufs Meer. Freundlicher Service. Bahnhof für Vorortzüge nach Lissabon in der Nähe, also gut geeignet auch für Stadtbesucher.

5 H10 Duque de Loulé €€€/€€€€

Av. Duque de Loulé 81-83
Tel. 213 18 20 00
www.h10hotels.com
Boutiquehotel mit 89 Zimmern. Zentral und ruhig gelegen in einem schönen zentralen Stadtviertel. Der Clou ist die Dachterrasse mit Blick bis zum Tejo.

6 Britania €€€

Rua Rodrigues Sampaio 17
Tel. 213 15 50 16
www.hotel-britania.com
Komfortabel und sehr zentral: schönes Art-déco-Hotel in einer Parallelstraße der Avenida da Liberdade. Das Haus wurde nach Plänen des bekannten Lissabonner Architekten Cassiano Branco errichtet.

7 Senhora do Monte €€€

Calçada do Monte 39
Tel. 218 86 60 02
www.albergariasenhoradomonte.com
Keine zentrale, dafür aber eine außergewöhnliche und schöne Lage auf einem Hügel im Stadtteil Graça. Vom Hotel hat man einen umfassenden Blick über die gesamte Innenstadt. 28 solide ausgestattete Zimmer.

8 Hotel do Chiado €€–€€€€

Rua Nova do Almada 114
Tel. 213 25 61 00
www.hoteldochiado.pt
Eine gute, sehr zentrale Adresse: Die Zimmer sind komfortabel, und der absolute Clou des Hotels sind die Bar und das Restaurant mit Blick über die Stadt.

9 Palácio Ramalhete €€/€€€

Rua das Janelas Verdes 92
Tel. 213 93 13 80, 916 12 10 02
www.palacio-ramalhete.com
In dem Stadtpalast aus dem 18. Jh. – gegenüber dem Museum für Alte Kunst – gibt es zwölf individuell eingerichtete Zimmer mit und ohne Frühstück. Gratis-WLAN im ganzen Gebäude.

10 Casa Amora €€

Rua João Penha 13
Tel. 919 30 03 17
www.casaamora.com
Bed & Breakfast feinster Kategorie mit netter Dachterrasse. Angenehme Lage etwas abseits der Hauptsehenswürdigkeiten und ideal für Besucher, die vielleicht schon einmal in Lissabon waren und etwas Neues erkunden möchten.

11 Casa das Merceeiras €€

Travessa das Merceeiras 9
Tel. 919 61 81 41
www.casadasmerceeiras.com
Zwei superbe B&B-Apartments in einer umgebauten Remise aus dem 18. Jh. in Alfama. Die Restaurierung beließ die alten Ziegelsteindecken und Torbögen, geschmackvoll mit modernem Mobiliar, schönen Textilien und in Pastellfarben gestaltet.

12 Monte Belvedere €€

Rua Santa Catarina 17
Tel. 914 17 69 69
www.shiadu.com
Guesthouse in interessanter Lage mit stylisch eingerichteten Zimmern, teilweise mit Flussblick, und großer Dachterrasse. Herzlicher Service und sozialer Anspruch:

Lissabons Hostels sind hitverdächtig. Das Lisbon Lounge liegt zentral in einer der Straßen der Unterstadt.

Die Besitzer unterstützen Bildungsprojekte in Portugal und in der ehemaligen portugiesischen Kolonie São Tomé.

13 Casa do Bairro €€

Beco do Caldeira 1/Rua Fernandes Tomás
Tel. 914 17 69 69
www.shiadu.com
B&B-Guesthouse in Santa Catarina. Junges Ambiente, persönlicher Service und eine originelle Einrichtung.

14 Hotel Aviz €€

Rua Duque de Palmela 32
Tel. 210 40 20 00
www.hotelaviz.com
Angenehmes zentral gelegenes Hotel, das in seiner Geschichte schon einige berühmte Gäste beherbergt hat. Komfortable Zimmer mit bequemen Betten und am Morgen ein gutes Frühstück.

15 Hotel Portugal €€

Rua João das Regras 4
Tel. 218 84 21 20
www.hotelportugal.com
Einfaches Stadthotel mit 59 gepflegten Zimmern mit Bad, TV und Klimaanlage. Sehr zentral.

16 Hotel Sana Rex €/€€

Rua Castilho 169
Tel. 213 88 21 61
www.sanahotels.com
Am Parque Eduardo VII. am Rand der Innenstadt. 68 Zimmer mit guter Standardausstattung.

17 Casa de São Mamede €/€€

Rua da Escola Politécnica 159
Tel. 213 96 31 66
www.casadesaomamede.pt
Ein Kleinod in interessanter Lage am oberen Rand des Bairro Alto. Sehr wohnliche Zimmer und Suiten in einem schönen alten Haus.

18 Ibis Lisboa Centro Saldanha €/€€
Avenida Casal Ribeiro 23
Tel. 213 19 16 90
www.ibishotel.com
Hotel mit 116 Zimmern in einem schönen und lebendigen Innenstadtviertel. Ansonsten die bekannte Ibis-Qualität.

19 Residencial Florescente €/€€
Rua das Portas de S. Antão 99
Tel. 213 42 66 09
www.residencialflorescente.com
Mitten im Zentrum im Fußgängerbereich gelegen. Gepflegte kleine Zimmer mit Bad und TV.

20 Pensão Alegria €/€€
Praça de Alegria 12
Tel. 213 22 06 70
www.alegrianet.com
Nette Pension an einem hübschen Platz mit kleinem Park. Zimmer mit Bad und TV. Kein Frühstück.

21 Pensão Londres €
Rua D. Pedro V 53
Tel. 213 46 22 03
www.pensaolondres.com.pt
Angenehme Pension im Bairro Alto. Einige Zimmer sind schön renoviert, andere in altem portugiesischem Pensionsstil. Zimmer mit und ohne Bad.

22 Residencial Portuense €
Rua das Portas de S. Antão 153
Tel. 213 46 41 97
www.pensaoportuense.com
Die Portuense ist eine alteingesessene freundliche Familienpension mit altportugiesischem Flair direkt im Zentrum. Die Zimmer sind einfach und gepflegt.

HOSTELS

23 Lisbon Lounge Hostel €
Rua de São Nicolau 41
Tel. 213 46 20 61
www.lisbonloungehostel.com
In altem Stadthaus eingerichtetes modernes Hostel in zentraler Lage in der Unterstadt. 2- bis 8-Bettzimmer, Etagenbäder und netter Loungebereich sowie Frühstück und kostenloses WLAN.

24 Rossio Hostel €
Calçada do Carmo 6, 2°
Tel. 213 42 60 04
www.rossiohostel.com
Wer mindestens zwei Nächte bleibt und sich nicht an Gemeinschaftsbädern stört, kann in diesem Hostel in unschlagbar zentraler Lage für wenig Geld in 2- bis 8-Bettzimmern übernachten.

25 Lisbon Destination Hostel €
Bahnhof Rossio, 2. Stock
destinationhostels.com
Im obersten Stock des geschichtsträchtigen Bahnhofs ist ein Hostel eingerichtet, in dem auch ein paar Doppelzimmer angeboten werden, ansonsten gibt es 4- bis 10-Bettzimmer.

26 Travellers House €
Rua Augusta 89
Tel. 210 11 59 22
www.travellershouse.com
Dieses zentral gelegene Hostel wurde schon ausgezeichnet. Jede Altersgruppe ist willkommen. Eine Neuigkeit für Traveller mit Wunsch nach mehr Privatsphäre sind die »Ensuite Rooms« mit privatem Badezimmer und die Apartment-»Studios«.

27 The Independente €

Rua São Pedro de Alcântara 81
Tel. 213 46 13 81
www.theindependente.pt
Hostel in Top-Lage zwischen Bairro Alto und Príncipe Real, das neben 90 Betten in 11 Schlafsälen auch vier Suiten (€€) bietet. Das angeschlossene »Decadente«-Restaurant mit Bar und kleinem Patio ist angesagter Treffpunkt und bietet Gerichte mit frischen Produkten der jeweiligen Saison.

APARTMENTS

Casa Santana, Casa Pátria, Casa Villa Serra, Casa Travessa, Casa Joaquina

Tel. 913 46 45 17
www.visitingportugal.com
Nette Apartments für unterschiedliche Geldbeutel in der Pena, einem untouristischen, aber zentralen Viertel etwas oberhalb des Rossio. Einige haben eine eigene Terrasse. An alles ist gedacht, und jeden Tag gibt es einen Newsletter mit den Events der Stadt.

ÜBERNACHTEN IN SINTRA

1 etc. ► Karte S. 313

29 Hotel Palácio de Seteais €€€/€€€€

Rua Barbosa du Bocage 8
Tel. 219 23 32 00
www.tivolihotels.com
Vornehmer kann man kaum wohnen als in diesem geschichtsträchtigen romantisch-klassizistischen Palast (► S. 319) am Rand des Sintra-Gebirges. Feinschmecker schätzen das hoteleigene Restaurant.

30 Hotel Lawrence's €€/€€€

Rua Consigliéri Pedroso 38-40
Tel. 219 10 55 00
www.lawrenceshotel.com
Hübsches Hotel mit gediegener, angelsächsisch beeinflusster Landhausatmosphäre. Das Lawrence's ist das älteste Hotel auf der iberischen Halbinsel, und schon Lord Byron hat hier übernachtet.

31 Hotel Sintra Jardim €€/€€€

Travessa dos Avelares 12
Tel. 219 23 07 38
www.hotelsintrajardim.pt
Empfehlenswerte Pension in einem alten Herrenhaus. Die Zimmer sind altmodisch eingerichtet und riesig, der Garten wunderschön – dazu Pool und Ruhe.

32 Sintra Boutique Hotel €€/€€€

Rua Visconde de Monserrate 48
Tel. 219 24 41 77
sbhboutiquehotel.com
Kleines Hotel direkt im Zentrum mit 18 Zimmern/Suiten. Das günstigere Sintra Bliss House vom selben Betreiber verbindet das lockere Guesthouse-Konzept mit Hotelkomfort (€€).

33 Quinta dos Bons Cheiros €€

Rua das Silveiras 65, Terrugem
Tel. 962 47 65 94
bonscheiros.com
Das familiär geführte »Haus der guten Aromen« eine Viertelstunde Fahrt vom Zentrum entfernt wartet mit warmherzigem Service, Bio-Frühstück und Gratis-Rädern auf Gäste. WLAN im Lounge-Bereich.

34 Solar dos Mouros €/€€
Calçada de São Pedro 64
Sintra (São Pedro)
Tel. 219 24 32 53
Eine kleine, sehr gepflegte Unterkunft mit netter, privater Atmosphäre

35 Almáa Sintra Hostel €
Caminho dos Frades 1
Tel. 219 24 00 08, 919 85 08 05
www.almaasintrahostel.com
Hostel im Grünen mit ökologischer Orientierung (teilweise Möbel aus recycelten Materialien) in einem der ältesten Gebäude in Sintra. Der Name »Almáa« verbindet das arabische Wasser (Aa) und die portugiesische Seele (alma).

POUSADAS

Pousada de Lisboa
€€€/€€€€
Praça do Comércio, 31–34
Tel. 210 40 76 40
www.pousadas.pt
Diese Pousada ist in einem der Gebäude eingerichtet, die den alten Empfangsplatz der portugiesischen Hauptstadt umziehen.

Pousada de Dona Maria I €€
2745-191 Queluz
Tel. 214 35 61 58
www.pousadas.pt
In einem Nebengebäude des Schlosses von Queluz. Alles ist sehr stilvoll, und die Küche des zugehörigen Restaurants »Cozinha Velha« wird viel gelobt (26 Z.).

Pousada de Palmela €€
2950-997 Palmela
Tel. 212 35 12 26
www.pousadas.pt
Pousada mit 28 Zimmern in den historischen Mauern des einstigen Klosters São Tiago, fernab von jeglichem Trubel. Toller Blick.

JUGENDHERBERGEN

Lissabon
Rua Andrade Corvo 46
1050-009 Lisboa
Tel. 213 53 26 96
lisboa@movijovem.pt
Relativ moderne, zentral in der Innenstadt gelegene Jugendherberge, die im Sommer meistens sehr voll ist, d. h. man sollte möglichst reservieren.

Lisboa – Parque das Nações
Rua de Moscavide 47
1011-998 Lisboa Expo
Tel. 218 92 08 90
lisboaparque@movijovem.pt
Lissabons neueste Jugendherberge ist in der Nähe des ehemaligen Expo-Geländes und des Flughafens zu finden.

Catalazete
Estrada Marginal
(neben INATEL-Motel)
2780-267 Oeiras
Tel. 214 43 06 38
catalazete@movijovem.pt
Westlich außerhalb der Stadt in Richtung Cascais in Strandlage. Die Jugendherberge ist rustikal in einem umgebauten Fort aus dem 18. Jh. eingerichtet.

JUGENDHERBERGEN INFORMATION

Movijovem
Rua Rodrigo da Fonseca 55
1250-190 Lisboa
microsites.juventude.gov.pt
www.pousadasjuventude.pt

juventude.gov.pt
Reservierungen für Einzelreisende:
Tel: 00 351 707 20 30 30
geral@ipdj.pt

Deutsches Jugendherbergswerk
DJH-Service Center
Leonardo-da-Vinci-Weg 1
D-32760 Detmold
Tel. 05231 740 12 20
www.jugendherberge.de

CAMPING

Lisboa Camping & Bungalows
Parque Florestal de Monsanto
Estrada da Circunvalação
Tel. 217 62 82 00
Der Campingplatz im Monsanto-Park ist ganzjährig geöffnet.
Bus: 714 ab Pr. da Figueira; 750 ab Bahnhof Oriente; Zug ab Cais do Sodré bis Station Algés, von dort fährt der Bus 750.

TOUREN

Drei Spaziergänge – hügelauf, hügelab durch Lissabons Zentrum. So kann man auf die Schnelle das Wichtigste kennenlernen. Aber natürlich sehen Sie sich Lissabon so nur an den ersten Tagen an oder wenn Sie nur kurz hier sind. Ansonsten lassen Sie sich lieber Zeit. Es lohnt sich!

Touren durch Lissabon

Tour 1

Kastell und Alfama

Den Blick vom Kastell genießen und sich anschließend im Labyrinth der Alfama verlieren

Seite 166

Tour 2

Baixa – Avenida da Liberdade

Ein Bummel durch die barocke Unterstadt, das pulsierende Zentrum Lissabons

Seite 168

Tour 3

Bairro Alto und Chiado

Zwei lebendige Viertel, in denen sich Anfang des 20. Jahrhunderts Künstler und Literaten trafen

Seite 171

Estoril, Sintra
Parque de Monsanto
Praça do Marquês de Pombal
Avenida Duque de Loulé
Rua Rodrigues Sampaio
Rua Braamcamp
C. M. L.
Rua Castilho
Rua Rodrigo da Fonseca
Rua Barata Salgueiro
Av. da Liberdade
Salitre
Jardim Botânico
Academia das Ciências
R. Conceição
Rua das Taipas
R. D. Pedro V
Rua de São Pedro de A.
Praça do Príncipe Real
Miradouro de S. Pedro d. Alcântara
Solar do Vinho do Porto
Igreja de São Roque
Av. do Infante Santo
Basílica da Estrela
Calçada da Estrela
Palácio de São Bento (Parlament)
Rua de São Bento
R. da Acad. das Ciências
BAIRRO ALTO
R. d. S. Ciro
Rua Buenos Aires
Rua Bela Vista
R. Borges Carneiro
Rua da Lapa
Rua das Praças
R. das Francesinhas
Atelier-Museu Júlio Pomar
R. da Cruz dos Poiais
Rua do Vale
Igreja dos Paulistas
Calçada do Combro
Rua da Rosa
R. Caetano
LAPA
Rua Garcia da Horta
R. do Castelo
Miradouro d. S. Caterina
Ascensor da Bica
Igreja do Loreto
Praça Camões
N.S. da Encarnação
Teatro N. São Carl
R. F. Tomás
R. da Boavista
Calçada Marquês de Abrantes
Largo de Santos
R. das Janelas Verdes
Santos
Avenida Dom Carlos I
Rua Dom Luís I
Museu Nacional de Arte Antiga
Av. Vinte e Quatro de Julho
Avenida Vinte e Quatro de Julho
Praça de Dom Luís I.
Mercado
Rua de S. Paulo
Rua do Alecrim
Estação do Cais do Sodré
Cais do Sodré
Belém
Palácio das Necessidades
Doca de Alcântara
Tejo
Cacilhas
Seixal

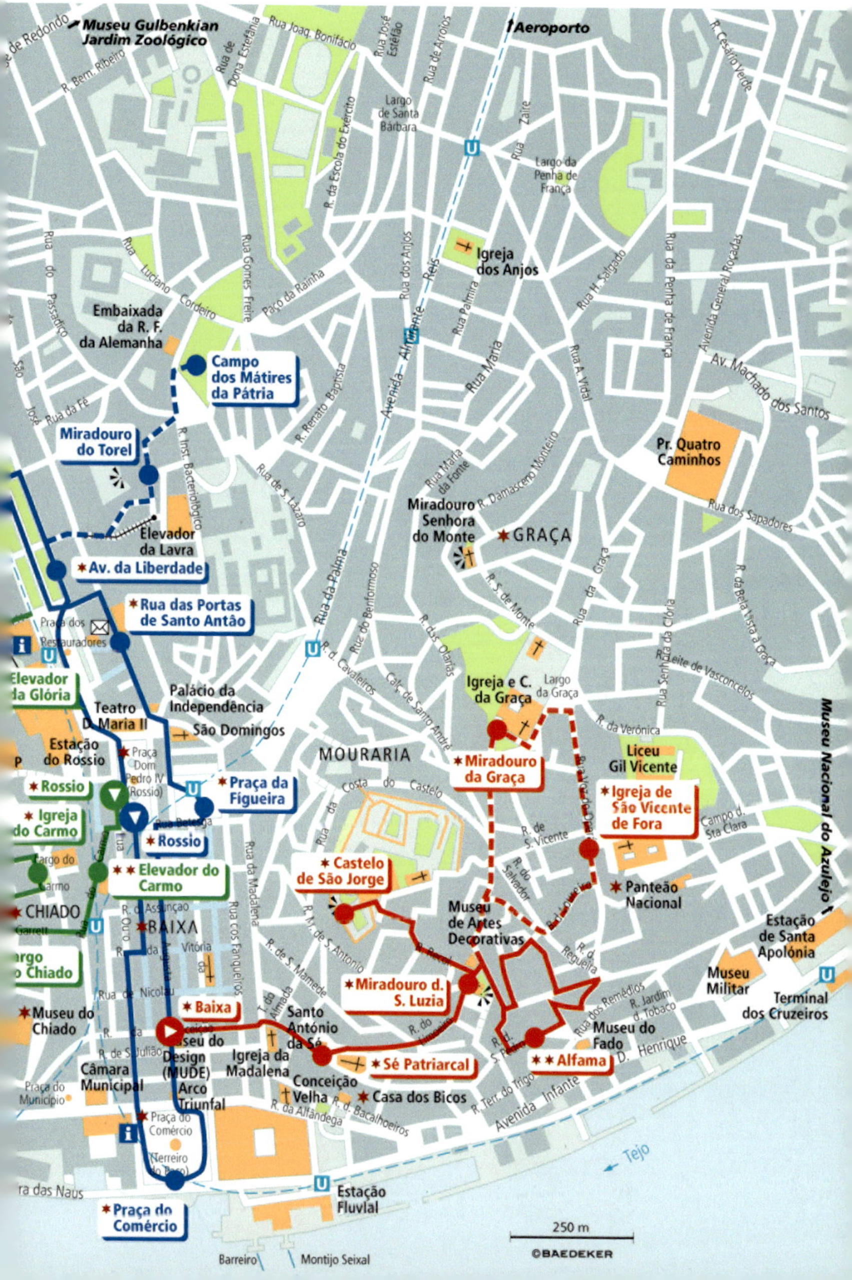

Museu Gulbenkian
Jardim Zoológico
Aeroporto
Campo dos Mátires da Pátria
Miradouro do Torel
Elevador da Lavra
Av. da Liberdade
Rua das Portas de Santo Antão
Elevador da Glória
Teatro D. Maria II
Palácio da Independência
São Domingos
Estação do Rossio
Rossio
Igreja do Carmo
Praça da Figueira
Elevador do Carmo
CHIADO
BAIXA
Largo do Chiado
Museu do Chiado
Baixa
Museu do Design (MUDE)
Câmara Municipal
Arco Triunfal
Praça do Comércio
Igreja da Madalena
Santo António da Sé
Sé Patriarcal
Conceição Velha
Casa dos Bicos
Castelo de São Jorge
Miradouro d. S. Luzia
Museu de Artes Decorativas
Alfama
Museu do Fado
MOURARIA
Miradouro da Graça
Igreja e C. da Graça
Largo da Graça
Igreja de São Vicente de Fora
Panteão Nacional
Liceu Gil Vicente
GRAÇA
Miradouro Senhora do Monte
Igreja dos Anjos
Pr. Quatro Caminhos
Embaixada da R. F. da Alemanha
Largo de Santa Bárbara
Largo da Penha de França
Museu Nacional do Azulejo
Estação de Santa Apolónia
Museu Militar
Terminal dos Cruzeiros
Estação Fluvial
Tejo
Barreiro
Montijo Seixal
250 m
©BAEDEKER

Unterwegs in Lissabon

Zeitplan

Hat man nur **einen Tag Zeit**, dann sollte man vormittags den ersten und einen Teil des zweiten Spaziergangs miteinander verbinden und nachmittags hinaus nach Belém fahren. **An zwei Tagen** kann man das Zentrum auf den angegebenen Rundgängen durchstreifen und sich die Sehenswürdigkeiten in Belém mit etwas mehr Zeit und Ruhe ansehen. **An drei Tagen** lassen sich zusätzlich noch sehenswerte Museen oder der Parque das Nações auf dem ehemaligen Expo-Gelände mit dem Oceanário besuchen, außerdem ist dann eine Fahrt nach Sintra und/oder Queluz angesagt.

Fortbewegung

Die angegebenen Rundgänge kann man mühelos **zu Fuß** bewältigen, wie man Lissabon überhaupt eigentlich am besten zu Fuß erkundet. Wer sich ein paar Tage in der Stadt aufhält und einen größeren Radius erfahren möchte, sollte sich den Cartão 7 Colinas/Viva-Viagem für Busse und Metro kaufen. Auch könnte man überlegen, ob man sich die **Lisboa Card** zulegt, die zudem in den Vorortzügen gilt, mit denen man zu einigen Ausflugszielen – wie Sintra, Queluz, Estoril oder Cascais – fahren kann. Generell sind die Preise für öffentliche Verkehrsmittel nicht sonderlich hoch, sodass man sich auch spontan für Fahrten mit Einzeltickets entscheiden kann.

Tour 1 Kastell und Alfama

Start und Ziel: Von der Unterstadt hinauf in das Stadtviertel Graça
Dauer: min. 3 Stunden

Wer nur kurz in Lissabon ist, sollte mit dieser ersten Tour starten, denn mit dem Aufstieg zum Kastell kann man sich gleich am Anfang einen hervorragenden Überblick über die außergewöhnliche Lage der portugiesischen Hauptstadt verschaffen. Außerdem liegen ein paar wichtige Sehenswürdigkeiten am Wegesrand. Ausruhen kann man sich in einem Café in luftiger Höhe.

Von der Unterstadt aufwärts

Von der Rua da Conceição in der ❶ * **Baixa** führen die Straßenbahnschienen aufwärts in Richtung Kathedrale. Man folgt den Schienen und steht nach ein paar Minuten vor dem doppeltürmigen wehrhaften Bau. Die ❷ * **Sé Patriarcal** ist Lissabons älteste Kirche. Bei der Besichtigung sollte man auch einen Blick in den Kreuzgang werfen und sich das Resultat archäologischer Ausgrabungen ansehen. Anschließend geht es weiter bergauf die Rua Augusto Rosa/Rua do Li-

moeiro entlang. Rechts der Straße liegt der ❸ ***Miradouro de Santa Luzia**, von dem sich ein herrlicher Blick über die Dächer der Alfama hinunter zum Tejo bietet.

Schöne Aussichten

Gegenüber dem Aussichtsplatz führt eine schmale Straße aufwärts in Richtung ❹ ***Castelo de São Jorge**. Oben angekommen hat man aus ca. 110 m Höhe einen umfassenden Blick auf das Stadtzentrum, die Hafenanlagen, den Tejo bis hin zu seiner Mündung in den Atlantik, die ***Ponte 25 de Abril** und das gegenüberliegende Ufer mit dem **Monumento Cristo Rei**. An klaren Tagen sieht man im Süden die Höhenzüge der Serra da Arrábida. Von den Kastellmauern hat man einen Blick auf die nördlichen Stadtteile Lissabons und nach Osten auf die seenartige Tejobucht Mar de Palha (Strohmeer) sowie im Vordergrund auf die weiße Kuppel des ***Panteão Nacional** und auf die zwei Türme der ***Igreja de São Vicente de Fora**.

Gassenlabyrinth

An die Kastellbesichtigung lässt sich ein Gang durch die ❺ ****Alfama** anschließen. Vom Largo das Portas do Sol – mit seinem einladenden luftigen Café – führt eine Treppe hinab in den ältesten Teil Lissabons, dessen Straßensystem mit winkligen Gassen, Treppen und Torbögen sich in der maurischen Epoche entwickelt hat. Zurück auf dem Largo das Portas do Sol, geht man die Rua do Limoeiro/Rua Augusto Rosa wieder hinunter an den Straßenbahnschienen entlang in die Baixa.

Kloster und lebendiges Stadtviertel

Wer genügend Zeit hat, kann nach dem Besuch von Kastell und Alfama vom Largo das Portas do Sol aus den Schienen folgen und kommt durch extrem enge Straßen zur ❻ ***Igreja de São Vicente de Fora**, einer Kirche mit einem angeschlossenen Klosterkomplex, dessen Besichtigung bis auf das Kirchendach hinaufführt. Man geht danach weiter durch die Rua Voz do Operário – immer an den Straßenbahnschienen entlang – und kommt in den lebendigen Stadtteil Graça. Am Largo da Graça biegt man ab zur Igreja da Graça und dem schönen ❼ ***Miradouro de Graça** davor. Die Calçada da Graça und die Rua de São Tomé führen wieder zum Largo das Portas do Sol.

Tour 2 Baixa – Avenida da Liberdade

Start und Ziel: Rossio
Dauer: min. 2 Stunden

Lissabons Unterstadt ist das laute, lebendige und verkehrsreiche Zentrum. Hier schlägt das Herz der Stadt, und als Lissabonbesucher kommt man fast automatisch hierher. Man kann herumbummeln, in Cafés sitzen oder von Schaufenster zu Schaufenster schlendern.

Schachbrettanlage

Möchte man die ***Baixa** aber gezielt durchstreifen, bietet es sich an, am ❶ ***Rossio** zu starten. Lissabons belebter Hauptplatz ist Treffpunkt für Lisboetas und Touristen aus aller Welt, die Cafés am Rossio sind beliebte Plätze zum Verweilen. Um zur Praça do Comércio am Südende der Baixa zu kommen, hat man die Qual der Wahl, denn alle Straßen vom Rossio in Richtung Süden laufen parallel und enden unten am Fluss. Um verschiedene Stimmungen mitzubekommen, kann man zuerst durch den kleinen Bogen an der Südseite des Rossio in die Rua dos Sapateiros einbiegen, eine stille Straße, in der es noch zahlreiche Handwerksbetriebe gibt. Dann wechselt man in die Rua do Ouro (oder Rua Aurea), eine verkehrsreiche Geschäftsstraße, die direkt in die ❷ ★**Praça do Comércio** mündet. Diese wunderschöne Platzanlage, die sich zum Tejo hin öffnet, gilt als eine der eindrucksvollsten in Europa. Vom Anleger an der Südostseite starten die Fähren hinüber zum anderen Tejo-Ufer. Durch den Arco Triunfal, auf den man auch hinaufsteigen und einen schönen Blick genießen kann, kommt man dann wieder in das regelmäßig angelegte Straßennetz der Baixa. Die Rua Augusta ist eine breite Fußgängerstraße, sie führt geradewegs zurück zum Rossio. Wer einen Zwischenstopp einlegen möchte, kann sich hier oder auf der Praça do Comércio in einem Café niederlassen.

Anschließend lohnt sich ein Blick auf die benachbarte ❸ **Praça da Figueira**, deren architektonische Geschlossenheit eine ganz eigene Wirkung hat. Und dann bietet sich ein Bummel durch Lissabons »Fressgasse«, die ❹ **Rua das Portas de Santo Antão**, an, in deren

OMNIBVS.DOCVMENTO. P. P. D.

unterem Teil sich ein Restaurant an das andere reiht. Die kurze Rua Condes stellt die Verbindung von der Rua das Portas de Santo Antão zur Praça dos Restauradores dar, an deren nördlichem Ende man nun landet. Und jetzt folgt ein Bummel die 5 * **Avenida da Liberdade** hinauf, so weit man möchte, und anschließend wieder zurück. Wahlweise kann man unter Palmen über die einstige Prachtallee flanieren oder links oder rechts direkt an der Häuserfront entlangspazieren und vielleicht einen Erfrischungsstopp an einem der zu neuen Würden gekommenen alten Kioske einlegen.

Abstecher hügelauf

Bevor man den Rückweg am Rossio beendet, lässt sich noch ein kleiner, sehr lohnender Abstecher einbauen: Er führt über die Calçada do Lavra und die Treppe, die links von der aufwärts führenden Gasse abzweigt, hinauf zur Rua J. Andrade. Linker Hand findet man hier etwas versteckt den 6 **Miradouro do Torel**, von dem man einen schönen Blick über die Avenida da Liberdade und auf das Bairro Alto gegenüber hat. Wer eine Vorliebe für kleine Parkanlagen hat, kann noch weitergehen bis zum 7 **Campo dos Mártires da Pátria**.

Bairro Alto und Chiado

Tour 3

Start: Rossio
Ziel: Restauradores
Dauer: min. 2 Stunden

Der dritte Spaziergang führt hinauf in die Oberstadt und in den Chiado, zwei interessante Innenstadtviertel, in denen man viel Lissabonner Atmosphäre mitbekommt.

Elegantes Geschäftsviertel

Vom 1 * **Rossio** führt die Rua do Carmo leicht aufwärts. Die elegante Geschäfts- und Fußgängerstraße wird in großer Höhe vom Gehsteg des Elevador do Carmo überspannt, auf dem man von der oberen Plattform des Fahrstuhls 2 * **Elevador do Carmo** in das Bairro Alto hinübergehen kann. Die Rua do Carmo führt an der Rückseite der wahrhaft spektakulären Fahrstuhlkonstruktion vorbei und unter der Fußgängerverbindung vom Fahrstuhl zum Largo do Carmo, die von Álvaro Siza Vieira entworfen wurde, hindurch. Ein Stück weiter oben biegt man nach rechts in die Rua Garrett, das Herzstück des Chiado. Die Straße geht relativ steil aufwärts und endet am 3 **Largo do Chiado**. Wer hier schon eine erste Pause machen möchte, setzt sich in das berühmte Traditionscafé »A Brasileira« und genießt portugiesische Kaffeehausatmosphäre.

Baixa: der Arco Triunfal an der Praça do Comércio

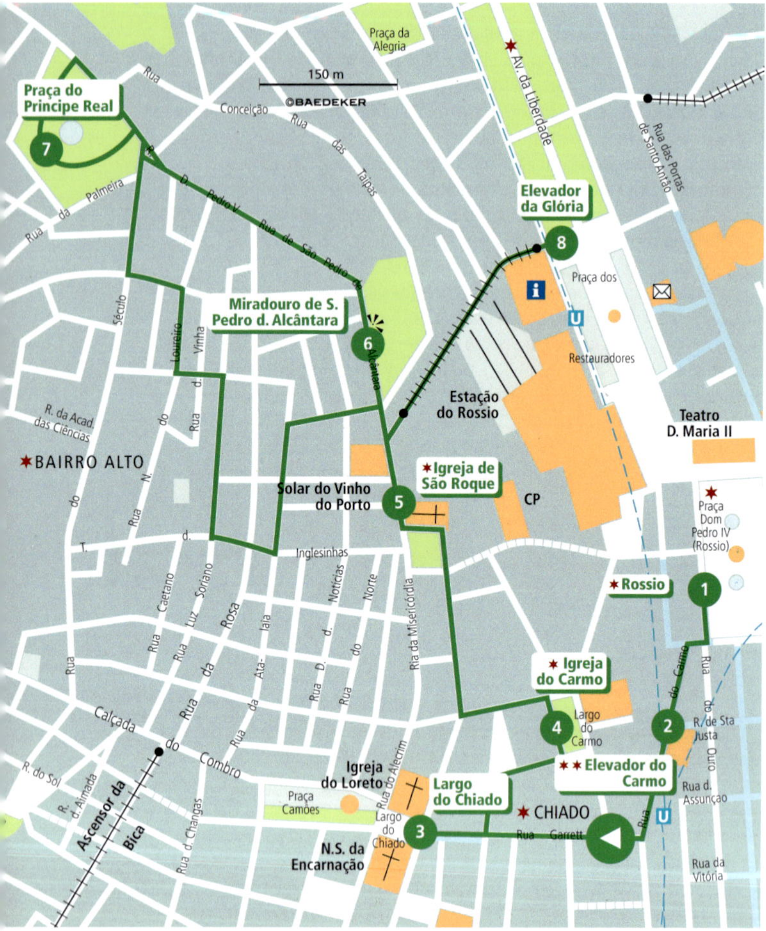

Erinnerung an das Erdbeben

Andernfalls bzw. anschließend geht es weiter durch die kleinen Nebenstraßen der Rua Garrett zu der faszinierenden Ruine der ❹***Igreja do Carmo** am Largo do Carmo, in der ein archäologisches Museum eingerichtet ist. Die Reste der Kirche ließ man nach dem Erdbeben 1755 stehen. Die gotischen Bögen ragen seit der Katastrophe ohne ihre tragende Funktion auf. Nach der Besichtigung wählt man einen beliebigen Weg zum Largo Trindade Coelho. Hier gibt es ein kulturgeschichtliches Kleinod, die ❺***Igreja de São Roque**, in die man nicht nur wegen der kostbaren Kapelle Johannes' des Täufers unbedingt einen Blick werfen sollte.

Danach folgt man der lang gezogenen Rua da Misericórdia/Rua de São Pedro de Alcântara/Rua de Dom Pedro V./Rua da Escola Politécnica in Richtung Nordwesten. Schon kurz hinter der Igreja de São Roque kommt man an der Calçada da Glória mit der Standseilbahn Elevador da Glória vorbei, die eine nach wie vor funktionierende Verbindung zwischen Unter- und Oberstadt darstellt. Unmittelbar daneben liegt der herrliche 6 **Miradouro São Pedro de Alcântara**, von dem aus man über die Unterstadt auf die gegenüberliegenden Stadtviertel und das Kastell guckt. Weiter geht es dann die Straße entlang bis zu der stimmungsvollen 7 **Praça do Príncipe Real** mit einer hübschen kleinen Parkanlage. Unter der alten Zeder mit ihrer schirmartigen Baumkrone treffen sich fast immer Leute aus den umliegenden Straßen zum Plausch, samstags findet ein beliebter Biomarkt statt.

Trendiger Straßenzug

Der Weg zurück führt durch die engen Straßen des Bairro Alto, in denen tagsüber ein Lädchen neben dem anderen geöffnet hat und in denen sich spätabends die Nachtschwärmer in zahllosen Kneipen und Lokalen tummeln. Zu guter Letzt nimmt man den 8 **Elevador da Glória** und lässt sich mit dem ungewöhnlichen Gefährt hinunter in die Baixa bringen – man landet an der Praça dos Restauradores.

Alltag in der Oberstadt

Ausflüge

Diese Ausflüge gehören eigentlich ins Lissabonner Pflichtprogramm. Belém ist ein »Muss« für alle, die sich für die Geschichte der Stadt bzw. des Landes überhaupt interessieren. Nach Sintra, Sommerresidenz der portugiesischen Könige und Lieblingsort zahlreicher europäischer Adliger, sollte man ebenfalls unbedingt fahren, wenn man noch einen Tag Zeit hat.

Zu den absoluten Highlights der portugiesischen Metropole gehören die bedeutenden Kulturdenkmäler in Belém, von denen allein zwei unter UNESCO-Schutz stehen: der ** **Mosteiro dos Jerónimos** und die ** **Torre de Belém**. Selbst für Lissabonbesucher, die nur wenig Zeit haben, ist eine Fahrt nach Belém hinaus eigentlich obligatorisch. Neben den beiden Highlights gibt es dort noch anderes Sehenswerte, wie das * **Museu Nacional dos Coches**, das Kutschenmuseum, oder den * **Padrão dos Descobrimentos**, das Denkmal der Entdeckungen. Das **Centro Cultural de Belém** bietet u. a. das Museu Colecção Berardo und ein hochkarätiges Musikprogramm. Es gibt mehrere große Plätze mit Parkanlagen, wie die Praça Afonso de Albuquerque und die Praça do Império, und den schönen Jardim Tropical mit etwa

Belem

400 exotischen Pflanzenarten hinter dem Palácio de Belém. Außerdem kann man schön am Tejo-Ufer langbummeln. Zum Ausruhen und Erfrischen findet man etwas in der Rua Vieira Portuense, wo man schön draußen sitzen kann, oder man kehrt in der Fábrica dos Pasteis de Belém ein. Nach Belém fahren vom Lissabonner Zentrum aus Straßenbahnen oder der Vorortzug ab Cais do Sodré.

Tejo-Mündung Westlich von Lissabon liegt die Tejo-Mündung, hier weitet sich der Fluss und geht fast unmerklich in den Atlantik über. Die bekanntesten Orte sind **Estoril** und **Cascais**, beide sind mit der Metropole mittlerweile quasi zusammengewachsen und werden wegen der Strände wie auch wegen des angenehmen Klimas gern besucht. In der Hauptsaison muss man damit rechnen, dass Strände und Anfahrtswege überfüllt sind. Die kleineren Orte bis Cascais sind gut mit dem Vorortzug ab Estação Cais do Sodré zu erreichen. Boca do Inferno und Cabo da Roca lassen sich mit guter Planung per Bus erreichen (Bus 427, 403; www.scotturb.com).

! BAEDEKER TIPP

Spaziergang am Tejo-Ufer

Wer sich von der Großstadt und ihren Museen erholen möchte, kann ohne viel Aufwand einen sehr lohnenden Spaziergang von Estoril nach Cascais am Wasser entlang machen. Man nimmt den Vorortzug ab Cais do Sodré in Richtung Cascais und fährt bis Estoril. Direkt an der Station führt die Uferpromenade vorbei, die man in Richtung Atlantik bis nach Cascais gehen kann.

Queluz Ein nächstes lohnendes Ausflugsziel ist der ****Palácio Nacional de Queluz**. Queluz selbst ist wenig ansehnlich – ein Ort an der Peripherie mit viel Hochhausbebauung –, der Palast ist in dieser Umgebung dagegen eine kleine Oase. Das rosafarbene Rokoko-Schlösschen aus dem 18. Jh. strahlt lebensfrohe Leichtigkeit aus und ist von einem wunderbaren Park mit gepflegten Barockanlagen und mittlerweile etwas wild wuchernden Orangenplantagen umgeben. Nach Queluz kommt man mit den Vorortzügen ab Rossio-Bahnhof oder ab Entrecampos.

Ein echtes Juwel am Stadtrand ist der ***Palácio dos Marqueses de Fronteira**, der sich in Privatbesitz befindet und nur im Rahmen von Führungen besichtigt werden kann. Der Rundgang führt auch durch den herrlichen Barockgarten mit Wasserbecken und schönen Fliesenwänden.

Sintra Ein absolutes Muss ist ein Ausflug nach ****Sintra** mit dem ****Palácio Nacional de Sintra** im Ortszentrum und dem ****Palácio Nacional de Pena** oben in luftiger Höhe auf einem Berg. Sintra ist immer voll, lediglich in den Abendstunden ist es etwas ruhiger – durchaus lohnend ist deshalb auch eine Übernachtung. Schön sind nämlich nicht nur die Sehenswürdigkeiten, sondern auch der Ort selbst, der in einer grünen Oase, der Serra de Sintra, liegt und schon immer eine Lieblingsresidenz der portugiesischen Könige war, die aus der Sommerhitze Lissabons hierherflüchteten. Ihnen tat es später der portugiesische Adel nach, und so sind in Sintra zahlreiche Paläste entstanden, die teilweise zu besichtigen sind. Auch wohlhabende Reisende, vor allem Briten, hat es hierher gezogen – einer der berühmtesten war der Dichter Lord Byron.

Und außerdem …

Museen

In Lissabon gibt es eine Fülle interessanter Museen, und gerade viele kleine Museen sind teilweise sehr liebevoll und interessant aufgemacht (►Genießen und Erleben, Museen). Einige Museen haben herausragende Bedeutung: die Fundação Calouste Gulbenkian mit dem Museu Calouste Gulbenkian (Kunstsammlung des armenischen Ölmagnaten) und dem Centro de Arte Moderna (Kunst aus der zweiten Hälfte des 20. Jh.s), das Museu Nacional de Arte Antiga (Gemäldesammlung und Kunsthandwerk), das Museu do Chiado (Kunst ab 1850), das Museu Nacional do Azulejo (►Convento da Madre de Deus), das einen Überblick über die Entwicklung der portugiesischen Fliesen gibt, und das Museu Nacional dos Coches, das Kutschenmuseum in Belém. Wer technisch interessiert ist, sollte das Museu da Electricidade in Belém besuchen.

Miradouros

Lissabon ist für seine **Aussichtspunkte**, die Miradouros, berühmt, von denen man einzigartige Ausblicke hat: Die schönsten sind der Miradouro São Pedro de Alcântara im Bairro Alto, der Miradouro de Santa Luzia oberhalb der Alfama, der Largo das Portas do Sol gleich nebenan, der Miradouro de Graça und der Miradouro Nossa Senhora do Monte in Graça, der Alto de Santa Catarina im Stadtviertel Bica, der Miradouro Torel an der Travessa Torel östlich der Avenida da Liberdade.

Parks

Zentrumsnahe grüne Oasen sind der Jardim Botânico, der Jardim da Estrela, der Parque Eduardo VII., der Campo Grande und die Tapada das Necessidades. Etwas weiter draußen, aber gut mit öffentlichen Verkehrsmitteln zu erreichen sind der Park des Palastes in Queluz und der Parque Monteiro-Mor.

Flussfahrten

Angeboten werden offizielle Tejo-Fahrten, lohnend sind aber auch Fährenfahrten, die man auf eigene Faust machen kann. An der Praça do Comércio und am Cais do Sodré starten Schiffe zum gegenüberliegenden Tejo-Ufer, wo es ein paar wenige schöne Restaurants direkt am Wasser gibt. Besonders schön ist die Rückfahrt auf Lissabon zu.

SEHENSWERTES VON A BIS Z

Die weiße Stadt am Tejo bezaubert vor allem durch ihre Lage und viele kleine Details, die man bei Spaziergängen durch die Straßen entdeckt. Es gibt aber auch zahlreiche große Sehenswürdigkeiten, wie die Bauten in Belém, die Kathedrale oder das Pantheon mit seiner schönen Kuppel, die einen begeistern können.

★★ Alfama

J/K 8

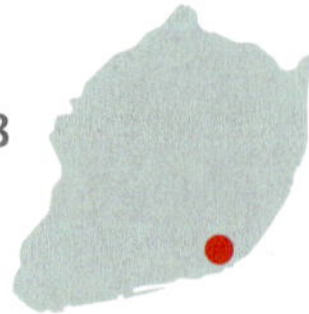

Lage: Südöstliche Innenstadt
Straßenbahn: 12, 28
Bus: 728, 735, 759, 794

Lissabons bekanntestes Altstadtviertel, die Alfama, wurde bei dem Erdbeben 1755 nur geringfügig beschädigt. Für Besucher sind hier weniger bestimmte Bauwerke von Interesse als vielmehr die ganz eigene Atmosphäre in den Straßen und Gassen.

Arabische Ursprünge

Einige Häuser dieses Stadtviertels stehen auf Fundamenten aus westgotischer Zeit, die gesamte Struktur des Viertels wurde aber von den Arabern geprägt. Aus dieser Epoche haben sich zwar keine Häuser, dafür aber die Anordnung des **unübersichtlichen Straßen- und Gassengewirrs** erhalten. Einflüsse aus maurischer Zeit sind bis heute erkennbar. So weist auf arabische Ursprünge u. a. der Name Alfama hin. Er entstand vermutlich aus dem Wort »al-Hama«, das die ehemals hier sprudelnden Thermalquellen bezeichnete.

Altstadtviertel mit Atmosphäre

Mauren, Christen und Juden lebten in dem alten Stadtteil unterhalb des Kastells. Die Rua da Judiaria erinnert an eines der drei ehemaligen jüdischen Ghettos. Dass die Alfama im **Mittelalter** einmal ein angesehenes, reiches Viertel war, in dem wohlhabende Bürger und Adlige wohnten, ist heute nur noch schwer vorstellbar. Vom 16. Jh. an ließen sich hauptsächlich Fischer, Handwerker, Arbeiter und Seeleute hier nieder, im 18. Jh. galt die Alfama zeitweilig als Prostituiertenviertel. Mit einem Blick auf die ungeordnete Alfama soll der rational planende Minister Pombal angeblich sogar geäußert haben, dass Lissabon eigentlich noch ein zweites Erdbeben gebrauchen könne.
Reisebeschreibungen aus dem 19. Jh. malen das Bild eines äußerst düsteren, schmutzigen und bedrückenden Viertels. Noch um 1900 wird auf die zahlreichen Tuberkulosekranken und auf Seuchengefahren hingewiesen, die sich durch die ungesunden Lebensbedingungen für die Bewohner ergaben.
Auch heute wohnen hier die ärmeren Bevölkerungsschichten in zum größten Teil sanierungsbedürftigen Häusern. Unzureichende oder fehlende Heizmöglichkeiten und undichte Wände sorgen besonders im Winter in den kleinen Wohnungen, in die durch die enge Bebauung oft kein Sonnenlicht fällt, für überaus schlechte Wohnbedingungen. Viele Häuser sind mittlerweile schon renoviert worden und lange Zeit versuchte man, anschließende Mieterhöhungen zu vermeiden, um die gewachsene Bevölkerungsstruktur im Viertel zu erhalten. Inzwischen ist die »pittoreske« Alfama aber touristisches Trendviertel, viele Häuser werden verkauft, viele auch an reiche aus-

ländische Privatleute, die die Häuser grundsanieren, teilweise Luxuswohnungen einrichten und Apartments an Touristen vermieten. Besuchern erscheint dieses Altstadtviertel vor allem im Sommer recht malerisch. Da sich die Stadt Lissabon der **touristischen Attraktivität der Alfama** bewusst ist, werden die Erhaltung und die Verschönerung der äußeren Fassaden finanziell unterstützt. Wer sich

Alfama

ziellos durch das Labyrinth aus gewundenen Gassen, kleinen Torbögen und Treppchen treiben lässt, bekommt viele idyllische Winkel und Ecken zu sehen. An den hellen Hausfassaden flattert bunte Wäsche, Käfige mit singenden Kanarienvögeln hängen vor den Fenstern und Türen, das fast fehlende Straßengrün wird durch die vielen Blumentöpfe ersetzt. An warmen Tagen wird die Schatten spendende Funktion der engen Bebauung deutlich. Aufgrund der Bauweise gibt es kaum Autos in der Alfama. Dadurch verstärkt sich der Eindruck, man sei in eine andere Zeit versetzt. Entsprechend ist die Atmosphäre in dem Viertel wesentlich durch die verschiedenen Geräusche und Gerüche bestimmt. Das Leben ist großenteils auf die Straße verlagert. Die vielen Touristen und auch die zahllosen Tagesgäste vom nahen Kreuzfahrtterminal, die die Alfama durchstreifen, werden gleichmütig ertragen. Abends hört man hier in einigen speziell für Touristen eingerichteten Lokalen Fado, die Musik, die besonders im 19. Jh. in diesem Viertel verbreitet war (►Baedeker Wissen, S. 82).

Rundgang

Der Weg in die Alfama führt von der Baixa aus über die Rua Augusto Rosa/Rua do Limoeiro vorbei an der ►Sé Patriarcal und der Igreja de Santo António da Sé bis zum Largo das Portas do Sol. Auf dem Weg kommt man auch am Aljube (► S. 312) vorbei, dem ehemaligen Gefängnis der PIDE. Am Largo das Portas do Sol befindet sich einer der Eingänge in das Viertel über die Treppe der Rua Norberto Araújo neben der Igreja de Santa Luzia. Vom Tejo her kann man einen Rundgang am Largo do Terreiro do Trigo durch den Torbogen Arco do Rosário beginnen.

Miradouro de Santa Luzia

Am Nordwestrand der Alfama an der Rua do Limoeiro liegt der Miradouro de Santa Luzia. Von hier aus hat man einen weiten **Blick über die Dächer der Alfama** hinweg auf den Tejo, auf die Igreja de Santo Estêvão und die weiße Kuppel des ►Panteão Nacional. Der Aussichtspunkt ist auf einem Teil der alten Stadtmauer angelegt, die Fernando I. zwischen 1373 und 1375 errichten ließ. Zu der Mauer gehörten 34 Tore und 77 Türme, heute sind nur noch wenige Überreste erhalten.

Igreja de Santa Luzia

Am Aussichtspunkt zeigt ein **Fliesenbild** an der Südseite der Igreja de Santa Luzia (18. Jh.) die ►Praça do Comércio unten am Tejo in einer **alten Ansicht vor dem Erdbeben** – damals noch Terreiro do Paço genannt. Auf einem zweiten Fliesenbild ist die Eroberung des Kastells 1147 durch die Portugiesen dargestellt.

Largo das Portas do Sol

Von dem unmittelbar nördlich des Aussichtspunktes Santa Luzia gelegenen Platz hat man einen noch besseren Blick auf die Alfama. Im Hintergrund erheben sich die weiße Kuppel des ►Panteão Nacional und der lang gestreckte Bau der ►Igreja de São Vicente de Fora mit

Vom Miradouro de Santa Luzia bietet sich eine fantastische Aussicht über die Dächer der Alfama hinweg auf den Tejo.

der zweitürmigen Kirche. Die moderne Statue auf dem Largo das Portas do Sol ist dem **heiligen Vinzenz** gewidmet, dem Stadtheiligen, der dem Kloster São Vicente de Fora den Namen gegeben hat und dessen Geschichte auf Lissabons Stadtwappen verewigt wurde.

Igreja de São Miguel

Über Treppen geht es vom Largo das Portas do Sol (unmittelbar hinter der Igreja de Santa Luzia) abwärts zur Igreja de São Miguel an dem nach ihr benannten Platz. Die ursprüngliche Kirche wurde 1150 errichtet, später aber mehrmals umgebaut. Nach dem Erdbeben musste sie fast vollständig erneuert werden, wobei aber alte Bauelemente verwendet werden konnten, wie z. B. die wertvolle Talha Dourada. Die Decke ist aus brasilianischem Palisanderholz gefertigt.

Igreja de Santo Estêvão

An dem erhöht gelegenen Largo de Santo Estêvão steht die Igreja de Santo Estêvão. Ursprünglich bestand sie aus fünf Kirchenschiffen, was in Lissabon einzigartig war. Durch das Erdbeben wurde sie fast vollkommen zerstört und über achteckigem Grundriss 1773 neu aufgebaut. Die Deckengemälde im Chor und in der Sakristei stammen noch aus der ehemaligen Kirche. Von dem kleinen Kirchenvorplatz bietet sich ein herrlicher Blick über das Viertel hinweg auf den Tejo.

Museu do Fado Kein Museum ist typischer für Lissabon als dieses! In einem ehemaligen Wasserwerk am Largo do Chafariz de Dentro ist heute ein Fado-Museum zu finden, dessen Besuch allen, die sich für diese Musik interessieren, ans Herz gelegt werden soll: kein verstaubtes, trockenes Museum, sondern eine sehr anschaulich aufbereitete Einführung in die Geschichte des Fado (►Baedeker Wissen, S. 82). Während des Rundgangs sind immer wieder Musikbeispiele zu hören. Nicht denkbar ist der Fado ohne die zwölfsaitige **»guitarra portuguesa«**, und so gehört eine Gitarrensammlung zum Bestand des Museums. Der Spaziergang durch die Welt des Fado endet in der Nachbildung eines alten **Fado-Lokals**. Solche Lokale entstanden seit den 1930er-Jahren, im modernen Lissabon existieren sie hauptsächlich als Touristenattraktion weiter. Auf der Website findet man Informationen zu »Visitas cantadas«, Führungen mit Fado live (meist 16.00 Uhr). Zum Museum gehört ein Café mit Terrasse.

● Largo do Chafariz de Dentro 1; Di. – So. 10.00 – 18.00 Uhr; Eintritt: 5 €; www.museudofado.pt

Chafariz d'El Rei Der Chafariz d'El Rei, der »Königsbrunnen« am Largo Terreiro do Trigo, entstand im 13. Jh., stammt in seiner heutigen Form aber aus dem 18. Jahrhundert. Möglicherweise gab es sogar schon zu maurischer Zeit einen Brunnen an dieser Stelle. Der Königsbrunnen ist direkt an einen Teil der alten Stadtmauer gebaut. Hierher kam nicht nur die Bevölkerung, um Wasser zu holen, sondern auch die im Hafen liegenden Schiffe wurden aus dem Brunnen mit dem nötigen Wasservorrat versorgt. Wegen des hohen Wasserbedarfs muss es häufig zu Streitigkeiten zwischen den Benutzern gekommen sein, sodass 1551 ein **offizieller Erlass die Wasserentnahme exakt regelte**. Es wurde darin genau zwischen Geschlecht, Rasse und Berufsstand unterschieden.

Feira da Ladra Lissabons bekanntester Flohmarkt, die Feira da Ladra, der »Markt der Diebin«, findet seit 1881 immer dienstags und sonnabends auf dem Campo de Santa Clara zwischen dem ►Panteão Nacional und der ►Igreja de São Vicente de Fora statt. Der Ursprung dieses Marktes ist wesentlich älter, wahrscheinlich hat er schon im 12. Jh. existiert. Die meist professionellen Händler, die auf dem Flohmarkt verkaufen, haben sich mit ihrem Warenangebot inzwischen auch kräftig auf Touristen eingestellt, und nach einem günstigen Glückskauf sucht man umsonst. Nur in einem kleinen Bereich etwas unterhalb verkaufen noch Nicht-Profis; hier kann man unter Umständen etwas Landestypisches aus einem alten portugiesischen Haushalt finden.

* Aqueduto das Águas Livres

F 5/6

Lage: Alcântara-Tal im nordwestlichen Stadtgebiet (Zugang über die Calçada da Quintinha)
Bus: 701, 702, 712, 742

1.3.–29.11.
Di.–Sa.
10.00–17.30 Uhr
Eintritt: 3 €
museudaagua.blogspot.com

Als schönstes Bauwerk der Stadt wurde der Aqueduto das Águas Livres von früheren Portugalreisenden bezeichnet. Gemeint war damit der eindrucksvollste Teil der Lissabonner Wasserversorgungsleitung, der das Alcântara-Tal im Nordwesten der Stadt überspannt.

Imposante Wasserleitung

Über eine Länge von 941 m wurde hier das Wasser über das Tal hinweggeleitet. Gestützt wird die Wasserführung von 35 Bögen – 14 Spitzbögen in der Mitte, an den Seiten 21 Rundbögen – deren größter 62 m hoch und 33,7 m breit ist. In 65,3 m Höhe verlaufen Fußwege von 1,4 m Breite zu beiden Seiten der Wasserleitung.

Der **Bau einer Wasserversorgungsleitung** war schon seit Manuel I. im Gespräch. Sie sollte die alljährliche **Wasserknappheit** im Sommer und damit verbundene **Hygiene-Probleme** in der Stadt beenden. Schon seit geraumer Zeit hatte man überlegt, frisches Süßwasser von den bei Canecas im Norden Lissabons entspringenden (Águas Livres genannten) Quellen ins Zentrum zu leiten. Zu Regierungszeiten des prunkliebenden João V. wurde das Projekt schließlich in Angriff genommen. Obwohl zu dem Zeitpunkt noch genügend Geld aus brasilianischen Goldminen zur Verfügung gestanden hätte, musste der Bau über öffentliche Steuern finanziert werden, da João V. Prioritäten bei repräsentativen und sakralen Bauten setzte.

Die **Konstruktion** basiert auf dem Schwerkraftprinzip, das Wasser

? BAEDEKER WISSEN

Wasser und Wein

Die weithin sichtbare Überspannung des Alcântara-Tals ist nur ein kleiner Teil der insgesamt 18,6 km langen Hauptleitung; die gesamte Länge des Aquädukts einschließlich seiner Nebenzweige beträgt 58 km, 127 Bögen mussten gebaut werden. In der Umgebung Lissabons und im Stadtgebiet selbst stößt man immer wieder auf Abschnitte des Aqueduto. Teilweise sieht man die auf Pfeiler gestützte Leitung; an Stellen, an denen das Wasser unterirdisch geführt wird, sind nur die Belüftungshäuschen zu erkennen. In einem Brunnenhaus im Zentrum ist heute eine Weinbar eingerichtet – hier bekommt man ebenfalls einen Einblick in das Wasserversorgungssystem (Chafariz do Vinho, ►Erleben und Genießen, Am Abend).

fließt über eine immer gleich bleibende Neigung teils unterirdisch, teils in Bodennähe oder – wie beim Alcântara-Tal – in ca. 65 m Höhe über Kilometer regelrecht in die Stadt hinein. Durch die leicht abschüssige Bauweise des Aquädukts – an seinem Ausgangspunkt hat er eine Höhe von 178 m, am Endpunkt 94,3 m – konnte das Wasser so nach Lissabon transportiert und dort im Wasserschloss ►Mãe d'Água am Jardim das Amoreiras gesammelt werden.
Bis 1880 wurde der Wasserbedarf Lissabons zu großen Teilen über den Aquädukt gedeckt, durch den zunehmenden Verbrauch der wachsenden Stadt reichte die Kapazität jedoch in der Folgezeit nicht mehr aus, und eine neue Zuleitung wurde konstruiert. Obwohl die gesamte Anlage des Aqueduto das Águas Livres im Prinzip **noch betriebsfähig** wäre, wurde sie schließlich stillgelegt.
Der Aqueduto das Águas Livres war bis 1852 für die Öffentlichkeit zugänglich. Er diente den Bewohnern der Vororte als **Abkürzung über das Alcântara-Tal**. Überfälle des damals berühmt-berüchtigten Räubers Diogo Alves, der seinen Opfern hier oben auflauerte, sie ausraubte und ins Tal stürzte, sowie die zunehmende Zahl von Selbstmorden führten dann dazu, dass der Weg geschlossen wurde.

* Avenida da Liberdade

H 6/7

Lage: Von der Unterstadt zur Praça Marquês de Pombal
Metro: Restauradores, Avenida, Marquês de Pombal
Bus: 709, 711, 732, 736, 759

1879 wurde die 90 m breite Prachtstraße gebaut, sie stellt eine Verbindungsachse zwischen den alten Vierteln der Baixa aus dem 18. Jh. und den im 19. und 20. Jh. entstandenen Stadtteilen im Norden des Zentrums dar.

Neue Ausrichtung

Die Straße zieht sich leicht ansteigend über knapp 1,5 km von der Praça dos Restauradores bis zur Praça Marquês de Pombal am Südende des Parque Eduardo VII. Mit dem Bau der Avenida da Liberdade kam es zu einer Abwendung vom Tejo, der bis dahin als Hauptlebensader der Stadt alle Aufmerksamkeit beansprucht hatte, und zu einer Öffnung und generellen Orientierung der Stadt in Richtung Norden. Der Verlauf der Avenida entspricht etwa dem eines früheren Seitenarmes des Tejo, der in vorchristlicher Zeit hier floss und sich in Höhe des Rossio mit einem weiteren Nebenfluss vereinte. Die beiden Hauptstränge der Metro entlang der Avenida da Liberdade und der Avenida Almirante Reis verlaufen im Prinzip den ehemaligen Flussbetten entsprechend.

Die Avenida da Liberdade, Lissabons Flaniermeile und Prachtstraße

Geschichte der Avenida da Liberdade

Vorläufer der Prachtallee war der von Pombal 1764 initiierte **»Passeio Público«**, ein langgezogener Park, der in dem fruchtbaren ehemaligen Flusstal angelegt worden war. Schon diese Parkanlage war eine **Flanierpromenade**. Mit der Idee, eine repräsentative und elegante Straße zu bauen, orientierte Lissabon sich wie so oft an Paris: Es sollte ein Pendant zu den Champs-Elysées in Portugals Hauptstadt entstehen. Trotz großer Proteste, die sich u. a. gegen das Abholzen von altem Baumbestand richteten, wurde der Bau 1879 auf Initiative des Bürgermeisters Rosa Araújo begonnen, 1882 weihte man die Prachtstraße ein. Die Avenida da Liberdade war vor allem sonntags Promenierallee der Lissabonner Gesellschaft, sie wurde zum Schauplatz von Festumzügen, Aufmärschen und Kundgebungen.

Im Lauf des Jahrhunderts wurde der Charakter der Avenida da Liberdade zunehmend durch den wachsenden Autoverkehr geprägt. Die kleinen Parkanlagen und die zehn Baumreihen haben gegenüber dem auf insgesamt sieben Spuren brandenden Verkehr an Wirkung verloren, regelmäßig werden hier die höchsten Emissionswerte in der Stadt gemessen. Einige imposante Stadthäuser aus der Entstehungszeit sind an der Avenida noch zu finden, insgesamt ist die Häuserfront aber recht gedankenlos mit nüchternen, im Stil wenig angepassten Neubauten durchsetzt worden, weitere sind in Planung. Hier haben sich in den letzten Jahrzehnten hauptsächlich Verwaltungs- und Geschäftshäuser, Hotels, exklusive Modegeschäfte, Banken und Einkaufszentren etabliert. In kleinen Grünanlagen mit Wasserbecken und Springbrunnen gibt es kleine Straßencafés, die – vielleicht nicht gerade in der Hauptverkehrszeit – zum Verweilen einladen.

Ein Bummel über die Avenida

Bei einem Bummel entlang der Avenida da Liberdade sind einige Bauten und Sehenswürdigkeiten an der Straße bzw. in der direkten Umgebung von Interesse. Die Hausnummerierung beginnt an der Praça dos Restauradores, auf der Westseite mit ungeraden, auf der gegenüberliegenden mit geraden Zahlen. Im Folgenden wird Sehenswertes in der Reihenfolge erwähnt, in der man es bei einem Spaziergang die Avenida auf der linken Seite hinauf zur Praça Marquês de Pombal und von dort auf der anderen Seite wieder hinunter zur Praça dos Restauradores passiert.

Westseite

Das Gebäude direkt neben dem Elevador da Glória (►Praça dos Restauradores), das den Anfang der Avenida da Liberdade bildet, ist das Haus des früheren **»Café Palladium«**. Hinter der reich verzierten Fassade befindet sich heute ein Einkaufszentrum.

Kurz vor der Einmündung der Praça da Alegria bzw. der Rua das Pretas ziehen sich zu beiden Seiten der Fahrbahnen zwischen üppiger Bepflanzung zwei Wasserbecken entlang. Am Ende jedes Beckens sitzt eine Figur, die Wasser aus einem Krug fließen lässt. Die beiden **Brunnenfiguren** symbolisieren die wichtigsten Flüsse Portugals: Auf der Ostseite ist der Tejo dargestellt, gegenüberliegend der Douro, der bei Porto in den Atlantik mündet.

> **! BAEDEKER TIPP**
>
> *Wundersames oberhalb der Avenida*
>
> Ein Stück hinter dem Jardim do Torel kommt man zum Campo dos Mártires da Pátria mit seiner liebevoll gestalteten Parkanlage und dem Denkmal des hochverehrten Arztes Dr. Sousa Martins (gest. 1897), dem wundertätige Heilkräfte – noch über seinen Tod hinaus – nachgesagt werden. An seinem Denkmal brennen immer Kerzen, und mit Blumen, Fotografien und Körperteilen aus Wachs wird dem Doktor für vollbrachte Heilungen gedankt.

Auf der kleinen **Praça da Alegria**, die westlich hinter der Häuserzeile der Avenida da Liberdade liegt, ist ein runder Park angelegt worden, der dem Künstler Alfredo Keil (1850 – 1907) gewidmet ist. Die 1957 dort aufgestellte Bronzebüste wurde von dem in Portugal bekannten Bildhauer Teixeira Lopes angefertigt. Alfredo Keil, der deutsche Vorfahren hatte und in Hamburg starb, war Maler, Schriftsteller und in erster Linie Komponist. Seine Oper »A Serrana« (»Das Mädchen aus den Bergen«) wird allgemein als erste Nationaloper Portugals bezeichnet, sein Lied »A Portuguesa« (»Die Portugiesin«) erklärte man 1911 zur Nationalhymne der jungen Republik Portugal.

Das wohl auffälligste Monument auf der Avenida da Liberdade ist das **Kriegerdenkmal**, das für die im Ersten Weltkrieg gefallenen portugiesischen Soldaten (**»Mortos da Grande Guerra«**) errichtet wurde. In der Travessa do Salitre – etwas abseits der Avenida – befindet sich der Eingang zum sogenannten **Parque Mayer**. Der »Vergnügungspark« existiert hier seit 1922 auf dem ehemaligen Grundstück der Familie Lima Mayer, deren Stadtpalast noch in der benachbarten Rua do Salitre (Nr. 1) erhalten ist. In den 1920er- bzw. 1930er-Jahren entstanden vier Theater: Maria Vitória, Variedades, Capitólio und ABC. In ihnen wurden die in den 1930er- und 1940er-Jahren außerordentlich beliebten »Revistas« aufgeführt, eine spezielle Lissabonner Form des heiteren Musiktheaters mit satirischen Anklängen und selbst zu Diktaturzeiten verstecktem kritischem Charakter. Heute existiert noch das Maria Vitória.

Das **Cinema S. Jorge** (Nr. 175) wurde Ende der 1940er-Jahre gebaut und 1980 grundlegend verändert. Der ursprünglich sehr großzügig angelegte Kinosaal wurde dabei in drei kleinere Säle aufgeteilt. Sehr populär sind heute die regelmäßig stattfindenden Festivals, das Doc-Lisboa, das Festival für den Animationsfilm oder die dem französischen oder italienischen Film gewidmeten Kinofeste.

In Höhe der Rua Rosa Araújo wurde 1936 ein **Denkmal** aufgestellt, das dem Initiator der Avenida da Liberdade gewidmet ist: **Rosa Araújo** war amtierender Bürgermeister, als der Bau der Prachtallee beschlossen wurde. Die Frauenfigur mit der Türmchenkrone soll die Stadt Lissabon verkörpern, die dem Bürgermeister als Dank für die sie schmückende Avenida einen Blumenstrauß überreicht.

Am oberen Ende der Avenida da Liberdade befindet sich einer der verkehrsreichsten Plätze Lissabons, die **Praça Marquês de Pombal**, meist kurz **»Rotunda«** genannt. In der Mitte des Kreisels steht eine 36 m hohe Säule mit einer 9 m hohen Statue des Marquês de Pombal, dargestellt in Begleitung eines Löwen. Die Blickrichtung des ehrgeizigen und umstrittenen Politikers weist auf die von ihm nach dem Erdbeben initiierte »pombalinische Unterstadt« (▶Baixa). Am Sockel sind u. a. Szenen aus Landwirtschaft und Bildungswesen dargestellt – Bereiche, in denen der Minister umfassende Reformen vornahm. Unterhalb des Sockels zeigt eine Allegorie des Erdbebens zerborstene Steinquader und überflutende Tejo-Wellen.

Ostseite

Das Redaktionsgebäude des **Diário de Notícias** (Nr. 266) wurde 1936 von dem Architekten Pardal Monteiro gebaut und 1940 mit dem Valmor-Preis ausgezeichnet, mit dem seit der Jahrhundertwende regelmäßig neu entstandene Bauten prämiert wurden. Die Redaktion der alteingesessenen Tageszeitung hatte vorher ihren Sitz im ▶Bairro Alto in der heutigen Rua do Diário de Notícias. In der Eingangshalle ist ein Wandbild von einem der bekanntesten portugiesischen Künstler des 20. Jh.s, Almada Negreiros, zu sehen.

Ein interessanter Neubau ist das **Haus Nr. 230** mit Glasfassade und einem vorgesetzten Tierwesen. Es stammt aus dem Jahr 1997, Architekt war Carlos Guedes de Amorim, der Bildhauer José Aurélio.

Eines der ältesten Häuser auf der Avenida ist das neomaurische **Gebäude des Aero Clube de Portugal** (Nr. 226–228). Es wurde 1888 nach Plänen des Franzosen Henri Lusseau gebaut.

Viele Bauten des Architekten Norte Júnior, der in den ersten Jahrzehnten des 20. Jh.s etliche Lissabonner Häuser entwarf, wurden mit dem Valmor-Preis ausgezeichnet. Auch mit dem **Haus Nr. 206–218** hatte er Erfolg: 1916 wurde ihm dafür der Preis zugesprochen.
Eines der auffälligsten Gebäude ist der neoklassizistische Bau des ehemaligen **Tivoli-Kinos** (Nr. 188). Es wurde 1924 von dem Architekten Raul Lino gebaut. Der **Kiosk**, der vor dem Tivoli-Kino steht, wurde 1925 von der Verlagsleitung des Diário de Notícias installiert. Er ist als letzter von mehreren dieser Art aus jener Zeit in der Avenida da Liberdade erhalten geblieben; erst in jüngster Zeit ist die Kiosk-Kultur auf der einstigen Prachtallee wiederbelebt worden.
In dem 1936 von Cassiano Branco entworfenen **Hotel Vitória** (Nr. 170) befindet sich heute der Hauptsitz der kommunistischen PCP. Der Architekt hat in den 1930er-Jahren zahlreiche Wohnhäuser und einige große Kinos gebaut. Tipp: Wer sich unter das Parteivolk mischen möchte, kann an Wochentagen zwischen 12.00 und 15.00 Uhr in der Kantine sehr günstig essen – nach Parteibuch wird nicht gefragt. Aus dem Jahr 1901 stammt die **Casa Lambertini** (Nr. 166), die Nicola Bigaglia baute. Einzigartig auf der Avenida da Liberdade ist das kleinsteinige Fassadenmosaik mit stilisierten Blumenmotiven auf Goldgrund.
Etwas abseits der Avenida da Liberdade mit Ausgangspunkt von der ►Rua das Portas de Santo Antão/Rua S. José fährt der **Lavra-Aufzug** aufwärts. Er wurde 1884 als erste Standseilbahn in Betrieb genommen und ist die älteste der drei noch existierenden Bahnen. In der Nähe der oberen Station des Elevador da Lavra liegt an der Rua de Júlio de Andrade der **Jardim de Torel**, von dem sich ein schöner Blick mit ungewöhnlicher Perspektive bietet.

★ Bairro Alto

G/H 7/8

Lage: nordwestlich oberhalb der Baixa
Straßenbahn: 28
Bus: 758, 773

Das Bairro Alto – das »hochgelegene Viertel« oberhalb der Unterstadt – ist eines der lebhaftesten und angesagtesten Stadtviertel mit vielen kleinen Geschäften und zahllosen Bars und Kneipen, in denen die Nächte zum Tag gemacht werden.

Stadtviertel-geschichte

Als Bairro Alto bezeichnet man die Straßenzüge zwischen Rua do Século, Rua de D. Pedro V., Rua de S. Pedro de Alcântara/Rua da Misericórdia und Rua do Loreto/Calçada do Combro. Das Viertel entwickelte sich im 16. Jh. im Zuge einer Ausweitung des Stadtkerns nach Westen und Nordwesten. Die für die damalige Stadtbebauung eher ungewöhnliche **geometrische Struktur** stammt aus einer Zeit, als das ehemals ländliche Besitzareal zum Verkauf planmäßig in rechteckige und trapezförmige kleinere Grundstücke aufgeteilt wurde. Nicht unwesentlich trug zur Besiedlung dieser Zone der Bau der Jesuitenkirche ►Igreja de São Roque in der Mitte des 16. Jh.s bei, die ursprüngliche Bezeichnung des Wohnviertels hieß entsprechend »Bairro Alto de São Roque«.

In den Anfängen war das Bairro Alto zeitweilig das Viertel, in dem sich **reichere Bürger und Adlige** niederließen. Als die ►Alfama zunehmend ihren Charakter änderte und verwahrloste, zogen einige der wohlhabenden Lissabonner hierher und bauten hier ihre Häuser und Stadtpaläste. Trotzdem galt das Bairro Alto aber vorwiegend als Wohn- und Arbeitsviertel für Handwerker und kleine Händler. Das Erdbeben 1755 richtete nur relativ wenig Schaden an.

Zeitweise war hier zudem verstärkt das **Zeitungswesen** mit zahlreichen kleinen Druckereien und Redaktionsgebäuden angesiedelt. »Journalisten-Viertel« war auch bis vor Kurzem ein inoffizieller Beiname des Bairro Alto. Die Straßen Rua do Diário de Notícias und Rua do Século erinnern noch an ehemals hier ansässige Redaktionen zweier großer Tageszeitungen, die Rua Eduardo Coelho an den Begründer des portugiesischen Zeitungswesens und der Tageszeitung Diário de Notícias.

Abends verwandelt sich das Bairro Alto in ein riesiges Ausgehviertel. An Wochenenden wird hier die Nacht zum Tag.

Drogenhandel und Prostitution haben lange Zeit zu einem schlechten Ruf des Viertels beigetragen. Mittlerweile ist das Bairro Alto aber besonders bei jüngeren Leuten beliebter **abendlicher Treffpunkt**, das Nachtleben geht ab 23 Uhr los, seit einigen Jahren ist um 2 Uhr Schluss. Das Bairro Alto ist heute von zahlreichen kleinen Restaurants, Bars und Kneipen sowie ausgefallenen, teuren Läden geprägt. Interessant ist, dass das Bairro Alto tagsüber und abends grundlegend unterschiedliche Bilder bietet: Am Tag überwiegt das geschäftige Alltagstreiben der Bewohner, die einander meist kennen – das Bairro Alto gehört zu den wenigen nicht anonymen Vierteln der Zweimillionenstadt. Die vielen kleinen Geschäfte dienen nicht nur zum Einkaufen, sondern gleichzeitig zum täglichen Austausch über das Neueste in der Welt. Abends sind die schmalen Straßen ebenfalls belebt, jedoch ziehen dann die Besucher von Kneipen und Restaurants in Scharen durch das Viertel. Auch viele Touristen kommen hierher; etliche Fadolokale haben sich angesiedelt und konkurrieren um die Gäste. Auch innerhalb des Viertels gibt es Unterschiede, lebendig wirkt im Wesentlichen der östliche Teil, während die westliche Hälfte verhältnismäßig still und in sich geschlossen ist.

! BAEDEKER TIPP

Portwein

Im Erdgeschoss des Palácio Ludovice ist das Portweininstitut »Solar do Vinho do Porto« untergebracht. Hier kann man in gediegener und ruhiger Atmosphäre den bekannten Wein aus dem Dourotal probieren. Für Portweinkenner und -liebhaber ist vor allem die umfangreiche Auswahl – auch an älteren Jahrgängen – interessant.

Elevador da Glória

Ein ungewöhnliches Verkehrsmittel verbindet die Baixa mit dem Bairro Alto: der Elevador da Glória. Diese Drahtseilbahn stammt aus dem Jahr 1885. Sie hat ihren Ausgangspunkt an der ►Praça dos Restauradores neben dem Palácio Foz und wird über die Calçada da Glória hochgezogen. Der obere Endpunkt liegt an der Rua de São Pedro de Alcântara direkt neben dem gleichnamigen Miradouro.

***Miradouro São Pedro de Alcântara**

Der Aussichtspunkt São Pedro de Alcântara ist ein **doppelstöckig angelegter kleiner Park**. Von hier bietet sich ein hervorragender Blick auf die nördlichen Stadtviertel und in Richtung Osten auf die Hügel von ►Graça, auf die ►Igreja de São Vicente de Fora und auf das ►Castelo de São Jorge. Ein Fliesenbild erläutert die Sehenswürdigkeiten und gibt Orientierungshilfe. In dem Aussichtsgarten ist 1904 ein Denkmal aufgestellt worden, das dem ersten Leiter des bekannten Diário de Notícias, Eduardo Coelho (1835 – 1889), gewidmet ist. Eduardo Coelho gründete die Tageszeitung 1863 und leitete sie in den ersten 25 Jahren ihres Bestehens. Der kleine Junge aus Bronze im Vordergrund stellt einen »ardina« dar, einen Zeitungsjungen, der in den Straßen die Tageszeitung anpries. Der hier porträtierte João Baptista Borges rief als erster den Diário de Notícias aus, zu einer Zeit, als es schlecht um dessen Verkauf stand.

Palácio Ludovice

Gegenüber der oberen Station des Elevador da Glória steht der Palácio Ludovice (Rua de São Pedro de Alcântara 39/49). Den Namen trägt das Gebäude nach seinem ersten Besitzer und Erbauer, dem Architekten Johann Friedrich Ludwig (1673 – 1752). Der Deutsche, der in Italien gelernt hatte – daher die italienische Bezeichnung Ludovice – baute das berühmte monumentale Kloster in ►Mafra. Den Stadtpalast errichtete er 1747.

Museu Maçónico

In der Rua do Grémio Lusitano ist das dem Freimaurertum in Portugal gewidmete Museu Maçónico zu finden, das auch als Sitz der Grande-Oriente-Lusitano-Loge fungiert. Sehenswert sind die Schürzen und Unikate wie eine Schreibmaschine mit Freimaurer-Symbolen. Spannend ist die 150-jährige Geschichte – viele Institutionen und Persönlichkeiten des Landes haben ihren Hintergrund im Freimaurertum.

❶ Rua do Grémio Lusitano 25; Mo. – Fr. 14.30 – 17.30 Uhr; Eintritt: 2 €; www.gremiolusitano.pt

Praça do Príncipe Real

In nördlicher Richtung kommt man durch die Rua D. Pedro V. zur Praça do Príncipe Real. Der Platz wurde um 1860 als schöner kleiner Park (Jardim França Borges) mit Gewächsen aus fernen Ländern angelegt. Eine alte Zeder ist über ein stützendes Gitter zu einem imposanten runden Schattendach gewachsen. Die Häuser am Platz sind in derselben Zeit entstanden. Einige stattliche Paläste wurden hier gebaut, wie der neo-arabisch anmutende Palácio Ribeiro da Cunha (Nr. 26), in den das Embaixada-Einkaufszentrum mit Café-Restaurant im Innenhof eingezogen ist. Samstags findet vormittags auf dem Platz ein Biomarkt statt, die Erfrischungskioske und das Gartenrestaurant machen dann besonders gute Umsätze. Unter dem Platz befindet sich ein **Wasserreservoir**, das als Teil des Museu da Água (►Erleben und Genießen, Museen) öffentlich zugänglich ist. Unweit nördlich der Praça do Príncipe Real liegt am Rand des Bairro Alto der ►Jardim Botânico (Eingang über die Rua da Escola Politécnica).

Convento dos Cardaes

Von der Südostecke der Praça do Príncipe Real kommt man in die Rua do Século. Einen recht spartanischen Eindruck macht der lang gestreckte Bau des ehemaligen Karmeliterklosters Convento dos Cardaes (Nr. 123). Das Gebäude wurde um 1700 gebaut und überstand das Erdbeben unbeschadet. Talha Dourada und blau-weiße Fliesenverkleidung im Innern stammen von dem Holländer Jan van Dort. In dem einzigen Kloster Portugals, das über die Säkularisierung hinweg funktionierte, stellen heute sehbehinderte Frauen biologische Konfitüren, Saucen, Biscuits etc. her, die zum Verkauf stehen.

❶ Mo. – Sa. 14.00 – 17.30 Uhr; Eintritt: 4 €; www.conventodoscardaes.com

Palácio Pombal

Der Palácio Pombal (Rua do Século Nr. 93), auch als Palácio dos Carvalhos bezeichnet, war lange Zeit Domizil der Familie Pombal. Sebastião José de Carvalho e Melo, der **spätere Minister Pombal**, wurde 1699 hier geboren. Die kleine Brücke, die über die angrenzende Rua da Academia das Ciências führt, verband früher den Palast mit den dazugehörigen Gärten.

Rua da Rosa/ Cunhal das Bolas

Eine Legende rankt sich um ein Eckhaus in der Rua da Rosa Ecke Cunhal das Bolas. Das Gebäude, an dem eine mit Kugelhälften besetzte Kante auffällt, ließ sich offenbar ein reicher Händler bauen. Die Halbkugeln sollten vermeintlich ein Pendant zu den »Diamantenspitzen« der ►Casa dos Bicos darstellen – angeblich waren sie ursprünglich aus Gold. Kugelverzierung und Diamantenmuster sind im Stilgemisch des Palácio da Pena in ►Sintra aufgegriffen worden.

* Baixa

J 8

Lage: Stadtzentrum
Metro: Rossio, Baixa-Chiado, Terreiro do Paço
Straßenbahn: 12, 15, 25, 28
Bus: 711, 714, 728, 732, 735, 736, 737, 759, 760, 774

Die Baixa, die Unterstadt, ist das Zentrum Lissabons mit Geschäftsstraßen, vielen Cafés und Restaurants. Sie liegt in einem Tal zwischen dem Bairro Alto und dem Chiado im Westen und dem gegenüberliegenden Castelo de São Jorge. Auch als städtebauliche Anlage ist die Baixa bemerkenswert.

Städtebauliches Konzept: Schachbrettanlage

Zu Zeiten erster Ansiedlungen im Gebiet Lissabons war die gesamte Baixa noch von Tejo-Wasser überflutet; in Höhe des Rossio liefen zwei Nebenflüsse des Tejo zusammen. Dieser Teil Lissabons wurde durch das Erdbeben 1755 vollkommen zerstört. Die Stadtplaner standen damals vor der Alternative: Wiederaufbau des Viertels entsprechend dem vorherigen Zustand oder eine völlige Neugestaltung. Auch eine Verlagerung des Zentrums in Richtung Belém stand damals zur Diskussion.

Die Leitung für den Wiederaufbau übernahm der Minister Josés I., der **Marquês de Pombal** (►Berühmte Persönlichkeiten). Pombal gilt als Wegbereiter des aufgeklärten Absolutismus in Portugal, rationale und funktionale Planung waren Bestandteil seines politischen Denkens. Der umstrittene Minister entschied sich für eine völlige Neugestaltung mit einer streng geometrischen, überschaubaren Struktur. Durch ein lang gezogenes Feld aus rechtwinklig angeordneten Straßen wurde die Praça do Comércio am Flussufer mit dem weiter nördlich gelegenen Rossio und der Praça da Figueira verbunden. Die geradlinige, systematische Anlage der Baixa steht damit in krassem Gegensatz zu den angrenzenden Altstadtvierteln mit ihren verwinkelt und unübersichtlich angeordneten Straßen und Gassen.

An dem Neuaufbau der sogenannten **Pombalinischen Unterstadt** waren insbesondere drei Architekten beteiligt: Manuel da Maia, der sich durch den Bau des Aquädukts (►Aqueduto das Águas Livres) einen Namen gemacht hatte, Eugénio dos Santos und der Ungar Carlos Mardel. Ein wichtiges Kriterium war ausschlaggebend: Die neuen Häuser sollten **bei Erdbeben weniger einsturzgefährdet** sein. Aus diesem Grund sollten die Bauten zunächst nicht mehr als zwei Stockwerke haben. Derart flache Gebäude waren jedoch für die zukünftigen Eigentümer von Häusern in einer solch zentralen Lage wirtschaftlich uninteressant. Schließlich wurde eine Konstruktion mit Holzfachwerk entwickelt, deren Stabilität und Elastizität eine Gebäudehöhe von fünf Stockwerken zuließ. Im Lisboa Story Centre (►Praça do Comércio) wird gezeigt, wie die neue erdbebensicherere Konstruktion – »gaiola« (Käfig) genannt – geprüft wurde: Dutzende von Soldaten trampelten auf dem obersten Stockwerk herum, und als die Konstruktion standhielt, war der neue Prototyp genehmigt. Die Idee für diese Vorgehensweise kannte man aus dem Schiffsbau.

? BAEDEKER WISSEN

Rechtwinklig geplant

Das zu Pombals Zeiten modern erscheinende städtebauliche Konzept, Straßen in Form eines Schachbrettmusters anzulegen, war eigentlich uralt. Bereits in der Antike, im 5. Jh. v. Chr., war es von Hippodamus in Milet realisiert worden. Auch in späteren Zeiten wurde dieses Modell bei kompletten Neuplanungen oft umgesetzt: In Deutschland beispielsweise in Mannheim, in Italien findet man ein solches Straßensystem in Turin und in Bari.

Kennzeichnend für die Bebauung in der Unterstadt war die **normierte Einheitlichkeit im Erscheinungsbild**. Höhe, Dachform und Fenstermaße aller Häuser waren gleich. Durch Um- und Neubauten ist das pombalinische Konzept heute nicht mehr so offensichtlich. Bei Sanierungsarbeiten wird mittlerweile aber versucht, zumindest die Fassaden der baufälligen Gebäude zu erhalten.

Das Viertel zwischen Rossio und Praça do Comércio ist heute in erster Linie Geschäfts- und Bankenviertel. Ursprünglich waren die in Nord-Süd-Richtung verlaufenden **Längsstraßen einzelnen Zünften bzw. Berufsgruppen zugeordnet**. Straßennamen wie Rua dos Douradores (Straße der Vergolder), Rua dos Sapateiros (Straße der Schuhmacher) oder Rua Áurea (auch Rua do Ouro) bzw. Rua da Prata für Gold- und Silberschmiede zeugen noch davon. In den Hauptstraßen Rua Áurea und Rua da Prata oder in der inzwischen als Fußgängerzone angelegten Rua Augusta findet man heute z. T. noch elegante Geschäfte. In den schmalen Nebenstraßen trifft man aber

Blick über die im Schachbrettmuster angelegte Unterstadt

nach wie vor auf Handwerksbetriebe und einfache Läden. Tagsüber herrscht reges Treiben in der Baixa, abends nach Geschäftsschluss wirkt sie jedoch menschenleer und ausgestorben, es gibt hier nur wenige Restaurants oder Kneipen, die zu dieser Tageszeit noch geöffnet sind. Lediglich in den Cafés am Rossio ist noch Betrieb.

Sehenswertes Die wichtigsten Sehenswürdigkeiten in der Baixa sind der ►Rossio mit dem Rossio-Bahnhof und dem Teatro Nacional Dona Maria II., die nördlich angrenzende ►Praça dos Restauradores, die ►Praça da Figueira, die ►Praça do Comércio sowie etwas abgelegen das Rathaus (►Paços do Conselho). Das auffälligste und zugleich kurioseste Bauwerk in diesem Viertel ist der ►Elevador do Carmo, der Unterstadt und Oberstadt miteinander verbindet.

Animatógrafo Der Animatógrafo do Rossio in der Rua dos Sapateiros ist **eines der ersten Kinos in Lissabon** gewesen, es wurde 1907 von den Brüdern Cardoso Correia eröffnet. Besonders viel Wert legten sie auf die Gestaltung der mittlerweile leicht veränderten Jugendstilfassade in typisch portugiesischer Ausprägung: Handbemalte Fliesen und eine Holztalha in barocker Machart zieren die Front. Hinter der vielversprechenden Fassade befindet sich heute eine Peep-Show.

Kleine Kirchen in der Baixa Unscheinbar in der westlichsten Ecke der Rua da Vitória steht die **Kapelle Nossa Senhora da Vitória** (1765) mit einheitlichem und sparsam ausgestaltetem, nur spärlich beleuchtetem Innenraum. Am östlichen Rand der Baixa fällt am kleinen Largo da Madalena das manuelinische Portal der **Igreja da Madalena** auf, das in eine eintürmige Fassade aus dem 18. Jh. integriert wurde. Die Kirche wurde 1783 gebaut, das wesentlich ältere Portal ist von einer kleinen Kirche aus dem 12. Jh. erhalten geblieben. Im Innern überrascht die Höhe des einschiffigen Raumes. Die Decke schmücken 15 symmetrisch angeordnete Medaillonbilder. Die Gemälde des Hauptaltars wurden von Pedro Alexandrino geschaffen.

MUDE – Museu do Design e da Moda

Im ehemaligen Sitz der Banco Nacional Ultramarino wurde das MUDE, das Museum für Design und Mode, eingerichtet – an die Kolonialbank erinnert ein großflächiges Mosaik im Eingangsbereich. In bewusst industriellem Beton-Ambiente wird im Erdgeschoss in einer ständigen Ausstellung die **Colecção Francisco Capelo** mit Mode-, Design- und Möbelikonen der letzten hundert Jahre gezeigt. Im zweiten und dritten Stock werden Wechselausstellungen und Installationen veranstaltet.

ⓘ Rua Augusta 24; Di.–So. 10.00–18.00 Uhr; Eintritt frei, www.mude.pt

Baixa unterirdisch

Lohnend ist eine einstündige Führung durch den **Núcleo Arqueológico da Rua dos Correeiros (NARC)** unterhalb der Millennium-Bank. Zu sehen ist ein Querschnitt durch die unterirdische Baixa mit römischen Mosaiken und den Fundamenten der ältesten Wohnhäuser der Stadt. Auch das kleine Museum mit interessanten Funden ist nur per Führung zugänglich.

ⓘ Rua dos Correeiros 9; Mo.–Sa. 10.00–12.00/14.00–17.00 Uhr; Führungen gratis (12.00 u. 17.00 Uhr englischsprachig); Tel. 211 13 10 04; http://ind.millenniumbcp.pt/en/Institucional/fundacao/Pages/fundacao_NARC.aspx

★ Basílica da Estrela

G 8

Lage: Praça da Estrela
Straßenbahn: 25, 28
Bus: 709, 713, 720, 738, 773
ⓘ tgl. 7.30–13.00/15.00–19.00 (Dachterrasse: 10.00–11.30/ 14.00–18.00; Eintritt 5 €)

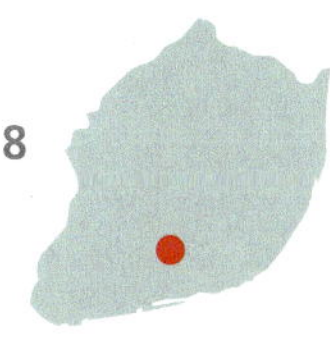

Im Nordwesten des Stadtzentrums steht auf einem der zahlreichen Lissabonner Hügel die Basílica da Estrela, die »Sternbasilika«. Durch ihre auffällige Lage und ihre weiß strahlende Kuppel bildet sie einen markanten Orientierungspunkt im Panorama der portugiesischen Hauptstadt.

Sternbasilika

Die Kirche gilt als Lissabons bedeutendster Sakralbau aus der zweiten Hälfte des 18. Jahrhunderts. Den Bau veranlasste Maria I. Sie hatte das Gelübde abgelegt, für den Fall der Geburt eines Sohnes und damit

Thronfolgers eine Kirche bauen zu lassen. Ihr Sohn José wurde geboren, starb aber zwei Jahre vor der Fertigstellung des Bauwerks.
Mit dem **Bau der Basílica da Estrela** wurde 1779 unter der Leitung von Mateus Vicente de Oliveira begonnen, den Maria I. und ihr Mann Pedro III. auch schon für den Palast in ▶Queluz hinzugezogen hatten. Die spätbarocke Gesamtanlage des Kirchenbaus stammt aus seinen Entwürfen. 1786 starb Mateus Vicente, und Reinaldo Manuel übernahm die Leitung der weiteren Arbeiten. Ihm werden die klassizistischen Elemente zugeschrieben, die besonders die Außenfassade beherrschen. An der 1790 fertiggestellten Kirche arbeiteten überwiegend Architekten und Bildhauer aus der Schule des Klosters in Mafra. Mateus Vicente selbst war Schüler von Ludovice, dem Erbauer des Klosterpalastes in Mafra. Die Orientierung an der dortigen Basilika ist deutlich zu erkennen, allerdings wurde die Basílica da Estrela in ihren Ausmaßen deutlich zurückhaltender konzipiert.
Der **Gesamteindruck** strahlt eine ausgesprochen freundliche Eleganz aus, was nicht zuletzt an der Verwendung von weißem Kalkstein und der grazilen Vierungskuppel liegt. Die klassizistische Außenfassade wird von zwei Glockentürmen flankiert. Über einen breiten, flachen Treppenaufgang gelangt man zu den drei von Kompositsäulen gerahmten Portalen. Oberhalb der Säulen erheben sich vier Marmorstatuen, die Glauben, Verehrung, Freizügigkeit und Dankbarkeit darstellen. Mit den Nischenstatuen werden vier Heilige porträtiert.
Die **Marmorstatuen** sowohl außen als auch innen stammen aus der berühmten Bildhauerschule in ▶Mafra. Der Leiter dieser Schule, Joaquim Machado de Castro, hat unter anderem die Figuren von Josef und Maria links und rechts in der Eingangshalle geschaffen.
Auch der einschiffige, in harmonischen Proportionen entworfene **Innenraum** wirkt leicht und hell. Die Kirche ist vollständig mit rosafarbenem, weißem und grauem Marmor ausgekleidet. Über der Vierung ist die hohe Kuppel gespannt, die eine angenehme Weite schafft. Sie wird durch helle, große Fenster und kannellierte Pilaster gegliedert. Der auffällige Hochaltar wurde von Pompeu Batoni in Rom angefertigt. Im rechten Querschiff ist das Grab von Maria I. zu sehen, die als einziges Mitglied der Bragança-Familie nicht in dem Familienpantheon in der ▶Igreja de São Vicente de Fora beigesetzt wurde. In einem Raum dahinter ist eine der berühmten Krippen Machado de Castros zu besichtigen. In der Sakristei befindet sich das reich verzierte Grab ihres Beichtvaters, des Erzbischofs von Évora. Die Kirche ist auch heute bei betuchten Lissabonnern und Prominenten sehr beliebt für Trauerfeiern. Man kann auf die **Dachterrasse** hinaufsteigen, von der sich ein toller Blick über die Stadt bietet, beim Aufsteigen auch **ins Kircheninnere**.

Jardim da Estrela Der Mitte des 19. Jh.s angelegte Jardim da Estrela gegenüber der Basílica da Estrela ist einer der schönsten Parks in Lissabons Innen-

Eine grüne Oase zum Ausspannen: der Jardim da Estrela

stadt. Zwischen altem Baumbestand, üppigen Büschen und Blumenrabatten gibt es Teiche mit verschiedenen Wasservogelarten, kleine Fontänen, eine künstliche Grotte. Besonders schön ist ein großer Musikpavillon, der 1884 konstruiert wurde. Er stand zunächst auf dem Passeio Público, dem Vorläufer der ►Avenida da Liberdade.

Englischer Friedhof

Gegenüber der Nordseite des Jardim da Estrela liegt der Eingang zum alten englischen Friedhof (Cemitério Inglês). Hier ruht der Schriftsteller Henry Fielding, dessen Romane als Meisterwerke des englischen Humors gelten. Er starb am 8.10.1754 während eines Erholungsaufenthaltes in Lissabon.

* Belém

A–D 9/10

Lage: 5 km westlich vom Zentrum
Straßenbahn: 15
Bus: 714, 727, 728, 729, 751
Vorortzug: ab Estação Cais do Sodré, Station Belém

Belém am westlichen Stadtrand direkt am Tejo-Ufer dokumentiert mit seinen Bauwerken die wichtigste Epoche der portugiesischen Geschichte, das Goldene Zeitalter. Der bis 1885 eigenständige Ort blieb von den Auswirkungen des Erdbebens 1755 weitgehend verschont, die Baudenkmäler gehören damit zu den ältesten der portugiesischen Hauptstadt.

Goldenes Zeitalter

Die Bedeutung von Belém hat ihren Ursprung in dem früheren Hafen von Restelo. Der Hafen diente als Ausgangspunkt für die Entdeckungsfahrten der portugiesischen Seefahrer, hier gingen sie nach ihren Reisen mit dem in fernen Ländern Erbeuteten wieder an Land. Die direkte **Verknüpfung von politischem und kirchlichem Interesse** an den groß angelegten Besegelungen der Weltmeere ist in Belém deutlich zu erkennen. Schon eine ehemalige kleine Hospizkapelle an der Stelle des heutigen ►Mosteiro dos Jerónimos wurde als Gebetsraum vor den christlichen Entdeckungs- und Eroberungsfahrten benutzt. Als eher weltliches Symbol steht die festungsähnliche ►Torre de Belém an der Stelle, wo die Tejomündung sich gänzlich zum Atlantik hin öffnet. Sowohl das Kloster als auch der alte Turm von Belém sind im Auftrag von **König Manuel dem Glücklichen** (►Berühmte Persönlichkeiten) entstanden, in dessen Regierungszeit die Entdeckung des Seewegs nach Indien durch Vasco da Gama und Pedro Álvares Cabrals Fahrt nach Brasilien fielen. In dieser Zeit zog es zunehmend Adlige und wohlhabende Geschäftsleute nach Belém. Nachdem das Erdbeben in Lissabon durch verheerende Schäden das Leben der Stadt vorübergehend lahmgelegt hatte, erwog man zeitweilig sogar, einen Wiederaufbau nicht in der heutigen Baixa zu beginnen, sondern ein neues Stadtzentrum aus der Stadt heraus nach Belém zu verlagern.

? BAEDEKER WISSEN

Warum heißt Belém »Belém«?

Der Name »Belém« ist eine für die portugiesische Sprache typische Verkürzung von »Bethlehem«. Genauso ist »Sé« als Bezeichnung für Kathedralen eine Verkürzung von »sede«, der Bischofssitz, oder »Paço« eine Verkürzung von »Palácio«, der Palast.

Renaissance der großen Eroberungsfahrten

Zur Zeit des Estado Novo unter der Diktatur Salazars kam Belém die Rolle zu, das Bewusstsein für die portugiesische Geschichte und die einstmalige Größe der Nation wieder aufleben zu lassen. Anlässlich des 300. Jahrestags der Unabhängigkeit von Spanien (1.12.1640) wurde eine pompöse **»Ausstellung der portugiesischen Welt«** auf dem Terrain zwischen Jerónimoskloster und Tejo-Ufer aufgebaut. Die Fläche wurde völlig neu gestaltet, die architektonische Leitung übernahm Cottinelli Telmo, von dem u. a. auch der heroisierende ►Padrão dos Descobrimentos stammt.

RUNDGANG DURCH BELÉM

Highlights

Die Hauptsehenswürdigkeiten in Belém werden unter eigenen Stichworten beschrieben: **►Mosteiro dos Jerónimos, ►Padrão dos Descobrimentos, ►Torre de Belém, ►Museu Nacional dos Coches**. Bleibt danach noch Zeit, dann kann man die Besichtigung des Museu da Electricidade, des Museu da Etnologia (beide ►Erleben und Genießen, Museen) oder zweier kleiner Kapellen anschließen.

Fußgängerüberweg

Die Bahnlinie und die mehrspurige Avenida da Índia zwischen Praça do Império und ►Padrão dos Descobrimentos bzw. der ►Torre de Belém am Tejo-Ufer lässt sich am besten durch einen Fußgängertunnel in Höhe des Padrão dos Descobrimentos und auf einer Fußgängerbrücke weiter westlich bei der Torre de Belém überqueren.

Minibahn

Zwischen den wichtigsten Sehenswürdigkeiten von Belém verkehrt eine Minibahn (Comboio turístico), die von der Praça do Império zwischen 10.00 und 18.00 Uhr etwa alle 30 Minuten startet.

Praça do Império

Die Praça do Império, die anlässlich der Weltausstellung 1940 angelegt wurde, besteht aus einem kleinen Park mit akkurat geschnittenen Hecken, die die verschiedenen Stadtwappen Portugals zeigen. Das Brunnenbecken in der Mitte ist ebenfalls mit Wappen versehen.

Centro Cultural

1993 wurde westlich der Praça do Império ein Kulturzentrum (CCB – Centro Cultural de Belém) eingeweiht mit Räumlichkeiten für Konferenzen und Ausstellungen, zwei Konzert- bzw. Vorführungssälen mit 400 und 1500 Sitzplätzen, einer Parkgarage, Geschäften und Restaurants. Der nordafrikanisch anmutende Bau entstand nach Plänen von Vittorio Gregotti und Manuel Salgado.
Ausgesprochen lohnend ist das **Museu Colecção Berardo** für moderne Kunst, in dem Teile der Sammlung von José Berardo (Joe Berardo, Jg. 1944, ►Península de Setúbal, Azeitão) zu sehen sind, u. a.

Entdeckungsfahrten der Portugiesen

Da der Weg durchs Mittelmeer immer gefährlicher geworden war, suchten die Iberer eine alternative Seeroute nach Osten. Jenseits des Mittelmeerraums versprach man sich Gewinne aus dem Gewürzhandel, hoffte auf Goldfunde und wollte den christlichen Glauben verbreiten.

▶ Die großen Entdeckungsreisen

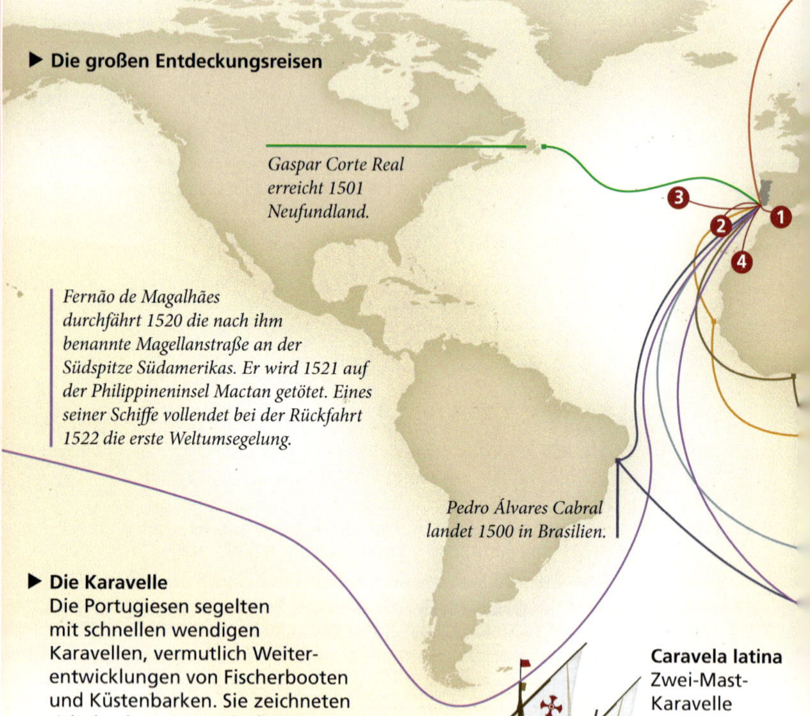

▶ Die Karavelle
Die Portugiesen segelten mit schnellen wendigen Karavellen, vermutlich Weiterentwicklungen von Fischerbooten und Küstenbarken. Sie zeichneten sich durch geringen Tiefgang, leichte Handhabung und dreieckige Lateinersegel aus.

Caravela latina
Zwei-Mast-Karavelle

▶ Entdecker der neuen Welt
Die Neugier und der Mut vieler unkonventioneller Abenteurer verhalfen Portugal zum Status einer Weltmacht. Drei von ihnen stellen wir vor.

Heinrich der Seefahrer (1394 – 1460)
fuhr selbst nie aufs Meer, plante und finanzierte aber viele Entdeckungsfahrten. Einer davon gelang die erste Umschiffung Afrikas.

Erste Eroberungen:

1. *Ceuta (1415)*
2. *Madeira (1419)*
3. *Azoren (1427)*
4. *Kap Bojador (1434)*

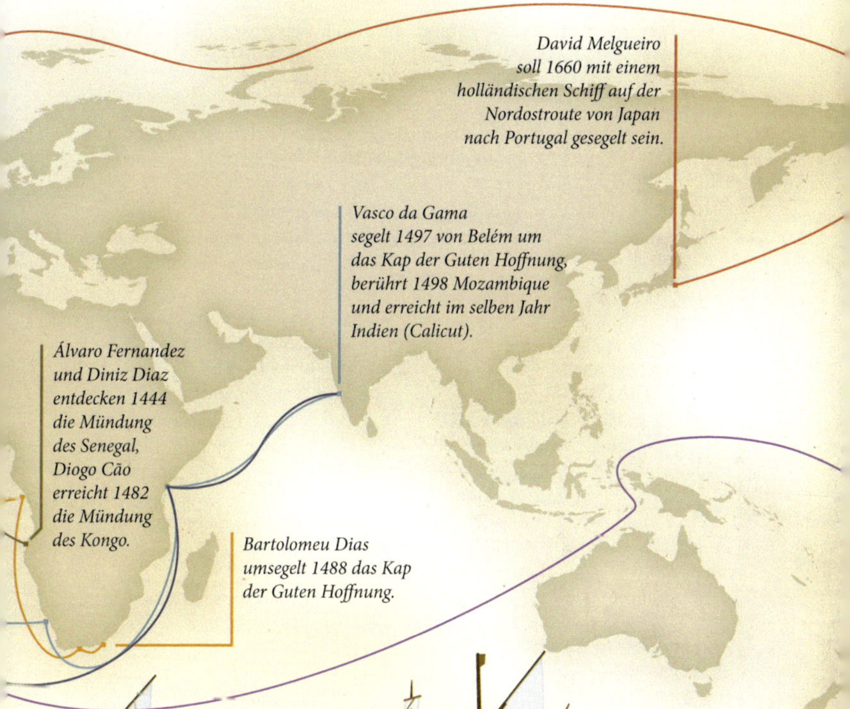

Caravela latina
Drei-Mast-Karavelle

Caravela redonda
4-Mast-Karavelle,
Länge: ca 15–20 m,
Breite: ca 5 m,
Tiefgang: ca 2 m

Vasco da Gama (1469–1524)
fand als erster den Seeweg um das Kap der Guten Hoffnung nach Indien. Mit kostbaren Gewürzen beladen kehrte er zurück.

Fernão de Magalhães (1480–1521)
Obwohl er auf der Reise umkam, gilt er als derjenige, dem die erste Weltumsegelung gelang.

Werke von Pablo Picasso, Max Ernst, Marcel Duchamp, Andy Warhol, Piet Mondrian, Francis Bacon, Cindy Shearman. Auch portugiesische Künstler wie Maria Helena Viera da Silva, der Surrealist Fernando Lemos und Lourdes Castro, deren Arbeitsschwerpunkt Schattenspiele und Scherenschnitte sind, werden ausgestellt.

Museu Colecção Berardo: tgl. 10.00 – 19.00 Uhr; Eintritt frei; www.museuberardo.pt, www.berardocollection.com

Rua Vieira Portuense

Sehenswert ist die Häuserzeile der heute nur noch einseitig bebauten Rua Vieira Portuense, die sich am Rand einer großen Rasenfläche zwischen der Praça do Império und der Praça Afonso de Albuquerque entlangzieht. Die schmalen Häuser stammen noch aus dem 16. und 17. Jahrhundert. Verglichen mit den vielen berühmten historischen Sehenswürdigkeiten in der näheren Umgebung erscheinen die kleinen Wohnhäuser mit den bunt angestrichenen Fassaden heiter und zurückhaltend. Sie geben einen Eindruck von einem Leben am Rand des großen Geschehens, in dem wenig von den Heldentaten und Reichtümern der damaligen Zeit profitiert wurde. In der Rua Vieira Portuense gibt es heute mehrere Restaurants.

! BAEDEKER TIPP

Schön relaxen

Zwei lohnende Adressen, die bei so viel Kultur für Entspannung sorgen: Die stimmungsvolle »Antiga Confeitaria de Belém«, in der es die berühmten Vanilletörtchen gibt, oder »A Margem« an der Doca do Bom Sucesso, ein blendend weißes, schickes Bar-Restaurant-Café am Tejo zwischen Entdecker-Denkmal und Torre de Belém – hier hat man einen wunderbaren Blick auf den Fluss, Kaffee und Tee werden aus Design-Porzellan genossen, es gibt eine gute Weinkarte und wenige Touristen.

Die **Praça Afonso de Albuquerque** ist als geometrischer Park angelegt. In der Mitte wurde eine neomanuelinische Säule aufgestellt, die die vier Meter hohe Bronzefigur von Afonso de Albuquerque trägt. Afonso de Albuquerque (1453 – 1515) war maßgeblich an der Eroberung wichtiger Handelsstützpunkte für Portugal beteiligt und wurde 1509 zum ersten **portugiesischen Vizekönig in Indien** ernannt. Er trug dort den vielsagenden Beinamen »Leão dos Mares« (Löwe der Meere). Camões bezeichnet ihn in seinen »Lusíadas« als »Albuquerque den Schrecklichen«.

Palácio de Belém

An der Nordseite der Praça Afonso de Albuquerque steht der Palácio de Belém, heute Amtssitz des Staatspräsidenten. Der Palast, wegen seiner rosafarbenen Fassade oft als »Palácio Cor de Rosa« bezeichnet, geht auf das Jahr 1559 zurück. João V., der den Palast 1726 von dem Grafen von Aveiro erworben hatte, ließ u. a. eine große Gartenanlage anpflanzen. Das heutige Gebäude ist das Ergebnis eines Umbaus aus dem Jahr 1886. Bei dem Erdbeben am 1. November 1755 hielten sich

José I. und seine Familie im Palácio de Belém und nicht im Königspalast am Terreiro do Paço (►Praça do Comércio) auf, der vollkommen zerstört wurde.
Im Palast hat das **Museu da Presidência da República** seinen Sitz. Der Besuch des Museums – mit Staatsgeschenken, Symbolen und Porträts – lohnt sich vor allem samstags, wenn auch Palast und Garten geöffnet sind und Paula Regos Marien-Zyklus zugänglich ist.
Palast und Garten/Museum: Sa. 10.30 – 16.30; Eintritt: 5 €
Museum: Di. – So. 10.00 – 18.00; Eintritt: 2,50 €; www.museu.presidencia.pt

Jardim Botânico Tropical

Hinter dem Palácio de Belém (Eingang am Largo dos Jerónimos) erstreckt sich über ca. 7 ha die ehemals zum Palast gehörende Grünfläche, die 1912 als tropischer Garten mit etwa 400 unterschiedlichen exotischen Pflanzenarten angelegt wurde, zur Zeit aber etwas vernachlässigt ist.
❶ tgl. 10.00 – 19.00, im Winter bis 18.00, Mai – August bis 20.00 Uhr; Eintritt: 2 €; www2.iict.pt/jbt

Igreja de S. José da Memória

Auf halber Höhe zwischen dem Botanischen Garten von Ajuda (►Palácio Nacional da Ajuda) und dem Jardim Tropical steht an der Calçada da Memória die kleine Igreja de S. José da Memória. Nach einem missglückten Attentat auf José I. ließ der König 1760 die ausgesprochen wohlproportionierte Kuppelkirche nach Plänen des bekannten Architekten Mateus Vicente errichten, der auch am Bau

Der Brunnen mit den portugiesischen Stadtwappen auf der Praça do Império. Im Hintergrund sieht man das Jerónimoskloster.

der ►Basílica da Estrela und des Palastes von ►Queluz mitwirkte. In der Kirche befindet sich das Grabmal eines berühmten Mannes: des Marquês de Pombal, des umstrittenen Ministers von José I.

Klosterkapellen

Von drei kleinen Kapellen, die früher zur Klosteranlage der Hieronymiten gehörten, sind heute noch die Ermida de Santo Cristo und die Ermida de São Jerónimo erhalten. Eine dritte, die Kapelle Santa Maria Madalena, wurde vollständig zerstört.
Die unauffällige kleine **Ermida de Santo Cristo** an der Rua de Alcolena, 1517 von João de Castilho erbaut, ist heute geschlossen. Die manuelinische Kapelle war ursprünglich in die Mauer um das Jerónimoskloster integriert.
Über eine Grünanlage an der Rua de Alcolena kann man zur **Ermida de São Jerónimo** hinaufsteigen, die 1514 nach Plänen des bekannten manuelinischen Architekten Diogo de Boytaca gebaut wurde. Die fast monolithisch wirkende Kapelle hebt sich durch die einfachen, harmonischen Proportionen und vor allem durch die zurückhaltende manuelinische Ornamentik von den übrigen Bauwerken dieser Epoche ab. Der Bau in exponierter Lage stellt im Prinzip lediglich einen Steinquader dar, dessen Schwere nur durch die sparsamen Verzierungen an den vier Ecken und an der Oberkante gemildert wird. Die eigentlichen Merkmale der Manuelinik treten durch die Schlichtheit besonders klar hervor. Die mit gotischen Wasserspeiern verzierten Eckpfeiler ragen über den gesamten Bau hinaus und verjüngen sich zu fein gewundenen Spitzen. Die Oberkante bildet ein steinernes Schiffstau. Ein schmales Kreuz erhebt sich oberhalb des manuelinischen Portals. Die beeindruckende Kapelle ist oft geschlossen – der Aufstieg lohnt sich jedoch wegen des ungewöhnlichen Ausblicks auf die ►Torre de Belém und den hier sehr nahe erscheinenden Atlantik.

Bica

G/H 8

Lage: zwischen Bairro Alto und Tejo
Straßenbahn: 25, 28
Bus: 714

Das schlichte kleine Viertel, das sich am Hang zum Tejo hinunterzieht, strahlt im Vergleich zum benachbarten Bairro Alto wesentlich mehr Ruhe aus. Durch die Hanglage und die enge Bebauung fahren hier nur wenige Autos.

Ursprünglich und trendig

Schmale Straßen und Treppen durchziehen das alte Stadtviertel, das außerordentlich geschlossen und unverfälscht wirkt. Hier gibt es wie in der ►Alfama und in der ►Mouraria einfache Kneipen, die fast aus-

Der Elevador da Bica: Seit 1892 fährt er im Bica-Viertel auf und ab.

schließlich den Bewohnern der Bica als Treffpunkt dienen, aber auch angesagte Kneipen und trendige Restaurants.

Elevador da Bica

Die Verbindung zwischen der Calçada do Combro/Rua do Loreto und der Rua de S. Paulo stellt der Elevador da Bica dar, eine Standseilbahn, die über die steile Rua da Bica de Duarte Belo gezogen wird. Relativ unscheinbar verbirgt sich hinter einer Fassade der Rua de S. Paulo mit der Aufschrift »Ascensor da Bica« (Nr. 234) die untere Station der Standseilbahn. Der Elevador da Bica wurde von Raoul Mesnier de Ponsard konstruiert und 1892 eingeweiht.

Alto de Santa Catarina

Unweit des Elevador da Bica liegt der schöne Aussichtsplatz Alto de Santa Catarina. Von hier bietet sich ein umfassender Panoramablick auf den Tejo, die ►Ponte 25 de Abril und auf das gegenüberliegende Ufer. Der Miradouro ist bekannt als Treffpunkt von Lebenskünstlern, Gitarrenspielern und Touristen, die alternatives Ambiente suchen. In dem kleinen Park wurde 1927 ein Koloss aus Stein aufgestellt, der **»Adamastor«**, eine in Portugal bekannte allegorische Figur aus Camões' Lusiaden und damit ein Symbol für Portugals Goldenes Zeitalter. Camões' Fantasie zufolge tauchte der Adamastor am Kap der Guten Hoffnung auf und warnte die portugiesischen Entdecker vor Stürmen und Gefahren.

Mercado da Ribeira Nova

Am Tejo unterhalb des Bica-Viertels steht in der Avenida 24 de Julho in der Nähe der Estação Cais do Sodré Lissabons größte Markthalle, der Mercado da Ribeira Nova. Das Gebäude wurde 1902 von João A.

Piloto konstruiert, sein heutiges Aussehen mit der strahlend weißen Kuppel hat er seit einem Umbau im Jahr 1930. Ein Besuch lohnt sich vor allem samstagsmorgens, und in der kühleren Jahreszeit genießen die Lisboetas gern eine heiße Schokolade im fliesenverkleideten Stehcafé am Eingang zur Avenida 24 Julho.

Campo Grande

G/H 3/4

Lage: nördlich des Stadtzentrums
Metro: Entrecampos, Campo Grande
Bus: 701, 717, 727, 731, 735, 736, 738, 744, 749, 750, 754, 755, 767, 778, 796, 798

Lange diente die Parkanlage vor allem vornehmen Lissabonnern als Ausflugsziel am Wochenende, und noch heute verbringen viele Stadtbewohner ihre Sonntagnachmittage hier.

Idyll mitten im Verkehr

Die 1,2 km lange und 200 m breite **Grünanlage** Campo Grande zieht sich vom Verkehrsknotenpunkt Entrecampos nach Norden bis hin zur Stadtautobahn. Bereits im 16. Jh. wurde dieses Gebiet öffentlich genutzt: Der legendäre Dom Sebastião (►Geschichte) ließ seine Truppen hier üben, bevor er zum Kreuzzug gegen Marokko aufbrach. Rund zwei Jahrhunderte später legte man einen Park an: Die Bepflanzung mit ausgewählten Baum- und Straucharten wurde im späten 18. Jh. begonnen. Eine Ruheoase, die der Campo Grande in früheren Jahrzehnten einmal war, ist er heute nicht mehr: Links und rechts führen verkehrsreiche Fahrbahnen an dem lang gestreckten Park entlang, außerdem fliegen ankommende Flugzeuge dicht über den Campo Grande hinweg.

! BAEDEKER TIPP

Rudern im Park

An dem kleinen See im Campo Grande kann man Ruderboote mieten oder sich in das schön gelegene Café auf einer kleinen Halbinsel im Wasser setzen und trotz des Verkehrs drumherum die Großstadt vergessen. Man sitzt in einer grünen Oase unter Palmen und allerlei exotischen Gewächsen.

Guerra Peninsular

In der Mitte des immer von Verkehr umbrandeten Entrecampos-Kreisels steht das Denkmal »Guerra Peninsular«, das an die Kämpfe gegen die napoleonische Invasion zu Beginn des 19. Jh.s erinnert. Am Sockel sind Szenen aus den Widerstandskämpfen zu sehen, oben ist die siegreiche portugiesische Nation dargestellt; Soldaten vertreiben den Adler des napoleonischen Reichs. Das Denkmal, das in der Gestaltung verschiedene neomanuelinische Stilmerkmale aufweist, wurde 1933 aufgestellt.

Weitere Sehenswürdigkeiten

Am Nordende des Campo Grande haben zwei interessante Museen ihren Sitz: Das ►Museu de Lisboa, das Stadtmuseum, ist sehr informativ für alle, die tiefer in die Geschichte der Stadt und ihre Eigenarten eintauchen möchten, und das gegenüberliegende Museu Rafael Bordalo Pinheiro (►Erleben und Genießen, Museen) für alle, die sich für eine spezielle Form der portugiesischen Keramik interessieren. Westlich des Campo Grande liegen die Universitätsgebäude, die Nationalbibliothek und das Nationalarchiv (►Cidade Universitária).

★ Casa dos Bicos

J 8

Lage: Rua dos Bacalhoeiros 10
Straßenbahn: 25
Bus: 711, 728, 735, 759, 781, 782, 794
Metro: Terreiro do Paço
❶ Mo. – Sa. 10.00 – 18.00 Uhr
Eintritt: 3 €
www.josesaramago.org

Die auffällige Fassade der Casa dos Bicos ist namengebend für den Palast: Sie ist mit pyramidenförmig zugespitzten Steinen überzogen. Die Assoziation von geschliffenen Diamanten ließ auch den Beinamen »Diamantenhaus« entstehen.

Die Casa dos Bicos, ein typischer Stadtpalast der Renaissance, steht in dem platzähnlichen östlichen Teil der Rua dos Bacalhoeiros. Der damalige Senatspräsident Brás de Albuquerque, Sohn des ersten Vizekönigs von Indien Afonso de Albuquerque, ließ 1523 das **»Haus der Spitzen«** nach Plänen der Architekten Santa-Rita Fernandes und Manuel Vicente bauen. Wilhelm von Eschwege, der Architekt des Palácio da Pena in ►Sintra, verarbeitete diese Diamantform als Gestaltungselement in seinem architektonischen Stilgemisch des Pena-Palastes. Der Palast wurde vierstöckig konstruiert, beim Erdbeben 1755 wurden die beiden oberen Stockwerke zerstört. Über 200 Jahre blieb das Haus der Spitzen in dem zweistöckigen Zustand und wurde zeitweilig als Lager von Fischhändlern benutzt. Erst 1982 ersetzte man die beiden zerstörten Stockwerke. Man richtete sich bei der Gestaltung nach erhaltenen Originalansichten des Bauwerks – im Kreuzgang des ►Convento da Madre de Deus ist die ursprüngliche Casa dos Bicos auf einer Fliesenwand zu sehen, die ein altes Panorama Lissabons zeigt. Beim Wiederaufbau der oberen Stockwerke verwendete man bewusst moderne Materialien, sodass der erneuerte Teil als Rekonstruktion zu erkennen ist.

Die Casa dos Bicos beherbergt die **Saramago-Stiftung** mit Bibliothek, einer sehenswerten ständigen Ausstellung zu Leben und Werk des Schriftstellers und einem Saramago-Shop; die Asche des Literatur-Nobelpreisträgers wurde auf dem angrenzenden Campo das Cebolas unter einem Olivenbaum aus seinem Geburtsdorf beigesetzt.

Casa Fernando Pessoa

F 7

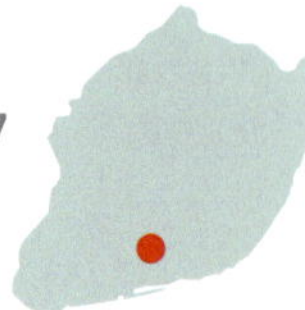

Lage: Rua Coelho da Rocha 16/18
Straßenbahn: 25, 28
Bus: 709, 774
Mo. – Sa. 10.00 – 18.00 Uhr, Bibliothek Sa. geschl., Führungen (engl.): Sa. 11.30 Uhr; **Eintritt:** 3 €
http://casafernandopessoa.cm-lisboa.pt

Das Haus, in dem der Schriftsteller Fernando Pessoa von 1920 bis zu seinem Tod 1935 lebte, wurde 1993 umfassend restauriert und zu einer modernen Bibliothek umgebaut.

Pessoas letzter Wohnsitz

Der letzte Wohnsitz von Fernando Pessoa befindet sich in Campo de Ourique – zu Beginn des 20. Jh.s eines der beliebtesten Lissabonner Stadtviertel. Lediglich die Fassade und der von Pessoa bewohnte Raum sind noch so wie zu Zeiten, als der Schriftsteller hier lebte. Die Casa Fernando Pessoa bewahrt eine umfassende Büchersammlung moderner Lyrik sowie alle von Pessoa verfassten Werke und Literatur über ihn und seine Arbeiten, u. a. gibt es auch Veröffentlichungen auf Deutsch. Ausgestellt sind daneben einige **persönliche Gegenstände** von Pessoa und sein Bücherregal, das er als einziges Möbelstück bei jedem Umzug – Pessoa wechselte seinen Wohnsitz in Lissabon mehr als dreißigmal! – mitnahm. Blickfang ist ein Porträt von Pessoa, das sein Freund Almada Negreiros 1954 schuf; ein ähnliches Bild hängt auch im Centro de Arte Moderna (►Fundação Calouste Gulbenkian). Pessoas ehemaliger Wohnraum befindet sich

Zwei von Fernando Pessoas Heteronymen

im ersten Stock. Ab und an werden Künstler damit beauftragt, den Raum so herzurichten, wie er zu Pessoas Lebzeiten ausgesehen haben könnte. Im zweiten und dritten Stock sind Lese- und Ausstellungsräume untergebracht. Die Wände zieren **Zeichnungen, Gedichte und vor allem Horoskope** – Pessoa war ein fanatischer Astrologe und erstellte für jede Person, die er dichterisch erschuf, ein Horoskop. Eines der Gedichte entstand bereits in Pessoas Kindheit, er schrieb es mit sieben Jahren an seine Mutter.

* Cascais

Ausflugsziel

Lage: 25 km westlich von Lissabon
Vorortzug: ab Estação Cais do Sodré

Seit 1871 diente die Zitadelle in Cascais als königliche Sommerresidenz. Ende des 19. Jh.s begann der Fischerort, sich zum Seebad zu entwickeln, in dem wohlhabende Lissabonner ihre Sommer verbrachten.

Stadtnahe Strände

Cascais ist bis heute ein beliebter Badeort mit mehreren kleinen Stränden, der von Lissabon aus bequem zu erreichen ist. Im Lauf der letzten Jahrzehnte ist dieser Küstenabschnitt westlich von Lissabon fast komplett zugebaut worden, und auch Cascais und Estoril gehen mittlerweile nahtlos ineinander über. Anfang des 20. Jh.s hatte die Stadt knapp 6000 Einwohner, heute sind es über 35 000.

> ! BAEDEKER TIPP
>
> *Zugfahrt mit Aussicht:*
>
> Wer mit dem Vorortzug vom Cais do Sodré nach Cascais fährt, sollte versuchen, einen Fensterplatz auf der linken Seite in Fahrtrichtung zu bekommen. Der Zug fährt ein ganzes Stück direkt unten am Tejo-Ufer entlang, und man hat einen herrlichen Blick über den Fluss auf den Atlantik.

Das Ortsbild von Cascais ist ausgesprochen uneinheitlich. An den Rändern sind überwiegend Hochhaussiedlungen entstanden, aber auch ausgedehnte Villenviertel sind in Cascais zu finden; hier leben in erster Linie reiche Portugiesen und viele Engländer, Franzosen und Deutsche. Glücklicherweise hat sich ein **schöner alter Ortskern** erhalten, der weitgehend als Fußgängerzone mit schönen Geschäften eingerichtet wurde. In einigen etwas abgelegeneren stillen Gassen lässt sich auch noch ein wenig vom Charakter des ehemaligen Fischerdorfes erahnen. An der Südwestseite der Bucht von Cascais wurde eine Marina gebaut.

Zitadelle

Oberhalb des Jachthafens steht die 1681 gebaute **Zitadelle**, in der die Königsfamilie residierte und die royale Badetradition in Cascais begründete und in der König Luís I. 1889 starb. Nach langjähriger militärischer Nutzung ist heute eine **Pousada** mit Restaurant in der Zitadelle untergebracht. Der **Palast** mit Kapelle, Arabischem Saal und dem Gemach von Dom Luís I. ist öffentlich zugänglich.

Mi. – So. 14.00 – 20.00 Uhr; Eintritt: 4 €

Übernachten (Adresse s. S. 155)
28 Albatroz

Nördlich der Zitadelle steht die manuelinische **Igreja de Nossa Senhora da Assunção**. Die Wände der einschiffigen Kirche wurden 1745 mit blau-weißen Fliesenbildern ausgekleidet. Die Deckenbemalung wurde von dem in Portugal sehr bekannten Maler José Malhoa ausgeführt, von dem auch das Gemälde »Fado« (1910) stammt.

Weiter westlich liegt der **Parque Municipal da Gandarinha**. Hier ließ sich der Conde de Castro Guimarães zu Beginn des 20. Jh.s einen Landsitz bauen, in dem die Stadtverwaltung Cascais in den 1920er-Jahren eine Bibliothek und ein kleines **Museum** einrichtete. Zu sehen sind Porträts von Mitgliedern der Stifterfamilie, außerdem prähistorische Funde aus der Umgebung, Porzellan, Gold- und Silberschmiedearbeiten und portugiesische Möbel.

Museum: Di. – So. 10.00 – 13.00/14.00 bis 17.00 Uhr; Eintritt: 3 €; www.cm-cascais.pt/mccg

Das **Museu do Mar** nördlich des Parks widmet sich dem Meer und der Seefahrt – wesentlichen Themen in der Geschichte von Cascais.

Di. – Fr. 10.00 – 17.00, Sa., So. 10.00 – 13.00/14.00 – 17.00 Uhr; Eintritt: 3 €; www.cm-cascais.pt

Das Museum **Casa das Histórias Paula Rego** ist Paula Rego, der berühmtesten lebenden Künstlerin

Portugals, gewidmet. Paula Rego wurde 1935 in Lissabon geboren und lebt in London. Der Museumsbau stammt von dem portugiesischen Architekten Eduardo Souto de Moura, der 2011 für sein Werk mit dem Pritzker-Preis ausgezeichnet wurde, dem bestdotierten Architekturpreis, der als Nobelpreis in Sachen Architektur gilt.

ⓘ Avenida da República 300; Di. – So. 10.00 – 19.00, im Winter bis 18.00 Uhr; Eintritt: 3 €; www.casadashistoriaspaularego.com

Farol de Santa Marta

In dem fotogenen blauweißen Leuchtturm Farol de Santa Marta ist ein architektonisch ansprechendes kleines Museum eingerichtet worden, das sich der Geschichte der Leuchttürme in Portugal widmet.

ⓘ Di. – Fr. 10.00 – 17.00, Sa., So. 10.00 – 13.00, 14.00 – 17.00 Uhr; Eintr.: 3 €

Uferpromenade

Von der Zitadelle aus führt eine Uferpromenade – »muralha« genannt – direkt am Wasser entlang bis nach ►Estoril.

KÜSTE WESTLICH VON CASCAIS

Strände in der Umgebung

Die Praia da Ribeira und die Praia da Rainha direkt in Cascais und die Praia da Duchesa Richtung Estoril sind nette Stadtstrände, die im Sommer überlaufen sind. Nordwestlich von Cascais gibt es größere Strände und hübsche kleine Badeorte. Von Cascais aus kommt man per Bus fast überall hin, und dank eines kostenlosen Fahrradverleihs kann man die schöne Strecke an der Küste entlang auch radeln.

Busse: www.scotturb.com

BiCas-Fahrräder: Mai – Sept. 8.00 – 19.00, Okt. – April 9.00 – 16.00, Uhr, Fahrradstationen: Bahnhof, Guia, Info Av. da República; www.cm-cascais.pt

> **! BAEDEKER TIPP**
>
> *Am westlichsten Punkt*
>
> Am Cabo da Roca kann man sich ein Zertifikat darüber ausstellen lassen, dass man tatsächlich den westlichsten Punkt des Kontinents erreicht hat. Wer ein bisschen Zeit und gutes Schuhwerk mitbringt, sollte einfach ein Stück die Küste entlangwandern, immer das Aroma der Küstenblumen in der Nase. Oder man lässt sich ein ganz persönliches Zeremoniell für diesen geografisch besonderen Ort einfallen.

Am westlichen Ortsausgang von Cascais wartet die ***Boca do Inferno**, der »Höllenschlund«, wo man von gesichertem Standort aus die Urgewalt des Atlantischen Ozeans erleben und Felsformationen sehen kann, die in jahrtausendelanger Bearbeitung durch das Meer entstanden sind. Man blickt auf 20 m hohe ausgehöhlte Klippen, an denen die Fluten hochbranden. Eine Tafel erinnert an den schillernden englischen Okkultisten Aleister Crowley (1875 – 1947), der hier 1930 mithilfe von Fernando Pessoa (►Berühmte Persönlichkeiten) seinen eigenen Selbstmord fingierte.

Bus ab Cascais Bahnhof: 427, www.scotturb.com

Praia do Guincho Ein wirklich schöner, in der Hauptsaison ziemlich überfüllter und oft windiger Strand – und daher auch ein Paradies für Kite-Surfer – ist die 6 km entfernte Praia do Guincho, an der es mehrere, auch sehr gute Lokale gibt.
Busse ab Cascais Bahnhof: 405, 415, www.scotturb.com

***Cabo da Roca** Eine kleine Straße biegt 7 km hinter der Praia do Guincho links von der Hauptstraße ab und führt zu dem 144 m über dem Ozean aufsteigenden Cabo da Roca, dem westlichsten Punkt des europäischen Kontinents. Das von den Römern »Promontorium Magnum« genannte Kap ist ein Ausläufer der Serra de Sintra (►Sintra).
Bus ab Cascais Bahnhof: 403, www.scotturb.com

* Castelo de São Jorge

J 8

Lage: östlich oberhalb der Baixa
Straßenbahn: 12, 28
Bus: 737
❶ tgl. 9.00 – 21.00, Nov. – Febr. bis 18.00 Uhr
Eintritt: 8.50 €
www.castelodesaojorge.pt

Eine von Lissabons Hauptattraktionen: das Castelo de São Jorge, dessen Ursprünge auf eine eisenzeitliche Siedlung zurückgehen, die um 205 v. Chr. von den Römern besetzt wurde. Der 110 m hohe Burghügel ist also zentraler Ausgangspunkt der Stadtentwicklung.

Geschichte Später wurde die Burg sowohl von den Westgoten als auch von den Arabern als Wehrkastell genutzt. Nach der Einnahme durch Portugals ersten König Afonso Henriques im Jahr 1147 wurde sie mehrfach umgebaut und erweitert. Ihren heutigen Namen erhielt sie nach dem Drachen tötenden heiligen Georg, dem Schutzpatron Portugals. Ein Teil der Anlage wurde um 1300 zum **Königspalast** umgebaut, bis 1511 hatten die Könige Portugals hier ihren Sitz. Bis zu diesem Zeitpunkt war der Bereich des Kastells über Jahrhunderte hinweg – durch Lage und Funktion bedingt – Mittelpunkt der Ereignisse. So wurde Vasco da Gama nach seiner Indienfahrt 1498 von Manuel I. auf dem Kastell empfangen. 1511 zog Manuel I. in die neu erbaute Residenz an der heutigen ►Praça do Comércio, damals nach dem Königspalast Terreiro do Paço genannt, und das Geschehen verlagerte sich zunehmend direkt ans Tejo-Ufer. Ab 1640 wurde der Komplex als **Waffenlager** und **Gefängnis** benutzt, einer der ursprünglich zehn Türme, die Torre do Tombo, diente als **Nationalarchiv**. Das

Castelo de São Jorge

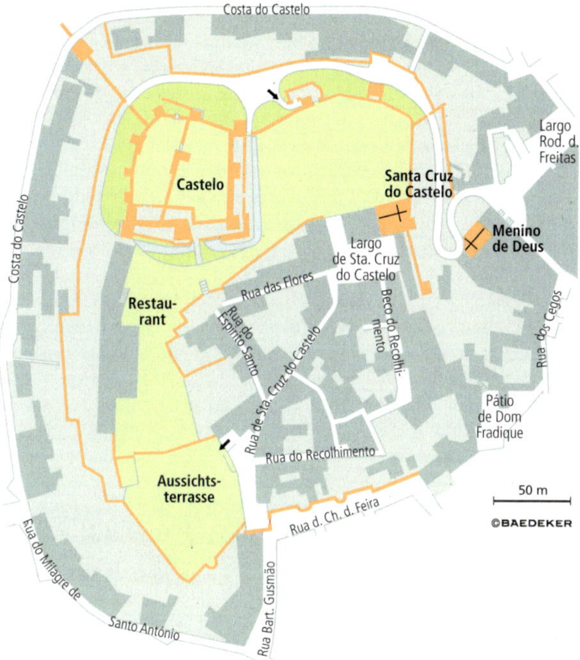

Erdbeben 1755 zerstörte die Gebäudemauern fast vollständig. Das **Viertel rund um das Kastell** ist in den letzten Jahren so intensiv restauriert worden, dass es im Vergleich zum übrigen Stadtbild fast den Charakter einer Spielzeugstadt bekommen hat; die kleinen Straßen und Gassen sind gesäumt von Weinbars und Souvenirläden.

Burganlage

Erst im 20. Jh. wurde die Burganlage so umgebaut, wie sie sich heute präsentiert. Frühe Fotografien der Stadt zeigen ein gänzlich anderes Kastell. Zwischen 1938 und 1944, unter der Regierung Salazars, wurde der gesamte Burgkomplex restauriert. Dabei achtete man weniger auf historische Authentizität als auf Wiederbelebung der nationalen Geschichte. Entstanden ist eine sehr schöne und abwechslungsreiche Gesamtanlage. Kernstück ist eine **Mauer mit zehn Türmen**, von der aus man einen prächtigen Blick hat. Im Innenhof der Burgruine gibt es einige ruhige Winkel, in denen Brunnen plätschern. In einem Teil des früheren Königspalastes befindet sich ein Restaurant.

Aussichtsterrasse Von dem großen baumbestandenen Platz am Eingang bietet sich ein Blick über die gesamte Innenstadt. In südwestlicher Richtung blickt man über den Tejo auf das gegenüberliegende Ufer mit dem ►Monumento Cristo Rei. Hinter der ►Ponte 25 de Abril sieht man den ►Padrão dos Descobrimentos und den Atlantik. Steintafeln mit einem Gedicht von Sophia de Mello Breyner Andresen in drei Sprachen sind der 2004 verstorbenen und sehr verehrten Poetin gewidmet.

Museum, Câmara Obscura Attraktionen innerhalb des Burgkomplexes sind ein Museum und die Câmara-Obscura-Vorführungen, bei denen mittels eines Spiegels aktuelles Geschehen von Lissabonner Straßen auf eine Bildfläche in einem der Burgtürme projiziert wird. Der Núcleo Arqueológico zeigt Ausgrabungen aus der Eisenzeit und der islamischen Periode.

Igreja de Santa Cruz do Castelo Am kleinen Largo Santa Cruz do Castelo steht die gleichnamige, nur selten einmal geöffnete Kirche. Man nimmt an, dass an dieser Stelle zur Zeit der Araber bereits eine Moschee gestanden hat. Im Innern gibt es eine Figur des São Jorge, die früher aus der Kirche genommen und zu Fronleichnamsprozessionen mitgeführt wurde.

Vom Castelo de São Jorge hat man einen weiten Blick auf die Ponte 25 de Abril und die Tejo-Mündung bis hin zum Atlantik.

Igreja do Menino de Deus

Eine sehenswerte Kirche, die **italienische Assoziationen** hervorruft, steht am östlichen Rand des Castelo de São Jorge außerhalb der Kastellmauern. Die Igreja do Menino de Deus wurde von João V. in Auftrag gegeben. Sie ist eine der wenigen Kirchen, die das Erdbeben relativ unbeschadet überstanden haben. Mit dem Bau begann man 1711, zu einer völligen Fertigstellung ist es bis heute nicht gekommen. Dies ist der Grund für das Fehlen der Türme und der Skulpturen in den dafür vorgesehenen Nischen an der Außenfassade über Haupt- und Nebeneingang.
Der Innenraum (Zugang durch den linken Seiteneingang) über **achteckigem Grundriss** strahlt durch seine Proportionen und die Wahl warmer Farben Harmonie und angenehme Ruhe aus. Durch die Schlichtheit tritt die Raumwirkung des ungewöhnlichen Grundrisses in den Vordergrund. Geometrisch stilisierte Blumenornamente aus verschiedenfarbigem Marmor vermitteln eine freundliche Leichtigkeit, fast Eleganz. Der Kirche angeschlossen ist ein kleiner dreistöckiger **Kreuzgang** mit schönen blau-weißen Fliesenbildern. Zugang an Wochentagen über den Seiteneingang (Sozialzentrum, Krippe), an Wochenenden müssen Besucher bei den Schwestern klingeln.

Cemitério dos Prazeres

F 7/8

Lage: Praça São João Bosco
Straßenbahn: 25, 28
Bus: 701, 709, 774
tgl. 9.00 – 17.00, Mai – Sept. bis 18.00 Uhr

Oberhalb des Alcântara-Tals liegt der Cemitério dos Prazeres, der »Friedhof der Vergnügen«. Die Anlage des bekanntesten Lissabonner Friedhofs gleicht einer Miniaturstadt.

Hausähnliche Gräber

Der Name des 1833 angelegten Cemitério dos Prazeres leitet sich von einem ehemaligen Gut an dieser Stelle ab. Unter alten Zypressen erstrecken sich die weißen Gräber über 110 000 m^2 Fläche. An insgesamt 73 systematisch angeordneten Straßen stehen links und rechts hausähnliche Gräber und Mausoleen. Die Grabstätten haben »Haustüren«, an deren Fenstern gehäkelte Gardinen hängen, innen stehen kleine Tische, manchmal auch Sessel, diverse Accessoires sollen eine »wohnliche« Atmosphäre vermitteln. Mitunter rutscht dieser Eindruck jedoch ins Makabre ab, wenn die Grabstätten vernachlässigt sind und Spitzendeckchen auf Särgen allmählich verrotten.

Eine Welt für sich: die Stadt der Toten mit Straßen und Häusern

Auf dem Friedhof sind die Grabstätten von **bekannten portugiesischen Familien** und einigen **berühmten Persönlichkeiten** zu finden, darunter recht monumentale, architektonisch interessante Grabmäler. Auch Fernando Pessoa, dessen literarische Größe man erst einige Zeit nach seinem Tod erkannte, wurde zunächst hier begraben, 1985 dann aber in den Kreuzgang des ►Mosteiro dos Jerónimos in Belém überführt. Da viele deutsche Besucher auf den Friedhof kommen, wird an der Rezeption ein Informationsblatt in deutscher Sprache ausgegeben.

* Chiado

H 8

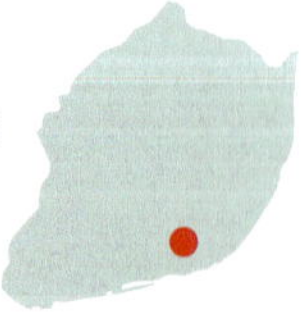

Lage: westlich der Baixa
Straßenbahn: 28
Bus: 758
Metro: Baixa-Chiado

Um 1900 und in den ersten Jahrzehnten des 20. Jh.s war der Chiado Treffpunkt von Literaten und Künstlern – Ort des politischen und kulturellen Austauschs waren die Cafés.

Elegantes Einkaufsviertel

Als Chiado bezeichnet man das Viertel, das westlich der Baixa am Hang liegt und damit eine Verbindung zwischen Unter- und Oberstadt darstellt. Häufig wird auch nur die elegante Einkaufsstraße Rua

Garrett im Zentrum des Viertels so genannt. Namengebend für das Viertel war der Dichter und Schauspieler **António Ribeiro** (ca. 1520 – 1591). Der Zeitgenosse von Luís Vaz de Camões war ursprünglich Franziskanermönch, verließ aber seinen Orden und ging nach Lissabon, wo er als »Chiado« (respektlos, spöttisch) bekannt wurde. Das Chiado-Viertel galt lange als das eleganteste Einkaufsviertel Lissabons. Mittlerweile hat sich das Einkaufsgeschehen verlagert, aber nach wie vor findet man hier exklusive Modegeschäfte.

25.8.1988 Großbrand im Chiado

Der Chiado kam 1988 weltweit in die Schlagzeilen, als am 25. August ein Großbrand einen Teil des Viertels vernichtete. Zwar brannte »nur« eine Fläche von 2 ha ab (es handelte sich in erster Linie um Bauten an der Rua do Carmo), doch war der Chiado in seinem Kern getroffen. Neben Wohn- und Büroraum wurden u. a. zwei alte Kaufhäuser, die bekannte Pastelaria Ferrari und das wertvolle Archiv der Musikalienhandlung Valentim do Carvalho mit einmaligen Dokumenten der portugiesischen Musikgeschichte zerstört.
Nach dem Brand wurde vor allem die Stadtverwaltung angegriffen, die den Bau einer Fußgängerstraße ohne Zufahrtsmöglichkeiten für Feuerwehrwagen genehmigt hatte, aber auch die vollkommen unzureichenden Sicherheitsvorkehrungen in den Gebäuden wurden kritisiert.
In einer langwierigen Diskussion um den Wiederaufbau waren als Alternativen vor allem die möglichst originalgetreue Wiederherstellung der zerstörten Straßenzüge unter Erhaltung der Außenfassaden und eine völlige Neugestaltung mit modernen Bauten im Gespräch. Schließlich wurde **Álvaro Siza Vieira** (►Berühmte Persönlichkeiten) das Projekt übertragen. Man entschied sich für ein Konzept, das den ursprünglichen Charakter berücksichtigte. Hinter den noch erhaltenen Fassaden zog man Neubauten hoch, an anderen Stellen wurden neue Fassaden nach altem Vorbild aufgebaut. Vorrangig ging es beim Wiederaufbau um Rückgewinnung von Wohnraum in der City. An der Stelle der abgebrannten Kaufhäuser entstand ein Einkaufszentrum. Der letzte Part der Arbeiten von Siza Vieira ist die neue Fußgängerverbindung zwischen der Rua do Carmo und dem ►Convento do Carmo. Um die Erreichbarkeit des in den letzten Jahrzehnten zunehmend ins Abseits geratenen Stadtviertels zu verbessern, wurde es an das Metronetz angeschlossen.

Rua Garrett

Der Name der Rua Garrett im Zentrum des Chiado erinnert an den Schriftsteller Almeida Garrett (1799 – 1854), der zeitweilig auch als liberaler Politiker tätig war. In der Straße sind einige alteingesessene Geschäfte zu finden, teilweise mit sehr wertvollen, sehenswerten Inneneinrichtungen. Die bekannte **Livraria Bertrand** (Nr. 73) wurde vor über 200 Jahren von einem Franzosen gegründet, französischen Ursprungs ist auch das Café und Restaurant Bénard (Nr. 106), und

das Modegeschäft Paris em Lisboa nimmt mit seinem Namen ganz eindeutig Bezug auf sein Vorbild.
Ein wenig zurückversetzt neben dem blau gefliesten Eckhaus der Livraria Bertrand steht die **Igreja dos Mártires**, die 1769 im Zug der Erneuerungsarbeiten nach dem Erdbeben gebaut wurde. Vor dem Erdbeben gab es an anderer Stelle im Chiado eine kleine Kirche mit gleichem Namen. Sie war von Portugals erstem König Afonso Henriques anlässlich der Eroberung Lissabons 1147 gegründet worden. Auf dieses Ereignis nimmt eine Darstellung über dem Hauptportal der heutigen Kirche Bezug.

Largo do Chiado

Den oberen Abschluss der Rua Garrett bildet der Largo do Chiado. Der zweite Name des Platzes, Largo das Duas Igrejas, bezieht sich auf die beiden einander gegenüberstehenden Kirchen. Früher befand sich an dieser Stelle ein Tor der im 14. Jh. unter Fernando I. erbauten Stadtmauer. Dem Dichter und Schauspieler Chiado ist auf dem Platz ein **Bronzedenkmal** gesetzt worden. Es zeigt ihn als einen spöttischen, nicht gerade obrigkeitsgläubigen Rezitator.

Igreja do Loreto

An der Ecke zur Rua da Misericórdia hin steht die Igreja do Loreto, die durch ihre zweiflügelige Eingangstreppe auffällt. Ein weiterer Name, Igreja dos Italianos, stammt aus der Zeit, als für eine offenbar recht große italienische Kolonie diese Kirche das Zentrum der Gemeinde war. Zu Beginn des 20. Jh.s diente die sonntägliche Messe hier als Treffpunkt der höheren Gesellschaft.

Igreja da Encarnação

Die Igreja da Encarnação an der gegenüberliegenden Ecke wurde 1784 von M. Caetano de Sousa nach der völligen Zerstörung durch das Erdbeben neu aufgebaut. Die immense Westseite in der Rua do Alecrim war bis vor wenigen Jahren komplett mit Fliesen verkleidet, davon ist nach der letzten Renovierung nur ein relativ schmaler Streifen erhalten geblieben.

Café »A Brasileira«

Direkt am Largo do Chiado hat sich 1922 das Café A Brasileira (Die Brasilianerin) etabliert. Das Café ist aus einem Verkaufsgeschäft für Kaffee hervorgegangen, das 1905 gegründet wurde. A Brasileira wurde zum bekannten **Treffpunkt für intellektuelle Literaten, Journalisten und Künstler**. Eine Besonderheit waren damals die Bilder, die der Eigentümer aufhängen ließ: Gemälde des jungen Almada Negreiros, der damit eine gut besuchte Ausstellungsmöglichkeit bekommen hatte. Mittlerweile sind sie museumsreif geworden, sie wurden durch die jetzigen Bilder ersetzt und hängen nun im Centro de Arte Moderna (►Fundação Calouste Gulbenkian).
Der Stil des Cafés hat sich im Lauf der Zeit geändert. Um den sommerlichen Touristenansturm bewältigen und nutzen zu können, wurde der Kaffeehausbetrieb auf den Bürgersteig ausgeweitet. An-

Die 28 taucht aus den engen Gassen auf und rumpelt über den Largo do Chiado – vorbei am Denkmal des Dichters Chiado.

lässlich des 100. Geburtstags von Fernando Pessoa setzte man dem Dichter hier draußen ein Denkmal, sein eigentliches Stammcafé war allerdings das Martinho da Arcada an der ▸Praça do Comércio.

Praça Luís de Camões

An den Largo do Chiado grenzt die Praça Luís de Camões, auf der 1867 ein Denkmal für den wohl bekanntesten portugiesischen Dichter **Luís Vaz de Camões** (▸Berühmte Persönlichkeiten) aufgestellt wurde. Camões ist der Verfasser der **»Lusíadas«**, eines Heldenepos' in Buchlänge, das die Entdeckungs- und Eroberungsfahrten der Portugiesen literarisch glorifiziert; eine gegensätzliche Darstellung dieses Geschehens wird in der damals lange durch Zensur zurückgehaltenen »Peregrinação« des Schriftstellers Fernão Mendes Pinto gegeben. Das Denkmal stellt Camões, dessen Todestag heute einer der portugiesischen Nationalfeiertage ist, mit Schwert und Büchern dar – eine recht bombastische Darstellung des Dichters, der wegen persönlicher Schwierigkeiten in den Staatsdienst eintrat und in Armut starb. Die 4 m hohe Bronzestatue ist auf einem Sockel installiert, um den sich portugiesische Wissenschaftler und Schriftsteller gruppieren.

Teatro de São Luíz

Das Teatro de São Luíz in der Rua António Maria Cardoso (Nr. 54), einer Parallelstraße der Rua do Alecrim, wurde 1916 gebaut. Ein Vorgängerbau aus dem Jahr 1894 brannte 1914 ab, das jetzige Gebäude ist ein originalgetreuer Wiederaufbau. Die künstlerische Vergangenheit des Hauses wird stolz in Form von Namenstafeln und Bildern an den Wänden im Treppenhaus präsentiert. Außer dem Schauspielbetrieb finden in dem Theater auch Kinovorführungen, Konzerte, Vorträge und Tanzveranstaltungen statt.

Gebäude der PIDE

In derselben Straße (Nr. 2–26) hatte unter der Diktatur Salazars und seines Nachfolgers Caetano die **geheime Staatspolizei** ihren Hauptsitz. Die PIDE (Polícia Internacional da Defesa do Estado) sammelte hier alles nur erdenkliche vermeintliche Beweismaterial, um gegen unbequeme Gegner des Diktaturregimes Anklagebeweise zu haben. Bei der Einrichtung des Gebäudes mit Einzelzellen für Inhaftierte, Abhörgeräten, Folterwerkzeugen etc. ließ man sich von der Gestapo beraten (►auch Aljube S. 312). Am Tag der Revolution, am 25. April 1974, verbarrikadierten sich Mitglieder der Staatspolizei hier, nachdem Marcelo Caetano und das Regime bereits aufgegeben hatten. Sie schossen aus den Fenstern blindlings in die Menschenmenge, die sich vor dem Gebäude eingefunden hatte. Vier Menschen kamen ums Leben, 45 wurden verletzt. An die Ereignisse und die vier Erschossenen erinnert eine Gedenktafel. Heute entstehen hier Luxusapartments.

Teatro Nacional de São Carlos

An dem unweit östlich gelegenen, unauffälligen Largo de São Carlos steht Lissabons Opernhaus, das Teatro Nacional de São Carlos. Es wurde 1792 nach Plänen von José da Costa e Silva gebaut und ersetzte damit eine beim Erdbeben völlig zerstörte frühere Oper. Im Gegensatz zu dem ersten Opernhaus diente dieses jetzige aber niemals nur der Königsfamilie. Vielmehr kam die Oper in dieser Zeit generell beim aufstrebenden Bürgertum in Mode. So waren es auch einige finanzstarke Lissabonner, die den Neubau in Auftrag gaben und bezahlten. Mit Aufführungen von hauptsächlich italienischen Opern – zumeist auch mit italienischer Besetzung – hatte die Lissabonner Oper im 19. Jh. eine Zeit lang einen recht guten Ruf. **Musikalische Gäste** in der Lissabonner Oper waren u. a. Toscanini, Saint-Saëns, Liszt, Richard Strauss, Paganini und Rubinstein.

Das Teatro Nacional de São Carlos gilt als eines der frühesten klassizistischen Gebäude in Portugal. Die Ausgestaltung des Innern ist maßvoll und elegant. Der große Konzertsaal hat einen elliptischen Grundriss, über dem fünf Ränge hochgezogen wurden. 600 Menschen haben hier Platz. Im Salão Nobre finden in kleinerem Rahmen Kammerkonzerte statt, auch gute Kunstausstellungen gibt es hier.

Geburtshaus von Fernando Pessoa

Im vierten Stockwerk des Hauses, das der Oper gegenüber steht, Haus Nr. 4, wurde 1888 Fernando Pessoa (►Berühmte Persönlichkeiten) geboren.

Academia das Belas Artes

Am Largo da Academia das Belas Artes hat sich die Lissabonner Kunstakademie eingerichtet. Die Kunstakademie ist wie auch das ►Museu do Chiado in Räumen eines früheren Franziskanerklosters untergebracht.

Trindade

Weiter nördlich, jenseits der Rua Garrett, liegt ein kleines, als Trindade (Dreieinigkeit) bezeichnetes Viertel. Der Name hat sich von einem früheren Trindade-Kloster erhalten, von dem noch das ehemalige Refektorium existiert: Dort ist heute das Restaurant **Cervejaria da Trindade** eingerichtet, das allein wegen seiner Fliesenwände aus dem Jahr 1863 einen Besuch lohnt. Aus dieser Zeit stammen auch das später renovierte **Teatro da Trindade** (Rua Nova da Trindade 9) und ein durch seine Azulejo-Wände auffallendes Wohnhaus schräg gegenüber (Nr. 32). Das 1864 gegründete Teatro Gymnásio ist zu einem Einkaufszentrum, dem **Espaço Chiado**, umgestaltet worden (Rua Nova da Trindade 5), in dem Reste der fernandinischen Stadtmauer vom Ende des 14. Jh.s zu sehen sind; hier wird auch das Fado-in-Chiado-Spektakel veranstaltet (tgl. außer So. 19.00 Uhr).

Cidade Universitária

G 3/4

Lage: Alameda da Universidade
Metro: Cidade Universitária
Bus: 731, 735, 738, 755, 764, 768

In den 1930er-Jahren entstanden Pläne für ein Universitätszentrum an der heutigen Stelle, erst zwischen 1955 und 1960 wurden die Gebäude errichtet. Kurze Zeit später wurde die Nationalbibliothek gebaut, das Nationalarchiv erst 1990.

Universität

Bereits im 13. Jh. hatte es in Lissabon eine Universität gegeben. Als Mitte des 13. Jh.s die Hauptstadt von Coimbra nach Lissabon verlegt wurde, erhielt Coimbra zum Ausgleich die Universität, die bis 1911 die einzige in Portugal war. Erst in jenem Jahr bekam Lissabon wieder eine eigene Universität. In den 1950er-Jahren wurde **Marcelo Caetano**, der Nachfolger Salazars, Universitätsrektor; er war bis 1962 in diesem Amt.

Die Gebäude der Universität stehen direkt westlich der Parkanlage ►Campo Grande. Um einen breiten Rasenplatz sind das Rektorat in der Mitte, südlich davon die juristische und nördlich die geisteswissenschaftliche Fakultät gruppiert. Am Eingang zum Gebäude der Geisteswissenschaften sind an den Außenwänden die Heteronyme von Fernando Pessoa nach Vorlagen des Künstlers Almada Negreiros dargestellt.

Arquivo Nacional Torre do Tombo

Neben der geisteswissenschaftlichen Fakultät fällt ein imposanter moderner Gebäudekomplex ins Auge: das Nationalarchiv Torre do Tombo, das nach dem Erdbeben 1755 »provisorisch« im ►Palácio de São Bento untergebracht war und bis 1990 dort blieb. Zur Aufbewahrung von Büchern und Dokumenten des Archivs stehen 60 400 m^2 Fläche und eine Regallänge von 135,4 km zur Verfügung.

Das Nationalarchiv geht auf eine **Gründung im Jahr 882** zurück, also noch zu Zeiten arabischer Herrschaft in Lissabon. Mit derselben Jahreszahl ist auch das älteste Dokument datiert. Fernando I. ordnete 1375 an, die Dokumentensammlung in einem Turm des damaligen Königssitzes ►Castelo de São Jorge, in der sogenannten Torre do Tombo, unterzubringen. Dem glücklichen Umstand, dass das Archiv auch noch 1755 dort und nicht in der neuen Königsresidenz unten am Tejo war, ist es zu verdanken, dass sehr alte Dokumente und wichtige Unterlagen zur portugiesischen Geschichte erhalten geblieben sind. Im Archivbesitz befinden sich u. a. das erste Dokument in portugiesischer Sprache, das Testament von Afonso II. aus dem frühen 13. Jh., eine Bibel der Hieronymiten, die Manuel I. in Auftrag gegeben hatte, sowie 36 000 Akten aus den Inquisitionsprozessen.

Biblioteca Nacional

Am Campo Grande südlich der Cidade Universitária steht etwas zurückversetzt seit 1969 das Gebäude der 1798 gegründeten Nationalbibliothek. Teile des Bibliotheksbestands stammen aus aufgelösten Klöstern, Ordensstiftungen und Instituten. Die Nationalbibliothek verfügt heute über **3,5 Millionen Bände**, die auf rund 50 km Regallänge untergebracht sind, innerhalb des 20. Jh.s hat sich der Bestand nahezu verfünffacht. Die Nationalbibliothek ist eine der typischen Lissabonner Institutionen, die Ausstellungen und Konzerte – oft gratis – veranstalten, die fast nur von Einheimischen wahrgenommen und besucht werden.

** Convento da Madre de Deus · Museu Nacional do Azulejo

L 6

Lage: Rua da Madre de Deus 4
Bus: 718, 742, 794
● Di. – So. 10.00 – 18.00 Uhr
Eintritt: 5 €
www.museudoazulejo.pt

In einigen Räumen des sehenswerten Convento da Madre de Deus ist ein Fliesenmuseum, das Museu Nacional do Azulejo, untergebracht. Kloster und Kirche können im Rahmen eines Museumsbesuchs besichtigt werden.

Eine Gründung von Königin Leonor

Gegründet wurde das ehemalige Klarissenkloster 1509 von Königin Leonor, der Schwester von Manuel I. Leonor lebte als Witwe hier. Bis 1871 diente der Gebäudekomplex von Madre de Deus als Kloster.

Der Convento da Madre de Deus ist ursprünglich im manuelinischen Stil errichtet und von nachfolgenden Herrschern mehrfach umgebaut worden. Das Erdbeben 1755 zerstörte die Anlage weitgehend, unter José I. wurde das Kloster wieder aufgebaut. Aus manuelinischer Zeit stammen noch einer der beiden Kreuzgänge sowie an der lang gestreckten Vorderfront ein Seitenportal.

Das **Hauptportal** dagegen ist eine Rekonstruktion aus dem Jahr 1872. Bei der **originalgetreuen Nachbildung** richtete man sich nach einem Tafelbild, das im ▶Museu Nacional da Arte Antiga zu sehen ist. Das Bild stammt aus dem 16. Jh. und zeigt, wie eine in Köln erworbene Reliquie nach Lissabon gebracht wird. Die Szene ist vor dem damals neuen Kloster Madre de Deus dargestellt, das ursprüngliche Portal ist deutlich zu erkennen. Außer den typisch manuelinischen Elementen – Pflanzenornamenten und Steintausäulen – sieht man unter der Krone neben dem portugiesischen Wappen ein Fischernetz und einen Pelikan. Diese **Embleme von Leonor** wurden auch bei der Gliederung des oberen Fassadenabschlusses verwendet. Leonors Sohn Afonso verunglückte 1491 bei einem Reitunfall am Tejo nahe Santarém tödlich, sein Leichnam wurde von Fischern in einem Netz zum Königspalast getragen – daher rührt die Bedeutung des persönlichen Wappens der Königin.

Blau-weiße Fliesengemälde und goldene Talha Dourada schmücken die Kirche des Convento da Madre de Deus.

Kirchen-innenraum Sehenswert ist die barocke Ausgestaltung des Kircheninnenraums. Das warme Gold der überreichen **Talha Dourada** kontrastiert mit dem kühlen Blau-Weiß der **Fliesenbilder**, beides verbindet sich zu einem eindrucksvollen Gesamtbild. In reiner Talha-Arbeit wurden die Altäre und die aufwendige Kanzel gestaltet. Der einschiffige Raum wird von einem kassettierten Tonnengewölbe überspannt, auf dem 20 Gemälde Begebenheiten aus dem Leben Marias zeigen. Große Fliesenmalereien mit biblischen und ländlichen Szenen umziehen den Raum in der unteren Hälfte, weiter oben sind Darstellungen des heiligen Franziskus zu sehen. Ein halbrundes Gemälde über dem Bogen zum Altarraum zeigt eine Marienkrönung.
Im Altarraum selbst hängen ältere Bilder aus dem 16. Jahrhundert. Neben dem Hauptportal sind auf einem Fliesenbild das Kloster Madre de Deus und ein Fischernetz zu sehen. In der kleinen Sakristei fällt ein Netz aus Stein auf – noch einmal das Emblem der Gründerin.
Über ein paar Stufen am hinteren Ende der Kirche gelangt man in den noch **erhaltenen Teil der ursprünglichen Kirche**. Dieser ist teilweise mit spanischen Fliesen aus dem 16. Jh. ausgekleidet, die grüne Farbe und die geometrische Ornamentik der Azulejos sind kennzeichnend für den damaligen Stil in Spanien.

Kreuzgänge Zwei jeweils zweistöckige Kreuzgänge gehören zu der ehemaligen Klosteranlage. Im **Renaissance-Kreuzgang** bezeichnet eine Grabplatte die Stelle, an der Königin Leonor beigesetzt wurde.
Der **Kreuzgang aus manuelinischer Zeit** ist über einem wesentlich kleineren Grundriss gebaut. Dadurch erscheinen die zwei Stockwerke optisch höher, die Anlage strahlt Geschlossenheit und Ruhe aus. Arkaden und Säulen sind sparsam in orientalisch anmutendem Stil ornamentiert.

Kapitelsaal Über die Kreuzgänge erreicht man den ehemaligen Kapitelsaal im Hochchor. Das Chorgestühl stammt noch aus dem 16. Jh. Vom Kapitelsaal aus hat man Einblick hinunter in den Kirchenraum, in der heute offenen Wand war früher ein Gitter installiert. Von hier aus wohnten die Nonnen des Klarissenordens dem Gottesdienst bei.

Repräsentations-raum Dem Hochchor gegenüber liegt der Repräsentationsraum von Madre de Deus. Er diente dem **Bildhauer Machado de Castro als Atelier**. Heute ist hier eine kleine Gemäldesammlung untergebracht.

Lissabon-Ansicht Höchst interessant ist ein langes **Fliesenwandbild** im Obergeschoss des Renaissance-Kreuzgangs, das Lissabon in einer Ansicht **vor dem Erdbeben** zeigt. Zu erkennen sind unter anderem die ►Praça do Comércio, damals noch Terreiro do Paço genannt, mit dem Königsschloss sowie die ►Casa dos Bicos in ihrem ursprünglichen, mittlerweile rekonstruierten Aussehen. Außerdem sind die ►Sé Patriarcal – zu jener Zeit noch mit anderer Turmform –, die ▶Igreja da Conceição Velha, ▶Igreja de São Vicente de Fora, weiter westlich die Kapelle von Santo Amaro, der ▶Mosteiro dos Jerónimos und die ▶Torre de Belém zu sehen.

Geschichte der Azulejos

Mit Unterstützung der ▶Fundação Calouste Gulbenkian wurde in den Räumen des Convento da Madre de Deus eine **Sammlung von Fliesen** zusammengetragen, die einen informativen Einblick in die Geschichte der Azulejos vom 15. Jh. an gibt. Anhand **zahlreicher Musterbeispiele** wird umfassend dokumentiert, wie die unter maurischen Einflüssen entstandenen Fliesen über Spanien nach Portugal kamen, sich im Land verbreiteten und wie sich im Lauf der Zeit dann ein eigenständiger portugiesischer Stil herausbildete. Auch portugiesische Fliesenkunst des 19. und 20. Jh.s ist zu sehen: Keramikbilder des Komponisten und Malers Alfredo Keil, von Jorge Barradas, Júlio Pomar, Lourdes Castro und der irakisch-britischen Architektin Zaha Hadid. Wenn man nach dem Besuch auftanken möchte: Zum Museum gehört eine Cafeteria mit schöner, luftiger Terrasse.

★★ Elevador do Carmo

H 8

Lage: Rua de Santa Justa
Metro: Baixa-Chiado, Rossio
Bus: 711, 732, 736, 759
➊ 7.00 – 22.00, Sommer bis 23.00, Miradouro 8.30 – 20.30 Uhr
Eintritt: 1,50 € (Miradouro), 5 € (2 Fahrten inkl. Miradouro)
carris.transporteslisboa.pt

Der Elevador do Carmo – als Verbindung zwischen der Unterstadt und dem Chiado in der Oberstadt gebaut – ist eine typische Eisenkonstruktion aus der Zeit um 1900.

Als Urheber wird oft fälschlich Alexandre Gustave Eiffel angegeben. Tatsächlich aber wurde **Raoul Mesnier de Ponsard** mit den Plänen für einen Fahrstuhl beauftragt, der die ca. 32 m Höhenunterschied an dieser Stelle überwinden sollte. Derselbe Ingenieur hatte ein paar Jahre zuvor einen anderen, heute nicht mehr existierenden Aufzug am Largo do Município konstruiert. Der Carmo-Aufzug, der auch Elevador da Santa-Justa genannt wird, wurde zwischen 1898 und 1901 gebaut und am 31. August 1901 eingeweiht. Für die kunstvolle Gestaltung des Elevador do Carmo wurden für die Zeit typische neugotische, teilweise recht filigrane Gestaltungselemente verwendet. In dem Turm fahren **zwei Kabinen** auf und ab, 25 Personen haben in jeder Platz. Oben angekommen, kann man über eine Fußgängerbrücke zum Largo do Carmo im Chiado gehen.

** Ungewöhnliches Verkehrsmittel

Auch wenn er nicht – wie so oft behauptet wird – von Gustave Eiffel konstruiert wurde, sondern von einem Schüler des berühmten Ingenieurs: Der Elevador do Carmo ist eines der herausragenden Bauwerke Lissabons. Der Aufzug verbindet die Unterstadt mit der Oberstadt und ist sicher der aufwendigste, zumindest aber auffälligste aller Aufzüge, die in der hügeligen Stadt geeignete Verkehrsmittel darstellen. Oben gibt es einen Übergang zur Oberstadt, aber auch eine Aussichtsplattform, somit hat der Aufzug nicht nur eine Funktion als Verkehrsmittel. Wer auf dem Fahrstuhlturm steht, wird erkennen, dass der Blick von hier hinunter auf die Straßen und Plätze um den Elevador do Carmo herum ganz ungewöhnliche Perspektiven eröffnet.

● tgl. 7.00 – 22.00, im Sommer bis 23.00 Uhr, Miradouro 8.30 – 20.30 Uhr

1 Eingang zum Aufzug
Der Eingang zum Aufzug befindet sich am Treppensockel ganz unten auf der Ebene der Rua do Ouro.

2 Fahrstuhlkabinen
Zwei Kabinen fahren in dem Turmschacht auf und ab. Jeweils etwa 25 Personen haben darin Platz. Dadurch, dass die gusseiserne Turmwand durchbrochen ist und den Blick nach außen freigibt, hat man deutlich ein Gefühl dafür, wie man aus der Baixa hinaufgezogen wird. In einer Kabine fährt immer ein Fahrstuhlführer mit.

3 Übergang zum Largo do Carmo
Die Brücke vom Fahrstuhl in die Oberstadt führt in schwindelerregender Höhe über die Rua do Carmo, vorbei an der Ruine der Igreja do Carmo auf den Largo do Carmo.

4 Rua do Carmo
Die Rua do Carmo führt vom Rossio schräg hinauf zur Rua Garrett, der Hauptstraße des Chiado. Die obere Hälfte der Rua do Carmo war vom Chiado-Brand 1988 schwer betroffen – das Großfeuer arbeitete sich bis fast zum Elevador do Carmo vor.

5 Rua do Ouro
Die Rua do Ouro oder auch Rua Aurea am Fuß des Elevador do Carmo ist eine der verkehrsreichsten Straßen der Baixa. Sie führt vom Rossio hinunter zur Praça do Comércio am Tejo.

Blick von der Aussichtsplattform auf die Baixa: Von hier oben erschließt sich die Schachbrettanlage der Unterstadt am besten.

Schmale Wendeltreppen verbinden die oberen Ebenen miteinander.

Neogotik pur: schmiedeeiserner Turmschaft mit filigraner Dekoration

DIGITAL

Von der oberen Plattform hat man Blick auf den ►Rossio, die rechtwinklige Straßenanlage der Baixa, auf das gegenüberliegende ►Castelo de São Jorge, die Kathedrale ►Sé Patriarcal, den Tejo und bei guter Sicht bis zur Serra da Arrábida (►Península de Setúbal). Auf der Rückseite steht die Ruine der ►Igreja do Carmo. Auf der Fußgängerbrücke gibt es ein kleines Restaurant, von dem sich ebenfalls ein schöner Blick bietet.

* Estoril

Ausflugsziel

Lage: ca. 20 km westlich von Lissabon
Vorortzug: ab Estação Cais do Sodré

Das ehemalige Fischerdorf westlich von Lissabon hat sich im Lauf des 20. Jahrhunderts zu einem ziemlich mondänen Badeort mit Golfplatz, Casino, akkuraten Parkanlagen und ausgedehnten Villenvierteln entwickelt.

Durch das nördlich vorgelagerte Gebirge von Sintra hat Estoril ein außergewöhnlich mildes Klima und eine subtropische Vegetation. Kohlensäurehaltige und radioaktive Thermalquellen haben dazu beigetragen, dass Estoril als **elegantes Seebad** bekannt wurde – von dem **früheren Fischerdorf** ist nichts mehr zu ahnen. Mit seinen heute mehr als 25 000 Einwohnern ist Estoril so ausgeufert, dass es mit dem benachbarten ►Cascais quasi zusammengewachsen ist. 2013 wurde es im Zuge von Sparmaßnahmen verwaltungstechnisch mit Cascais zusammenge-

Vom Elevador do Carmo aus erkennt man das Wellenmuster auf dem Rossio in seiner ganzen Schönheit.

Ein Treppe führt hinunter zur Rua do Ouro und zum Fahrstuhleingang um die Ecke.

legt und bildet nun also auch administrativ eine Einheit mit dem Nachbarort.
Im Ort gibt es wenig Sehenswertes, es ist wohl eher die Atmosphäre, die einen Aufenthalt in Estoril attraktiv machen kann. Das **Casino** am Rand des üppig mit tropischen und exotischen Gewächsen bepflanzten Kurparks bietet ein umfangreiches Unterhaltungsprogramm. Neben dem Park zeugt das altehrwürdige **Hotel Palácio** von elegantem Tourismus des frühen 20. Jahrhunderts. Durch die günstigen Verkehrsverbindungen von Lissabon nach Estoril per Vorortzuglinie bzw. über die vierspurige Küstenstraße »Marginal« werden die Strände des Ortes in der Sommersaison zusätzlich mit Tagesgästen aus der portugiesischen Hauptstadt bevölkert.

! BAEDEKERTIPP

Agenten und Doppelagenten

Im Zweiten Weltkrieg war das Casino im neutralen Portugal Treffpunkt von Agenten und Doppelagenten – und diente Ian Fleming als Inspirationsquelle für seinen ersten Bond-Roman »Casino Royale«.

UMGEBUNG VON ESTORIL

*Oeiras

Oeiras (35 000 Einw.) ist ein lebhaftes, wohlhabendes und ansprechendes Städtchen etwa auf halber Strecke zwischen Lissabon und Estoril, in dem der **Marquês de Pombal** (►Berühmte Persönlichkeiten) seinen Landsitz hatte. Die **im 18. Jh. gebaute Villa** ist von hübschen Parkanlagen umgeben. Das Anwesen ist heute im Besitz der ►Fundação Calouste Gulbenkian. Bevor die Kulturstiftung ein eigenes Museum baute, wurde die Sammlung Gulbenkians hier gezeigt. Heute ist der Palast außer bei speziellen Veranstaltungen nicht öffentlich zugänglich, die Parkanlage kann aber besichtigt werden.
❶ 9.00–21.00, im Winter bis 18.00 Uhr; Vorortzug ab Cais do Sodré

Fundação Calouste Gulbenkian

G 5

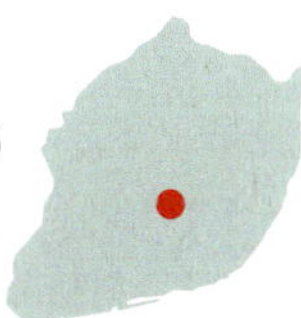

Lage: Avenida de Berna 45 A
Metro: Praça de Espanha, S. Sebastião
Bus: 713, 716, 726, 742, 746, 756

Dass Portugal den armenischen Erdölmagnaten Calouste Sarkis Gulbenkian 1942 einreisen ließ, hat sich für das Kulturleben des kleinen Landes an der südwestlichen Peripherie Europas reichlich ausgezahlt: Als Gulbenkian 1955 starb, vermachte er seinen Besitz den Portugiesen.

Die Stiftung Gulbenkian legte testamentarisch fest, dass das Vermögen und seine immense Kunstsammlung in eine Kulturstiftung mit seinem Namen einfließen sollten. Im Rahmen dieser Stiftung baute man in Lissabon ein Kulturzentrum mit **Theater-, Konzert- und Konferenzsälen**, einer **Bibliothek** und einem inzwischen weltberühmten **Museum**. Darüber hinaus werden Einzelstipendien vergeben und Gelder in die Förderung von kulturellen, sozialen sowie naturwissenschaftlichen Projekten im ganzen Land gesteckt. So wurde Portugal mit einem Netz von 230 Bibliotheken versehen – viele von ihnen sind Fahrbüchereien. Nicht ganz unproblematisch dürfte sein, dass die Gulbenkian-Stiftung auf kulturellem Gebiet in Portugal nahezu eine Monopolstellung hat.

Der Aufbau der Stiftung fiel in die Zeit der Salazar-Diktatur. Die Angst der Regierung vor kritischen Äußerungen aus dem kulturellen Sektor, die insbesondere im literarischen Bereich zu Zensur, Verfolgung und Unterdrückung führte (der damalige Leiter des Lissabonner Goethe-Instituts Curt Meyer-Clason berichtet darüber in seinen »Portugiesischen Tagebüchern«, ►S. 336), bewirkte, dass zunächst nur der »ungefährliche« Musikbereich gefördert wurde. So entstanden in den 1960er-Jahren ein eigenes **Orchester**, ein **Chor** und ein **Ballett**. Die Fundação Calouste Gulbenkian steht für ein **hochkarätiges Konzert-**

Fundação Calouste Gulbenkian

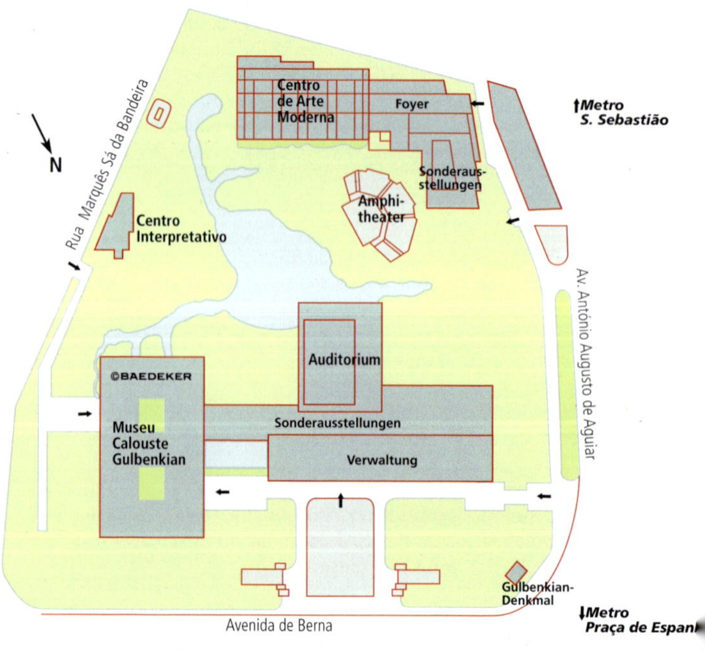

programm. Seit 1977 findet jedes Jahr ein Festival zeitgenössischer Musik statt, seit 1980 ein Festival alter Musik; dazu kam das Festival »Jazz em Agosto«. In den 1970er-Jahren unterstützte man schwerpunktmäßig die Produktion portugiesischer Filme.
Anlässlich des 100. Geburtstags des Armeniers wurde 1969 das Museu Calouste Gulbenkian eröffnet. Damit kam man einem Wunsch Gulbenkians nach, seine **ca. 6000 Exponate aus aller Welt** unter einem Dach unterzubringen – bis dahin waren sie nur in Teilausstellungen im Pombal-Palast in Oeiras (►Estoril) zu sehen. Seit 1984 gehört das Zentrum für Moderne Kunst zur Gulbenkian-Stiftung. Die Sammlung mit portugiesischer Kunst des 20. Jh.s wird ständig erweitert und ergänzt die Kollektion Gulbenkians, die bis zum Impressionismus reicht. Zahlreiche Wechselausstellungen werden von der Gulbenkian-Stiftung nach Portugal geholt.

★★ MUSEU CALOUSTE GULBENKIAN

ⓘ Mi. – Mo. 10.00 – 18.00 Uhr; Eintritt: 5 € (So. Eintritt frei); www.museu.gulbenkian.pt

Das Gebäude mit 25 000 m² entstand 1964 – 1969. Dem vielseitigen Kunstinteresse Gulbenkians gemäß umfasst die Sammlung ein außergewöhnlich breites Spektrum an Kunstobjekten aus allen Epochen. Zur Praça de Espanha hin steht ein 3 m hohes Bronzebildnis, das Calouste Gulbenkian vor einem steinernen Horusfalken zeigt.

Raum 1: Altägyptische Kunst: Skulpturen, Reliefs, Torsi (ca. 2700 bis 1. Jh. v. Chr.).
Raum 2: Griechisch-römische Kunst: griechische Fayence, Marmorskulptur, römische Gläser.
Raum 3: Griechische, römische und mesopotamische Kunst: Schmuck aus der hellenistischen Epoche, Fayence aus dem mesopotamischen Raum, Sammlung griechischer Goldmünzen.
Raum 4: Orientalisch-islamische Kunst: persische und türkische Fayencen (12. – 16. Jh.), persische Teppiche (13. – 18. Jh.).
Raum 5: Orientalisch-islamische Kunst, armenische Kunst, Buchillustrationen (17. Jh.), türkische Teppiche, Fayencen, Fliesen (16./17. Jh.), syrische oder ägyptische Glaslampen (14. Jh.).
Raum 6: Kunst aus dem Fernen Osten: chinesisches Porzellan aus der Ming-Dynastie (1368 – 1644) und der Quing-Dynastie (18. Jh.), japani-

! BAEDEKER TIPP

Nicht versäumen

- Japanische Lackobjekte – Raum 6
- Diana (Houdon) – Raum 11
- Venezianische Veduten – Raum 14
- Jugendstilschmuck (Lalique) – Raum 16
- Bürger von Calais (Rodin) – Innenhof

Museu Calouste Gulbenkian

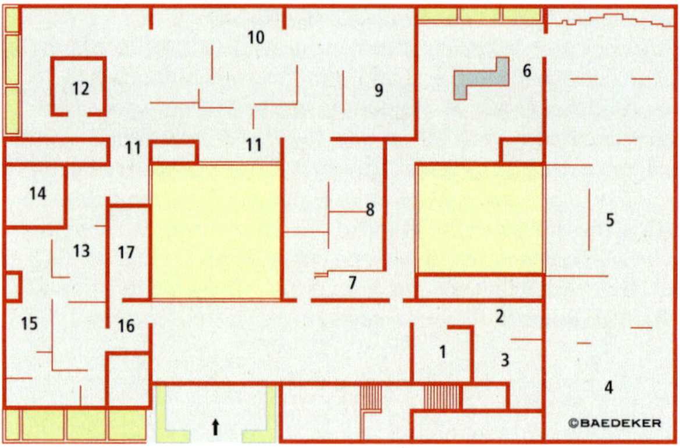

sche Lackobjekte, chinesische Teppiche, chinesischer Wandschirm.

Raum 7: Europäische Kunst (10.–16. Jh.): Buchillustrationen aus Frankreich, Flandern, Italien, Holland, England (12.–15. Jh.), Elfenbeinschnitzereien aus Frankreich (11.–14. Jh.).

Raum 8: Gemälde und Skulpturen (14.–17. Jh.): Vertreten sind u. a. die deutschen Künstler Tilman Riemenschneider mit zwei Holzstatuetten und Stefan Lochner mit dem Gemälde »Darstellung im Tempel«; die flämischen Maler Peter Paul Rubens (»Flucht nach Ägypten«, »Porträt der Hélène Fourment«, »Zentauren«), Anton van Dyck (»Porträt eines Mannes«), Jan Gossaert (»Jungfrau und Kind«) und Thierry Bouts; die Niederländer Rembrandt (»Pallas Athene«, »Bildnis eines Alten«), Frans Hals mit einem Porträt und Jacob Ruysdael mit Landschaftsbildern; die italienischen Maler Domenico Ghirlandaio und Giuliano Bugiardini mit Porträtmalerei.

Raum 9: Europäische Kunst der Renaissance: Wandteppiche, Wandbespannungen, Skulpturen, Gewänder, Medaillons, Buchkunst.

Raum 10: Dekorative Kunst aus Frankreich (18. Jh.): Malerei und Interieurs, Uhren, Porzellan, Möbel.

Raum 11: Gemälde und Skulpturen aus Frankreich (18. Jh.): u. a. eine Diana-Skulptur von Houdon; diese Figur war im Besitz von Katharina von Russland, wurde jedoch als zu obszön entfernt, Gulbenkian ersteigerte sie schließlich aus der Sammlung der Eremitage.

Raum 12: Silberarbeiten aus Frankreich (18. Jh.): Gebrauchsgegenstände.

Raum 13: Gemälde und Skulpturen aus England und Frankreich (18. und 19. Jh.): Thomas Gainsborough, John Hoppner, George Romney, Sir Thomas Lawrence und Joseph Turner.

Raum 14: Gemälde aus Italien (18. Jh.): venezianische Veduten von Fr. Guardi
Raum 15: Gemälde und Skulpturen aus Frankreich (19. Jh.): Landschaftsmalereien von Charles-Francois Daubigny, Jean-Baptiste Camille Corot, Stanilas Lepine; Stillleben von Henri Fantin-Latour; Gemälde von Edouard Manet (»Junge mit Kirschen«, »Seifenblasen«) und von den Impressionisten Claude Monet, Edgar Degas, Auguste Renoir; Skulpturen von Auguste Rodin, Jean-Baptiste Carpeaux und Antoine-Louis Barye; Gemälde des englischen Malers Edward Burne-Jones (»Spiegel der Venus«).
Raum 16 und 17: Hier findet man die herausragende Sammlung von Jugendstilstücken des französischen Künstlers René Lalique. Sehr ansprechend werden hier Glasarbeiten und Schmuckstücke präsentiert, die teilweise direkt im Auftrag Gulbenkians entstanden sind und nie ihren eigentlichen Zweck als Schmuck erfüllen sollten. Gulbenkian und René Lalique verband eine jahrelange Freundschaft.

Bürger von Calais

Vom Foyer aus sieht man in einem kleinen Innenhof eine Bronzefigur – einen der »Bürger von Calais« von Auguste Rodin.

Bibliothek

Im Untergeschoss gibt es eine stark frequentierte öffentliche Bibliothek mit Schwerpunkt Kunst- und Kulturgeschichte.

PARQUE GULBENKIAN

Der Park, in den die Gebäude der Gulbenkian-Stiftung integriert sind, ist mit den unterschiedlichsten einheimischen, mediterranen und tropischen Gewächsen bepflanzt, dazwischen wurden kleine Wasserläufe und Becken mit Seerosen angelegt. Der bei jungen Lissabonnern sehr beliebte Park hat sogar ornithologischen Reiz, es gibt Informationstafeln zur reichen Vogelpopulation. Vor allem aber dient der Park als Freiluftmuseum für **moderne Plastiken** von Bildhauern aus verschiedenen Ländern.

* CENTRO DE ARTE MODERNA

Mi.–Mo. 10.00–17.45 Uhr; Eintritt: 5 € (So. Eintritt frei); www.cam.gulbenkian.pt

Das Zentrum für Moderne Kunst (Centro de Arte Moderna; CAM) in der Südwestecke des Gulbenkian-Parks ist Veranstaltungsort, Archiv und vor allem große Präsentationsfläche für Kunst des 20. Jahrhunderts. Hier werden häufig Wechselausstellungen gezeigt.
In dem hellen und modernen Raum werden die Exponate der Kollektion in periodisch wechselnder Folge ausgestellt, Arbeiten inter-

nationaler, in erster Linie aber portugiesischer Künstler des 20. Jh.s sind zu sehen, darunter **Almada Negreiros** (1893 – 1970), ein Allroundkünstler, der u. a. ein Porträt von Fernando Pessoa gemalt hat, das in Variationen Einzug in die Alltagskultur gehalten hat. Eine Darstellung Pessoas mit seinen drei berühmtesten Heteronymen ist von António Costa-Pinheiro (geb. 1937) gemalt worden. Interessant sind die Werke von Eduardo Viana (1881 – 1967), **Amadeo de Souza-Cardoso** (1887 – 1918), Marcelino Vespeira (geb. 1925) und dem Dichter und Maler Júlio (1902 – 1983), denen man eine Orientierung und Auseinandersetzung mit Bildern bekannter europäischer Künstler und mit Kunstströmungen wie Kubismus, Fauvismus und Surrealismus anmerkt. Über Portugals Grenzen hinaus bekannt ist die Malerin **Maria Vieira da Silva** (1908 – 1992), deren Werke auch in Metrostationen und im Museu Arpad Szenes · Vieira da Silva (►Erleben und Genießen, Museen) zu sehen sind. Einen durch portugiesische Themen geprägten Stil zeigen die Bilder von Mário Eloy (1900 – 1951), bekannt und beliebt sind die Lissabonner Stadtansichten von **Carlos Botelho** (1899 – 1982). Unter den Bildhauern hat sich **João Cutileiro** (geb. 1937) einen Namen gemacht, und unter den neueren Künstlern fallen v. a. **Paula Rego** (►Cascais), Teresa Magalhães, Graça Morais, Rui Sanches und José Pedro Croft auf.

Vom Miradouro vor der Ermida da Nossa Senhora do Monte hat man Aussicht über die gesamte Innenstadt bis zum anderen Tejo-Ufer.

* Graça

J 7

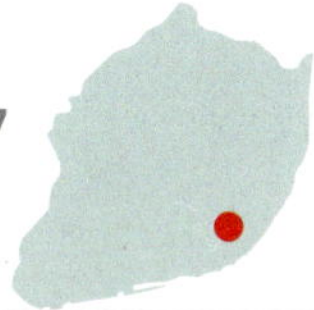

Lage: nordöstlich der Baixa
Straßenbahn: 28
Bus: 734

Ein interessanter Stadtteil ist Graça auf einem Hügel nordöstlich des Kastells. Um 1900 sind hier zahlreiche Wohnhäuser für Arbeiterfamilien gebaut worden.

Modellsiedlung

Die teilweise extrem schmalen Hausfassaden lassen die beengten Wohnverhältnisse innen erahnen. Ein Beispiel dieser planmäßig angelegten Arbeiterwohnungen ist am Largo da Graça zu finden: Durch die Einfahrt Nr. 82 kommt man zu der um einen Hof gebauten Arbeiter-Modellsiedlung **»Villa Sousa«**, die 1890 anstelle eines früheren Palastes errichtet wurde.

Igreja e Convento da Graça

Kirche und Kloster von Graça wurden im 13. Jh. von Augustinern gebaut. Das Kloster war einst das **wohlhabendste in Lissabon**. Bis zu 1500 Personen konnten hier untergebracht werden. In den Klosterräumlichkeiten soll ein Hotel eingerichtet werden, besichtigt werden kann nur die Kirche. Der Gesamtkomplex wurde nach dem Erdbeben im 18. Jh. wieder aufgebaut. Auffällig ist die **exponierte Lage** der Kirche, weithin sichtbar steht sie auf dem Graça-Hügel, der Kirchenvorplatz zählt zu den schönsten Miradouros der Stadt.
Über 60 x 30 m erstreckt sich der Innenraum, der trotz des verwendeten weißen und rosafarbenen Marmors und der gleichfarbig bemalten Stuckdecke eher düster wirkt. Beachtenswert ist die **violett bekleidete Christusfigur** mit dem Kreuz in einem Nebenraum des rechten Querschiffs, die jedes Jahr am zweiten Fastensonntag in einem Prozessionszug getragen wird, der seit 1587 in Graça stattfindet.

> **! BAEDEKER TIPP**
>
> *Cafés in Graça*
>
> Auf dem Aussichtsplatz vor der Graça-Kirche gibt es ein Café, in dem man wunderbar sitzen und den Blick über die City genießen kann. Bei Regen ist das Botequim-Café in der Villa Sousa schön, in dem die Schriftstellerin, Politikerin und Feministin Natália Correia ihren Salon hatte.

Ermida da Nossa Senhora do Monte

Auf einem Nachbarhügel nördlich des Klosters von Graça steht die Kapelle Nossa Senhora do Monte. Sie wurde 1243 genau an der Stelle errichtet, an der der erste Bischof von Lissabon, São Gens, im 4. Jh. den Märtyrertod erlitt. Am Wiederaufbau der Kapelle, die während des Erdbebens zerstört wurde, beteiligten sich etliche Bewohner des Viertels.

Die Kapelle ist meist nachmittags geöffnet. Sie ist innen verhältnismäßig hell und sehr schlicht, lediglich der Hauptaltar wurde etwas aufwendiger gestaltet. Gegen ein kleines Trinkgeld lässt sich der **Steinsitz des São Gens** aus dem 12. Jh. besichtigen. Um ihn rankt sich eine Legende, derzufolge schwangere Frauen, die darauf Platz nehmen, eine leichte Geburt haben werden. In einer Vitrine an der linken Wand ist eine Weihnachtskrippe von Machado de Castro aufgebaut, der auch die Krippen in der ►Basílica da Estrela, im ►Museu Nacional de Arte Antiga und in der ►Sé Patriarcal geschaffen hat.
Vor der Kapelle liegt ein sehr schöner baumbestandener ***Aussichtsplatz**, von dem aus man in südwestlicher Richtung einen hervorragenden Blick über die gesamte Innenstadt Lissabons bis zum Tejo hat und die vielleicht beste Sicht auf das ►Castelo de São Jorge.

* Igreja do Carmo · Museu Arqueológico

H 8

Lage: Largo do Carmo
Straßenbahn: 28
Bus: 758
Aufzug: Elevador do Carmo
Metro: Baixa-Chiado, Rossio
ⓘ Mo. – Sa. 10.00 – 18.00, Juni – Sept. bis 19.00 Uhr
Eintritt: 3,50 €
www.museuarqueologicodocarmo.pt

Die Ruine der Igreja do Carmo gehört zu Lissabons eigenartigsten Denkmälern. Die Carmo-Kirche wurde durch das Erdbeben zerstört, sie war die einzige Lissabonner Kirche in nahezu unverfälschtem gotischem Stil. In den Mauern ist das Archäologische Museum untergebracht.

Eindrucksvolle Ruine

Insbesondere vom Rossio aus fällt die Ruine ins Auge, wogegen sie vom Largo do Carmo aus eher unscheinbar wirkt. Ein Grund dafür ist die Lage der Kirche. Sie wurde an den Hang im Westen oberhalb der ►Baixa gebaut, sodass die westliche Hauptfassade mit dem Eingangsportal relativ niedrig gehalten, der Ostteil mit dem Chor dafür wesentlich tiefer gezogen werden musste, dadurch also auffälliger ist. Der Bau der Kirche und des angeschlossenen ehemaligen Karmeliterklosters geht auf ein Gelübde zurück, das der portugiesische Nationalheld Nuno Álvares Pereira ablegte, bevor seine

Truppe 1385 in der Schlacht von Aljubarrota die Unabhängigkeit Portugals gegen Kastilien und damit die Macht des ersten Aviz-Königs João I. sichern konnte. Nuno Álvares Pereira lebte später selbst als Ordensmitglied in dem Karmeliterkloster und starb dort 1431. Die Kirche gehört neben der Sé Patriarcal zu den wenigen Relikten mittelalterlicher Baukunst in der portugiesischen Hauptstadt.

Durch ein schönes Portal kommt man in das Innere der früheren Kirche. Der dreischiffige Aufbau lässt sich noch gut nachvollziehen, besonders eindrucksvoll ist der Anblick der **hohen gotischen Gewölbebögen**, die jetzt funktionslos in den Himmel ragen. Überdacht ist nur noch der Chor im östlichen Teil, und dort werden die Ausmaße der ehemaligen Kirche besonders deutlich. Ein manuelinisches Fenster gegenüber dem Eingang stammt ursprünglich vom ▸Mosteiro dos Jerónimos in Belém.

Nach dem Erdbeben war zunächst geplant, die Klosterkirche wieder aufzubauen, der Plan wurde jedoch nie realisiert. Im Lauf der folgenden Jahrhunderte war die Ruine zeitweilig vollkommen von Efeu überrankt. Das Innere wurde lange Zeit provisorisch für verschiedene Zwecke genutzt und schließlich Mitte des 19. Jh.s in ein archäologisches Museum umfunktioniert. Als solches wird die Ruine auch heute genutzt, außerdem werden in der Kirchenruine an Sommerabenden des Öfteren Konzerte veranstaltet – eine ausgesprochen **eindrucksvolle Kulisse für Veranstaltungen** (Abb. ▸ S. 112).

Museu Arqueológico

In der adäquaten Umgebung sind die Exponate des archäologischen Museums recht wirkungsvoll – sowohl im unüberdachten Teil der Ruine als auch in dem noch gut erhaltenen Ostchor aufgebaut. Archäologische Funde aus **Portugal**, aus **England**, aus der **Schweiz** und aus **Mittel- und Südamerika** wurden zusammengetragen. Interessant ist auch ein **Modell**, das die Kirche noch in ihrem Zustand vor der Zerstörung durch das Erdbeben zeigt.

GNR-Zentrale

Links neben der Kirche befindet sich in dem ehemaligen Karmeliterkloster heute das Hauptquartier der GNR (Guarda Nacional Republicana), einer Art **Bereitschaftspolizei**. In den Sommermonaten findet hier jeden Mi. um 11.00 Uhr eine zeremonielle Wachablösung statt. Am Tag der **Revolution vom 25. April 1974** suchten der damalige Diktator und Nachfolger Salazars, Marcelo Caetano, und einige andere Politiker des Regimes in dem Gebäude Schutz vor den Revolutionstruppen. Als mit der gewaltsamen Stürmung der GNR-Zentrale gedroht wurde, stellten sich die Politiker; Caetano wurde zum Flughafen gebracht und verließ das Land. Auf dem sonst so ruhigen Largo do Carmo verfolgte eine dicht gedrängte Menge das Geschehen. Heute gibt es auf dem baumbestandenen Platz ein paar nette Cafés zum Draußensitzen.

Das Erdbeben von Lissabon

»Beerdigt die Toten und kümmert euch um die Lebenden«, soll der Marquês de Pombal, Minister von König José I., gesagt haben, als er die Zerstörung in ihrem ganzen Ausmaß realisierte. Der Name Lissabon wird noch heute mit dem schweren Erdbeben in Verbindung gebracht, das am 1. November 1755 die Stadt erschütterte und in ganz Europa für heftige und kontroverse Reaktionen sorgte.

▶ **Zerstörungen in Lissabon**
Die portugiesische Hauptstadt wurde vom Erdbeben und dem daraus entstandenen Tsunami getroffen. Ein Großbrand verursachte zusätzliche Zerstörung.

Das Erdbeben
Die meisten Opfer nahmen gerade an Gottesdiensten zu Allerheiligen teil.

50.000 Tote **200.000 Überlebende**

• **100 Menschen**

Dauer ca. 10 Minuten (drei Schübe)

9:40 Uhr **9:50 Uhr**

Der Tsunami
Etwa 40 Minuten nach dem Beben erreichte eine Flutwelle die Küste.

900 Tote

Flucht in den Hafen
Aus den engen Gassen der Altstadt flohen die Bewohner Richtung Hafen. Dort wurden sie von den Tsunami-Wellen erfasst.

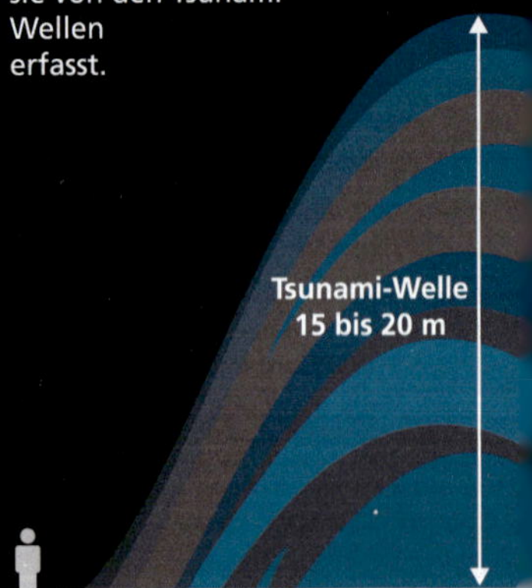

▶ **Beginn der Erdbebenforschung**
Premierminister **Marquês de Pombal** sammelte erstmals Fakten über die Dauer des Bebens, die verursachten Schäden und besondere Verhaltensweisen von Tieren vor der Katastrophe. Seine Aufzeichnungen sind noch heute im portugiesischen Nationalarchiv Torre do Tombo erhalten. Ihr Studium erlaubt es Wissenschaftlern die Schwere des Bebens einzuschätzen und Verwerfungen an der eurasischen Erdplatte zu interpretieren.

Epizentrum, Bebenstärke und Ausbreitung des Tsunamis
Das Seebeben war in ganz Europa zu spüren. Auf der anderen Seite des Atlantiks schlug der Tsunami noch merklich an die Ufer. Die Stärke des Bebens lag wahrscheinlich bei bis zu 8,7 auf der Richterskala.

● Epizentrum ★ Lissabon

1 h – 10 h

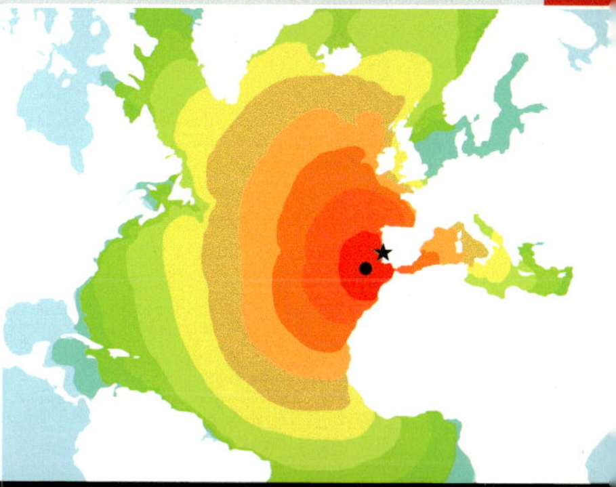

Der Brand
Die bei dem Beben entstandenen Feuer erfassten in kurzer Zeit ganze Bezirke.

400 Tote

Feuersturm
Kleine Brandherde, die zumeist durch die Kerzen in den Gottesdiensten ausgelöst wurden, breiteten sich schnell aus und entwickelten sich in den engen Gassen zum Feuersturm.

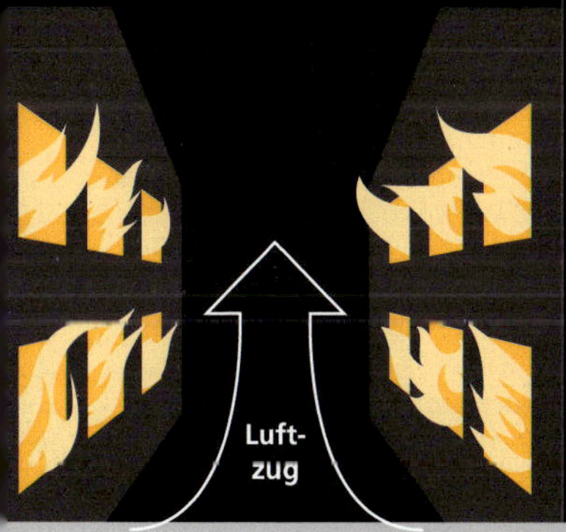

Zerstörte Häuser
Die Katastrophe vernichtete 85% aller Gebäude der Hauptstadt.

Soforthilfe aus England

100 000 £ heute ca. 15 Mio. €

Erdbebensicherer Wiederaufbau
Neubauten mussten von nun an strengeren Kriterien entsprechen. Portugiesische Soldaten versetzten Häusermodelle per Marschtritt in erdbebenähnliche Schwingung. So sollte eine sichere Bauweise getestet werden. Zudem wurden Brandmauern gebaut.

Auswirkung auf das europäische Denken
Die Katastrophe hat bis heute ihren Niederschlag in Philosophie, Theologie und Literatur gefunden, insbesondere zur Frage der Theodizee, der Gerechtigkeit Gottes: Wie konnte er ein solch gewaltiges Unglück zulassen?

Autoren	Werke
Immanuel Kant	Theorien über Erdbeben (1756)
Voltaire	Candide (1759)
Heinrich v. Kleist	Das Erdbeben in Chili (1807)
Reinhold Schneider	Das Erdbeben (1932)
Walter Benjamin	Erdbeben von Lissabon (Radio-Essay 1929-1933)
Peter Sloterdijk	Der Zauberbaum (1985)

Igreja da Conceição Velha

J 8

Lage: Rua da Alfândega
Straßenbahn: 12, 15, 25, 28
Bus: 711, 714, 728, 732, 735, 736, 759, 760, 781, 782, 794
Metro: Terreiro do Paço

Aus der eher unauffälligen geschlossenen Häuserzeile in der Rua da Alfândega hebt sich das manuelinische Portal der Igreja da Conceição Velha deutlich heraus.

Das Portal stammt von der Igreja da Nossa Senhora da Misericórdia, die Anfang des 16. Jh.s erbaut und durch das Erdbeben 1755 fast völlig zerstört wurde. Der Vorgängerbau der heutigen Kirche entstand auf Bitten Leonors, der Schwester Manuels I., die auch den ►Convento da Madre de Deus initiiert hatte, an der Stelle einer Synagoge. Die Gestaltung des **manuelinischen Portals** wird João de Castilho zugeschrieben, einem der herausragenden Architekten dieser Epoche. Als typische Ornamente erkennt man oben das Christusritterkreuz, links und rechts die Armillarsphäre und das portugiesische Wappen. In der Figurengruppe über dem Portal sind u. a. Leonor, ihr Bruder Manuel und Papst Leo X. zu sehen, darüber breitet »Nossa Senhora da Misericórdia« ihren Schutzmantel. Der heutige Eingang war in der früheren, wesentlich größeren Kirche das südliche **Seitenportal** des Querschiffs, die Ausrichtung des Grundrisses ist heute also völlig anders. In den Kirchenneubau bezog man zudem die erhalten gebliebenen Fenster an der Südfassade und die Altarkapelle im Innern ein.

> ? BAEDEKER
>
> *Orden der Barmherzigen Schwestern*
>
> Leonor gründete 1498 die Santa Casa da Misericórdia, eine der ältesten nach wie vor existierenden Wohlfahrtsorganisationen Europas, die sich heute u. a. mittels der Euromillionen-Lotterie finanziert.

Im **Innenraum** fällt die bemalte Stuckdecke auf, das »M« von Manuel I. und eine Krone nehmen Bezug auf den ursprünglichen Kirchenbau. Insgesamt erscheint das Innere isoliert von dem älteren Eingangsportal. Während im frühen 16. Jh. mitunter manuelinische Ornamentik in schon bestehende ältere Bausubstanz eingefügt wurde, musste man hier zwangsläufig genau umgekehrt verfahren. In beiden Fällen – und so auch hier – entsteht leicht der Eindruck, dass die verschiedenen Stilelemente relativ unorganisch nebeneinander stehen.

★ Igreja de São Roque

H 8

Lage: Largo Trindade Coelho
Bus: 758
Aufzug: Elevador da Glória
➊ Mo. 14.00 – 18.00, Di. – So. 9.00 – 18.00 Uhr
(April – Ende Sept. Do. bis 21.00 Uhr)

Relativ unscheinbar steht am Largo Trindade Coelho Ecke Rua de São Pedro de Alcântara die Kirche, deren Innenausstattung die wohl wertvollste der Lissabonner Gotteshäuser ist.

Geschichte

In der zweiten Hälfte des 16. Jh.s wurde die Igreja de São Roque an der Stelle einer manuelinischen Kapelle als **erste Jesuiten-Kirche** in Lissabon und der portugiesischen Welt überhaupt gebaut. Sie entstand nach Plänen des italienischen Architekten **Filippo Terzi**, der später auch die ▸Igreja de São Vicente de Fora entwarf. Die ursprüngliche Fassade wurde durch das Erdbeben zerstört und musste nach 1755 neu aufgebaut werden. Durch zwei Pilasterreihen rhythmisch gegliedert, wirkt sie eher kühl und schmucklos. Der einschiffige Innenraum der Kirche ist dagegen von den Auswirkungen des Erdbebens größtenteils verschont geblieben.

Innenraum

Die Raumkonstruktion im manieristischen Stil korrespondierte mit den Ideen der Jesuiten und verkörpert gleichsam ein religiöses Programm: Durch den zurückhaltenden Innenaufbau sollte sich die Aufmerksamkeit gänzlich auf den Gottesdienst konzentrieren. Zeit-

Igreja de São Roque

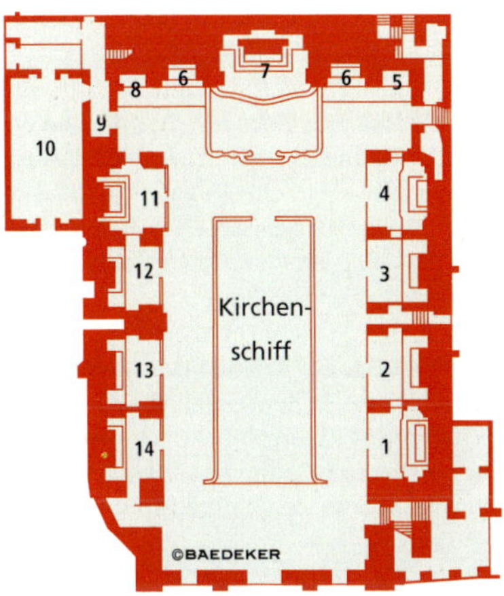

1 Marienkapelle
2 Kapelle des hl. Franziskus Xavier
3 Kapelle des hl. Rochus
4 Sakramentskapelle
5 Altar der Verkündigung
6 Reliquienaltäre
7 Hauptaltar
8 Marmoraltar
9 Krippe
10 Sakristei
11 Kapelle Johannes des Täufers
12 Kapelle unserer lieben Frau der Frömmigkeit
13 Kapelle des hl. Antonius
14 Kapelle der hl. Familie

gemäß sind auch die bewusste **Beachtung akustischer Aspekte** durch den völligen Verzicht auf Seitenschiffe und das Einbeziehen des natürlichen Lichteinfalls und der daraus resultierenden Effekte. Für die flache, außerordentlich breite Holzdecke des Kirchenschiffs wurden Balken benötigt, die es in dieser Größe auf der Iberischen Halbinsel überhaupt nicht gab, sie wurden daher aus Deutschland nach Lissabon transportiert. **Perspektivische Architekturmalerei** an der Decke täuscht ein Kuppelgewölbe vor.

Seitenkapellen

Die Wirkung der eigentlich nüchtern und durchsichtig angelegten Architektur des Innenraums wird durch die Ausschmückungen und die großen Seitenkapellen nahezu übertönt. Die acht Seitenkapellen wurden im 16. und 17. Jh. eingerichtet und teilweise bis ins 19. Jh. hinein weiter ausgestaltet. Besondere Aufmerksamkeit verdienen die Capela de São João Baptista und die Capela de São Roque.

***Capela de São João Baptista**

Besonders sehenswert ist die als letzte eingefügte Kapelle São João Baptista, Johannes dem Täufer gewidmet. Die Entstehungsgeschichte dieses Kunstwerks im italienischen Barockstil ist außergewöhnlich: João V., verschwenderisch und fromm, bestellte sie 1740 in **Rom**. Ab 1742 wurde sie von den Architekten Luigi Vanvitelli und Nicola Salvi konstruiert und anschließend vom Papst geweiht. 1747 wurde sie wieder in ihre Bestandteile zerlegt und **per Schiff nach Lissabon** transportiert, wo sie in mühsamer Kleinarbeit nochmals zusammengesetzt wurde. Bis zum fertigen Auf- und Einbau vergingen weitere vier Jahre. Da Portugal zu der Zeit über die neu entdeckten Goldminen Brasiliens verfügte, meinte der König, sich finanziell nicht einschränken zu müssen. Er ließ **nur das Edelste** importieren: Achat, Alabaster, Elfenbein, Gold, Silber, Edelsteine. Die Säulen sind aus Lapislazuli, die Engel aus Carrara-Marmor, die Altarfront aus Amethyst, für die Holzarbeiten verwendete man ausschließlich Edelhölzer, größtenteils aus Brasilien. Die Bilder (»Taufe Christi«, »Pfingsten«, »Verkündigung«) sind aus Mosaiksteinen zusammengesetzt.

Capela de São Roque

Die älteste Seitenkapelle ist Sankt Rochus gewidmet (2. Hälfte des 16. Jh.s). 1584 gestaltete Francisco de Matos die Fliesenbilder mit Szenen aus dem Leben des heiligen Rochus. Das Seitenbild »Der Engel erscheint Sankt Rochus« gilt als eine der bedeutendsten Arbeiten des portugiesischen Renaissance-Malers Gaspar Dias.

Museu de São Roque

Direkt neben der Kirche stand die Casa da Misericórdia. In den Räumen dieses ehemaligen Findelhauses ist heute das Museu de São Roque, ein Museum für sakrale Kunst untergebracht. Zu den Exponaten gehören hervorragende italienische Silber- und Goldschmiedearbeiten, Gemälde aus dem 16.–18. Jh., prächtige Priestergewänder sowie **Teile der zweitgrößten Reliquiensammlung der Welt**, die größte ist in Besitz des spanischen Escorial. Am Kreuzgang gibt es eine schöne Cafeteria.

ⓘ April – Sept. Mo. 14.00 – 19.00, Di. – So. 10.00 – 19.00, Do. bis 20.00, Okt. – März jeweils bis 18.00 Uhr; Eintritt: 2,50 €

★ Igreja de São Vicente de Fora

J/K 8

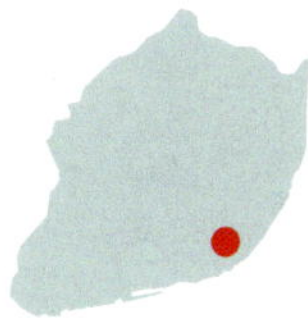

Lage: Largo de São Vicente
Straßenbahn: 28
Bus: 734
ⓘ Di. – Sa. 9.00 – 13.00 und 14.30 – 17.00, So. 9.00 – 13.00 Uhr

Weithin sichtbar steht auf einem Hügel östlich der Alfama die Igreja de São Vicente de Fora mit dem ehemaligen Augustinerkloster. Vom Largo das Portas do Sol am Rand der Alfama hat man aus der Ferne einen schönen Blick auf die Kirche.

Vor den Toren der Stadt

Beim Blick vom Largo das Portas do Sol, auf dem dem heiligen Vinzenz 1970 ein Denkmal gesetzt wurde, wird auch die Lagebezeichnung »de fora« (außerhalb) deutlich: Zu ihrer Entstehungszeit stand die Kirche außerhalb der Stadtmauern.

São Vicente

Um das Leben des São Vicente, dem die Kirche geweiht ist, ranken sich einige teilweise widersprüchliche Legenden. Sowohl Portugal als auch Spanien melden Ansprüche auf den Heiligen an. Unklarheit herrscht insbesondere über seine Grabstätte: Zum einen steht angeblich in Avila in Spanien sein Grab in einer nach ihm benannten Kirche, zum anderen wird in der Sakristei der Lissabonner ►Sé Patriarcal ein mit Perlmutt besetzter Reliquienschrein des heiligen Vinzenz gezeigt, der früher in einer Vorgängerkirche von São Vicente de Fora aufbewahrt wurde. Eigentlich gilt er als spanischer Heiliger, daneben aber auch als portugiesischer. In Portugal ist der Schutzheilige für die Seefahrt und für den Weinanbau zuständig, und die Lissabonner haben seine Geschichte in ihrem Stadtwappen festgehalten. Der portugiesischen Überlieferung nach wurde der Leichnam des São Vicente im 4. Jh. in einem **von zwei Raben begleiteten Schiff** an der Algarve bei Sagres angetrieben (Cabo de São Vicente heißt danach das südwestlichste Felsplateau bei Sagres). Afonso Henriques ließ seine sterblichen Überreste im 12. Jh. in eine von ihm in Auftrag gegebene Kirche an der Stelle der heutigen São Vicente de Fora überführen.

Die Igreja de São Vicente de Fora, dahinter die Kuppel des Pantheons

Baugeschichte

Der Bau der Igreja de São Vicente de Fora geht auf einen Auftrag des **spanischen Königs Philipp II.** aus dem Jahr 1582 zurück. Philipp II. ließ die Vorgängerkirche aus dem 12. Jh. abreißen und beauftragte den italienischen Architekten **Filippo Terzi** damit, Pläne für eine neue Kirche entwerfen. Terzi richtete sich bei seinem Entwurf nach dem Grundriss der Il Gesù in Rom. Der Baustil von São Vicente de Fora fällt in die ausgehende Renaissance, und obwohl bis zu Beginn des 18. Jh.s an der Kirche gebaut wurde – die Hauptarbeiten waren allerdings schon 1629 beendet –, wirkt sie in ihrer Gesamtheit ausgesprochen einheitlich. Die streng symmetrisch gegliederte Fassade wird von zwei Türmen flankiert. Über drei großen Portalen sieht man Figurennischen mit Darstellungen des São Sebastião, Santo Agostinho und São Vicente, darüber weitere drei Fenster mit Dreiecks- und Segmentgiebeln.

Kircheninnenraum

Das Kircheninnere ist mit weißem Marmor ausgekleidet und ebenfalls sehr einheitlich gegliedert. Der 74 m lange einschiffige Raum wird von einer Kassettendecke mit hellrosa und hellgelben Marmorfeldern überwölbt. Die Vierung überspannt eine **Kuppel**, die in ihren Proportionen nicht ganz stimmig erscheint. Eine aufwendigere und größere Kuppel stürzte bei dem Erdbeben ein, die ehemalige Größe kann man am unteren Kuppelrand noch erahnen. Pfeiler unterstützen die vorsichtige Konstruktion der heutigen Kuppel. Den übergroßen **barocken Baldachin**, der den Vinzenzaltar überdacht, hat Machado de Castro geschaffen. Er soll das Allerheiligste hervorheben, übertönt dabei aber beinahe die ruhige Einheitlichkeit der übrigen Architektur.

Mosteiro de São Vicente de Fora

Neben der Kirche befindet sich der Zugang zu den Klosterräumlichkeiten. Die Eingangshalle (Portaria) und zwei kleine Kreuzgänge sind mit **Fliesenbildern aus dem 18. Jh.** versehen. In der Halle werden Eroberungsszenen von Lissabon und Santarém sowie Darstellungen des Baus von São Vicente de Fora gezeigt. Wie es auf Fliesenmalereien aus dem 18. Jh. mitunter zu sehen ist, finden sich auch hier einige Anachronismen: Stadtansichten, Kleidermode und alltägliche Gepflogenheiten aus verschiedenen Jahrhunderten wurden vermischt. Am originellsten ist eine Darstellung der **Einnahme Lissabons** im Jahr 1147 mit der ►Sé Patriarcal im Hintergrund. Die Kathedrale ist mit zwei Barocktürmen versehen, wie sie sie erst im 18. Jh. erhielt, und die Darstellung des Baus von São Vicente de Fora zeigt die heutige Spätrenaissancekirche und nicht den eigentlich gemeinten romanischen Vorgängerbau. Auch die Schiffe der Eroberer sind für 1147 zu barock.

Der Rundgang führt durch die Kreuzhöfe zum Pantheon der Lissabonner Patriarchen. Das frühere Refektorium wurde 1855 zum **Panteão da Casa de Bragança** umfunktioniert. Hier befinden sich die Gräber fast aller Mitglieder der Bragança-Dynastie von João IV. (gest. 1656) bis Amélia (gest. 1951); lediglich Maria I. ist nicht hier beigesetzt. Auffällig ist eine Steinfigur vor den Gräbern von Carlos I. und dessen Sohn Luís Filipe. König und Thronfolger wurden am 1. Februar 1908 auf der ►Praça do Comércio ermordet. Die Steinsarkophage entstanden im Auftrag Salazars. Vorher ruhten die Mitglieder der Königsfamilie in Holzsärgen mit Glasdeckeln.

Im zweiten Stock des Klosters zeigen 38 Fliesengemälde aus dem 18. Jh. Darstellungen aus **Fabeln von La Fontaine**; vor ihrer Restaurierung schmückten sie die Wände der Kreuzhöfe.

Zwischen den Kreuzgängen liegt die **Sakristei**. Die Wände sind mit rosafarbenem, schwarzem und weißem Marmor ausgekleidet, die Holzdecke ist mit Malereien aus dem 17. Jh. versehen.

Vom Klostertrakt aus kann man auf das **Kirchendach** hinaufsteigen und genießt eine herrliche **Aussicht** auf das Häusermeer am Tejo.

Di.–So. 10.00–18.00 Uhr; Eintritt: 5 €

Jardim Botânico

H 7

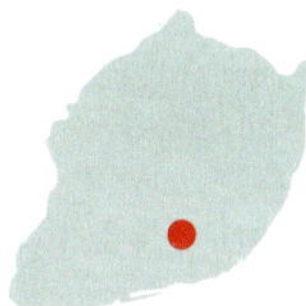

Lage: Rua da Escola Politécnica
Metro: Rato
Bus: 758, 773
tgl. 9.00–20.00, im Winter bis 18.00 Uhr;
Eintritt: 2 €

Mitten im Zentrum zieht sich Lissabons Botanischer Garten auf 34 000 m² über den Hang oberhalb der Avenida da Liberdade – eine schöne Idylle zum Ausspannen.

Grüne Oase

Auf Initiative von zwei Professoren der **angeschlossenen naturwissenschaftlichen Fakultät** wurde er 1873, also noch vor dem Bau der

Avenida da Liberdade, hier angelegt. Zwischen Pflanzenarten aus allen Regionen der Erde, kleinen Wasserläufen und einigen modernen Plastiken kann man in aller Ruhe spazieren gehen und außerdem dem Schmetterlingshaus einen Besuch abstatten. Auf einer höher gelegenen Terrasse steht das 1875 eingeweihte astronomische Observatorium. Die aktuelle Aufwertung des Botanischen Gartens ist ein Projekt der Stadtverwaltung, bei dem Bürger ihre Lieblingsorte auswählen können, die sie für unterstützungswürdig halten.

Naturwissenschaftliches Museum

Das **Museu Nacional de História Natural e da Ciência (Muhnac)** mit einer botanischen, einer mineralogischen und geologischen und einer zoologischen Abteilung steht am oberen Ende des Botanischen Gartens an der Rua da Escola Politécnica. Zeitgeschichtlich interessant ist ein Raum zu der **Wolframmine** im Zentrum Portugals. Wolfram wurde im Zweiten Weltkrieg von Salazar an Deutschland geliefert und spielt in Robert Wilsons Krimi »Tod in Lissabon« (►S. 337) eine zentrale Rolle. Das Museum veranstaltet auch interessante Wechselausstellungen und besitzt ein Planetarium.

❶ Di.–Fr. 10.–17.00, Sa., So. 11.00–18.00 Uhr; Eintritt: 5 € (mit Botanischem Garten 6 €); www.facebook.com/MUHNAC

Jardim Zoológico

F 4

Lage: Estrada das Laranjeiras/Estrada de Benfica
Metro: Jardim Zoológico
❶ tgl. 10.00–18.00, März–Sept. bis 20.00 Uhr
Eintritt: 19 €
www.zoo.pt

Der Lissabonner Zoo wurde bereits 1884 gegründet, musste aber zweimal sein Terrain wechseln, bevor er 1905 an der jetzigen Stelle seine Tore öffnete.

Attraktion nicht nur für Familien

Mittlerweile leben hier 2000 Tiere bzw. etwa 350 Arten. Es gibt teilweise sehr schöne alte Tierhäuser, Käfige und Freiflugvolieren sowie die **»Aldeia dos Macacos«**, das Affen-Dorf, das einem portugiesischen Dorf nachempfunden wurde. Delphin- und Ara-Show und die Fütterung der Seelöwen gehören zu den Attraktionen des Lissabonner Zoos, außerdem sind die Reptilienabteilung und die Geparden sehenswert. Für Kinder ist vor allem ein Bauernhof interessant, in dem sie Haustiere bewundern und streicheln können. Wer keine Lust zum Spaziergang über das Zoogelände hat, kann in einer Seilbahnkabine über das Areal schweben. Die Fahrt etwa 20 Minuten. Einen kuriosen Eindruck macht ein Hundefriedhof am Nordende des Zoos.

Mãe d'Água das Amoreiras

G 7

Lage: Praça das Amoreiras 18
Metro: Rato
Bus: 713, 758, 774

Di. – Sa.
10.00 – 17.30 Uhr
Eintritt: 3 €

Das Wasserschloss Mãe d'Água diente als Reservoir des über den ▸Aqueduto das Águas Livres geleiteten Wassers. Heute ist es als Teil des Museu de Água öffentlich zugänglich.

Wasserreservoir

Von außen erscheint der 1834 fertiggestellte Bau am Jardim das Amoreiras mit den 5 m dicken Mauern streng und schmucklos. Vor dem Eingang wird mit einer Büste Manuel da Maia, der Erbauer des Aquädukts, geehrt. Ausgesprochen eindrucksvoll ist das Innere. Die Wand zur Aquäduktzuleitung hin ist als Fels gestaltet worden, über die das Wasser in das große Becken hinabfließt. Mächtige Säulen, die das Dach der Halle stützen, haben ihre Fundamente in dem Becken. Der Raum wird häufig für **Kunstausstellungen** genutzt – für solche Zwecke ein sehr gelungener Rahmen. Eine Treppe führt auf eine Dachterrasse, von dort bietet sich ein schöner Blick auf die Stadt.

Arco das Amoreiras

Entlang der Rua das Amoreiras und einer kleinen verwunschenen Parkanlage verläuft das letzte Stück des Aquädukts. Spektakulär ist ein Bogen des Aqueduto das Águas Livres, der in der Art eines römischen Triumphbogens bereits 1748 konstruiert wurde. An dieser Stelle biegt die Wasserleitung rechtwinklig zur Mãe d'Água ab. In einem der Bögen am Park wurde 1763 die **Ermida da Nossa Senhora de Monserrate** errichtet. Lohnend ist auch ein Besuch der Arpad Szenes · Vieira da Silva-Stiftung (▸Erleben und Genießen, Museen) am selben Platz auf der anderen Parkseite.

Mafra

Ausflugsziel

Lage: 30 km nordwestlich
Bus: Busse der »Mafrense« ab Campo Grande (www.mafrense.pt)

Mafra ist weithin bekannt für den riesigen, ehemals königlichen Klosterpalast, der ausgedehntesten Anlage dieser Art auf der Iberischen Halbinsel. Der Klosterpalast von Mafra wird häufig mit dem Madrider Escorial verglichen, dieser sollte aber an Größe und Prunk noch übertroffen werden.

Mafra gut 30 km nordwestlich von Lissabon ist eine schlichte kleine Stadt mit etwa 7000 Einwohnern, deren Zentrum von dem weithin sichtbaren riesigen Klosterpalast beherrscht wird. Unter José I. gründete hier der italienische Bildhauermeister Alexandre Giusti die »Schule von Mafra«, eine bedeutende **Bildhauerschule**, an der so bekannte Künstler wie José Almeida und Joaquim Machado de Castro lehrten. Einen Besuch lohnt in Mafra auch die sorgsam restaurierte romanisch-gotische Kirche Santo André aus dem 13./14. Jahrhundert. Von Mafra aus erreicht man bequem das ca. 10 km westlich gelegene Ericeira, Badeort und Surferparadies.

Kleinstadt mit Geschichte

** PALÁCIO NACIONAL DE MAFRA

Mi. – Mo. 9.00 – 18.00 Uhr (letzter Einlass 60 Min. vor Schließzeit); Eintritt: 6 € (1. So. im Monat frei); www.palaciomafra.pt
Basilika: tgl. 9.30 – 13.00 und 14.00 – 17.30 Uhr

Allein zahlenmäßig kann der Komplex mit Superlativen beschrieben werden: Die 251 m lange und 221 m breite Palastanlage auf annähernd quadratischem Grundriss von weitgehend symmetrischer Gliederung bedeckt eine Gesamtfläche von ca. 40 000 m^2, umschließt 1200 Säle und soll insgesamt mehr als 4500 Fenster und Türen haben. Die Saalflucht im ersten Stock der Westseite erstreckt sich ohne Unterbrechung über 250 m. 300 Mönche und 150 Nonnen bewohnten die Klosterräume.

Superlative

Wie kein anderer Bau in Portugal zeigt der Palast von Mafra kühle barocke Pracht und demonstriert ein **Höchstmaß an Verschwendungssucht und absolutistischer Machtentfaltung**. Die benötigten finanziellen Mittel standen durch die Goldminen in Brasilien zur Verfügung. Zur Besichtigung sind die Basilika sowie im Rahmen von Führungen Teile der einstigen Königsgemächer und Klosterräumlichkeiten zugänglich.

Der Palácio Nacional de Mafra wurde von **João V.** und seiner Frau **Maria Anna von Österreich** aufgrund eines 1711 abgelegten Gelübdes und aus Dankbarkeit für die Geburt eines Thronerben, des späteren Königs José I., 1717 gegründet. Den Bau leitete der in Rom geschulte Regensburger Architekt **Johann Friedrich Ludwig** – in Portugal bekannt als Frederico Ludovice – sowie dessen Sohn Johann Peter Ludwig. An der Errichtung des Klosterpalastes wirkten **über 45 000 Bauleute** mit, die teilweise zu der Arbeit gezwungen worden waren und von Soldaten überwacht wurden. Nach nur 13 Jahren Bauzeit wurde das Kloster bereits 1730 eingeweiht, bis 1750 erfuhr der Komplex aber noch erhebliche bauliche Erweiterungen.

Geschichte

Bricht alle Rekorde: der Klosterpalast von Mafra

Das Kloster wurde zunächst von **Franziskanern**, später zeitweilig von **Augustinern** bewirtschaftet. Als 1834 im Zuge der Auflösung aller religiösen Orden das Kloster von Mafra geschlossen wurde, wies man einen Teil der Räumlichkeiten dem **Militär** zu.

Die ehemaligen **königlichen Wohngemächer** wurden kaum je genutzt. König João V. und Maria Anna von Österreich hielten sich lediglich einige Tage hier auf. So erlebte der Palast erst zu Beginn des 19. Jh.s eine kurze Glanzzeit: **João VI.** residierte 1806/1807 in Mafra. Als jedoch französische Truppen heranrückten, verließ die Königsfamilie überstürzt den Palast, begab sich zunächst nach Lissabon und später dann nach Brasilien; dieselbe Reise traten die meisten der wertvollen Einrichtungs- und Kunstgegenstände des Palastes an. Auch die portugiesischen Herrscher späterer Zeiten hielten sich immer nur kurz hier im Palast auf, meistens vor allem, um in der Nähe in einem zum Klosterbereich gehörenden Wildgrund zu jagen.

! BAEDEKER TIPP

Das Memorial

Das ehrgeizige Bauprojekt des Klosterpalastes von Mafra ist in dem Roman »Das Memorial« von José Saramago beschrieben worden.
J. Saramago: Das Memorial, rororo 1997

Basilika Den Mittelteil der streng gegliederten, fast schmucklosen Hauptfront nimmt die Basilika ein, die später beim Bau der ►Basílica da Estrela als Vorbild diente. Ihre Hauptfassade wird von zwei 68 m hohen Glockentürmen flankiert, die nahezu übergangslos in die Palastfront integriert sind. Das berühmte **Glockenspiel** mit 114 Glocken stammt von dem Glockengießer Lavache aus Antwerpen.

Durch die Kirchenvorhalle mit den **14 großen Heiligenstatuen aus Carrara-Marmor**, die von dem Italiener Alexandre Giusti geschaffen wurden, betritt man die einschiffige Kalkstein-Basilika. Der **Grundriss** der Kirche stellt die Form des lateinischen Kreuzes dar. Die Gesamtlänge beträgt 58,5 m, die größte Breite bei der Vierung 43 m. Die Errichtung der Vierungskuppel mit 65 m Höhe, 13 m Durchmesser und der Laterne mit 2 m Breite hat zwei Jahre in Anspruch genommen. Der **Innenraum**, der von einer kassettierten Tonnendecke überwölbt wird, erscheint durch die kannelierten Pfeiler klar gegliedert. Verschiedene Marmorarten in Rosa, Weiß, Schwarz, Grau, Blau, Gelb wurden zu einem geometrischen Muster kombiniert. Einflüsse des deutschen Barock und des italienischen Klassizismus machen sich bemerkbar: Anregungen für den Bau der Basilika soll Johann Friedrich Ludwig in Italien erhalten haben: durch die **Basilika von Sankt Peter im Vatikan** und durch die **Jesuskirche in Rom**.

Orgeln Auffällig sind die sechs Orgeln, die als Auftrag von João V. zwischen 1792 und 1807 nach Plänen der Orgelbauer Joaquim António Peres Fontanes und António Xavier Machado gebaut wurden.

Kapellen

In der Basilika gibt es elf Kapellen. Bis ins 18. Jh. hingen hier Ölgemälde von portugiesischen und italienischen Malern. Die hohe Luftfeuchtigkeit beschädigte die Bilder jedoch derart, dass sie durch die jetzigen Flachreliefs aus Carrara-Marmor ersetzt wurden, Arbeiten von Künstlern der Bildhauerschule. Die Altarbilder in den Kapellen der Vierung sind Gemeinschaftswerke von Alexandre Giusti und seinem Schüler Machado de Castro. Die **Marmorstatuen** in den Seitenkapellen neben dem Hauptaltar wurden **in Italien gearbeitet** und nach Mafra transportiert. Gmeinsam mit den Statuen an der Außenfassade und in der Vorhalle sind sie die bedeutendste Sammlung von Bildhauerwerken italienischen Ursprungs in Portugal.

Klostergebäude, Königsgemächer

Auffällig ist das direkte Nebeneinander von spartanisch eingerichteten Klosterzellen und kostbar ausgestatteten Wohnräumen der Königsfamilie. Im Klosterbereich sind neben einer alten **Apotheke** und der Küche das **Klosterhospital** mit den **Krankenzellen** und eine Kapelle für Kranke zu sehen. Das Mobiliar in den früheren Königsgemächern stammt aus dem 18. und 19. Jahrhundert. Schlafräume, Thronzimmer, der Saal der Entdeckungen, das Musikzimmer und ein skurril möblierter Jagdsaal reihen sich hintereinander. Im Spielzimmer stehen zwei **Billardtische** und **Vorformen von heutigen Spiel-**

Palácio Nacional de Mafra

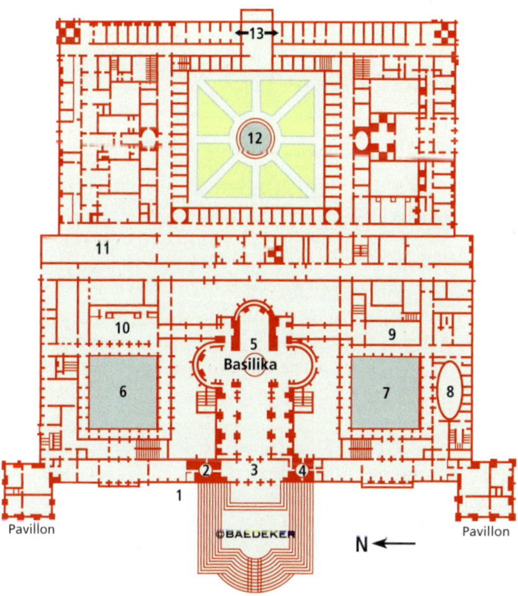

1 Eingang Palast- und Klosterräume
2 Turm
3 Vorhalle (Heiligenstatuen)
4 Turm
5 Kuppel
6 Kreuzgang
7 Kreuzgang
8 Kapitelsaal
9 Sakristei
10 Campo-Santo-Kapelle
11 Refektorium
12 Klosterhof mit Gartenanlagen
13 Bibliothek (Obergeschoss)

automaten. Eine Büste im Vestibül stellt den Palastgründer João V. mit einem Lorbeerkranz im Haar dar.

Bibliothek Im Ostflügel des Palastes befindet sich die eindrucksvolle, 88 m lange und in der Mitte 20 m breite königlich-klösterliche Bibliothek. Sie besitzt 35 000 Folianten, darunter neben zahlreichen Inkunabeln und Handschriften auch **Erstausgaben der »Lusíadas«** von Camões sowie der Stücke von Gil Vicente, eine dreisprachige Bibel von 1514 und die älteste Homerausgabe in griechischer Sprache.

Jardim do Cerco Hinter dem Klosterpalast erstreckt sich der Jardim do Cerco, ein von einer 20 km langen Mauer eingefasstes ehemaliges **Wildgehege** des Königs, das noch zu Beginn des 20. Jh.s der portugiesischen Herrscherfamilie als Jagdgrund diente und heute u. a. einen hübschen Picknickplatz mit Tischen und Bänken bietet.

UMGEBUNG VON MAFRA

Ericeira Ericeira liegt ca. 10 km westlich von Mafra an der Küste. Der Ort blickt auf eine lange Tradition als **Handels- und Fischerstädtchen** zurück, vor allem Langusten fing man hier. Zu Beginn des 20. Jh.s verlor der Hafen an Bedeutung, und Ericeira lebt mittlerweile – wegen der schönen Strände in Ortsnähe – zum großen Teil vom Tourismus. Vor allem **Wellenreitern** gilt Ericeira als Mekka.

Monumento Cristo Rei

südl. E/F 10

Lage: Südliches Tejo-Ufer an der Ponte 25 de Abril

Fähre: Ab Cais do Sodré nach Cacilhas, von dort Bus 101

⓿ tgl. 9.30 – 19.00, im Winter tgl. 9.30 – 18.15 Uhr

Eintritt: 4 €, Juni – Okt. 5 €

www.cristorei.pt

Assoziationen an die Christusstatue bei Rio de Janeiro sind nicht zufällig: Der Kardinal-Patriarch von Lissabon sah sie 1934 auf einer Reise nach Brasilien und wollte seitdem ein entsprechendes Monument in Portugal errichten lassen.

Bei einer Versammlung 1940 in Fátima legten die Bischöfe Portugals das Gelübde ab, den Bau einer Christusstatue in Auftrag zu geben, **wenn Portugal nicht in den Zweiten Weltkrieg einbezogen würde**. Die Grundsteinlegung erfolgte 1949, 1959 weihte man das

Denkmal ein. Das Gnadenbild von Fátima wurde extra zur Eröffnungsfeier hierher transportiert, Papst Johannes XXIII. hielt eine Radioansprache.
Der Monumento Cristo Rei steht weithin sichtbar auf einer 110 m hohen Erhebung am südlichen Tejo-Ufer direkt neben der Zufahrt zur ▶Ponte 25 de Abril. Die vier Bögen in dem 82 m hohen Betonsockel sollen die vier Himmelsrichtungen und damit die Universalität des christlichen Königtums symbolisieren. Im unteren Teil des Sockels ist eine kleine Kapelle untergebracht. Die Christusfigur selbst hat eine Höhe von 28 m, das dargestellte Herz misst 1,89 m. Sehr lohnend ist die Aussicht von der Plattform unterhalb der Statue. Von hier hat man einen einzigartigen Blick auf Lissabon und Umgebung sowie auf die nahe Ponte 25 de Abril.

Hoch über dem Tejo: Monumento Cristo Rei

** Mosteiro dos Jerónimos

B/C 9

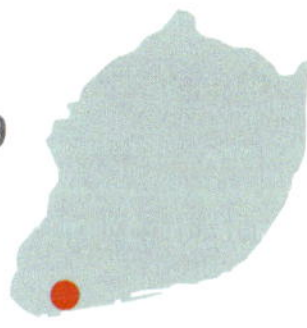

Lage: Belém, Praça do Império
Straßenbahn: 15
Bus: 714, 727, 728, 729, 751
Vorortzug: ab Estação Cais do Sodré, Station Belém
❶ Di.–So. 10.00–18.30, 1. Okt.–30. April bis 17.30 Uhr

Eintritt: Kirche frei, Kreuzgang 10 € (1. So. im Monat frei; auch Belém-Kombitickets)
www.mosteirojeronimos.pt

In Belém erstreckt sich parallel zum Tejo-Ufer mit einer Länge von fast 300 m eines der berühmtesten Bauwerke Portugals, das ehemalige Kloster der Hieronymiten, der Mosteiro dos Jerónimos. Seit 1983 ist es UNESCO-Weltkulturerbe.

Standort des Klosters

Anfangs stand die Klosteranlage direkt am Wasser, doch eine allmähliche natürliche und schließlich durch den Bau von Hafenbecken künstliche Verlagerung des Ufers lässt die einstmals so bedeutsame

Manuelinik: Baustil oder Dekor?

Kunsthistoriker streiten darüber, ob die nach Manuel I. benannte Manuelinik ein eigener Baustil ist oder lediglich eine Ausschmückung von Bauwerken, die den Übergang von der Gotik zur Renaissance markiert. Eine neue Geisteshaltung jener Zeit spiegelt sie auf alle Fälle wider (▶ Infografik S. 50).

Nach einem Besuch des Jerónimos-Klosters schrieb Felix Fürst von Lichnowsky in seinen »Erinnerungen aus dem Jahr 1842«: »Das Kloster ist in halb maurisch-byzantinischem, halb normannisch-gotischem Stil erbaut; ein verworrenes Gemische, aus dem hie und da, gleichsam über allen fremden Beisatz triumphierend, sich in ursprünglicher Reinheit irgendein Stück einer der genannten Bauarten heraushebt.«

Novum in der Baukunst

Vier Jahre später prägte der deutsche Schriftsteller Karl August Varnhagen von Ense (1785–1858) den bis heute gültigen Begriff für diese Stilrichtung: **»arte manuelina«**, manuelinischer Stil – benannt nach **Manuel I.**, während dessen Regierungszeit von 1495 bis 1521 eine rege Bautätigkeit herrschte. Nahezu jeder Portugal-Reiseführer spricht von Manuelinik als eigener portugiesischer Stilrichtung, doch in der Wissenschaft begegnet man dem Begriff mit Skepsis. Viele Kunsthistoriker vertreten die Ansicht, bei diesem Stil handele es sich nicht um etwas Eigenständiges, sondern lediglich um ein **Dekor**, das in Portugal den Übergang von der Gotik zur Renaissance markiert. Von der Hand zu weisen ist dieses Argument nicht: Die schlichte und monumentale Grundstruktur der Gebäude entspricht der **spätgotischer Bauten**, wie sie seinerzeit vielerorts in Europa üblich waren; und an den Arkaden, Balkonen, Baldachinen, Türmchen und Säulen lassen sich Einflüsse der Frührenaissance, des **maurischen Mudejarstils** und der **orientalisch-indischen Welt** erkennen. Doch beherrschen bei den manuelinischen Bauwerken eindeutig die Ornamente das Bild. Einzelne Bauelemente so überreich zu dekorieren, dass die Konstruktion optisch fast verschwand, war ein Novum in der europäischen Baukunst. Und auch die mit viel Liebe zum Detail **in Stein gemeißelten exotischen und ozeanischen Motive** der Dekorationen kannte die abendländische Kunst bis dahin nicht: Seegetier, wie Kraken, Seesterne, Korallen und Muscheln, nautische Instrumente, wie Armillarsphären und Windrosen, Schiffszubehör, wie Anker, Netze, Seilknoten und gedrehte Taue, ferner tropische Blüten, Blätter und Pflanzen oder das Christusritterkreuz, das Zeichen der portugiesischen Entdecker, die Krone und das »M« für Manuel, aber auch Fabelwesen und Meeresungeheuer – Details, die alle von **Portugals größter Zeit** erzählen, von den **Entdeckungen und Eroberungen** in Übersee, die dem Land eine kurze **wirtschaftliche und kulturelle Blüte** bescherten.

Königliche Leidenschaft

König **Manuel der Glückliche**, wie er auch genannt wurde, war ein **Verschwender par excellence**. Die Reichtümer, die ihm aus den überseeischen Eroberungen zuflossen, erlaubten ihm, dem Hof und den führenden Schichten ein Leben in Saus und Braus, während das Volk am Hungertuch nagte. Der König entfaltete einen Luxus, der in Europa seinesgleichen suchte – nicht nur, wenn er ausritt, dann nämlich ließ er sich von Elefanten, Nilpferden und anderen exotischen Tieren eskortieren, die ihm indische und afrikanische Potentaten verehrt hatten. Doch Manuel war auch ein **Kunstliebhaber**, und einen Großteil des Staatsetats verbrauchte er für seine besondere Leidenschaft: für den Bau von Kirchen, Klöstern, Schlössern und Burgen. Die Erzählungen von Seeleuten – ihre Erlebnisse, Träume, Ängste und Fantasien – griffen Baumeister und Bildhauer auf und verwandelten sie meisterhaft in Stein, indem sie **europäische Bauten mit Schmuckelementen aus anderen Kulturen** verschmolzen, schön zu sehen an der Torre de Belém in der Tejo-Mündung, die mit ihren flachen Kuppeln und den feinen Loggien geradezu arabisch-maurisch wirkt. Nur selten sind die Gebäude in ihrer Gesamtheit der Manuelinik zuzurechnen, vielmehr zeigt sich der manuelinische Stil an Details. Die **Glanzzeit der Manuelinik** dauerte nur ein paar Jahrzehnte – von 1490 bis 1540. Die **bedeutendsten Baumeister** dieser Epoche waren Diogo de Boytaca, Diogo de Arruda, Francisco de Arruda und João de Castilho. Bereits unter João III., dem Nachfolger von Manuel I., wurde die Manuelinik von der Renaissance abgelöst. Diese einmalige, typisch portugiesische Stilrichtung war mit Sicherheit eins: die in **Stein gehauene neue Geisteshaltung einer Nation**, die zwischen 1495 und 1521 für kurze Zeit zum mächtigsten Land des Okzidents aufstieg und die – von Erfolg und Optimismus angespornt – sich aufmachte, immer neue Welten zu entdecken, zu erobern und schließlich zu kolonisieren.

Nähe zum Fluss heute nur noch erahnen. Die als Park angelegte Praça do Império (►Belém), die breite Avenida da Índia, die Vorortzuglinie nach Cascais sowie einige Hafenbecken und der ►Padrão dos Descobrimentos liegen heute zwischen Kloster und dem Tejo.
Die Standortwahl geht auf ein Hospiz zurück, dem die kleine Kapelle Nossa Senhora de Restelo angeschlossen war. Diese war zur Zeit der ersten großen Entdeckungsfahrten in der ersten Hälfte des 15. Jh.s von Heinrich dem Seefahrer hier gebaut worden. Von dem nahe gelegenen Hafen von Restelo starteten die Christusritter ihre Fahrten, die Hospizanlage diente ihnen als Domizil, die Kapelle als Gebetsstätte vor Antritt der Reisen ins Ungewisse. So soll auch **Vasco da Gama** im Sommer 1497 vor seiner ersten Indienfahrt hier gebetet haben. Nach erfolgreicher Rückkehr von der Expeditionsreise gab Manuel I. den Bau eines Klosters an der Stelle der Gebetskapelle in Auftrag. Die Lage des Mosteiro dos Jerónimos demonstriert so den zentralen Punkt des für Portugal so bedeutenden Geschehens.

Baugeschichte

Um 1502 wurde mit der Errichtung des manuelinischen Bauwerks nach Plänen von **Diogo de Boytaca** begonnen, zwischen 1517 und 1522 erfolgten unter dem Spanier **João de Castilho** die Detailarbei-

Manuelinik im doppelstöckigen Kreuzgang des Jerónimos-Klosters

ten, und erst 1571 wurde das Bauwerk mit dem Hauptchor abgeschlossen, der schon der Renaissance zuzurechnen ist. Der über 182 m lange **westliche Teil der Klosteranlage**, in dem das Marinemuseum und das Archäologische Museum untergebracht sind, wurde Ende des 19. Jh.s in neomanuelinischem Stil neu gebaut, teilweise restauriert.

Igreja de Santa Maria

Die dem Tejo zugewandte **Südfassade** der Igreja de Santa Maria wird durch das mit **manuelinischem Dekor** reich verzierte Südportal geprägt. Sowohl das Portal als auch die filigrane Balustrade, die den oberen Abschluss bildet, mindern den strengen Eindruck der eigentlich recht kompakten Fassade. Auch der **achteckige Kuppelturm** über dem Westportal wirkt durch die Verzierungen und die Fortführung der acht Eckpfeiler in kleine Spitztürmchen eher leicht. Die Kuppel stammt aus dem 19. Jh., zuvor hatte der Turm ein etwas niedrigeres Helmdach. Die Fensterverzierungen weisen klare, zurückhaltende Manuelinik auf.

Das **Südportal** ist ein Werk des Architekten João de Castilho, der auch das reich dekorierte, vom Erdbeben nicht zerstörte Portal der ▶Igreja de Conceição Velha gestaltet hat. Zwischen den Türen sind zwei Löwen dargestellt – ein Hinweis auf das Wappentier des heiligen Hieronymus. Darüber ist Heinrich der Seefahrer als stilisierte Figur zu sehen. Vor dem Fenster über den beiden Eingängen steht eine Marienfigur, oben unter dem Hauptbaldachin mit dem Christusritterkreuz hält ein Engel das königliche Wappen. Die Reliefs über den zwei Türen zeigen Szenen aus dem Leben des heiligen Hieronymus. Insgesamt 25 Figuren sind zwischen Pfeilern und Säulen und unter verzierten Baldachinen aufgestellt, u. a. die zwölf Apostel, Könige und Königinnen sowie Bischöfe.

Das unauffällige **Westportal** wurde von dem Franzosen Nicolas Chanterène geschaffen. Dargestellt sind Manuel I. auf Knien und sein Schutzpatron, der hl. Hieronymus, links neben der Tür, auf der rechten Seite Maria von Kastilien, Manuels zweite Frau, und ihr Schutzpatron Johannes der Täufer. Im Tympanon sind Szenen aus Bethlehem (Belém) zu sehen: die Geburt Christi, darunter zwei Engel mit dem portugiesischen Wappen und die Anbetung der Hirten. Bei den Verzierungen sowohl des Süd- als auch des Westportals fällt die bewusste **Synthese von weltlichen Machthabern und Vertretern göttlicher Gewalt** auf.

Eine außergewöhnliche Wirkung geht von dem im Wesentlichen von João de Castilho gestalteten **dreischiffigen Innenraum der Hallenkirche** aus. Die Länge vom Westportal zum Ende des Ostchores misst 92 m, die Breite 22 m. Hauptschiff und die Seitenschiffe haben eine einheitliche Höhe von 25 m. Das **gotische Netzgewölbe** spannt sich über vier grazil wirkende Säulen im Hauptschiff und zwei etwas stärkere Vierungssäulen. Die zierliche Wirkung der achteckigen

** Symbol des Goldenen Zeitalters

Das Kloster der Hieronymiten steht als Symbol für Portugals Goldenes Zeitalter und für seine wirtschaftliche und kulturelle Blüte, die mit der Entdeckung und Eroberung anderer Kontinente einherging.

Öffnungszeiten: Di. – So. 10.00 – 18.30, im Winter bis 17.30 Uhr

❶ Südportal
Dem heiligen Hieronymus gewidmet: Szenen aus seinem Leben und zwei Löwen, das Wappentier des Heiligen.

❷ Eingang und Westportal
Das Westportal ist manuelinisch dekoriert, u. a. sind Manuel I. und sein Schutzheiliger Hieronymus zu sehen.

❸ Hauptchor
Mit den von Elefanten getragenen Königsgräbern von Manuel I. und João III.

❹ Südliches Querschiff
Das Grab des Königs Sebastião, der in Marokko fiel, wodurch Portugal unter spanische Fremdherrschaft geriet.

❺ Kreuzgang
Oft als prächtigster Kreuzgang der Welt bezeichnet – Renaissance-Architektur mit manuelinschem Dekor, das von der Entdeckung fremder Welten erzählt. Zu sehen ist auch der Grabgedenkstein für Fernando Pessoa.

❻ Sakristei
Zwischen Kirche und Kapitelsaal befindet sich die Sakristei des Klosters.

❼ Kapitelsaal
Mit schönem gotischen Deckengewölbe versehen; der Kapitelsaal birgt das Grab von Alexandre Herculano, eines berühmten Dichters und Historikers.

❽ Refektorium
Der einstige Speisesaal für die Mönche trägt eine Netzgewölbedecke und ist von einem Fliesensockel umzogen.

❾ Museu Nacional de Arqueologia
Im lang gestreckten westlichen Flügel des Klosters befand sich das Dormitorium. Heute ist hier das Museu Nacional de Arqueologia untergebracht.

Mosteiro dos Jerónimus

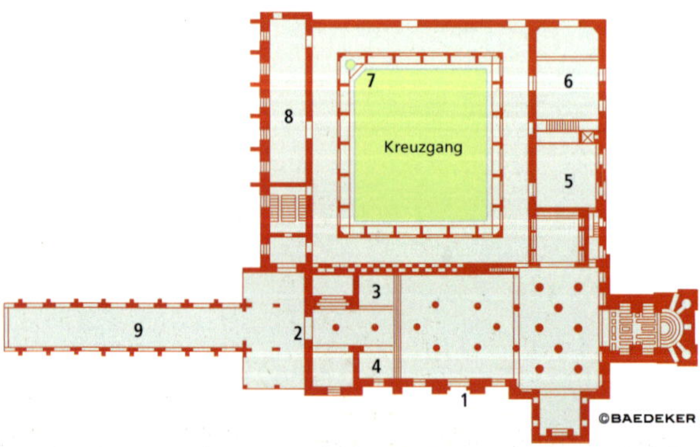

1 Südportal
2 Westportal
3 Sarkophag Vasco da Gama
4 Kenotaph Luís de Camões
5 Sakristei
6 Kapitelsaal
7 Löwenbrunnen
8 Refektorium
9 Nationalmuseum für Archäologie

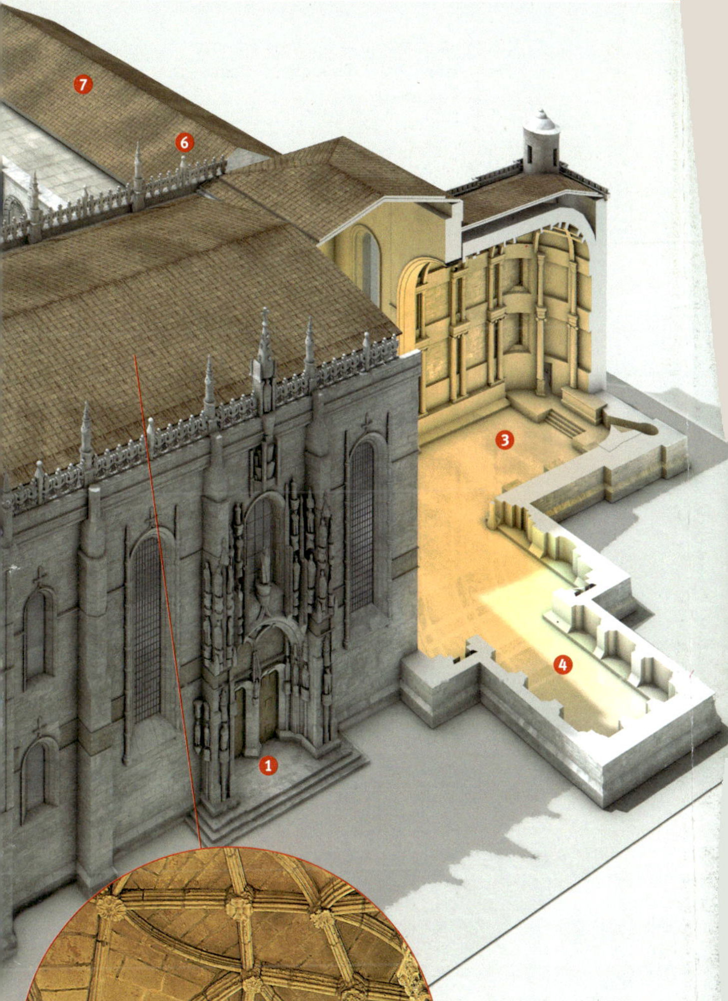

Kunstvoll gearbeitete manuelinische Gewölbedecke der Igreja de Santa Maria

Säulen wird durch die feine Ornamentik, die sie überzieht, noch verstärkt. Auffällig ist der erst 1571 zugefügte **Hauptchor**, der stilistisch bereits der **Spätrenaissance** zuzuordnen ist. Korinthische und ionische Säulen sowie die klare, geometrische Anordnung der Gemälde haben mit der dagegen fast spielerisch wirkenden Ausschmückung des übrigen Raums nichts mehr gemeinsam. Hier stand früher die berühmte Monstranz von Belém, ein Werk des Goldschmieds und Theaterstückeschreibers Gil Vicente, die heute im ▸Museu Nacional de Arte Antiga zu sehen ist.
Von der **Westempore** (über den Kreuzgang zu erreichen) bietet sich ein hervorragender Blick in den Innenraum. Die Orgeln zu beiden Seiten stammen aus dem 18. Jahrhundert.
In der Kirche stehen die **Grabmäler einiger bedeutender Persönlichkeiten der portugiesischen Geschichte**. Rechts vom Haupteingang ist der Kenotaph des Dichters **Luís Vaz de Camões** (▸Berühmte Persönlichkeiten) aufgebaut, der in seinen »Lusíadas« die Seereisen von **Vasco da Gama** und seine Entdeckung Indiens verherrlichte. Für Vasco da Gama wurde der linke Sarkophag aufgestellt. Beide Grabmäler sind erst Ende des 19. Jh.s im Zuge der Rückbesinnung auf das Goldene Zeitalter entstanden. Alle wichtigen Kennzeichen jener Epoche – das portugiesische Wappen, Christusritterkreuz, Armillarsphäre und eine Karavelle – wurden in manuelinischer Manier integriert. Im Querschiff befinden sich die Sarkophage verschiedener **Angehöriger des Königshauses**, u. a. im südlichen Teil die leere Ruhestätte des Königs **Sebastião** (▸Geschichte). Im Hauptchor sind links die von Elefanten getragenen Grabmäler von **Manuel I. und seiner Frau Maria** aufgebaut, rechts ruhen João III., unter dem nach Manuels Tod die Weiterführung des Klosterbaus erfolgte, und seine Frau Catarina.

Kreuzgang

Am Westportal der Klosterkirche vorbei kommt man in den berühmten Kreuzgang (Claustro), der von Kunsthistorikern schon als der **»prachtvollste Kreuzgang der Welt«** bezeichnet wurde. Seine Bedeutung liegt zweifellos in der Ausgestaltung in **reinster Manuelinik**, wie sie in Portugal sonst nur in den Kreuzgängen von Batalha und Tomar zu finden ist. Der quadratische Kreuzhof – früher als kleiner Teich, heute als Gärtchen angelegt – wird von zweistöckigen Kreuzgangarkaden mit jeweils 55 m Länge umgeben. Das untere Stockwerk ist noch von Diogo de Boytaca gebaut worden, das obere stammt von João de Castilho. In die maßvolle Renaissanceanlage ist reichhaltige manuelinische Ornamentik eingearbeitet. Bei genauer Betrachtung sind auch hier wieder Armillarsphären, Christusritterkreuz, Königswappen und stilisierte Pflanzen aus Übersee zu finden. In der Nordwestecke steht der **Löwenbrunnen** – mit dem Wappentier des heiligen Hieronymus – der früher seinen Platz in dem Kreuzhofteich hatte. In der Mitte der nördlichen Kreuzgangarkade

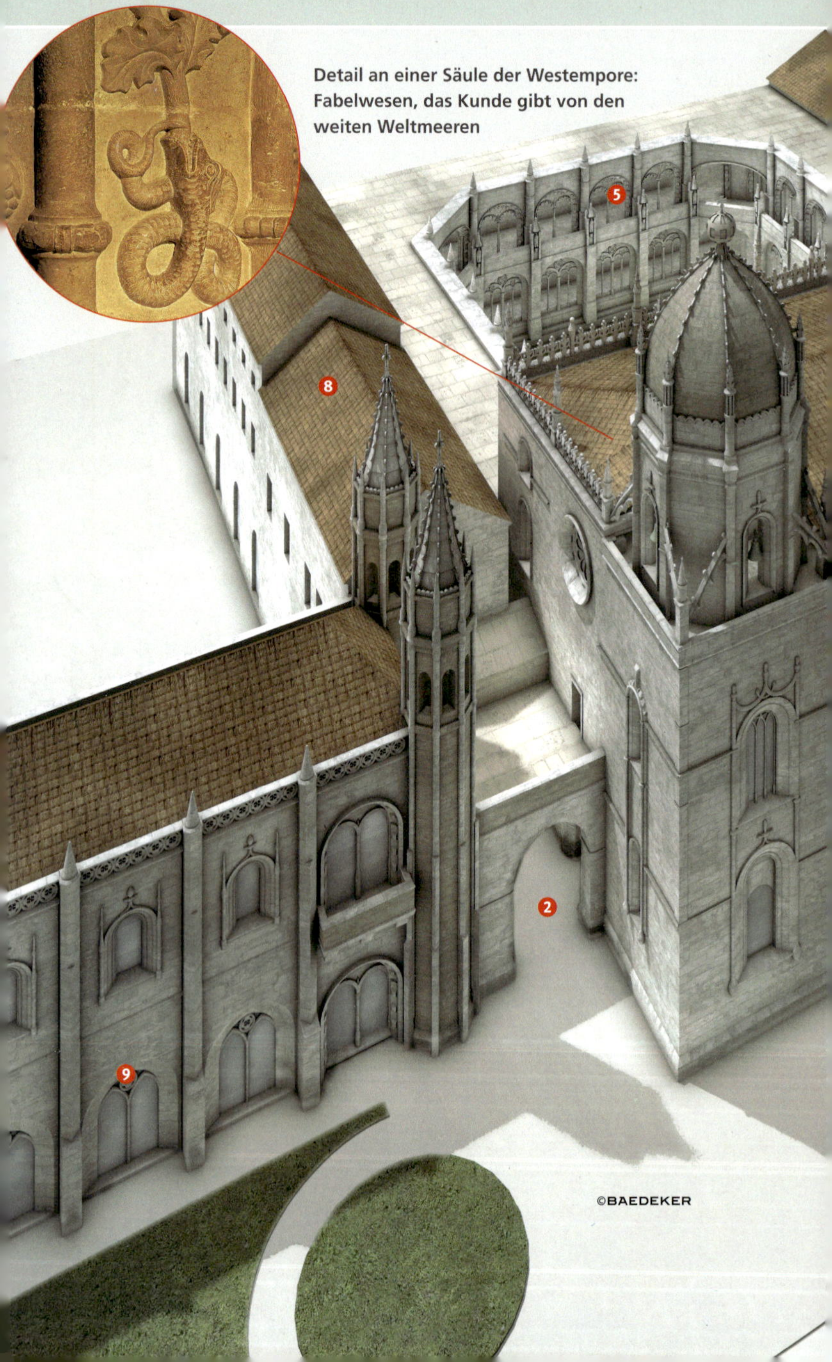

Detail an einer Säule der Westempore: Fabelwesen, das Kunde gibt von den weiten Weltmeeren

ist 1985 ein Grabgedenkstein für Fernando Pessoa (▶Berühmte Persönlichkeiten) errichtet worden, die drei Zitate stammen von seinen Heteronymen. Pessoas Umbettung vom Prazéres-Friedhof nach Belém stellte eine Würdigung des bedeutenden portugiesischen Schriftstellers dar.
Im ehemaligen **Kapitelsaal** in der Nordostecke des Kreuzgangs ist der Dichter und Geschichtsschreiber Alexandre Herculano (1810 bis 1877) beigesetzt. Im großräumigen **Refektorium**, dem ehemaligen Speisesaal, an der Nordwestseite fallen die Wandverkleidung mit Fliesen aus dem 17. Jh. und die Netzgewölbedecke auf.

Museu Nacional de Arqueologia

In einem Teil des unvollendet gebliebenen 182 m langen Klosterflügels, der sich nach Westen an die Igreja de Santa Maria anschließt, war ursprünglich das **Dormitorium** untergebracht. Hier wurde 1834 nach Auflösung des Klosters die »Casa Pia«, ein **Waisenhaus** für ca. 800 Kinder, eingerichtet. Restaurierung bzw. Teilerneuerung dieses Abschnitts erfolgten Ende des 19. Jh.s; heute befindet sich hier das 1893 gegründete Nationalmuseum für Archäologie, in dem in erster Linie große Wechselausstellungen gezeigt werden. Herausragend sind eine gesonderte Ausstellung von Schmuckstücken aus Bronzezeit, römischer Epoche und der Zeit der Völkerwanderung sowie eine kleine Sammlung von ägyptischen Exponaten.
ⓘ Di. – So. 10.00 – 18.00; Eintritt: 5 €; www.museuarqueologia.pt

Museu de Marinha

Im westlichen Teil des ehemaligen Klosterflügels sowie in dem gegenüberliegenden Neubau ist die **Sammlung des Marinemuseums** (Museu de Marinha) zu sehen. Luís I. ließ das Museum 1863 einrichten, die heutigen Räumlichkeiten bezog das Museum 1962. Da die Sammlung erst relativ spät initiiert wurde, findet man hier hauptsächlich Schiffsmodelle und kaum Originale. Dokumentiert wird **Portugals Militär- und Kolonialgeschichte** bis ins 20. Jh. hinein, u. a. anhand von historischen Gemälden, originalen Seekarten, Navigationsgeräten, Waffen, Porträts und Büsten bedeutender Personen. Außerdem sind Repliken der »padrões« ausgestellt, runde Steinsäulen mit einem Christusritterkreuz oder einer Armillarsphäre, die die Portugiesen auf ihren Expeditionsfahrten hauptsächlich an der afrikanischen Küste überall dort aufstellten, wo sie an Land gegangen waren. Interessant sind authentische Räumlichkeiten der **Königsjacht »Amélia«**. In dem neuen Teil des Museums sind originale Galeeren aus dem 18. und 19. Jh. zu sehen. Außerdem ist hier das Wasserflugzeug Fairey III D »Santa Cruz« ausgestellt, das 1922 den Atlantik auf der Strecke Lissabon – Rio de Janeiro überquerte. Dem Museu de Marinha ist ein Kindermuseum mit Ausstellungen zu wechselnden Themen angeschlossen.
ⓘ Di. – So. 10.00 – 18.00, im Winter bis 17.00 Uhr; Eintritt: 6 €; museu.marinha.pt

Planetário

Zwischen dem Westflügel des Klosters und dem Neubau des Marinemuseums steht das **Calouste-Gulbenkian-Planetarium**. Der Bau entstand 1964 nach Plänen des Architekten Frederico George, der auch schon zwei Jahre zuvor für den Neubau des Marinemuseums verantwortlich gewesen war. Die Astronomie-Show und die Hubble Vision finden auch auf Englisch statt.

❶ Eintritt: 5 €; http://planetario.marinha.pt

Mouraria

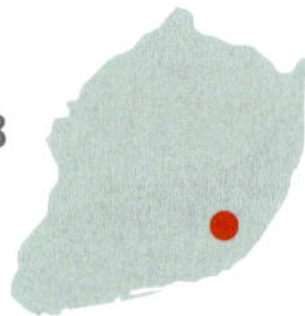

J 7/8

Lage: Zwischen Baixa, Castelo de São Jorge und Graça
Metro: Martim Moniz, Rossio
Straßenbahn: 12, 28
Bus: 708, 734, 760

Die Mouraria zählt zu Lissabons ältesten Stadtvierteln, sie weist wie die Alfama ein verwirrendes Gassensystem auf, das sich noch aus maurischer Zeit erhalten hat.

Stadtviertel des Fado

In dieses Viertel zogen sich die **Araber** nach der Eroberung Lissabons durch die Portugiesen zurück – so entstand ein Ghetto für Andersgläubige, das damals noch vor den Stadttoren lag. Prostitution und der zu dieser Zeit als anrüchig geltende Fado trugen dem Viertel **im 19. Jh. einen schlechten Ruf** ein, bis heute ist die Mouraria ein ärmlicher Stadtteil. Vor einiger Zeit hat man mit der Sanierung der vom Verfall bedrohten Häuser und der Verbesserung der Wohnsituation für die Bewohner begonnen – und mittlerweile zieht es auch eine kreative Szene hierher (Abb. ►S. 264).

Noch heute wird das Stadtviertel mit dem **Fado** (►Baedeker Wissen, S. 82), der hier im letzten Jahrhundert viel zu hören war, assoziiert. In der »Casa da Severa« am Largo da Severa (Nr. 2) wohnte die legendäre »fadista« **Maria Severa Onofriana**, die am 30.11.1846 mit 26 Jahren starb. Eine Gedenktafel erinnert an die Künstlerin, und auf dem Straßenboden ist eine stilisierte Fadogitarre zu sehen. Wenige Schritte weiter wird die Erinnerung an die Sängerin ebenfalls wach gehalten: Hier gibt es eine Kneipe mit dem Namen »Os Amigos da Severa« (die Freunde von Severa) in einem Haus, das von außen mit drei roten Gürteln zusammengehalten zu sein

> **! BAEDEKER TIPP**
>
> *RAM*
>
> Der umtriebige Stadtteilverein »Renovar a Mouraria«, der innerhalb des Viertels Sprachkurse und Gesundheitsdienst organisiert, bietet auch deutschsprachige Führungen für Gruppen ab fünf Personen durch die Mouraria an (10 €, Tel. 922 19 18 92, 218 88 52 03, www.renovaramouraria.pt).

scheint. Ein weiterer großer Fado-Interpret, Fernando Maurício, ist im Haus Nr. 1 B am Largo da Severa geboren. Er ist eine der lokalen Fadogrößen, die auf dem Fado-Trail, der durch die Mouraria führt, geehrt werden: An den Hauswänden sind Schwarzweiß-Porträts der britischen Fotokünstlerin Camilla Watson zu sehen (www.camillawatsonphotography.net).

* Museu do Chiado · Museu Nacional de Arte Contemporânea

H 8

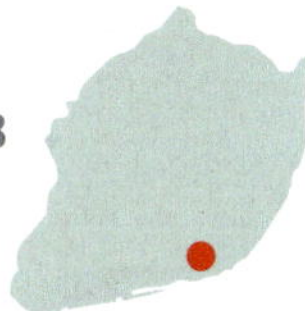

Lage: Rua Serpa Pinto 4
Metro: Baixa-Chiado
Straßenbahn: 28
Bus: 758
Di. – So. 10.00 – 18.00 Uhr
Eintritt: 4,50 € (1. So. im Monat Eintritt frei)
www.museuartecontemporanea.pt

Das Museu do Chiado zeigt Werke portugiesischer Maler von 1850 bis 1975; modernere Gemälde sind im Centro de Arte Moderna in der ▸Fundação Calouste Gulbenkian zu sehen.

Der Museumsbau – eine geglückte Verbindung aus alten und modernen Elementen – entstand in den 1990er-Jahren mit Unterstützung der französischen Regierung nach Plänen des Architekten Jean-Michel Wilmotte (geb. 1948), der auch für die Neugestaltung eines Museumsflügels des Louvre in Paris verantwortlich zeichnete. Das einstige Museu de Arte Contemporânea war aus einem ehemaligen staatlichen Kunstmuseum hervorgegangen, das 1911 in das Museum für (damals) zeitgenössische Kunst und das ▸Museu Nacional de Arte Antiga aufgeteilt wurde. Mit dieser Teilung wurden alle portugiesischen Kunstwerke, die nach 1850 entstanden waren, aus dem Museum in der Rua das Janelas Verdes in Räumlichkeiten eines ehemaligen Klosters ausgelagert, in dem bis heute die Kunsthochschule (Academia das Belas Artes) untergebracht ist. **Columbano Bordalo Pinheiro**, Bruder des bekannten Karikaturisten und Keramikers Rafael Bordalo Pinheiro (▸Erleben und Genießen, Museen), war zu Beginn Museumsdirektor. Er gehörte zur **»Grupo do Leão«** (Gruppe des Löwen), zu der sich die damals bedeutendsten Künstler zusammengeschlossen hatten und die man auf einem großen Gemälde in der Ausstellung sehen kann. Viele Werke von Malern aus diesem

Die Straßenbahn arbeitet sich durch das alte Mouraria-Viertel.

Kreis sind in dem Museum ausgestellt. Auch in Wechselausstellungen wird portugiesische Kunst gezeigt, die man außerhalb des Landes wenig zu Gesicht bekommt. Die angenehme Museums-Cafeteria ist in einem Skulpturengarten eingerichtet.

Museu de Lisboa

Lage: Campo Grande 245
Metro: Campo Grande
Bus: 701, 717, 736, 747, 750, 767, 778, 796, 798
ⓘ Di. – So. 10.00 – 13.00 und 14.00 – 18.00 Uhr
Eintritt: 2 €
www.museudelisboa.pt

In einem schönen alten Palast am Campo Grande richtete die Stadt 1962 ein Museum ein, in dem umfassend die Geschichte Lissabons mit all ihren Aufs und Abs dokumentiert ist.

1739 ließ João V. seiner Geliebten, der Nonne Madre Paula aus dem Kloster Odivelas, den **Palácio Pimenta** am nördlichen Ende

des Campo Grande bauen. In diesem Palast sind heute Ausgrabungsfunde aus der Zeit der Römer zu sehen, historische Gemälde von der Einnahme des ►Castelo de São Jorge durch die Portugiesen, alte Seekarten, Dokumente des Goldenen Zeitalters, Architekturmodelle und nach dem Erdbeben gerettete Teile von zerstörten Gebäuden (wie die »Diamantensteine« der ►Casa dos Bicos).
Einen breiten Raum nehmen **Panoramaansichten der Stadt vor dem Erdbeben** ein, Darstellungen des Erdbebens selbst sowie eine Sammlung von Reaktionen aus dem Ausland auf die Katastrophe. Interessant ist ein Modell der Stadt und ihrer Umgebung vor 1755. Verschiedene Konstruktionspläne zum Wiederaufbau der ►Baixa, Zeichnungen alter Brunnenanlagen und des ►Aqueduto das Águas Livres ergänzen die Museumsbestände. Sehenswert sind zudem die Küche des alten Palastes mit kompletter Einrichtung, einige Wohnräume und schöne Azulejo-Wandbilder.
Der frei zugängliche, im Barockstil angelegte **Garten** birgt insbesondere für Familien mit Kindern wunderbare Überraschungen. Bunt-exzentrische Tierfiguren aus Keramik, geschaffen von Joana Vasconcelos in Zusammenarbeit mit der Bordalo-Pinheiro-Fabrik, bevölkern Bäume, Büsche und Wände.
Wer sich für derlei Keramik interessiert, dem sei auch das **Museu Bordalo Pinheiro** (►Erleben und Genießen, Museen) direkt gegenüber empfohlen. Zwei Garten-Pavillons zeigen Wechselausstellungen mit zeitgenössischer Kunst.

Museu-Escola de Artes Decorativas

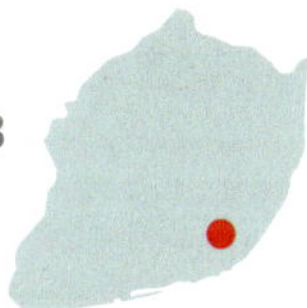

J 8

Lage: Largo das Portas do Sol
Straßenbahn: 12, 28
Bus: 737
● Mi. – Mo. 10.00 – 17.00 Uhr
Eintritt: 4 €
www.fress.pt

Der Bankier Ricardo do Espírito Santo Silva, dessen Familie zu den reichsten Portugals zählte, erwarb 1947 den Stadtpalast des Grafen von Azurara aus dem 17. Jahrhundert und gründete dort ein Museum mit seiner Sammlung.

In dem Museum für Angewandte Kunst ist **die bedeutendste Möbelsammlung Portugals** zu besichtigen. Aus wertvollen Hölzern gefertigte portugiesische, französische und englische Möbel aus dem 16. – 19. Jh. werden in gebührender Umgebung präsentiert. Teilweise sind Schlafzimmer, Esszimmer, Gesellschaftsräume, Musikzimmer

BAEDEKER TIPP !

Esplanade

Auf dem Largo das Portas do Sol kann man sich nach dem Museumsbesuch wunderbar mit weitem Blick über den Tejo ausruhen und stärken.

und Ankleideräume aus unterschiedlichen Epochen in ihrer ursprünglichen Form hier wieder aufgebaut worden. Ergänzt werden die Möbelstücke durch Wandteppiche, Silberschmiedearbeiten, Porzellan, Keramiken sowie originale Fliesenverkleidungen und Deckenbemalungen. Einen Teil der Sammlung nimmt Mobiliar von José I. und seiner Frau Maria ein: ein Schlafzimmer und ein Kinderzimmer, beide im manuelinischen Stil. Eine Kutsche Josés I. steht in der Eingangshalle. Zum Museum gehört eine **Lehrwerkstatt für Kunsthandwerker**, die der Stiftung angeschlossen ist. Buchbinder, Vergolder, Kunsttischler erhalten hier eine Ausbildung in traditionellen Techniken. In der hübschen Cafeteria im Innenhof können sich auch Gäste niederlassen, die nicht das Museum besuchen wollen.

Museu do Oriente

F 9

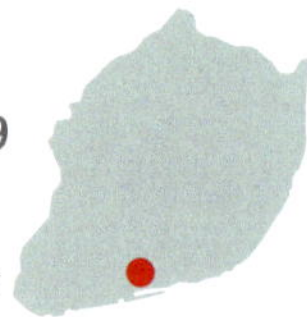

Lage: Av. Brasília, Doca de Alcântara
Vorortzug: ab Estação Cais do Sodré, Station Alcântara-Mar
Straßenbahn: 15, 18
Bus: 712, 720, 728, 732, 738, 760

Di. – So. 10.00 – 18.00, Fr. bis 22.00 Uhr
Eintritt: 6 €
(Fr. 18.00 – 22.00 Uhr Eintritt frei)
www.museudooriente.pt

In diesem Museum werden Ausstellungen zu Kunst und Kultur des asiatischen Raums gezeigt und die historischen Beziehungen zwischen Portugal und dem Fernen Osten dokumentiert.

Das Museu do Oriente wurde auf 15 000 m² Fläche in einer **früheren Lagerhalle** im Lissabonner Hafen an den Docks von Alcântara eingerichtet. Das 1939 in typischer **Estado-Novo-Ästhetik** errichtete Gebäude diente der Lagerung von Stockfisch und Früchten und wurde von dem Architekturbüro João Luís Carrilho da Graça zum Museum umgebaut. Man versuchte, die beiden unterschiedlichen Perspektiven, die der Portugiesen auf den Fernen Osten und die der asiatischen Länder, zu zeigen. Die ständige Ausstellung mit indischen Gottheiten, japanischen Namban-Schirmen und timorensischen Holzpferde sowie Wechselausstellungen beispielsweise zur Tradition des Schattentheaters werden abgerundet durch ein breites Programm mit spannenden Workshops in Kalligrafie, Tanz und gastronomischer Kultur, Performances und Konzerten. Im Museumsrestaurant mit Blick auf den Tejo gibt es asiatische Küche.

★★ Museu Nacional de Arte Antiga

F/G 9

Lage: Rua das Janelas Verdes 95
Straßenbahn: 15, 18
Bus: 713, 714, 727, 728, 732, 760
Di. – So. 10.00 – 18.00
Eintritt: 6 € (1. So. im Monat Eintritt frei)
www.museudearteantiga.pt

Ein hervorragendes Museum, das neben einer umfangreichen Gemäldegalerie eine Sammlung ägyptischer, griechischer und römischer Skulpturen, Keramik- und Porzellan- sowie Silber- und Goldschmiedearbeiten beherbergt. Zur Museumskollektion gehören auch Werke der japanischen Namban-Kunst.

Das Haus der grünen Fenster

In dem 1690 von dem Grafen Alvor erbauten Palast, der später zeitweise auch der Familie Pombals gehörte, ist seit 1884 das Nationalmuseum für Alte Kunst untergebracht. Der gängige Beiname des Museums **»Casa das Janelas Verdes«** (Haus der grünen Fenster) stammt noch von den ehemals grün gestrichenen Fensterläden des Gebäudes. Der ursprüngliche Palast wurde mehrfach umgebaut und schließlich durch einen Neubau erweitert. Eine kleine Kapelle, die zu dem 1584 gegründeten St.-Albert-Karmeliterkloster gehörte, stand bei der geplanten Erweiterung im Weg und wurde kurzerhand in den gesamten Baukomplex integriert. Der **Haupteingang** liegt an der westlichen Schmalseite des Gebäudes am Jardim 9 de Abril, von dem aus man einen hervorragenden Blick über die Hafenanlagen von Alcântara auf den Tejo hat. Auf dem Platz lohnt sich eine Pause in der verglasten Café-Bar »Le Chat«, aus der man ebenfalls eine herrliche Aussicht hat.

> **! BAEDEKER TIPP**
>
> *Nicht versäumen*
>
> - Polyptychon: Anbetung des heiligen Vinzenz
> - Versuchung des heiligen Antonius von Hieronymus Bosch
> - Wandschirme der japanischen Namban-Kunst

Hauptgeschoss

Zu Beginn des Rundgangs sind portugiesische Möbel und Inneneinrichtungen aus dem 15.–17. Jh. sowie Tapisseriearbeiten und Kirchengewänder zu sehen.
Über ein paar Stufen kommt man in die **St.-Albert-Klosterkapelle**. Blau-weiße Azulejobilder und Talha Dourada ziehen sich bis zur Decke hinauf. Zwei hohe Seitenkapellen sind vollkommen mit Azulejos ausgekleidet. Im Vorraum ist eine von Machado de Castro geschaffene Weihnachtskrippe aufgebaut (19. Jh.). Von demselben Künstler

stammen u. a. auch die Krippe in der ►Sé Patriarcal sowie die Bronzestatue Josés I. auf der ►Praça do Comércio. Castro hat die Krippenszene in eine typisch portugiesische Landschaft eingebettet.
Der größere Teil des Hauptgeschosses beherbergt **Europäische Malerei des 14.–19. Jahrhunderts**. Vertreten sind u. a. Hans Memling, Dürer, Cranach, Holbein d. Ä., Bassano, Pieter Brueghel d. J.,

Museu Nacional de Arte Antiga

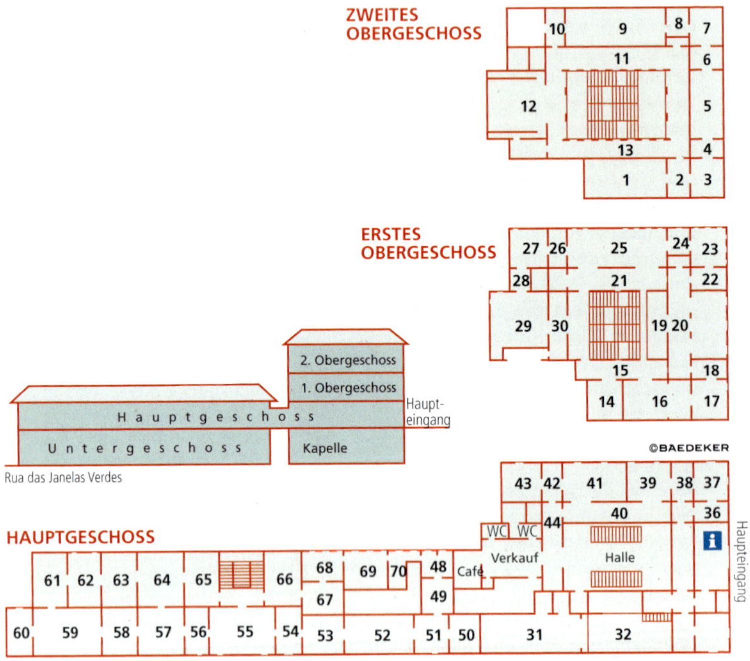

1-13 Wechselausstellungen
14-19 Orientalische Kunst
20/21 Chinesisches Porzellan (12. - 19. Jh.)
22 Portugiesisches Porzellan (19. Jh.)
23-25 Portugiesische Keramik (17. - 19. Jh.)
26-29 Gold- und Silberschmiedekunst (12. - 19. Jh.)
30 Gold- und Silberschmuck
31-32 St.-Albert-Klosterkapelle
36-44 Möbel (15. - 19. Jh.)
48, 49, 55, 66-70 angewandte Kunst, Europa und Iran 16.-18 Jh.
51-54, 56-59, 61-65 Europäische Malerei (14. - 19. Jh.)
50 Wechselausstellungen
60 Porträts 15.-17. Jh.

UNTERGESCHOSS

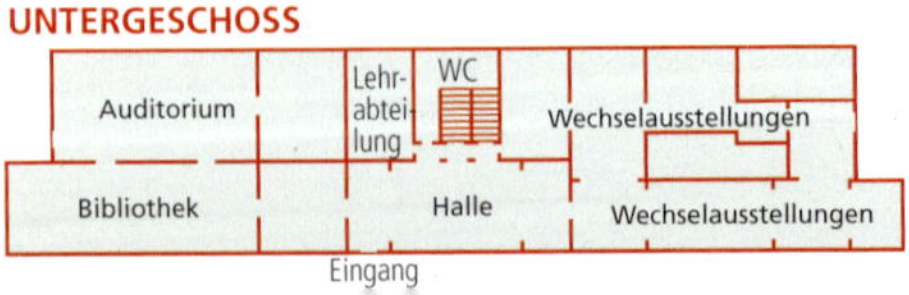

Velázquez, van Dyck, Murillo, Zurbáran, Courbet und John Russel. Das **Altarbild »Versuchung des heiligen Antonius« von Hieronymus Bosch** gehört zu den bedeutendsten Werken des Museums. Dank der sinnvollen Aufstellung bekommen Besucher auch die schwarz-weiß dargestellten Golgathaszenen auf der Rückseite zu sehen. Einen kleineren Teil nimmt eine Sammlung von europäischem und persischem Kunsthandwerk aus dem 16.–18. Jh. ein.

Erstes Obergeschoss

Im ersten Stock des Neubaus sind indisch-portugiesisches Kunsthandwerk, chinesische und japanische Fayencen aus dem 18. Jh., Glasarbeiten und Keramik aus Portugal und China (16.–19. Jh.) sowie Silber- und Goldschmiedearbeiten aus dem 12.–19. Jh. zu sehen. Kulturhistorisch interessant ist die Sammlung der **Namban-Kunst**. Sie stellt ein kunsthandwerkliches Produkt der **Kontakte Portugals mit Japan** zwischen 1543 und 1639 dar. »Nanban-jin« wurden in Japan die portugiesischen Eindringlinge genannt. Auf großformatigen Wandschirmen und auf Lackobjekten haben japanische Künstler die Ankunft der Eroberer aus ihrer Sicht dargestellt. Auch die indisch-portugiesischen und afro-portugiesischen Möbel sind unter dem Einfluss gegenseitiger Beziehungen entstanden.

Zweites Obergeschoss

Im zweiten Stockwerk ist **portugiesische Kunst** zu sehen. Die Malereien und Skulpturen datieren vom 15. bis 19. Jh. (portugiesische Malerei ab 1850 wird im ▶Museu do Chiado, ab 1950 im CAM in der ▶Fundação Calouste Gulbenkian gezeigt). Viele Gemälde dieser Zeit stammen aus **Malerschulen**. Bildunterschriften wie »estilo Gonçalves«, »estilo Gregório Lopes« oder »escola portuguesa« deuten darauf hin. Zum Museumsbesitz gehören Werke aus dem 16. Jh. von Vasco Fernandes, Cristóvão de Morães, Cristóvão de Figueiredo, Frei Carlos und Francisco Henriques. Aus dem 16. Jh. stammt auch ein Gemälde, das die **Ankunft der Reliquien von Santa Auta in Lissabon** zeigt, die in Köln erworben worden waren; dieses Bild diente nach dem Erdbeben als Vorlage für die Restauration des manuelinischen Eingangsportals des ▶Convento da Madre de Deus. Aus dem 17. Jh. sind Gemälde von Josefa de Óbidos, Francisco Vieira Portuense und Filipo Lobo unter den Exponaten, im 18. Jh. war der Porträtmaler Domingos António de Sequeira herausragend.
Das bedeutendste der portugiesischen Gemälde ist das **Polyptychon** des Vinzenz-Altars, **»Anbetung des heiligen Vinzenz«**, das im Kloster São Vicente de Fora gefunden und 1910 restauriert wurde. Unklarheit herrscht bis heute über die Entstehung der »Anbetung des heiligen Vinzenz« (»Veneração a São Vicente«). Weder das genaue Datum noch die Künstler sind bisher eindeutig identifiziert worden. Es wird angenommen, dass **Nuno Gonçalves**, der von 1450 bis 1467 Hofmaler bei Afonso V. war, dieses sechsteilige Altarbild gemalt hat. Das Werk wird als wichtiges kulturgeschichtliches Doku-

Polyptychon "Veneração a São Vicente"

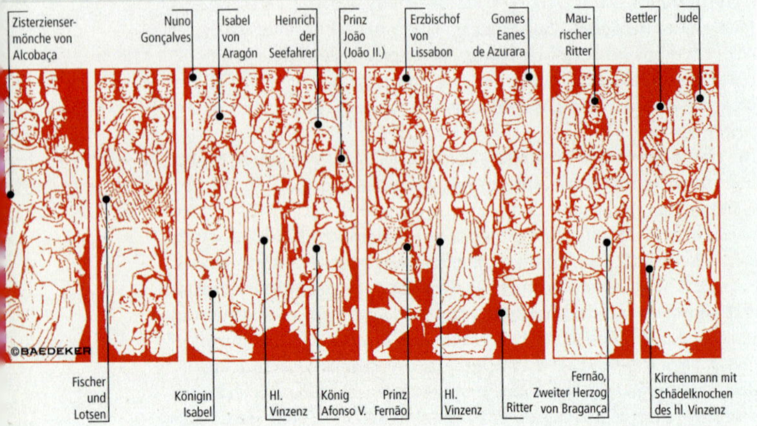

ment angesehen, da darauf einige **prominente Persönlichkeiten des 15. Jh.s** porträtiert sind. Aber auch über die Identität der dargestellten Personen sind sich die Kunsthistoriker nicht immer einig.

* Museu Nacional dos Coches

C 9

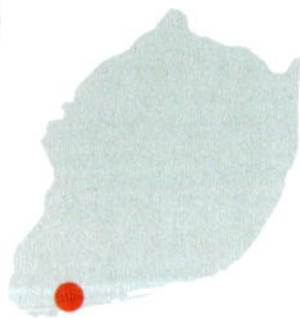

Lage: Belém, Avenida da Índia 136
Straßenbahn: 15
Bus: 714, 727, 728, 729, 751
Vorortzug: ab Estação Cais do Sodré, Station Belém
Di. – So. 10.00 – 18.00 Uhr
Eintritt: 8 €
www.museudoscoches.pt

Die sehenswerte Kollektion von Kutschen aus dem 16. – 19. Jh. ist die wohl umfangreichste und kostbarste ihrer Art. Geschenke von Päpsten und ausländischen Fürsten, sogar ein Hochzeitsgeschenk von Ludwig XIV., sind unter den Exponaten; einige Kutschen haben die Strecken von Rom oder Österreich nach Lissabon zurückgelegt.

João V. ließ 1726 an der Ostseite des Palácio de Belém (►Belém) eine **Reithalle** (Picadeiro Real) anbauen, in der 1902 das Museu Nacional dos Coches (MNC; Kutschen-Nationalmuseum) eingerichtet wurde.

Auf Initiative der Königin Amélia und des Obersten Alfredo d'Albuquerque wurde damals eine Sammlung von ehemaligen **königlichen Kutschen** und Galawagen in den Räumlichkeiten an der Praça Afonso de Albuquerque untergebracht. Mittlerweile ist ein Großteil der Exponate schräg gegenüber an der Avenida da Índia zu sehen – das 2015 eingeweihte Gebäude ist eine »schwebende« Konstruktion des portugiesisch-brasilianischen Architekturbüros Nuno Sampaio/Bak Gordon.

Die pompösen Barockkutschen, die unterschiedliche Bauprinzipien aufweisen, nehmen den größten Teil der Sammlung ein – offensichtliche Zeugnisse von ausufernder Prunksucht unter den Adligen. Unter ihnen sind einige im frühen 18. Jh. gebaute Kutschen wohl die wertvollsten, u. a. die von João V. **anlässlich eines Papstempfangs** in Auftrag gegebenen Gefährte für portugiesische Botschafter. Weiter gehören zwei Prozessionskutschen aus dem 18. Jh. und mehrere Sänften, die von Männern oder von Mauleseln getragen werden mussten, zur Sammlung des Museums. Elisabeth II. machte, als sie 1957 erstmals nach Portugal kam, eine Stadtrundfahrt durch Lissabon mit einer Kutsche – auch die ist ausgestellt. Wer sich für das Aussehen der Mitglieder der portugiesischen Königsfamilie interessiert, hat im Picadeiro Real Gelegenheit, ca. 20 Porträts von Angehörigen des Hauses Bragança anzuschauen.

* Oceanário

M/N 2

Lage: Parque das Nações
Metro: Oriente
tgl. 10.00 – 19.00, im Winter 10.00 – 18.00 Uhr
Eintritt: ab 14 € (Familienticket ab 36 €)
www.oceanario.pt

Wer noch nie eine Unterwasserwelt dieses Ausmaßes gesehen hat, sollte sich einen Besuch des Oceanários, eines der größten Aquarien in Europa, nicht entgehen lassen.

Hinter riesigen Panoramascheiben gleiten Haie und Thunfische gemächlich vorbei, Rochen bewegen sich mit Grazie, Sardinen ziehen in dichten Formationen vorüber, und wie ein prähistorisches Überbleibsel wirkt der so mächtige wie stoisch dreinblickende Mondfisch. Das Aquarium besteht aus einem Zentralbecken, um das vier kleinere gruppiert sind. Man kann Flora und Fauna des Atlantischen, Pazifischen und Indischen Ozeans und des Antarktischen Meeres beobachten. Insgesamt tummeln sich **15 000 Fische, Vögel und Säugetiere** im Ozeanarium, mehr als 200 verschiedene Arten aus

Unterwasserwelt aus vier Weltmeeren: Oceanário de Lisboa

Tier- und Pflanzenwelt sind zu sehen. Errichtet wurde das auch architektonisch interessante Aquarium anlässlich der Expo 98 nach Plänen des Amerikaners Peter Chermayeff, der bereits in Osaka ein Ozeanarium gebaut hatte. 2011 wurde dem Bau ein neuer Südflügel angesetzt, das Edifício do Mar, dessen energie- und ventilationseffiziente Keramikmosaik-Hülle an Fischschuppen erinnert.

Paços do Conselho

H/J 8

Lage: Praça do Município
Straßenbahn: 15, 25
Bus: 706, 714, 728, 732, 735, 736, 760, 774, 781, 782

An der Ostseite der Praça do Município steht Lissabons Rathaus, Paços do Conselho genannt. Vom Balkon des Gebäudes wurde am 5. Oktober 1910 die Republik ausgerufen.

An derselben Stelle wurde bereits 1774 ein Gebäude errichtet, in dessen Ostteil damals die Stadtverwaltung, Câmara Municipal de Lisboa – CML, untergebracht war. Der Palast brannte 1863 ab, 1875 wurde der heutige fertiggestellt. Die neoklassizistische Fassade wirkt im Gegensatz zum Innern nüchtern. Allegorische Figuren im Giebelfeld stellen Wissenschaften, Freiheit, Handel etc. dar. Innen ist das Rathaus aufwendig und repräsentativ in Aneinanderreihung der unter-

schiedlichsten Stile gestaltet. Die **Deckenbemalungen** stammen von Lissabonner Malern wie José Malhoa und Columbano Bordalo Pinheiro, verschiedene Büsten sind von Teixeira Lopes gearbeitet worden.
Auf dem mit geometrischen Mustern gepflasterten Platz vor dem Rathaus steht ein sogenannter **Pelourinho**, ein Schandpfahl aus dem 18. Jh., dessen Gestaltung Assoziationen an die Manuelinik hervorruft. Gekrönt wird die Steinsäule von einer Armillarsphäre aus Bronze. Vom 12. bis ins 18. Jh. wurden in zahlreichen Orten Portugals Pelourinhos aufgestellt, die weniger der Bestrafung von Verurteilten dienten, als vielmehr Sinnbild der örtlichen Gerichtsbarkeit waren.

* Padrão dos Descobrimentos

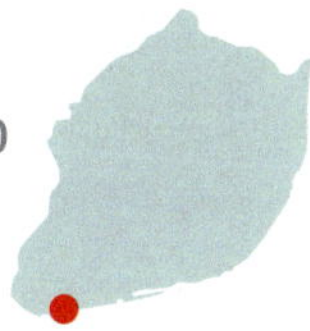

B/C 10

Lage: Belém Av. de Brasília
Straßenbahn: 15
Bus: 714, 727, 728, 729, 751
Vorortzug: ab Estação Cais do Sodré, Station Belém
ⓘ März – Sept. tgl. 10.00 – 19.00, Okt. – Febr. Di. – So. 10.00 – 18.00 Uhr
Eintritt: 4 €
www.padraodosdescobrimentos.pt

Die symbolische Bedeutung des Denkmals wird deutlich, wenn man es von der Seite ansieht: Das Bauwerk ragt in Form eines Schiffbugs über das Tejo-Ufer hinaus aufs Wasser, und ganz oben an der Bugspitze steht Heinrich der Seefahrer.

Der Padrão dos Descobrimentos, das Denkmal der Entdeckungen, wurde für die **portugiesische Weltausstellung 1940** (▶Belém) als Modell gefertigt und 1960 in seiner heutigen Form am Tejo-Ufer aufgestellt. Anlass zur Einweihung des Denkmals waren die Feierlichkeiten zum 500. Todestag von Heinrich dem Seefahrer (1394 – 1460), der im Estado Novo zu neuen Ehren gekommen war. Das Denkmal verdeutlicht in erster Linie das künstliche Wiederbeleben der wichtigsten Epoche der nationalen Geschichte Portugals unter der Salazar-Diktatur. Cottinelli Telmo, der Architekt, der für die Gestaltung der gesamten Anlage zur Weltausstellung verantwortlich war, hat das 56 m hohe Entdeckerdenkmal gebaut, die **33 Figuren an der Außenseite** stammen von dem Bildhauer Leopoldo Almeida. Hinter Heinrich dem Seefahrer sind die überlebensgroßen Figuren aufgereiht: Personen aus unterschiedlichen Berufssparten, die in irgendeiner Form an den Entdeckungs- und Eroberungsfahrten beteiligt

waren. Direkt hinter Heinrich dem Seefahrer sind Manuel I. und der Dichter Luís de Camões (beide ▶Berühmte Persönlichkeiten) auszumachen. Ein Informationsblatt gibt Namen und Funktion zu jeder Figur. Stilisierte **Armillarsphären** zu beiden Seiten des Baus stehen als Symbole für die portugiesische Seefahrt jener Zeit. Die Eingangsfront wird durch ein überdimensionales Schwert gegliedert.
In dem Denkmal wurden mehrere Säle eingerichtet, die heute für kleine Wechselausstellungen bzw. als Konferenzzimmer genutzt werden. Von der **Aussichtsplattform** im siebten Stockwerk, zu der ein Fahrstuhl hinaufführt, bietet sich ein hervorragender Blick auf den Tejo und seine Mündung bis zum Atlantik, auf die Praça do Império mit dem ▶Mosteiro dos Jerónimos und auf eine Windrose von 50 m Durchmesser, die in den Boden auf dem Platz vor dem Denkmal eingelassen ist. Dabei handelt es sich um ein Geschenk der Republik Südafrika. In der Mitte sind die Entdeckungen und Eroberungen der Portugiesen mit den genauen Jahreszahlen aufgeführt.

* Palácio dos Marqueses de Fronteira

E 5

Lage: Largo de São Domingos de Benfica
Bus: 770 ab Jardim Zoológico/Sete Rios
❶ Besuch nur im Rahmen von Führungen Mo. – Sa.
Juni – Sept.: 10.30, 11.00, 11.30, 12.00,
Okt. – Mai: 11.00, 12.00 Uhr
Eintritt: 7,50 €, Garten 3 €; Tel. 217 78 20 23
www.fronteira-alorna.pt

Ein echtes Kleinod mit einer sehenswerten Gartenanlage: der Palast der Familie der Mascarenhas am Rand des Stadtteils Benfica. Mitglieder der Familie bewohnen noch heute das Anwesen, das nur im Rahmen von Führungen zu besichtigen ist.

Geschichte

João de Mascarenha ließ den Palast 1670 im italienischen Renaissancestil bauen. Erst 1755 wurde er Wohnsitz der Familie, nachdem ihr Stadtpalast durch das Erdbeben zerstört worden war. 1989 wurde eine Stiftung gegründet, die sich um den Erhalt von Palast und Garten bemüht und hier auch kulturelle Veranstaltungen durchführt. Den Titel des Grafen von Fronteira trägt die Familie aufgrund einer Auszeichnung, die ein Mascarenha im Rahmen der Restaurationskämpfe erhielt.

Das Denkmal der Entdeckungen erinnert an die Weltmeerbesegelungen der Portugiesen im 15./16. Jahrhundert.

Palastinneres Bei der Führung bekommt man einen interessanten Einblick in einige Räume des Palastes. Die **Sala das Batalhas** (Schlachtensaal) ist mit Fliesenbildern ausgekleidet, auf denen Szenen aus verschiedenen Gefechten dargestellt sind, die Portugal 1640 wieder die Unabhängigkeit von Spanien brachten. In diesem Raum werden hin und wieder **Konzerte** durchgeführt, aufgrund seiner **guten Akustik** benutzte man ihn auch schon als Aufnahmeraum. In der ehemals offenen Veranda wurde eine **Bibliothek** eingerichtet. Von hier aus hat man einen hervorragenden Blick in den akkurat angelegten Garten. In einem weiteren Raum sind **Fliesen** zu sehen, die in Portugal zu den ersten gehören, die im 17. Jh. aus Delft importiert wurden. Die Bilder zeigen bukolische Darstellungen und Jagdszenen, zudem Musikinstrumente, weswegen man annimmt, dass hier einmal ein Musikzimmer eingerichtet war. Der Juno-Raum mit einem Deckengemälde, das die Göttin Juno darstellt, wird heute als Empfangszimmer benutzt. In einigen Wohnräumen und im Speisezimmer fallen wertvolle Fliesenpaneele sowie herrliche Möbel und Porzellan aus Portugal, Frankreich, China und Indien aus dem 17. und 18. Jh., außerdem verschiedene Familienporträts aus dem frühen 19. Jh. auf.

Kapelle Über eine lang gestreckte Terrasse mit mythologischen Figuren und Fliesenbildern aus dem 17. Jh., die die verschiedenen Künste darstellen, kommt man zu Kapelle, die bereits 1584 gebaut wurde, also fast 100 Jahre vor dem Palast schon auf dem späteren Landbesitz stand.

Venusgarten Von hier gelangt man in den als Venusgarten bezeichneten Teil des Parks, der von Palast und Berghöhe eingegrenzt wird. Seinen Namen verdankt er dem **Venusbrunnen** im Zentrum: Drei Delphine tragen eine Muschel, aus der die Göttin aufsteigt. In einer Ecke des Grundstücks befindet sich ein ehemaliges Wasserbecken mit zahlreichen Wasserspeiern, dahinter eine künstliche Grotte, in deren Wände Scherben eingearbeitet wurden. Man vermutet, dass es zur Palasteinweihung ein Königsessen gab; um sicher zu sein, dass das Geschirr wirklich nur einmal zu diesem Anlass benutzt wurde, zerbrach man es anschließend und verewigte die Scherben in der Grottenwand.

Italienischer Garten Besonders sehenswert ist ein etwa 4000 m^2 großes Gartenareal, das im 17. Jh. im italienischen Stil angelegt wurde. Man nutzte damals einige **natürliche Quellen** zur Anlage mehrerer Brunnen und eines einmalig schönen, großen **Wasserbeckens**. Dieses Becken wird von zwei Freitreppen flankiert, über die man auf eine Galerie kommt, die sich über die gesamte Länge des Beckens hinzieht. Eindrucksvoll ist insbesondere die **blaue Farbe der Fliesen**, die aus dem 17. Jh. stammen: Sie wurde verwendet, um Insekten abzuhalten; nach einer volkstümlicheren Erklärung heißt es auch, man wolle böse Geister durch die Farbe fernhalten. Die Fliesen mit dem halb plastischen

Fliesengemälde und Nischenfiguren im stimmungsvollen Garten des Palácio dos Marqueses de Fronteira

Tannenzapfenmuster sind spanischen Ursprungs. In kleinen Nischen stehen Büsten von portugiesischen Königen, daher auch die Bezeichnung **»Königsgalerie«**. Direkt am Becken sind auf blau-weißen Fliesen verschiedene Ritter dargestellt. Ein Brunnen in der Mitte des Gartens trägt eine Armillarsphäre als Symbol des Goldenen Zeitalters in Portugal und das **Familienwappen der Mascarenhas**. An der zum Garten ausgerichteten Palastfassade sieht man Fliesenbilder mit Jagd- und Expeditionsszenen, Allegorien von antiken Göttern und Darstellungen des gesellschaftlichen Lebens. U. a. ist Luís de Camões (►Berühmte Persönlichkeiten) auf einem Bild zu erkennen. Einige der Fliesen wurden von Paula Rego (►Cascais) gestaltet.

Palácio Nacional da Ajuda

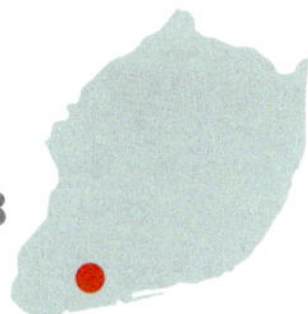

C 8

Lage: Largo da Ajuda
Bus: 729, 732, 742, 760
Straßenbahn: 18
ⓘ Do. – Di. 10.00 – 18.00 Uhr

Eintritt: 5 €
(1. So. im Monat Eintritt frei)
www.palacioajuda.pt

Der Palácio Nacional da Ajuda ist als Nachfolgeresidenz für das beim Erdbeben 1755 zerstörte Königsschloss am Terreiro do Paço (►Praça do Comércio) entstanden.

Unvollendeter Palast

Ein erster nur provisorisch in Ajuda errichteter Holzbau brannte 1794 ab, 1802 wurde nach Plänen des italienischen Architekten Fabri mit dem Bau des großangelegten Projektes begonnen, das bis heute unvollendet geblieben ist. Die Planung des Gebäudekomplexes sah mehr als die **doppelte Größe des heutigen Bauwerks** vor. Der monumentale Komplex ist aufgrund seiner exponierten Lage oberhalb des Tejo weithin sichtbar. Die großzügige klassizistische Vorderfassade mit drei Eingangsportalen täuscht zunächst über den unvollständigen Zustand hinweg. Im Vestibül sind mehr als 20 allegorische Marmorstatuen (19. Jh.) aufgestellt, die teilweise von Machado de Castro, dem bekannten Bildhauer aus der Schule von ►Mafra, stammen. Als Residenz nutzte nur Luís I. den Palast; Maria Pia von Savoyen, seine Frau, wohnte hier, bis sie 1910 Portugal verließ. Die Wohnräume der Königsfamilie können besichtigt werden; wertvolle Gobelins und Möbel sowie einige Porträts von Mitgliedern der Familie sind zu sehen. Mitunter werden die Räumlichkeiten für offizielle Staatsempfänge genutzt und sind dann nicht zugänglich.

Jardim Botânico da Ajuda

Unterhalb der Palastanlage mit Eingang an der Calçada da Ajuda liegt der Botanische Garten von Ajuda, den Pombal 1768 im italienischen Stil anlegen ließ. Eine Sammlung seltener Pflanzen, u. a. ein etwa **400 Jahre alter Drachenbaum**, ist hier zu sehen. Von einer Terrasse hat man Blick auf den Tejo und die ►Ponte 25 de Abril.

❶ tgl. 9.00 – 20.00, Okt. – Ende März bis 18.00, April bis 19.00 Uhr; Eintritt: 2 €; www.jardimbotanicodajuda.com

Picadeiro Henrique Calado

In der Reithalle Henrique Calado werden Gala- und Trainingsvorführungen der Portugiesischen Reitschule (►Queluz) veranstaltet.

❶ Calçada da Ajuda bei Nr. 23; arteequestre.pt

Palácio Real das Necessidades

F 8

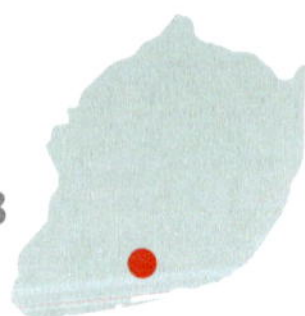

Lage: Largo do Rilvas
Bus: 773

Im Palácio Real das Necessidades residierten Berühmtheiten der portugiesischen Geschichte. Heute beherbergt der Palast das Außenministerium und ist nicht öffentlich zugänglich.

Das Gebäude entstand zwischen 1745 und 1750 im Auftrag von João V., der während einer schweren Krankheit das Gelübde abgelegt hatte, nach der Genesung einen Königspalast bauen zu lassen. Das damals moderne Gebäude erlitt keine wesentlichen Schäden durch das Erdbeben 1755. In diesem Palast lebten **Maria II.** und ihr Mann **Ferdinand von Sachsen-Coburg-Gotha**, Bauherr des Pena-Palastes in ►Sintra. Hier starben drei ihrer Söhne durch eine Fieberepidemie.

Manuel II. residierte in dem Gebäude, bevor er nach der Revolution im Oktober 1910 nach Brasilien floh. Der Palast wurde im typischen Stil der Regierungszeit von João V. mit Elementen des Barock und des Klassizismus gebaut. Das Hauptgebäude am Largo das Necessidades ist nur ein Teil der Gesamtanlage. Der Turm einer Schlosskapelle überragt an der Nordseite das Gebäude.

! BAEDEKER TIPP

Tapada das Necessidades

Eine ausgedehnte Parkanlage erstreckt sich hinter dem Palast. In der Tapada das Necessidades, die früher für Jagden genutzt wurde, kann man spazierengehen.

Palácio de São Bento

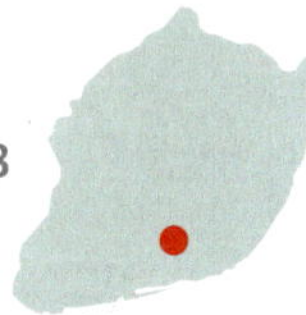

G 8

Lage: Largo de São Bento
Straßenbahn: 28
Bus: 706, 727, 773
ⓘ letzter Sa. im Monat 15.00, 16.00 Uhr (Führungen auf Portugiesisch)
www.parlamento.pt

Hier tagt das portugiesische Parlament; die Beinamen des großen weißen Palastes, »Palácio da Assembleia Nacional« oder »Palácio da República«, weisen auf diese Funktion hin.

Ein früheres Kloster

Im Palácio de São Bento befindet sich auch die offizielle **Residenz des amtierenden Ministerpräsidenten**. Der ausladende Gebäudekomplex wirkt sehr gewaltig und fast isoliert; die Häuser der nahen Wohnviertel sind im Vergleich verschwindend klein. Der Palácio de São Bento geht auf ein Benediktinerkloster von 1598 zurück, das 1834 nach Auflösung des Benediktinerordens für Parlamentszwecke umgebaut wurde. Das jetzige neoklassizistische Aussehen entstand nach einem Brand 1895. Nach Plänen von Ventura Terra wurde der Bau bis in die 1940er-Jahre hinein erneuert, von dem ehemaligen Kloster blieb kaum etwas erhalten.

Plenarsaal im Palácio de São Bento

Das Innere ist repräsentativ mit Fußböden und Säulen aus weißem und rosafarbenem Marmor ausstaffiert, Statuen und Wandgemälde dienen als schmückendes Beiwerk. Sehenswert ist der halbrunde Senatssaal mit korinthischen Säulen. Sowohl hier als auch im Plenarsaal gibt es **Zuhörertribünen** für die Öffentlichkeit. Im Plenarsaal fallen die sieben Marmorstatuen auf, die Gerechtigkeit, Eloquenz, Gesetz etc. symbolisieren. In dem eleganten Flur vor dem Plenarsaal, »Passos Perdidos« (verlorene Schritte) genannt, hängen Gemälde von Columbano Bordalo Pinheiro. Auf Wandmalereien aus dem Jahr 1944 sind Szenen aus der Entdeckungs- und Eroberungszeit dargestellt (Anmeldungen zur Besichtigung: cic.rp@ar.parlamento.pt).

★ Panteão Nacional · Igreja de Santa Engrácia

K 8

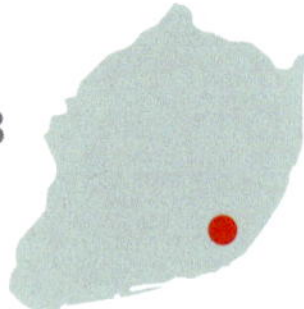

Lage: Campo de Santa Clara
Straßenbahn: 28
Bus: 712, 734
Di.–So. 10.00–18.00, im Winter bis 17.00 Uhr
Eintritt: 4 €

Als »Obras de Santa Engrácia« werden in Portugal Arbeiten bezeichnet, die sich ewig in die Länge ziehen – wie der Bau der Igreja de Santa Engrácia, deren Fertigstellung etwa drei Jahrhunderte dauerte. Erst seit Mitte der 1960er-Jahre gehört ihre Kuppel zur Silhouette von Lissabon.

Bau mit Tücken

Die Kirche weist eine **lange und wechselhafte Baugeschichte** auf. Eine Vorgängerkirche aus dem 16. Jh. mit gleichem Namen war abgerissen worden, da man sie durch einen Diebstahl im Jahr 1630 als entheiligt angesehen hatte. Die Tat wurde einem Juden angelastet, der hingerichtet wurde, obwohl sich später herausstellte, dass er mit der Sache nichts zu tun hatte und dass er nur nichts ausgesagt hatte, damit sein Liebesverhältnis zu einer Nonne des benachbarten Santa-Clara-Klosters nicht bekannt würde. Der Verurteilte soll angeblich prophezeit haben, dass ein Kirchenneubau niemals vollendet würde, da man einem Unschuldigen den Diebstahl in die Schuhe geschoben hätte. Ein erster Neuaufbau stürzte 1681 ein – wahrscheinlich aufgrund eines Unwetters bzw. eines Konstruktionsfehlers. 1682 wurde mit dem Bau des heutigen Gebäudes nach Plänen des Architekten João Antunes begonnen. Man zog die unteren Stockwerke hoch; die geplante Kuppel darüberzuspannen erschien jedoch offenbar zu riskant, sodass die Kirche als Bauruine stehen blieb und zeitweilig als Geräte- und Waffenlager genutzt wurde.
1916 startete man einen weiteren Versuch, den Bau zu vollenden. Mit einem Gesetz wurde damals festgelegt, die Kirche als nationales Pantheon zu nutzen. Aber erst im Estado Novo unter Salazar ging man an die Innenausgestaltung und wagte, eine Kuppel aus Beton über den Raum zu spannen. Schließlich wurde der Baukomplex 1966 als **Tempel zur Ehrung nationaler Größen** fertiggestellt.

Außenansicht

Trotz der langen Bauzeit erscheint das National-Pantheon als recht einheitlicher Bau, der eine Orientierung an zentralen Kuppelbauten des italienischen Barock erkennen lässt. Aus der ersten Bauphase stammen die barocken Elemente, aber auch klare klassizistische Linien fallen schon bei der Außenbetrachtung ins Auge (Abb. ► S. 176).

Innenraum

Weißer, gelber, rosa, grauer und schwarzer Marmor dominiert im Innern und vermittelt Eleganz. Der unbestuhlte Innenraum, dessen **Grundriss die Form eines griechischen Kreuzes** hat, wirkt durch seine Leere etwas überdimensional. Um der Funktion des Gebäudes gerecht zu werden, wurden sechs große Kenotaphe in den seitlichen Apsiden aufgestellt. **Sechs nationale Größen** werden durch symbolische Grabmäler geehrt: Vasco da Gama, Heinrich der Seefahrer, Luís Vaz de Camões (►Berühmte Persönlichkeiten), der erste Vizekönig in Indien Afonso de Albuquerque, der Entdecker Brasiliens Pedro Álvares Cabral und Nuno Álvares Pereira, der 1385 durch die Schlacht von Aljubarrota die portugiesische Unabhängigkeit gegenüber Spanien sicherte. In zwei Seitenräumen wurden die Grabmäler der Präsidenten Teófilo Braga, Sidónio Pais und Oscar Carmona sowie die der Schriftsteller Guerra Junqueiro, João de Deus und Almeida Garrett aufgestellt, außerdem das Grabmal von **Amália Rodrigues** (►Berühmte Persönlichkeiten) und das von Humberto Delgado, General und Symbolfigur des Widerstands gegen das Salazar-Regime und 1965 von der PIDE ermordet.

Kuppel

Man kann den Kuppelinnenkreis umgehen und hat dabei einen sehr schönen Blick tief hinunter in den Raum. Von der Außenkuppel aus bietet sich eine ungewöhnliche und spektakuläre Perspektive über die Alfama und auf den Tejo.

Blick in die Kuppelgewölbe des National-Pantheons

Parque Eduardo VII.

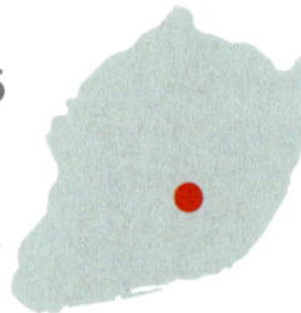

G/H 6

Lage: nördl. der Avenida da Liberdade
Metro: Marquês de Pombal, Parque
Bus: 702, 706, 709, 711, 712, 720, 723, 726, 727, 732, 736, 738, 744, 746, 753, 774, 783

Nicht gerade »portugiesisch« wirkt der strenge und kühle Parque Eduardo VII., der eigentlich eine Verlängerung der Avenida da Liberdade darstellt, aber wesentlich später als die Prachtstraße angelegt wurde.

Symmetrisch angelegt

Der Park entstand in den ersten Jahrzehnten des 20. Jh.s und erhielt seinen Namen nach dem englischen König, der 1903 Lissabon einen Besuch abstattete. Vorher war das brachliegende Gebiet am oberen Ende der Avenida als »Parque da Liberdade« bezeichnet worden. Mit einer Fläche von ca. 25 ha ist er bei Weitem der **größte Park in der Innenstadt**. Der Mittelteil besteht aus zwei parallel verlaufenden Wegen und einem recht eintönigen Grünstreifen mit symmetrischen Heckenreihen dazwischen. Schöner als der zentrale Teil sind die beiden weniger künstlich wirkenden Außenanlagen.

Von der Terrasse am oberen Ende des Parque Eduardo VII. kann man bei guter Sicht bis zur Serra da Arrábida (►Península de Setúbal) sehen. Die Plastik von João Cutileiro ist dem 25. April 1974 gewidmet. Empfehlenswert ist das Café »Linha d'Água« ganz oben am Wasser.

! BAEDEKER TIPP

Estufa Fria

Sehenswert ist in der Nordwestecke des Parks der als »Estufa Fria« bezeichnete Komplex. Bei dem 1929 angelegten »kalten Gewächshaus« handelt es sich um einen Garten mit großen Gewächshäusern, in denen einheimische und tropische Pflanzen gedeihen und sich in eine hübsche Szenerie aus Teichen, Brücken und Volieren einfügen. Man wandelt unter Gummibäumen, Palmen, Baumfarnen und Kamelien. Außerdem gibt es ein »warmes« Kakteenhaus. ● 10.00 – 19.00 im Sommer, 9.00–17.00 Uhr im Winter; Eintritt: 3,10 €; estufafria.cm-lisboa.pt

Pavilhão Carlos Lopes

Auf der gegenüberliegenden Ostseite steht der nach dem portugiesischen **Marathonläufer und Olympiasieger** von 1984 benannte Pavilhão Carlos Lopes oder Pavilhão dos Desportos, der 1932 in Nachahmung vergangener Stile gebaut wurde und im Innern eine **alte Sporthalle** beherbergt. Hier finden heute weniger Sportveranstaltungen als vielmehr Konzerte, größere Versammlungen und dergleichen statt. Beachtenswert sind die hübschen großflächigen Azulejobilder an den Außenwänden und in der Eingangshalle.

Parque do Monteiro-Mor

F 1

Lage: Lumiar
Bus: 703, 736, 796
Metro: Lumiar
Eintritt: 2 € (Museen u. Park 4 €)

Der wunderbare Park gehört zum Palácio do Monteiro-Mor, einem Palastkomplex aus dem 18. Jahrhundert, in dem heute zwei kleine sehenswerte Museen untergebracht sind.

Parkidyll am Cityrand

Inmitten von Satellitenvierteln liegt der idyllische Monteiro-Mor-Park am Nordrand Lissabons so günstig, dass man hier durch eine wahre Oase spazieren kann, ohne sich von der Stadtnähe beeinträchtigt zu fühlen. Im vorderen Teil des Parks ist eine reichhaltige Pflanzensammlung angelegt worden, abwechslungsreich gestaltet mit Teichen und Wasserbecken. Die Mischung aus angelegter und wild wachsender Natur, die Brunnenanlagen und verwitterten Steinfiguren strahlen einen ruhigen Charme aus. Der hintere Teil des Parks ist weitläufiger und lichter. Auf einer Terrasse ist ein exklusives, immer gut besuchtes Restaurant in schöner Umgebung eingerichtet worden.

Museu Nacional do Traje

In einem der Palastgebäude aus dem 18. Jh. wurde 1977 das Trachten-Nationalmuseum eingerichtet. In dem Museum sind nicht nur Trachten im folkloristischen Sinn zu sehen, vielmehr umfasst die Sammlung ein breites Spektrum an **Textilien aller Art** aus verschiedenen Jahrhunderten. In interessanten Wechselausstellungen werden beispielsweise bestimmte Epochen mittels Kleidung und Mode dargestellt. Eine Dauerausstellung widmet sich der Textilindustrie.

ⓘ Di. 14.00 – 18.00, Mi. – So. 10.00 – 18.00 Uhr; Eintritt: 4 €; www.museudotraje.pt

Museu Nacional do Teatro e de Dança

Das Theater-Nationalmuseum wurde 1985 in einem zuvor abgebrannten und mit damals modernster Museumstechnik wieder aufgebauten Gebäude eingerichtet.

Das Museum ist das einzige seiner Art in Portugal, seine Sammlung umfasst alles in allem über 300 000 Stücke, darunter Kostüme, Figurinen, Bühnenrequisiten, Eintrittskarten, Plakate, Programmhefte, Postkarten, Fotografien, Manuskripte, auch Partituren und Schallplatten etc. und dokumentiert in sehr abwechslungsreich gemachten Wechselausstellungen das Leben von **Bühnengrößen und Stationen des portugiesischen Theaters**. Angeschlossen sind ein Archiv mit 120 000 Fotos und eine Fachbibliothek.

ⓘ Di. – So. 10.00 – 18.00 Uhr; Eintritt: 4 €; www.museudoteatroedanca.pt

★ Parque das Nações

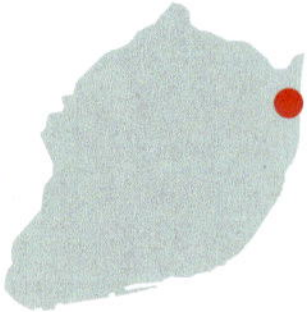

M/N 1/2

Lage: nordöstlich der Innenstadt
Metro: Oriente

Unter dem Motto »Die Ozeane – Vermächtnis für die Zukunft« fand im Sommer 1998 in Lissabon die letzte Weltausstellung des 20. Jahrhunderts statt. Das damalige Ausstellungsgelände ist heute ein beliebtes Freizeitareal, außerdem ist hier am Flussufer ein komplett neuer Stadtteil entstanden.

Ehemaliges Expo-Gelände und Expo-Urbe

Im Rahmen der Expo '98 wurden in fünf Themenpavillons die Weltmeere, ihre Geschichte, ihre Gefährdung, ihre Nutzungsmöglichkeiten und ihre Zukunft beleuchtet. Bereits frühzeitig hatte man sich Gedanken um die **Nachnutzung des Weltausstellungsgeländes** gemacht. Dabei ist das 70 ha große Areal lediglich ein Teil einer insgesamt ca. 330 ha großen Fläche am Flussufer, auf der ein ganz neues Stadtviertel, die »Expo-Urbe«, entstanden ist. Noch 1993 gab es hier **Ölraffinerien**, Wohnbaracken, **ausgediente Hafenanlagen**, unkrautüberwucherte Flächen. Die Doca dos Olivais, das zentrale Hafenbecken, und ein modernisierter, etwas umgestalteter **Raffinerieturm**, die **Torre Vasco da Gama**, zeugen noch von der früheren Nutzung des Areals als Petroleumhafen.

Lissabons futuristische Seite: Torre Vasco da Gama im Parque das Nações

20 Jahre später sind auf einer 5 km langen und etwa 800 m breiten Fläche Wohnungen für 25 000 Menschen und Räumlichkeiten für 18 000 Arbeitsplätze entstanden. **Kern des neuen Stadtteils** mit Schulen, Kindergärten und einem Krankenhaus ist der Park der Nationen, **das ehemalige Expo-Gelände**. Während die Hallen im Nordbereich der Expo heute als Messehallen benutzt werden, sind einige Weltausstellungspavillons als Ausstellungs- oder Veranstaltungshallen zugänglich, wie der Pavilhão do Conhecimento, in dem ein »Science-Center« zum Ausprobieren von physikalischen und technischen Phänomenen eingerichtet wurde, und die Veranstaltungshalle **Meo Arena**, der ehemalige **Pavilhão Atlântico**, mit dem futuristisch anmutenden, kuppelartigen Dach. Mit dem Teatro Luís de Camões ist ein noch

weiterer Ort für Veranstaltungen hinzugekommen. Eine der großen Attraktionen auf dem Gelände ist neben dem spektakulären ▸**Oceanário** eine Promenade, die am Tejo entlangführt. Über der Promenade schwebt der **Teleférico Lisboa**, eine Seilbahn, deren Gondeln parallel zum Ufer fahren. Neben die 140 m hohe Torre Vasco da Gama ist ein Luxushotel gesetzt worden, dessen Restaurant-Bar öffentlich ist – man sitzt mit Blick auf das Strohmeer und die Ponte Vasco da Gama. Auch wenn das Areal alles in allem etwas steril wirkt, ist es bei den Lissabonnern doch sehr beliebt – an sonnigen Wochenenden sind hier vor allem viele Familien unterwegs.

Teleférico Lisboa: Mitte März bis Anf. Juni 11.00 – 19.00, Anf. Juni bis Mitte Sept. 10.00 – 20.00, Mitte Sept. – Ende Okt. 11.00 – 19.00, Ende Okt. – Mitte März 11.00 – 18.00 Uhr; Ticket: 3,95 € (5,90 € hin und zurück); www.telecabinelisboa.pt

Estação Oriente

Anlässlich der Expo wurde als Hauptverkehrsknotenpunkt für den Bahn-, Bus- und Metroverkehr die Estação Oriente neben dem Weltausstellungsgelände neu gebaut. Der Entwurf für den architektonisch sehr gelungenen, lichtdurchfluteten und leicht wirkenden Ostbahnhof stammt von dem Spanier **Santiago Calatrava**. Die Verbindung zwischen dem Bahnhof und dem ehemaligen Expo-Gelände stellt das beliebte Vasco-da-Gama-Einkaufszentrum dar.

★ Península de Setúbal

Ausflugsziel

Lage: südlich von Lissabon
Höhe: 0 – 501 mm
Busse: ab Praça de Espanha, Areeiro u. Estação Oriente; www.tsuldotejo.pt
Schiffe: ab Cais do Sodré und Belém
Zug: ab Estação Oriente nach Setúbal

Auf der Halbinsel von Setúbal südlich der Stadt am anderen Tejo-Ufer liegen die schönsten Wochenendausflugsziele der Lissabonner, an der Küste einmalige Strände und im Innern das grüne Naturparadies der Serra da Arrábida. Vom internationalen Tourismus ist die Península nur wenig berührt.

Vor den Toren der Hauptstadt

Die Halbinsel südlich von Lissabon wird von der **Serra da Arrábida** und ihren nördlichen Ausläufern zwischen Tejo und Sado gebildet. An der Westseite erstreckt sich von der Tejo-Mündung bis zum Cabo Espichel ein höchst **attraktiver Küstenabschnitt**. An der Südküste findet man ansprechende, noch recht ursprüngliche Orte und relativ leere Strände. Die Hauptanfahrtsroute von Lissabon aus über die Ponte 25 de Abril ist an Wochenenden und im Sommer meist hoffnungslos verstopft. Die größten Orte sind das Fischerstädtchen ▶Sesimbra und weiter östlich an der Sado-Mündung die Industrie- und Hafenstadt ▶Setúbal, in deren Umgebung es eine bekannte Weingegend gibt.

Costa da Caparica Costa da Caparica, einstmals ein kleines Fischerstädtchen südwestlich von Lissabon, ist heute ein nicht allzu hübsches Seebad mit tristen Betonblocks und Imbissbuden. Der Strand am Ort ist aber bevorzugtes Wochenendziel von Portugiesen, vor allem von Surfern; es gibt Surfschulen und Strandrestaurants und -bars in schöner Holzarchitektur.

Der Mitte des 16. Jh.s erbaute **Convento dos Capuchos** oberhalb des Orts wurde um 1960 vollständig restauriert; heute werden in dem ehemaligen Kapuzinerkloster im Sommer Konzerte veranstaltet.

❶ Bus ab Areeiro und Praça de Espanha, Schiff ab Cais do Sodré und Belém
Convento dos Capuchos: Mi.–Sa. 10.00–14.00, 15.00–18.00 Uhr

***Praia do Sol** Die Praia do Sol zieht sich von Costa da Caparica über 20 km weit nach Süden. Der breite Dünenstrand wird von waldigen Höhen gesäumt und gehört sicher zu den **schönsten Stränden in Portugal**. Eine Schmalspurstrandbahn fährt im Sommer zu den entlegeneren Abschnitten des Strandes bis zur Fonte da Telha, wobei die Strandabschnitte an den Haltepunkten 18 und 19 vor allem bei Nudisten und Schwulen beliebt sind. Auf der gesamten Länge gibt es eine große Auswahl an Strand-Restauration, von einfachen Buden und Beach-Lounges bis zu Szenebars mit Liegestühlen und Sitzsäcken, DJ-Animation und angeschlossenen Surfschulen.

Cabo de Espichel Das raue Cabo de Espichel ist die von einem Ausläufer der Serra da Arrábida gebildete Südwestspitze der Halbinsel. Eindrucksvoll ist der Blick über die Küstenszenerie und die zum Meer abfallenden Felsen, auf denen versteinerte Dinosaurierspuren erhalten sind. Nördlich des Leuchtturms steht die barocke Wallfahrtskirche Nossa Senhora do Cabo. Sie wird von lang gezogenen zweigeschossigen Gebäuden flankiert, die als Pilgerunterkünfte dienten.

***Sesimbra** Etwa 13 km östlich des Kaps liegt am Südhang der Serra da Arrábida der Fischerort Sesimbra mit etwa 5000 Einwohnern. Die reizvolle Hanglage des **Seebades**, das insbesondere von Portugiesen gern besucht wird, hat in den letzten Jahren etwas durch Neubaukomplexe gelitten. Der geschäftige Ort lebt hauptsächlich vom Tourismus und vom Fischfang, er ist für seine **guten Fischlokale** weithin bekannt.
In der Ortsmitte steht direkt am Strand die Fortaleza de Santiago, eine im 17. Jh. erbaute Festung, die zeitweilig als Gefängnis benutzt wurde. Hoch über dem Ort erhebt sich ein ursprünglich im 12. und 13. Jh. errichtetes Kastell. Es wurde zu Beginn des 17. Jh.s für König

João IV. fast völlig neu wieder aufgebaut. Das **Museum** im Kastell zeigt archäologische Funde und gibt Informationen zur Lapa-do-Fumo-Grotte, die zwischen der Neusteinzeit und dem 12. Jh. konstant als menschliche Behausung diente.

❶ Bus ab Praça de Espanha

Museum: Mo. – Fr. 14.00 – 17.30, Sa., So. 10.00 – 12.30/14.00 – 17.30 Uhr

***Setúbal**

Die an der breiten Mündungsbucht des Rio Sado gelegene Industriestadt Setúbal ist mit 90 000 Einwohnern die viertgrößte Stadt sowie der **drittgrößte Hafen Portugals** mit bedeutenden Fischkonservenfabriken, Werften, Salinen und Autoindustrie. Sie entstand vermutlich im 5. Jh. anstelle der weiter südöstlich auf der Halbinsel Tróia gelegenen und durch eine Flutkatastrophe vernichteten **römischen Stadt Cetóbriga**.

Für eine Industriestadt hat Setúbal ein durchaus ansprechendes Ortsbild. Entlang des Rio Sado ziehen sich der Güter-, der Jacht- und der Fischerhafen, hier geht es jeden Morgen nach dem Einlaufen der Fischerboote und bei der anschließenden Fischauktion lebhaft zu. Hier werden auch Touren zur **Delphinbeobachtung** in der Sado-Mündung angeboten. Nördlich davon verläuft in Ost-West-Richtung eine der Hauptverkehrsachsen der Stadt, die nach der gefeierten Sängerin Luisa Todi (1753 – 1833) benannte Avenida de Luisa Todi. Jenseits der Avenida erstreckt sich die recht stimmungsvolle enge Altstadt, in der die wenigen vom Erdbeben 1755 verschont gebliebenen Sehenswürdigkeiten zu finden sind. Mittelpunkt ist hier die Praça do Bocage mit einem Standbild des 1765 in Setúbal geborenen Dichters.

Portugals erste manuelinische Kirche, die Igreja de Jesus in Setúbal

Im Westen der Altstadt steht die **Igreja de Jesus**, die **erste im manuelinischen Stil errichtete Kirche Portugals**. Mit den Bauarbeiten begann man 1490/1491 unter der Leitung von Diogo de Boytaca, der sich später durch den Bau des Klosters von Batalha und des ►Mosteiro dos Jerónimos Ruhm erwarb. Von außen wirkt die dreischiffige Hallenkirche relativ schmucklos, innen beeindrucken vor allem die frühmanuelinischen Säulen sowie das Sterngewölbe im Chor und die Azulejo-Darstellungen aus dem Leben Marias.

In den Räumen des angrenzenden ehemaligen Klosters sowie in dem aus Arrábida-Marmor errichteten Kreuzgang (17. Jh.) ist das städtische **Museu de Setúbal** untergebracht. Zu den Exponaten gehören Gemälde portugiesischer, flämischer und katalanischer Meister sowie archäologische Funde aus dem Gebiet um Setúbal.

Sehenswert sind auch die Igreja de São Julião an der Praça do Bocage mit zwei manuelinischen Portalen, die Igreja de Santa Maria da Graça aus dem 16. Jh. im Osten der Altstadt und mehrere Museen: das **Museu de Arqueologia e Etnologia** (Archäologische und Völkerkundemuseum), ein Industriemuseum **Museu do Trabalho** und die dem aus Setúbal stammenden Satiriker und Literaten Manoel Maria de Barbosa du Bocage gewidmete **Casa de Bocage**. Westlich über Setúbal erhebt sich das Castelo de São Filipe, in dem eine Pousada (►Erleben und Genießen, Übernachten) mit öffentlich zugänglichem Café eingerichtet ist. Das Kastell wurde im 16. Jh. nach Plänen des Italieners Filippo Terzi gebaut, der auch die Lissabonner ►Igreja de São Roque und die ►Igreja de São Vicente de Fora entworfen hat.

❶ Bus ab Praça de Espanha, Zug und Bus ab Estação Oriente

Museu de Setúbal: Di. – Sa. 9.00 – 12.30/14.00 – 17.30 Uhr; Eintritt: 1,15 €

Museu de Arqueologia e Etnologia: Av. Luísa Todi 162, Di. – Sa. 9.00 – 12.30/14.00 – 17.30 Uhr, im Aug. Sa. geschl.

Museu do Trabalho: Largo Defensores da República, Juni – Mitte Sept. Di. – Fr. 9.30 – 18.00, Sa. 15.00 – 18.00, Mitte Sept. – Mai Sa. geschl.

Casa de Bocage: Rua Edmond Bartisol 12; Di. – Fr. 9.00 – 12.30, 14.00 bis 17.30, Sa. 15.00 – 19.00 (Mitte Sept. – Mai 14.00 – 18.00); Eintritt: 1,15 €

Portinho da Arrábida

Portinho da Arrábida ist ein winziges Fischernest, das zunehmend auch von Touristen aufgesucht wird. Es liegt idyllisch in einer Sandbucht, etwa auf halber Strecke zwischen Sesimbra und Setúbal am Fuß der steil aufragenden Südseite der Serra da Arrábida. In Ortsnähe reihen sich zahlreiche kleine Felsbuchten aneinander, die vorzügliche Tauchsportbedingungen bieten (z. B. Praia de Galápos und Praia da Figueirinha). Das **Museu Oceanográfico** zeigt eine bedeutende Sammlung seltener Schwammarten und Meerestiere. Es ist in der 1670 errichteten Fortaleza de Santa Maria da Arrábida am westlichen Ortsrand eingerichtet.

Ca. 500 m westlich von Portinho da Arrábida entdeckte man in der **Lapa de Santa Margarida**, einer kleinen Grotte, frühe Spuren der

Menschheitsgeschichte (Zutritt über Treppen am Meer). Von dieser »Kirche aus Stein«, die Hans Christian Andersen bei seinem Besuch beschrieb, ist leider nur eine kleine Kapelle erhalten.

Museu Oceanográfico: Di. – So. 9.00 – 12.00, 13.30 – 17.30 Uhr; Eintritt: 2 €

Azeitão

Rund 15 km westlich von Setúbal liegt Azeitão mit dem Ortsteil **Vila Fresca de Azeitão**, in dem die Kirche São Simão sehenswert ist. Insbesondere aber einen Besuch der ***Quinta da Bacalhôa** an der Straße nach Setúbal sollte man einplanen. Der Palácio da Bacalhôa wurde im letzten Viertel des 15. Jh.s mit maurischen Kuppeltürmen errichtet und im 16. Jh. im größeren Stil verändert. In dem herrlichen Park steht die Casa de Prazer, ein hübsches Lustschlösschen aus der Mitte des 16. Jh.s mit einem Fliesenbild »Susanna im Bade«. Heute gehört die Quinta dem Kunstmäzen Joe Berardo (►Belém, Centro Cultural).

Vila Nogueira de Azeitão 2 km östlich von Vila Fresca de Azeitão ist berühmt für seine Weinkellereien, die man besichtigen kann. Eine der bekanntesten ist **José Maria da Fonseca**. Der 1520 – 1523 von Jorge de Lencastre errichtete Palast der Herzöge von Aveiro ist eines der ersten Renaissancebauwerke in Portugal.

! BAEDEKER TIPP

Weintourismus

Die Gegend um Setúbal ist bekannt für ihre Weine. Informationen zu Weinen, Kellereien, Weinrouten, Übernachtungsmöglichkeiten etc. erhält man auf www.rotavinhospsetubal.com. In Palmela werden alle Weine der Region mit kompetenter Beratung verkauft (Casa Mãe Rota dos Vinhos, Lg. de S. João Baptista, Palmela, Tel. 212 33 43 98, www.rotavinhospsetubal.com).

Bus ab Praça de Espanha

Quinta da Bacalhôa: Führungen durch Palast und/oder Museum (Voranmeldung Tel. 212 198 067 oder online, Start an den Bacalhôa-Kellereien in Vila Nogueira de Azeitão): Mo. – Sa. 10.30, 11.30, 14.30, 15.30, 16.30 Uhr (So. Führungen nur durch das Museum); Eintritt: 3 – 6 €; www.bacalhoa.com

José Maria da Fonseca – Casa Museu: Führungen tgl. 10.00 – 12.00, 14.30 – 17.30 Uhr (Anmeldung: Tel. 212 19 89 40); www.jmf.pt

*Palmela

Das Bergstädtchen Palmela (6000 Einw.), 10 km nördlich von Setúbal in der Serra de São Luís gelegen, ist vor allem für den in der Umgebung erzeugten Wein sowie für das erfolgreich produzierende »Autoeuropa«-Volkswagenwerk bekannt. Weithin sichtbar liegt oberhalb von Palmela das **Kastell**, in dessen Westteil im 15. Jh. das São-Tiago-Kloster eingerichtet war; hier ist heute eine **Pousada** untergebracht (►Erleben und Genießen, Übernachten). Die Burg galt in maurischer Zeit als die stärkste Festung im Süden Portugals. Innerhalb des Festungsbereiches befinden sich die Reste der Igreja de Santa Maria do Castelo, einer Renaissancekirche, die an der Stelle einer maurischen Moschee errichtet worden war und beim Erdbeben 1755 zusammenstürzte. Vom Bergfried überschaut man den gesamten Festungsbereich und kann bei guten Sichtverhältnissen in der Ferne sogar die Mündungsbucht des Tejo und Lissabon ausmachen, so wie man an klaren Tagen Palmela auch von Lissabon aus erkennt.

Bus ab Estação Oriente

**Serra da Arrábida

Sehr lohnend sind Ausflüge in die Bergeinsamkeit der zum Naturschutzpark erklärten Serra da Arrábida. Außergewöhnlich ist hier die Pflanzenvielfalt, neben dem wilden Ölbaum sieht man u. a. Erdbeerbäume, Mastixbäume, Steineichen, außerdem Heidekraut, Zistrosengewächse, Geißblatt und Myrte. Von Portinho da Arrábida führt eine kleine Straße aufwärts zum **Convento Novo da Arrábida**, der 1542 von Franziskanermönchen gegründet wurde. Der von Mauern umschlossene Komplex ist in Privatbesitz, kann aber nach Voranmeldung besucht werden. Die Straße steigt weiter an zur höchsten Erhebung der Serra da Arrábida, zum Alto do Formosinho (501 m). Immer wieder ergeben sich spektakuläre Ausblicke auf die Küste bei Tróia und bei guter Sicht auf Lissabon.

Convento Novo da Arrábida: Besichtigungsmöglichkeit Mi. – So. (Voranmeldung Tel. 212 19 76 20, 932 21 65 52); Eintritt: 5 €; www.foriente.pt

* Ponte 25 de Abril

E 9/10

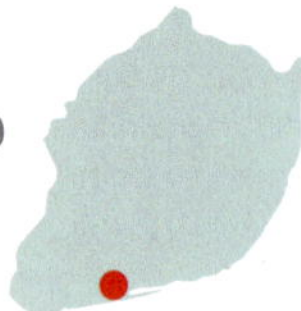

Lage: zwischen Alcântara und Christusstatue
Bus: 753 (Überquerung der Brücke), 714, 720, 724, 727, 728, 732, 738, 742, 751, 756, 760 (Unterquerung bzw. in die Nähe der Brücke)
Straßenbahn: 15, 18

Kurz bevor der Tejo in einer breiten Trichtermündung in den Atlantik fließt, rücken die beiden Ufer noch einmal zusammen. An dieser nur ca. 2 km breiten Stelle quert die Ponte 25 de Abril den Tejo.

Bis 1966 konnte man den Fluss nur 30 km nördlich von Lissabon über eine Brücke bei Vila Franca de Xira oder mit Fähren bei Lissabon überqueren. Am 6. August 1966 wurde die Brücke unter dem Namen **»Ponte de Salazar«** eingeweiht, nach dem Ende der Diktatur benannte man sie in Erinnerung an den Tag der Revolution um in »Ponte 25 de Abril«. Durch den Bau der Ponte 25 de Abril wurde die portugiesische Hauptstadt verkehrsgünstig mit dem Südteil des Landes verbunden, zudem gehörte fortan das südliche Tejo-Ufer nahezu zum Stadtgebiet. Lissabons Einwohnerzahlen stiegen nach der

Kurz hinter der Ponte 25 de Abril mündet der Tejo in den Atlantik.

Eröffnung der Brücke sprunghaft an. Kilometerlange Staus auf der Brücke sind seit Jahren an der Tagesordnung. Die Konstruktion der Stahlbetonbrücke basiert auf Plänen der amerikanischen Firma, die die **Golden Gate Bridge** in San Francisco entwarf. Ihre Gesamtlänge beträgt 2,3 km, die Höhe der Fahrbahn etwa 70 m, die Fundamente liegen 82 m unter dem Wasserspiegel. Die beiden Brückenpfeiler haben eine Höhe von 190 m, die Strecke zwischen den Pfeilern misst gut 1000 m. Die Architekten der 1960er-Jahre bewiesen Weitblick: Unterhalb der Fahrspuren legten sie eine doppelspurige Gleisanlage für Züge an. Seit 1999 verkehren Bahnen auf dieser Strecke.

* Ponte Vasco da Gama

nördl. N 1

Lage: östlich der Innenstadt
Metro: Oriente

Die Ponte Vasco da Gama überspannt den Tejo an der Stelle, an der er sich seeartig mit einer Breite bis zu 13 km zum Mar de Palha (Strohmeer) erweitert.

Die Brücke verläuft vom Nordrand des ehemaligen Expo-Geländes in einem leichten Bogen nach Osten. Der Brückenkopf am gegenüberliegenden Tejo-Ufer befindet sich bei Alcochete, einem kleinen Dorf in einer noch recht ländlichen Region. Hier bei Alcochete sollte eigentlich Lissabons neuer Flughafen entstehen, aufgrund der Krise wurden die Pläne aber ad acta gelegt. Bereits mit Planung der Brücke gingen die Grundstückspreise in dieser Gegend deutlich in die Höhe, und in absehbarer Zeit wird es mit der Idylle am Ostufer des Mar de Palha wohl vorbei sein. Die Brücke war als Entlastung für die ►Ponte 25 de Abril, die jahrzehntelang die einzige Verbindung zwischen Lissabon und den Orten am südlichen Tejo-Ufer darstellte, lange schon diskutiert und geradezu herbeigesehnt worden. Mit EU-Geldern konnte sie zwischen 1995 und 1998 errichtet werden. Sie hat sechs Fahrspuren und ist mit einer Länge von 17 km **eine der längsten Brücken Europas**. Das Verkehrsaufkommen beträgt rund 90 Mio. Fahrzeuge pro Jahr. Pläne für eine dritte Brücke über den Tejo auf Höhe der Flussmündung liegen ebenfalls wegen der Krise auf Eis.

* Praça do Comércio

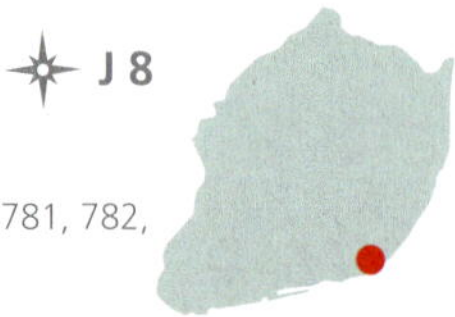

Lage: südliches Stadtzentrum, am Tejo-Ufer
Straßenbahn: 15, 25
Bus: 711, 714, 728, 732, 735, 736, 759, 774, 781, 782, 794
Metro: Terreiro do Paço

Dies ist der »Empfangssalon« von Lissabon. Bis 1755 stand hier am Flussufer der Königspalast Paço da Ribeira, den Manuel I. Anfang des 16. Jahrhunderts bezogen hatte. Und so wurden damals Könige und wichtige Gäste, die per Schiff ankamen, hier unten empfangen.

Bewegte Geschichte

Noch aus der Zeit vor dem Erdbeben hat sich bei den Lissabonnern bis heute die Bezeichnung **»Terreiro do Paço«** (Platz des Palastes) für die Praça do Comércio (Handelsplatz) erhalten. Auf diesem Platz gingen nicht nur wichtige Gäste an Land, er war auch Schauplatz für Ketzerverbrennungen und Stierkämpfe. Nachdem der Terreiro do Paço durch das Erdbeben völlig zerstört und überflutet worden war, wurde die heutige Praça do Comércio im Zuge der Aufbauarbeiten der ►Baixa neu gestaltet. Einheitliche Gebäudefassaden mit Arkadengängen umgeben den mit Ausmaßen von ca. 180 x 190 m nahezu quadratischen Platz an drei Seiten. Zum Tejo hin ist er offen. In den Gebäuden rund um den Platz, der als einer der schönsten in Europa gilt, sind einige öffentliche Behörden und Ministerien untergebracht. Nach Restaurierungsarbeiten am Cais das Colunas wird der Platz nun neu gewürdigt: An der Nordwestseite entstand der sogenannte

Praça do Comércio: Arkadengänge umziehen den Platz an drei Seiten.

Die abendliche Praça do Comércio mit dem Kastell im Hintergrund

Pátio da Galé mit einer erweiterten **Touristeninformation** und Souvenirladen, Platz für Events, Gastronomie im Innenhof sowie Gourmetrestaurants. Zum Fluss hin werden im »Torreão«, einer **Dependance des Stadtmuseums**, gute Wechselausstellungen gezeigt.

Arco Triunfal Die gleichförmige Nordfront wird durch den 1873 fertiggestellten Arco Triunfal unterbrochen, durch den man in die **Rua Augusta** kommt. Die Marmorstatuen, die das königliche Wappen flankieren, stellen (von links nach rechts) Viriatus, den sagenumwobenen Anführer der Lusitaner im Kampf gegen die Römer, den Seefahrer Vasco da Gama, den Minister Pombal (▶Berühmte Persönlichkeiten) und Nuno Álvares Pereira, der Portugals Unabhängigkeit gegenüber Spanien verteidigte, dar. Die seitlich liegenden Figuren sind Allegorien auf Tejo (links) und Douro (rechts). Oben steht eine allegorische Figurengruppe; in der Mitte ist die Gloria zu sehen, die Genius und Tapferkeit krönt. Auf dem Arco Triunfal ist der **Belvedere** zugänglich, von dem sich ein schöner Rundumblick bietet.

❶ tgl. 9.00 – 19.00 Uhr; Eintritt: 2,50 €

Denkmal José I. In der Platzmitte wurde 1775 das Reiterstandbild Josés I. aufgestellt, ein Werk von Machado de Castro, dem bekannten Bildhauer aus der Schule von Mafra. Es ist dem König gewidmet, unter dem der Minister Pombal für den **Wiederaufbau der Stadt nach dem Erdbeben** völlig freie Hand hatte. Pombal selbst ist am Sockel des Standbildes auf einem Bronzemedaillon verewigt. Das Medaillon wurde unter Maria I., die die Reformen Pombals weitgehend rückgängig machte, entfernt, 1833 aber wieder angebracht. Das gesamte Denkmal ist

14 m hoch, das Reiterstandbild allein hat eine Höhe von knapp 7 m und ein Gewicht von etwa 30 t. Es ist das erste Bronzedenkmal, das in Portugal gegossen wurde, und zwar im Heeresarsenal am Fuß der Alfama, in dem heute das Museu Militar untergebracht ist. Mit einem Festzug von über 1000 Lissabonnern wurde es in einem speziell angefertigten Wagen hierher transportiert.

Café Martinho da Arcada

Eine lange Tradition hat das Café Martinho da Arcada unter den Arkaden in der nordöstlichen Ecke des Platzes. Es wurde 1782 gegründet, seinen Namen erhielt es erst später nach dem Besitzer Martinho. Stammgast dieses einst einfachen Cafés war **Fernando Pessoa** (►Berühmte Persönlichkeiten). Pessoa arbeitete und lebte lange Zeit in der Baixa und soll Teile seines Werkes nach Feierabend hier zu Papier gebracht haben. Heute ist das Martinho da Arcada ein nobles Restaurant und Esplanadencafé, in dem sich mittags die Lissabonner treffen und das auch bei Touristen sehr beliebt ist. Im Innern erinnern ein Kaffeehaustisch an Pessoas »Arbeitsplatz« und Dokumente an den Wänden an das literarische Leben in Lissabon.

Lisboa Story Centre

Das Lisboa Story Centre führt multimedial durch die **Geschichte der Stadt** – etwas glamourös zwar, aber sehr unterhaltsam.
❶ tgl. 10.00 – 20.00; Eintritt: 7 €; www.lisboastorycentre.pt

Estação Fluvial Terreiro do Paço

Am südöstlichen Rand des Platzes steht der Flussbahnhof Estação Fluvial, ein Bau aus dem Jahr 1931 von dem Architekten Cottinelli Telmo. Von hier starten die Personenfähren hinüber nach Barreiro auf dem gegenüberliegenden Tejo-Ufer. Seine Umgestaltung zu Flussbahnhof/Metrostation wurde 2007 mit dem wichtigsten portugiesischen Architekturpreis, dem Prémio Valmor ausgezeichnet.

Praça da Figueira

J 8

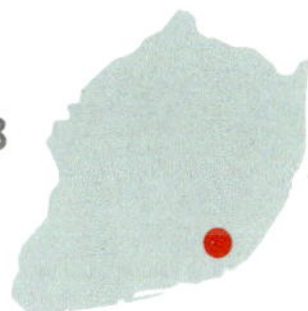

Lage: östlich des Rossio
Metro: Rossio
Straßenbahn: 12, 15
Bus: 714, 737, 760

Die Praça da Figueira, der »Feigenbaumplatz«, liegt direkt neben dem Rossio, und obwohl es an dem Platz viele Geschäfte und auch Verkehr gibt, erscheint die Praça da Figueira im Vergleich zum Rossio deutlich ruhiger.

Die Praça da Figueira ist Teil des städtebaulichen Konzepts der pombalinischen Unterstadt (►Baixa). Durch die lebhafte Rua da Prata ist sie mit der ►Praça do Comércio verbunden. Die relative Unaufgeregtheit, die an diesem Platz herrscht, mag auch einer der Gründe dafür sein, dass die für die Baixa typische einheitliche Bebauung hier mehr auffällt als am Rossio. Vor dem Erdbeben stand das Todos-os-Santos-Krankenhaus an dieser Stelle, das auf alten Stadtansichten gut zu erkennen ist. 1775 richtete man einen großen Markt ein, 1885 wurden **Markthallen** gebaut, die dem Platz einen völlig anderen Charakter gaben. In den Morgenstunden herrschte lebhaftes Treiben, auch als touristische Attraktion war die Praça da Figueira mit ihrem Marktalltag beliebt. Mitte des 20. Jh.s wurden die Hallen abgerissen. Nun wird an die Markttradition wieder angeknüpft: Jeweils am letzten Wochenende des Monats werden auf einem Gourmetmarkt regionale Produkte angeboten. Das **Bronzedenkmal** in der Platzmitte stellt den ersten König aus dem Haus Aviz, **João I.**, hoch zu Pferd dar. Tauben gurren am Denkmal, und Skater testen ihre Manöver.

Praça dos Restauradores

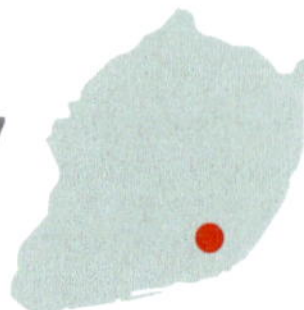

H 7

Lage: am südlichen Ende der Avenida da Liberdade
Metro: Restauradores
Bus: 709, 711, 732, 736, 759

Den südlichen Abschluss der Avenida da Liberdade bildet die Praça dos Restauradores, die von einigen altehrwürdigen Gebäuden gesäumt wird.

Geschichte hinter dem Namen

Der Name des Platzes bezieht sich auf die Restauration, die **Wiederherstellung der portugiesischen Unabhängigkeit** nach 60-jähriger spanischer Herrschaft. Am 1. Dezember 1640 kam es zu einem erfolgreichen Aufstand gegen Spanien, den mehrere portugiesische Adlige in geheimen Versammlungen im nahen Palácio da Independência vorbereitet hatten (►S. 304). In der Mitte des verkehrsreichen, lang gestreckten Platzes erhebt sich ein 30 m hoher Obelisk, der »Monumento dos Restauradores de Portugal«. Die Sockelfiguren aus Bronze stellen die Viktoria (mit Palmzweig und Kranz in den Händen) und den Genius der Unabhängigkeit dar. An den Seiten stehen die Ortsnamen und Daten der Restaurationskämpfe.

Hotel Avenida Palace

Das alteingesessene Hotel Avenida Palace an der Ecke zum Largo de Dom João da Câmara stammt wie die benachbarte neomanuelinische Estação Rossio von dem Architekten J. Luís Monteiro. Das luxuriöse Hotel wurde 1892, also fünf Jahre nach dem Bahnhof, gebaut. Der Bau vermittelt einen Eindruck vom weltoffenen, großzügigen Flair, das die Avenida da Liberdade anfangs ausstrahlte.

Das in den 1930er-Jahren von Cassiano Branco gebaute Eden-Teatro an der Westseite des Platzes war lange eines der führenden Kinos. Heute befindet sich hinter der **Art-déco-Fassade** ein Hotel.

Direkt daneben erstreckt sich der **Palácio Foz**, den der Marquês de Castelo Melhor kurz nach dem Erdbeben im 18. Jh. von dem italienischen Architekten Fabri bauen ließ. Den heutigen Namen trägt er nach dem Marquês da Foz, der ihn 1889 erwarb. Zu Beginn des 20. Jh.s gab es im Palácio Foz Theater-, Kino-, Varieté- und Tanzveranstaltungen. Heute befinden sich hier eine **Touristeninformation**, die Touristenpolizei sowie ein etwas kurioses Sportmuseum. Im **Spiegelsaal** im ersten Stock finden häufig kleine klassische Konzerte – in der Regel gratis – statt (www.gmcs.pt/palaciofoz/pt/programacao-cultura).

Praça dos Restauradores – Symbol für Portugals Unabhängigkeit von Spanien

Elevador da Glória

Direkt neben dem Palácio Foz führt eine **Standseilbahn**, der Elevador da Glória, hinauf in das ►Bairro Alto. Der Endpunkt des Aufzugs liegt neben dem schönen Aussichtspunkt São Pedro de Alcântara. Der Elevador da Glória wurde 1885 in Betrieb genommen.

Praça de Touros

H 4

Lage: Campo Pequeno
Metro: Campo Pequeno
Bus: 727, 736, 738, 744, 749, 754, 756, 783

Am Campo Pequeno steht die 1892 in neomaurischem Stil gebaute Stierkampfarena. Schon im 18. Jh. wurden an dieser Stelle Stierkämpfe durchgeführt.

Durch die für Lissabon sehr ungewöhnliche Verwendung von rotem Backstein fällt der Bau allein schon farblich auf. Arabische Assoziationen werden durch die Form der Doppelfenster und die vier turmartigen Vorbauten hervorgerufen, die maurisch inspirierte Doppelkuppeln tragen. Mondsicheln zieren die Spitzen der Kuppeln. Das Haupttor wird von zwei zusätzlichen Kuppeltürmen flankiert, ein Treppengiebel stellt die Verbindung her. Die Arena hat innen einen Durchmesser von 80 m. Die Zuschauertribünen bieten Platz für mehr als 8000 Besucher. Stierkämpfe finden hier gelegentlich noch statt, die Praça de Touros wird aber hauptsächlich für andere Veranstaltungen wie Konzerte oder Messen genutzt.

Queluz

Ausflugsziel

Lage: 12 km nordwestlich von Lissabon
Vorortzug: ab Estação Rossio bis Queluz-Belas; von dort 1 km durch den Ort nach Südosten

»Que luz!« – Welch ein Licht! – soll die Königin geschwärmt haben, wenn sie durch ihr helles und luftiges Schlösschen wandelte. Diesem hübschen Palácio Nacional de Queluz in Rosa, dem im verspielten Rokokostil gebauten Sommersitz des Königshauses Bragança, verdankt der heutzutage eher unschöne Vorort Queluz seinen Namen und seine touristische Bedeutung.

Satellitenvorort

Queluz sowie das benachbarte Amadora und Brandoa sind fast unmittelbar mit der portugiesischen Hauptstadt zusammengewachsen. Diese früher ländliche Region entwickelte sich im Lauf des 20. Jh.s zu einem der größten Satellitenvororte Lissabons. In **Wohnsilos** sind hier mehr als 200 000 Menschen untergebracht. Viele sind aus aufgelösten »bairros de lata« in neu gebaute Hochhäuser gezogen, und die Region von Queluz, Amadora und Brandoa gehört zu den **sozialen Brennpunkten** der Stadt. In dieser Nachbarschaft erscheint die sorglose Idylle des Sommerschlosses von Queluz heute fast etwas zu unbekümmert. Nach wie vor wird der Palast für Staatsempfänge und zur Unterbringung von hohem Staatsbesuch benutzt.

** PALÁCIO NACIONAL DE QUELUZ

● tgl. 9.00 – 19.00, Ende Okt bis Ende Februar bis 17.30 Uhr; Eintritt: 10 € (Winter: 8,50 €), www.parquesdesintra.pt, www.pnqueluz.imc-ip.pt

Öffnungszeiten

Da der Palast für offizielle Empfänge genutzt wird, empfiehlt es sich grundsätzlich, beim Tourismusbüro in Lissabon zu erfragen, ob Palast und Park zugänglich sind.

Palácio Nacional de Queluz

1 Thronsaal
2 Musiksaal
3 Kapelle
4-13 Wohnräume
14 Innenhof
15 Azulejo-Korridor
16 Fackelsaal
17 Schützensaal
18 Privatzimmer
19 Kreuzgang
20 Botschaftersaal
21 Ausflugszimmer
22 Dienstbotenraum
23 Priv. Speisezimmer
24 Don-Quichote-Zimmer
25 Schlafzimmer der Königin
26 Ankleidezimmer
27 Löwentreppe
28 Zugang zum Rest. »Cozinha Velha«

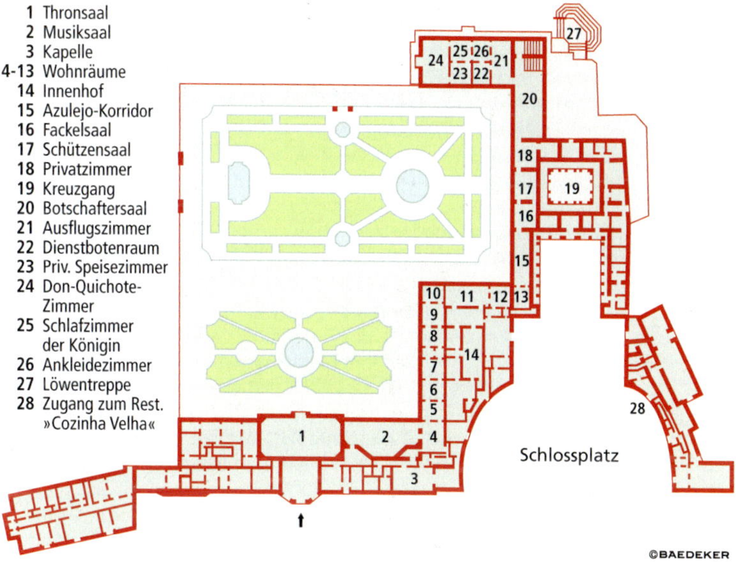

Baugeschichte

Der Palast von Queluz entstand in den Jahren 1747 – 1794 im Auftrag Pedros III. und seiner Gemahlin, der späteren Königin Maria I. Die Arbeiten wurden zunächst nach Plänen des portugiesischen Baumeisters Mateus Vicente de Oliveira (1706 – 1785), eines Schülers des Regensburger Architekten Johann Friedrich Ludwig, der u. a. das Kloster von ►Mafra schuf, ausgeführt. 1758 war der Mittelteil des Gebäudes fertig. Ab 1760 wurden unter Leitung des französischen Architekten Jean Baptiste Robillon der Westflügel des Palastes errichtet, zahlreiche Innenräume ausgestattet und die Gartenanlagen gestaltet, abgeschlossen wurden die Arbeiten 1794.

Schlossplatz

Vor dem Schloss öffnet sich der weite Largo do Palácio mit einem Denkmal für Maria I. Die Gebäude für die königlichen Wachtruppen und die in reinem Rokokostil erbaute Schlosskirche sind heute durch eine befahrene Straße von den übrigen Palastbauten abgetrennt. Direkt an die Kirche schließt sich die **Pousada de Dona Maria I.** an (►Erleben und Genießen, Übernachten).

Palasträume

Der dreiflügelige Palast strahlt eine lichtdurchflutete und freundliche Atmosphäre aus. Häufig wird er mit Schloss Sanssouci in Potsdam, bisweilen auch mit Versailles verglichen. Das Interieur macht den französischen Einfluss sichtbar. Fast überall findet man goldbemalte Stuckornamente in Rocaille- und Girlandenmustern sowie Wandverkleidungen aus Fliesen oder Deckengemälde, die die ursprüngliche Funktion der einzelnen Räume und Säle veranschaulichen. Der **Thronsaal**, der häufig noch für Staatsempfänge oder Bälle benutzt wird, wurde von Faria Lobo mit Rokoko-Holzschnitzereien ausgestaltet. Allegorische Deckengemälde und schwere Kristallleuchter fallen in dem sonst leeren Saal auf. Zwischen 1759 und 1768 entstand der **Musiksaal**. Hier finden noch heute des Öfteren kleinere Kammerkonzerte in adäquater Umgebung statt. Die Verbindung zwischen zwei Gebäudetrakten stellt der **»Corredor das Mangas«** (Korridor der Hemdsärmel) dar. Seinen zweiten Namen, Azulejo-Korridor, trägt er aufgrund der Fliesenbilder (1784), auf denen u. a. die Kontinente und die Jahreszeiten dargestellt sind.

Im **Saal der Botschafter** ist die Königsfamilie auf einem Deckengemälde abgebildet, außerdem sind Darstellungen aus dem Musikleben zu sehen, die sich auf die Gewohnheit Pedros III. beziehen, der in diesem Raum selbst Konzerte zu geben pflegte.

Die **Sala do Despacho** (Ausflugszimmer) zeigt antikisierende Landschaftsgemälde an den Wänden, die auf Ausfahrten der Familie Bezug nehmen; zu Zeiten Joãos VI. wurde der Raum für Ministerversammlungen benutzt. Im **Speisezimmer** ist Porzellan aus dem Besitz der Königsfamilie zu sehen, das größtenteils aus China stammt. Das **Zimmer des Königs** – Pedro IV., Portugals erster liberaler König, wurde hier geboren und starb hier – zeigt Szenen aus dem Leben

Ein Sommerschloss, wie es im Buche steht: der lichte und luftige Rokokopalast Queluz von Königin Maria I.

Don Quichotes sowie Gemälde mit Musikszenen. Ein Raum mit einem kleinen Hausaltar wurde als **Andachtsraum** genutzt. Die **Sala do Toucador**, das ehemalige Ankleidezimmer der Königin, ist mit goldverzierten Spiegelwandtafeln ausgestattet. An der Decke fallen hübsche Blumenornamente auf, an den Wänden Bilder, die Kinder beim Anprobieren von Gewändern zeigen.
In der ehemaligen Schlossküche ist heute das **Luxusrestaurant** der Pousada, **»Cozinha Velha«**, eingerichtet.

Palastgärten

Über die **Löwentreppe** kommt man in die Palastgärten, ein großes Areal mit sehr unterschiedlichen Passagen. Sehenswert sind die nach Plänen von Jean Baptiste Robillon angelegten **Rokokogärten**, die nach dem Vorbild des französischen Gartenarchitekten Le Nôtre gestaltet wurden. In die Buchsbaumhecken, geometrischen Beete und Blumenrabatten sind allegorische Figuren, Vasen und Azulejos integriert. Die Bepflanzungen sind mit Springbrunnen und Wasserläufen durchsetzt, die Spiegelwirkung in den ruhigen Wasserflächen wurde damals als bewusstes Gestaltungselement einbezogen. Im unteren Teil des Gartens wurde der Wasserlauf des Jamor-Baches in einem 115 m langen, **mit Azulejos ausgekleideten Bassin** gestaut. In dieser Ecke der Gartenanlagen hielten sich die Mitglieder der Königsfamilie auf, um zu angeln, Boot zu fahren, zu spielen oder in einem heute nicht mehr existierenden Gartenhaus am Wasser Mahlzeiten einzunehmen. In den Palastgärten hat die **Portugiesische Reitschule** (Vorführungen ▸Palácio Nacional da Ajuda) ihren Sitz. Ein hübsches Gartencafé lädt zum Ausruhen ein.

* Rossio · Praça de D. Pedro IV.

H/J 8

Lage: Stadtzentrum
Metro: Rossio
Bus: 711, 732, 736, 759

Der Rossio ist das Herz der Stadt, ihr pulsierendes Zentrum. Er ist Treffpunkt für Lissabonner und Touristen aus aller Welt und war lange Zeit Arbeitsplatz für Blumenverkäuferinnen, Schuhputzer, Zeitungs- und Losverkäufer.

Lissabons zentraler Platz

Wie viele Lissabonner Plätze hat auch der Rossio einen offiziellen und einen inoffiziellen Namen. Mit der amtlichen Benennung »Praça de Dom Pedro IV.« wird an Portugals ersten liberalen König erinnert. Üblicherweise spricht man aber schlicht vom »Rossio«, der

portugiesischen Bezeichnung für einen großen Platz ganz allgemein. Damit ist über Charakter und Bedeutung des Rossio für die portugiesische Hauptstadt schon viel ausgesagt. Zudem ist der Platz als Haltestation einiger Buslinien und der Metro, Taxistandort und Ausgangspunkt der Züge in viele Satellitenvororte ein Verkehrsknotenpunkt im Zentrum. In all der Hektik sind die Cafés am Rossio beliebte Punkte zum Verweilen und Beobachten. Zur Mittagszeit und nach Feierabend kommen insbesondere Angestellte von Banken und Geschäften in der Baixa hierher.
Der Rossio war schon im Mittelalter zentraler Schauplatz des städtischen Lebens. Bis zum Ende des 18. Jh.s fanden hier die Ketzerverbrennungen der Inquisition, noch im letzten Jahrhundert Stierkämpfe statt. Der Platz wurde für **Großveranstaltungen** aller Art – vom Faschingsball bis zur Massenkundgebung – genutzt. In seiner heutigen Form entstand er nach dem Erdbeben als ein Teil der neu angelegten ►Baixa. Rossio, ►Praça da Figueira, ►Praça do Comércio und die rechtwinklig angeordneten Straßenzüge bilden städtebaulich eine Einheit. Die architektonische Gestaltung geht auf Pläne des Ungarn Carlos Mardel zurück. Mitte des 19. Jh.s war der gesamte Innenbereich des Platzes mit einem schönen **wellenförmigen Mosaikmuster** gepflastert worden, das im Lauf der Jahrzehnte mehrfach verändert wurde. Um die Jahrtausendwende wurde der Rossio behutsam und sehr geschmackvoll renoviert, auch das Wellenmuster wurde in seiner ursprünglichen Form wieder angelegt.

Denkmal Pedros IV.

Die 23 m hohe Marmorsäule mit einem Bronzebildnis Pedros IV. wurde 1870 aufgestellt. Der Sohn von König João VI. hielt sich seit 1807, seit der Flucht der Königsfamilie vor den napoleonischen Truppen, in Brasilien auf. Er blieb auch nach der Rückkehr seines Vaters nach Lissabon dort und wurde 1822 als Pedro I. Kaiser des von diesem Zeitpunkt an unabhängigen Brasilien. Die vier Figuren am Sockel symbolisieren Gerechtigkeit, Weisheit, Mut und Mäßigkeit – Eigenschaften, die Pedro IV. zugeschrieben werden.

Café Nicola

Das seit 1929 ansässige Café (Nr. 24/25) ist durch das Bild des Dichters **Manuel Maria Barbosa du Bocage** (1765 – 1805) geprägt. Bocage war Stammgast im alten Café Nicola, das Ende des 18. Jh.s hier einmal existiert hatte und Treffpunkt von politisch und literarisch engagierten Künstlern war. Bocage improvisierte im Nicola Sonette und satirische Gedichte. 1797 wurde er verhaftet, da sein bohèmehafter Lebensstil und seine emotionalen Gedichte von staatlicher Seite nicht gern gesehen waren. Im neuen Nicola erinnern eine Statue, ein Wandbild und die Zuckertüten an den berühmten Besucher.

Tabacaria Mónaco

Aus dem Jahr 1894 stammt die schmale Tabacaria Mónaco (Nr. 21). Die schönen **Fliesen** neben dem Eingang gestaltete Rafael Bordalo

Stimmungsvoll: der Rossio in der Abenddämmerung

Pinheiro (►Campo Grande). Auch ein Blick in den Innenraum lohnt: Die **Gemälde** von António Ramalho und die Holzeinrichtung von Frederico Augusto Ribeiro gehören noch zur Erstausstattung. Die Tabacaria Mónaco war zu Beginn des 20. Jh.s beliebter Treffpunkt, wo man das Neueste aus Lissabon austauschte.

Das Nationaltheater Dona Maria II. (oder Teatro Nacional de Almeida Garrett) an der Nordseite ist ein Bauwerk des Italieners Fortunato Lodi. Es entstand auf Initiative des Schriftstellers und zeitweiligen liberalen Politikers Almeida Garrett. Seinen Namen trägt das Theater nach der Königin Maria II., Tochter von Pedro IV. Ursprünglich stand an dieser Stelle der Palácio dos Estaus, ein Palast, der den Inquisitoren als Wirkungsstätte diente.

Nationaltheater Dona Maria II.

Der Grundstein für das heutige klassizistische Gebäude wurde 1842 gelegt, vier Jahre später weihte man das Theater ein. Das Innere wurde 1964 durch einen Brand zerstört, erst 1978 konnte es wieder eröffnet werden. Man nutzte die Gelegenheit zu einer Totalrenovierung und stattete das Theater mit damals modernster Technik aus. Die klassizistische Fassade des Gebäudes zieht sich über die gesamte

Nordfront des Rossio. Auf dem Giebel stehen rechts und links Thalia und Melpomene, die Symbolfiguren von Komödie und Tragödie. Über allem erhebt sich in der Mitte Gil Vicente, der Urvater des portugiesischen Theaters im 16. Jh., der jedem Portugiesen ein Begriff ist. Lohnend ist ein Blick hinter die Kulissen, es gibt Führungen auf Englisch, bei denen man auch so etwas Seltenes wie Bacalhau-Requisiten zu Gesicht bekommt. Zum Teatro Nacional Dona Maria II. gehört auch ein kleines, eher unauffälliges Café, das an der Schmalseite zum Rossio-Bahnhof hin zu finden ist.

Führungen: Mo. 11.30 Uhr (außer Aug., Sept.); Eintritt: 6 €; www.teatro-dmaria.pt

Estação Rossio

An der Nordwestecke fällt die originelle Fassade des Rossio-Bahnhofs auf, eines der wenigen typischen Beispiele **neomanuelinischer Architektur**. Öffentliche Gebäude in diesem Stil findet man sehr selten in Portugal, eher schon Villen und Paläste von Privatpersonen. Der Bahnhof entstand nach Plänen von J. Luís Monteiro im Jahr 1887, in einer Zeit also, als die Imitation historischer Baustile üblich war und man sich in Portugal auf die Architektur des Goldenen Zeitalters besann. Als typische Elemente der Manuelinik sind maurische und gotisierende Ornamentformen eingearbeitet. Insbesondere das Steintau als gliedernde Linie und die Fensterverzierungen sind charakteristisch. **Thomas Mann** lässt in seinem Roman »Bekenntnisse des Hochstaplers Felix Krull« seinen Protagonisten an der Estação Rossio ankommen – und tatsächlich war der Rossio-Bahnhof anfangs der Hauptbahnhof von Lissabon, an dem Züge aus dem Ausland ankamen. Heute starten aus der Bahnhofshalle im dritten Stock die Vorortzüge nach ►Sintra, sie fahren dann zunächst durch einen 2,6 km langen Tunnel.

Neomanuelinik pur: der im 19. Jh. gebaute Rossio-Bahnhof

Etwas zurückversetzt am benachbarten Largo de São Domingos steht der **Palácio da Independência**, der eine interessante Geschichte aufweist. Der Grundstein für das Gebäude wurde 1509 gelegt, einige manuelinische Elemente aus dieser Zeit sind im Innenhof noch auszumachen. Zwei konische Küchenschornsteine lassen an den Königspalast in ►Sintra denken.

Kunstwerke, mit Füßen getreten

Angeblich kamen die Lissabonner nach dem Erdbeben von 1755 auf die Idee, aus Trümmern kleine Pflastersteine herzustellen und damit Gehwege und Plätze zu befestigen und kunstvoll zu gestalten. Seitdem betritt man überall in Portugal Pflastermosaike aus schwarzen und weißen Steinen – schwarze sind vulkanischer Basalt, weiße Kalksandstein –, die zu unterschiedlichsten Motiven zusammengesetzt sind.

Man sieht sie auf Plätzen, auf Fußwegen, in Fußgängerzonen. Mal sind geometrische Muster, mal Tiere oder Inschriften, dann wieder **Hausnummern, Firmenzeichen** und **Wappen** – allen voran das Lissabonner Stadtwappen – dargestellt.

Die »calceteiros«

Es sind die sogenannten »calceteiros«, die diese kunstvolle und mühsame Arbeit machen. Manchmal kann man sie bei ihrer Tätigkeit beobachten – wie sie auf dem Straßenpflaster sitzen, einen Mosaikstein in der Hand halten und so lange mit einem Hammer bearbeiten, bis er die gewünschte Form hat und in einen Holzmodel gelegt werden kann. Bei diesen Modeln handelt es sich um **alte Holzschablonen**, die sorgfältig archiviert werden. Damit die Fugen zwischen den Steinen so klein wie möglich bleiben, muss jeder Mosaikstein genauestens zurechtgeschlagen werden.

Auch das Wellenmuster auf dem Rossio ist ein Werk der »calceteiros«.

Aussterbender Beruf

Lange wird man diesen Anblick nicht mehr haben, denn den Beruf des Steinsetzers gibt es vermutlich bald nicht mehr. Die Arbeit ist zu aufwendig und mühselig – und äußerst schlecht bezahlt. Und ein Asphaltbelag ist ohnehin viel billiger. Gab es **in den ersten Jahrzehnten des 20. Jh.s noch etwa 400 »calceteiros«** in Lissabon, so sind es **heute lediglich knapp zwanzig**. Sie werden fast nur noch für Ausbesserungsarbeiten eingesetzt.

Die Bezeichnung »Palácio da Independência« (Palast der Unabhängigkeit) erinnert an ein denkwürdiges Ereignis des Jahres 1640. Philipp II. von Spanien hatte 1580 Portugal besetzt, ein Jahr später wurde er als König von Portugal anerkannt. Der Verlust einiger Kolonien sowie der hohe Steuerdruck zur Finanzierung der spanischen Kriege führten rund 80 Jahre später zu einer **Verschwörung mehrerer portugiesischer Adliger**. Am 1. Dezember 1640 kam es zum erfolgreichen Aufstand, dem die Wiederherstellung der Unabhängigkeit Portugals folgte. Etwa 40 Verschwörer hatten die Aktion unter Führung des Herzogs von Bragança auf dem Grundstück dieses Palastes vorbereitet. Der Herzog, dessen Großmutter der alten Königsfamilie entstammte, wurde als João IV. zum König Portugals gekrönt. Die Adligen gelangten von einem benachbarten Kloster über einen Teil der alten fernandinischen Stadtmauer in den Palastgarten und kamen dort in einem abgelegenen Gartenpavillon zusammen.

! BAEDEKER TIPP

Ginjinha

Ein Gläschen Ginjinha, einen leckeren Kirschlikör, sollte man sich in dem Einzimmerladen gleich gegenüber vom Palácio da Independência genehmigen. Man bestellt ihn mit Kirschen (»com elas«) oder ohne (»sem elas«) und trinkt ihn auf die Schnelle im Stehen. Wer »com elas« bestellt, spuckt die Kirschkerne draußen auf den Bürgersteig.

In einigen Räumlichkeiten des Palácio da Independência hat die Sociedade Histórica da Independência de Portugal ihren Sitz. Diese Gesellschaft hat es sich zur Aufgabe gemacht, die Erinnerung an die Ereignisse des 1. Dezember 1640 und das Bewusstsein für die Nationalgeschichte Portugals wachzuhalten.

Igreja de São Domingos

Die Igreja de São Domingos an demselben Platz geht auf eine Klosterkirche des 13. Jh.s zurück. Sie wurde über einen langen Zeitraum mehrfach erweitert und war schließlich eine der schönsten Kirchen in Lissabon. Durch das Erdbeben wurden Kloster und Kirche zerstört, lediglich der von Ludovice (►Mafra) erbaute Altarraum blieb damals weitgehend erhalten. 1959 brannte der Innenraum des neu aufgebauten Gotteshauses fast vollständig aus, und die Schäden sind bis heute deutlich zu sehen: Der einschiffige **kahle Kirchenraum**, der ursprünglich reich mit Talha Dourada ausgekleidet war, wirkt jetzt beinahe bizarr. Die gesamten vergoldeten Holzschnitzereien sind den Flammen zum Opfer gefallen und haben die bloßen Wände freigelegt. Man hat sie so gelassen und keine neue Ausschmückung vorgenommen. Die Seitenkapellen sind provisorisch mit Heiligenfiguren ausgestattet worden.

Trotz des morbiden Eindrucks wird die Kirche von Lissabonnern gern und viel besucht. Vielleicht pilgern manche auch zu dem Tuch der Schwester Lucia von Fátima, das rechts vom Eingang hängt.

Rua das Portas de Santo Antão

H 7

Lage: Zentrum
Metro: Restauradores
Bus: 709, 711, 732, 736, 759

Die lebhafte Rua das Portas de Santo Antão ist eine östliche Parallelstraße der Avenida da Liberdade. Der Straßenname stammt aus dem 15. Jh., hier stand ein Tor der ehemaligen Stadtmauer. Bekannt ist die Straße vor allem für ihre vielen Restaurants, in denen Meeresfrüchte angeboten werden.

Casa do Alentejo

Hinter einer eher unscheinbaren Fassade (Nr. 58) verbirgt sich die Casa do Alentejo, ein **Treffpunkt der in Lissabon lebenden Alentejaner**. Die Funktion der Casa do Alentejo besteht vor allem darin, die ländliche Region in der Hauptstadt bekannt zu machen und ihre eigene Kultur zu pflegen.
Die Alentejaner bezogen 1932 den Palácio Alverca. Bemerkenswert ist das Gebäude wegen der ausgefallenen Innengestaltung. Der Palast stammt aus dem letzten Viertel des 17. Jh.s, das heutige Aussehen geht aber im Wesentlichen auf Veränderungen von 1918 zurück. Eindrucksvoll ist der maurisch anmutende überdachte Innenhof mit einem Springbrunnen in der Mitte. Ein **Restaurant** im ersten Stock bietet Spezialitäten des Alentejo an.

Coliseu dos Recreios

Das Coliseu dos Recreios (Nr. 92–104) wurde 1888 nach Plänen des Architekten Goulard gebaut. Die Fassade entwarf der Italiener César Janz. Zunächst war das Coliseu von einer großen Glaskuppel überdacht, die in Berlin konstruiert worden war. Erst bei der letzten Renovierung erhielt es sein heutiges Dach. 1929 nahm der Architekt Cassiano Branco größere Umbauten vor. Das Coliseu war lange Zeit mit Platz für mehr als 7000 Besucher der größte **Veranstaltungsraum** der Stadt. Früher fanden in dem achteckigen Saal Zirkus- und Varietévorstellungen statt, anfangs war das Coliseu aber auch Opernbühne und damit eine Alternative zum Opernhaus São Carlos. Opernsänger wie Tito Schipa oder Alfredo Kraus traten im Coliseu auf. Heute sind sowohl klassische Konzerte von großen Orchestern als auch Stars aus dem Bereich der Unterhaltungsmusik im Coliseu zu hören.

Teatro Politeama

Das Teatro Politeama (Nr. 109–113) wurde 1913 eröffnet, es präsentiert überwiegend leichte Kost. Im Erdgeschoss gibt es ein Theatercafé, in dem man bei einigen Aufführungen sogar dinieren kann.

★ Sé Patriarcal · Kathedrale

J 8

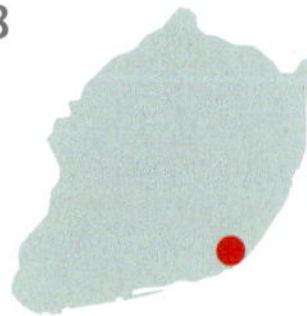

Lage: Largo da Sé
Straßenbahn: 12, 28
Bus: 737
tgl. 9.00 – 19.00 Uhr (während der Messe keine Besichtigung)
Eintritt: Kreuzgang 2,50 €, Kirchenschatz 2,50 €, Kombiticket 4 €

Die Lissabonner Kathedrale, Sé Patriarcal genannt, ist die älteste Kirche der Stadt. Die portugiesische Bezeichnung »Sé« für Kathedrale ist eine Verkürzung von »sede«, Bischofssitz.

Westgotisches und Arabisches

Die Kathedrale liegt inmitten des alten, dicht bebauten Stadtviertels am südlichen Burghügel. Die Ursprünge der Sé gehen auf das 12. Jh. zurück. Nach der Eroberung der Stadt durch Portugals ersten König Afonso Henriques begann man sehr schnell mit dem Bau der Kirche an der Stelle, an der bis dahin eine **Moschee** gestanden hatte. Es wird angenommen, dass dabei altes Baumaterial einbezogen wurde, das z. T. noch aus der Zeit vor den Mauren stammte, da offenbar auch die Araber eine schon seit dem frühen 4. Jh. existierende Kirche umgebaut und als Moschee benutzt hatten. Man fand Materialien aus vorarabischer Zeit, wie z. B. einen westgotischen Fries.

Baugeschichte

Im Lauf der Jahrhunderte wurde die Kirche durch mehrere Erdbeben, zum ersten Mal 1344, zerstört. Beim Wiederaufbau wurde das Aussehen der Sé immer wieder verändert. Nach dem starken Erdbeben wurde 1380 die heutige Fassade mit den zinnengekrönten festungsartigen Türmen errichtet. Im 18. Jh. erhielt sie zwei barocke Turmspitzen, der nördliche Turm war noch lange Zeit mit einer oktogonalen helmartigen Spitze versehen. Sie wurde entfernt, um den romanischen Gesamteindruck und damit den kompakten Festungscharakter zu unterstreichen. Aus demselben Grund setzte man die Zinnen neu auf. Die beiden romanisch nachempfundenen Fenster ersetzen zwei ehemals viereckige. Anstelle der Rosette war zuvor ein Fenster in Form eines zweiten Portals über dem Haupteingang eingebaut. Wesentliche Teile dieser Veränderungen wurden in der Zeit der Salazar-Regierung vorgenommen.

Innenraum

Auch im Innern wirkt die Kathedrale nach einigen Restaurierungen recht einheitlich, obwohl die Gestaltung des vorderen Innenraums

Die Linie 28 fährt auf ihrem Weg durch die Innenstadt auch an der Sé Patriarcal vorbei.

ESTRELA 28
Coca-Cola
Coca-Cola

Sé Patriarcal

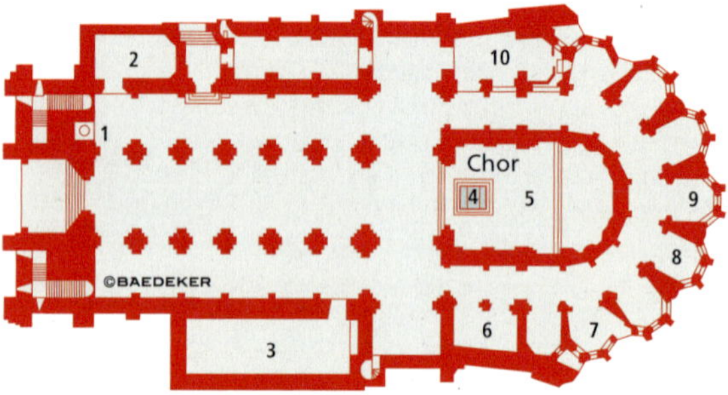

1 Taufbecken
2 Bartholomäus-Kapelle
3 Sakristei
4 Hauptaltar
5 Patriarchenthron
6 Vinzenzkapelle
7 Zugang zum Kreuzgang
8 Grabmal von Lopo Fernandes Pacheco
9 Weihnachtskrippe
10 Sakramentskapelle

romanisch geprägt ist, Chor und Chorumgang dagegen gotisch sind. In der Vierung sieht man romanische Bogenreste neben den gotischen. Die östliche Begrenzung der ersten kleineren Kirche ist anhand des Bodengesteins im rechten Chorumgang noch zu erkennen. Deckenbemalung und Verzierungen im Altarraum sowie eine der beiden Orgeln stammen aus der Barockzeit.

Links neben dem Eingang ist in der **Franziskuskapelle** ein Fliesenbild zu sehen, auf dem der Heilige zu den Fischen predigt. In der Kapelle steht ein Taufbecken, in dem 1195 der heilige Antonius getauft worden sein soll, dem die benachbarte Igreja de Santo António da Sé gewidmet ist. In der ersten kleinen Kapelle des linken Seitenschiffs befindet sich die Bartholomäus-Kapelle mit einer drastischen Darstellung der Häutung des Märtyrers.

Im barocken **Altarraum** ist der Thron der Patriarchen zu sehen; an den Seiten wurden die Sarkophage von König Afonso IV. und seiner Frau Beatrix aufgestellt.

In den später angebauten **Chorumgang** sind zehn Kapellen integriert. Die Vinzenzkapelle beherbergte einst die Reliquien des heiligen Vinzenz. Weiter sind im Chorumgang die Sarkophage von Lopo Fernandes Pacheco und seiner Frau Maria Vilalobos aus dem 14. Jh. zu sehen. Pacheco war Gefolgsmann von König Afonso IV., er unterstützte ihn im Kampf gegen die Araber. In der mittleren Kapelle ist eine der barocken **Weihnachtskrippen** aufgestellt, die von Machado de Castro geschaffen wurden, von dem u. a. das Denkmal Josés I. auf der ►Praça do Comércio stammt. Das eigentliche Hauptgeschehen ist in das Portugal des 18. Jh.s verlegt, die Krippenszene wird von portugiesischem Volksleben umrahmt. Dem Zeitgeschmack entsprechend, sind die Figuren der Terrakottakrippe im Hintergrund illusionistisch verkürzt, um die Tiefenwirkung zu verstärken. Die Capela de Santa Maria Maior wird von einem sehenswerten romanischen Gitter verschlossen.

Der **Kirchenschatz** (Tesouro da Sé) kann in Räumen rechts neben dem Eingang besichtigt werden. Ausgestellt sind Reliquien, Messgewänder und liturgisches Gerät. Besonders beeindruckend ist die goldene **Monstranz** (custódia) des Goldschmieds Joaquim Caetano de Carvalho aus der Mitte des 18. Jh.s; auf Knopfdruck rotiert die 17 kg schwere und 94 cm hohe und mit über 4000 Edelsteinen besetzte Monstranz. 2006 blieb ein spektakulärer Versuch, sie zu rauben, ohne Erfolg – obwohl der Raub strategisch gut geplant war während eines Fußballspiels Benfica Lissabon gegen FC Liverpool.
Vom Chorumgang aus kommt man in den gotischen, etwas verwahrlost wirkenden **Kreuzgang**. Bei Ausgrabungen wurden hier Mauerreste aus phönizischer, römischer und maurischer Zeit freigelegt. Einen Blick lohnt die weiße Säule rechts vom Eingang, die eine reiche Symbolik aufweist und neben musizierenden Engeln Menschen auf dem Weg ins Himmelreich zeigt, manche auf Krücken oder mit Blindheit geschlagen.

RUND UM DIE KATHEDRALE

Igreja de Santo António da Sé

Westlich unterhalb der Kathedrale steht eine schöne Barockkirche, die dem heiligen Antonius gewidmet ist. Mateus Vicente de Oliveira, der auch die ▶Basílica da Estrela und den Palast von ▶Queluz entwarf, hat sie nach dem Erdbeben neu gebaut. Der Namensgeber der Kirche, der **heilige Antonius**, ist als Antonius von Padua bekannt geworden. Mit bürgerlichem Namen hieß er Fernando Martins de Bulhões. Er wurde Ende des 12. Jh.s in Lissabon geboren. Einen Teil seines Lebens verbrachte er in Italien, 1232 starb er in Padua. Die Überlieferung hat den Heiligen mit einigen Wundertaten ausgestattet: Bei seinen Reden sollen Fische zugehört haben, Kranke soll er geheilt und Tote zum Leben wiedererweckt haben. Andererseits soll er aber auch einer der Anstifter zur Ausrottung der in Südfrankreich verfolgten Albigenser gewesen sein. Allgemein wird er als volksnaher Heiliger, Helfer der Vergesslichen und Beschützer der Liebenden und Kinder dargestellt. Viele Abbildungen über Haustüren zeigen ihn in Franziskaner-Kleidung mit dem Christuskind auf dem Arm. Lissabon hat Santo António als Stadtheiligen auserkoren, und die Alfama gilt als »sein« Viertel. Hier wird das alljährliche Fest des Heiligen Antonius am 13. Juni besonders traditionsverbunden gefeiert. Die Lage der Igreja de Santo António da Sé bezeichnet die Stelle, an der das Geburtshaus des Heiligen gestanden haben soll. Von der noch aus der ursprünglichen Kirche stammenden **Krypta** wird sogar behauptet, dass sie genau dort platziert sei, wo das Geburtszimmer lag.
Der einschiffige **Innenraum** wirkt in seinen Proportionen sehr harmonisch. Durch die Oberlichter in der kleinen Kuppel entsteht eine angenehme Lichtwirkung. Auf dem Hochaltar ist eine Statue des hei-

ligen Antonius aufgestellt, die jedes Jahr bei der Prozession am 13. Juni mitgeführt wird. Die neuere Sakristei ist mit hellen Fliesenbildern mit Blumenmotiven ausgekleidet. In der Krypta ist der Besuch von Papst Johannes Paul II. anlässlich des 750. Todestages des Santo António auf einem Fliesenbild festgehalten. Neben der Kirche wurde zum Gedenken an den Heiligen das kleine **Museu Antoniano** eingerichtet (►Erleben und Genießen, Museen).

Aljube Ein Stück weiter die Rua Augusto Rosa aufwärts befindet sich der Aljube, das ehemalige **Gefängnis der PIDE-Geheimpolizei** (►S. 37, 220), in dem auch Mário Soares einsaß. In den Räumen ist ein »Museum der Freiheit und des Widerstands« geplant.

★★ Sintra

Ausflugsziel

Lage: ca. 30 km nordwestlich von Lissabon
Vorortzug: ab Bahnhof Rossio, Oriente, Roma Areeiro, Entrecampos, Sete Rios bis Endstation Sintra
Busse: in Sintra fahren die Linien 434, 435; www.scotturb.com
Touristeninformation: Praça da República 23, Tel. 219 23 11 57
Bahnhof Sintra, Tel. 211 93 25 45
Kombitickets: für den Besuch von mehreren Burgen, Palästen und Gärten
www.cm-sintra.pt, www.parquesdesintra.pt

Die einstige Sommerresidenz der portugiesischen Königsfamilie liegt in gut 200 m Höhe zwischen Lissabon und dem Atlantik in der waldigen Serra de Sintra. Adelige und Exzentriker aus ganz Europa haben sich in der Region Sintra niedergelassen und teilweise kuriose Schlösschen und Paläste gebaut.

»Glorreiches Eden« Wegen seines milden feucht-warmen Mikroklimas und der dadurch bedingten üppigen Vegetation war Sintra immer schon bevorzugtes Reiseziel und beliebter Aufenthaltsort. **Lord Byron** kam zu Beginn des 19. Jh.s nach Portugal und konnte der Stadt Lissabon nichts Positives abgewinnen – Sintra dagegen lobte er als das »glorreiche Eden«. Der Engländer zog mit seiner Eloge nicht nur seine Landsleute hierher; Reisende aus diversen Ländern – darunter nicht wenige Exzentriker – kamen in den gelobten Ort.

1995 nahm die UNESCO Sintra in die **Liste des Weltkulturerbes** auf. Das Städtchen ist eine Touristenattraktion ersten Ranges, die meist auch im Rahmen eines Lissabonbesuchs ins Besichtigungsprogramm gehört. Vor allem in den Sommermonaten ist der Ort völlig überlaufen. Da die meisten Besucher Tagesgäste sind, lohnt es sich, abends zu bleiben und Sintra in Ruhe zu erleben. Mittelpunkt der

Sintra

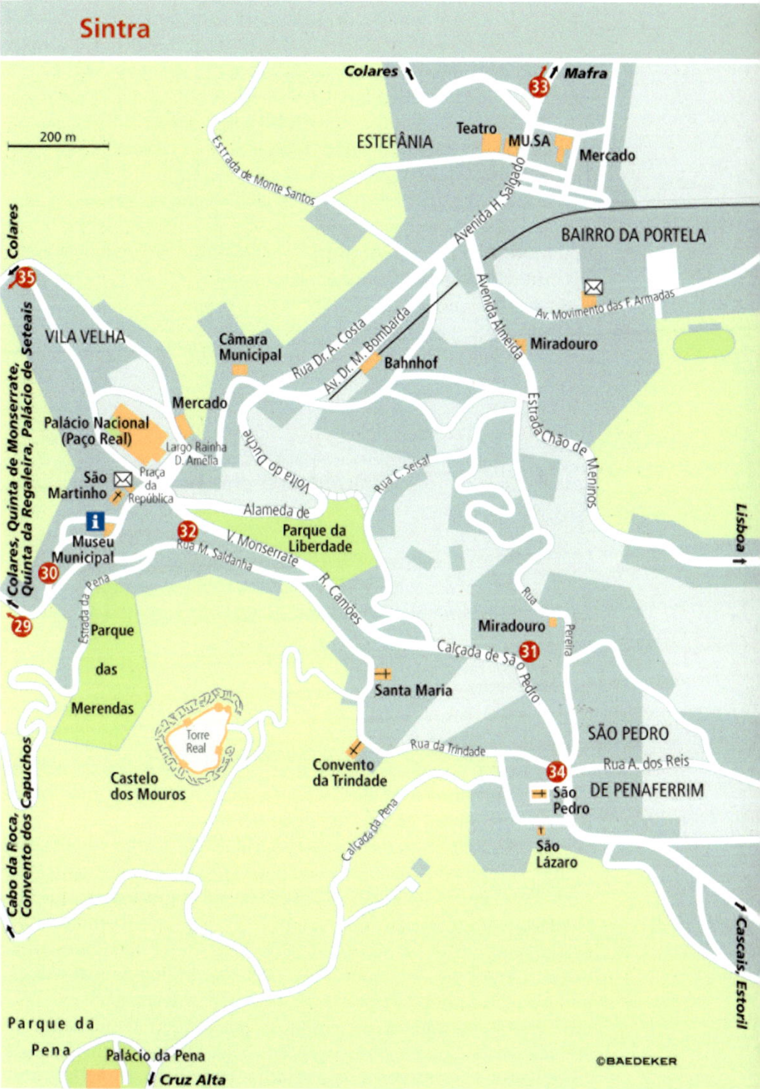

Übernachten (Adressen s. S. 159)

- 29 Hotel Palácio dos Seteais
- 30 Hotel Lawrence's
- 31 Hotel Sintra Jardim
- 32 Sintra Boutique Hotel
- 33 Quinta dos Bons Cheiros
- 34 Solar dos Mouros
- 35 Almáa Sintra Hostel

Stadt ist der **Largo Raínha D. Amélia**, an dem der Palácio Nacional de Sintra mit seinen zwei konischen Schornsteinen steht. An diesen Platz schließt sich die Praça da República mit der ursprünglich aus dem 12. Jh. stammenden Igreja de São Martinho und dem Gebäude der Tourismusinformation an. **Unmittelbar über Sintra** ragt der steile **Felsberg mit der Maurenburg** auf, die Afonso Henriques 1147 von den Arabern erobern konnte. Überragt wird die romantische Szenerie von der **Pena** mit dem gleichnamigen Schloss.

São Pedro Im Ortsteil São Pedro südöstlich des Zentrums wird an jedem zweiten und vierten Sonntag im Monat ein bekannter Markt abgehalten.

Festspiele In den Monaten Juni und Juli finden in den Schlössern in und um Sintra viel beachtete Konzerte statt. Aufgeführt werden ausschließlich Werke der Romantik.

Kutschfahrten Im Rahmen einer Rundfahrt mit der Pferdekutsche lassen sich die Sehenswürdigkeiten Sintras besonders bequem besuchen. Die Kutscher stehen mit ihren Kutschen auf dem Platz vor dem Palácio Nacional de Sintra.

Sightseeing-Busse Sintras Hauptsehenswürdigkeiten werden von Hop-on-Hop-off-Bussen angefahren, die auch einige Ziele in der Umgebung anfahren. Die Buslinie 434 fährt zum Castelo dos Mouros und zum Palácio da Pena hinauf.

SEHENSWERTES IN SINTRA

****Palácio Nacional de Sintra** Der Palácio Nacional de Sintra oder Paço Real war Stammsitz der Könige des Hauses Avis. Bereits im 10. Jh. existierte ein maurisches Bauwerk an dieser Stelle, auf dessen Grundmauern sich João I. (1385 – 1433) einen Sommerpalast errichten ließ. Dieser wurde während der Regierungszeit von Manuel I. (1495 – 1521) erweitert und verändert. Die charakteristischen, weithin sichtbaren **konischen Küchenschornsteine** fügte man erst im 18. Jh. an. Unter Maria II. wurde der Palast im 19. Jh. vollständig restauriert, die Innenräume wurden neu gestaltet. Luís I. erkor ihn zu seinem Lieblingsaufenthaltsort, und Königin Maria Pia machte ihn zu ihrem Witwensitz.

Der Palast ist kein geschlossener Baukörper, sondern besteht aus verschiedenen, verschachtelt ineinandergebauten Teilen. Entsprechend seiner Baugeschichte vereinigt er **Elemente gotischer und manuelinischer Baukunst** sowie Stilmerkmale der **Renaissance**. Noch aus der ersten Bauphase erhalten ist die dem Largo Raínha D. Amélia zugewandte Palastfront mit ihrer flachen Freitreppe und den fünf joaninischen Zwillingsfenstern. Unter Manuel I. wurden zahlreiche

Unverwechselbar: der Palácio Nacional de Sintra mit seinen überdimensionalen Küchenschornsteinen

Fenster und Portale mit manuelinischen Verzierungen versehen.
Das **Innere** des ehemaligen Königspalastes bietet einen Überblick über die verschiedensten Epochen der portugiesischen Kulturgeschichte: schattige Patios mit kühlenden Brunnen, Hallen und Räume mit herrlichen Kassettendecken und kostbare Azulejowände – die meisten stammen aus dem 15. und 16. Jahrhundert.
Der **Rundgang** beginnt für gewöhnlich im **Saal der Wachen**. Der **Saal der Schwäne** ist der größte Raum des Palastes, Fenster und Türen des Saales wurden im 16. Jh. mit üppigem maurisch-manuelinischem Dekor versehen. Hier fanden früher Bankette statt, und auch heute noch wird der Saal mitunter für Festveranstaltungen genutzt. Der **Saal der Elstern** verdankt seinen Namen der mit 136 Elstern bemalten Decke, auf dem Spruchband im Schnabel jeder Elster liest man den Wahlspruch Joãos I. »Por bem« (Zum Guten). Nach einer Anekdote – sie ist historisch nicht belegt – soll João I. von seiner Gattin dabei ertappt worden sein, wie er einer Hofdame einen Kuss gab. Der König erklärte: »Foi por bem.« (»Ich habe es gut gemeint.«) Dieser Spruch wurde künftig bei jeder Gelegenheit von den Hofdamen wiederholt – verärgert gab João I. den Auftrag für die Deckenbemalung. Der Kamin wurde im 16. Jh. von Nicolas Chanterène aus Carrara-Marmor geschaffen. Die Ausstattung im **Saal der Araber** erinnert an alte maurische Paläste. Die Decke des **Wappensaals oder Hirschsaals** bildet eine oktogonale Holzkuppel, in die die Wappen und heraldischen Zeichen von 72 portugiesischen Adelsfamilien eingefügt sind. Das Zentrum der Kuppel nimmt das Wappen König Manuels I. ein, der diesen Saal gestalten ließ. Um das Wappen des Königs gruppieren sich die seiner acht Kinder. Auf den Azulejowänden aus dem 18. Jh. sind Jagdszenen dargestellt. Ein Raum war **Gefängnis für Afonso VI.** Nachdem sein Bruder Pedro II. ihn sys-

Palácio Nacional de Sintra

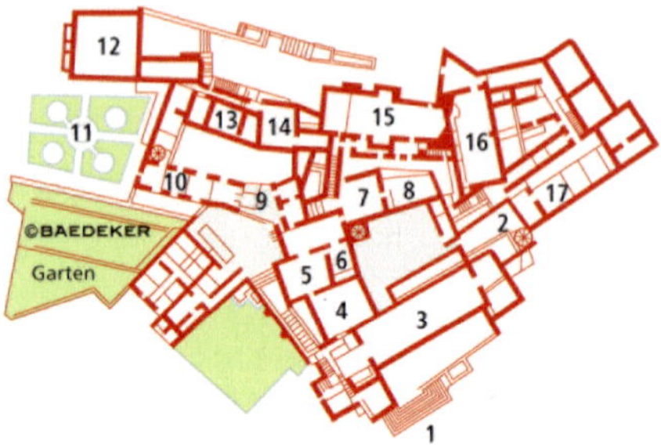

1 Eingang
2 Saal der Wachen
3 Saal der Schwäne
4 Saal der Elstern
5 Schlafzimmer D. Sebastião
6 Saal der Sirenen
7 Saal der Araber
8 Gastzimmer
9 Hof der Diana
10 Saal der Galeeren
11 Garten der Prinzen
12 Wappensaal (Saal der Hirsche)
13 Zimmer D. Afonso VI. (Gefängnisraum)
14 Chinesischer Saal
15 Kapelle
16 Küche
17 Manuelinischer Saal

tematisch von den Regierungsgeschäften ausgeschlossen und dann für schwachsinnig erklärt hatte, musste er hier neun Jahre bis zu seinem Tod 1683 verbringen. Interessant ist ein Blick in die Küche, in der man von unten in die großen Schornsteine hineinsehen kann.

● Anfang März – Ende Okt. tgl. 9.30 – 19.00, Ende Okt. – Ende Februar bis 18.00 Uhr; Eintritt: 10 € (Sommer), 8,50 € (Winter); Führungen: tgl. 14.30 Uhr, 5 €; www.parquesdesintra.pt

Castelo dos Mouros Vom Südrand der Stadt führt eine Straße in Serpentinen steil bergauf, anfangs durch prächtige Gärten, dann durch parkartigen Wald. Nach etwa 3 km biegt links der Zufahrtsweg zum Castelo dos Mouros (429 m) ab. Von der im 8. oder 9. Jh. erbauten, 1147 von Afonso Henriques eroberten und danach mehrfach veränderten Burg sind noch Mauern und Türme erhalten. Einen guten Blick auf Sintra hat man von der Torre Real. Im Burginnenhof ließ Ferdinand von Coburg-Koháry Mitte des 19. Jh.s Bäume pflanzen.

● Ende März – Ende Okt. tgl. 9.30 – 20.00, Ende Okt – Ende März 10.00 – 18.00 Uhr; Eintritt: 8 € (Sommer), 6,50 € (Winter); www.parquesdesintra.pt

****Palácio da Pena** Vom Castelo dos Mouros aufwärts kommt nach ca. 1 km die Einfahrt in den Park des Palácio Nacional da Pena. Auch dieser Palast, der auf einem steilen Felsgipfel (528 m) gebaut wurde, diente einst als **königliche Sommerresidenz**. Der aufwendige Bau im mittelalterlichen Burgenstil wurde im Auftrag des Königsgemahls **Ferdinand von Coburg-Koháry** (Fernando II.) 1840 – 1850 durch **Wilhelm von Eschwege** errichtet. Der Architekt war angewiesen worden, Elemente eines Klosters aus dem 16. Jh. einzubeziehen und ansonsten diverse Baustile miteinander zu vermischen. Eschwege hielt sich deutlich sichtbar an diese Vorgabe. Elemente aus Gotik, Manuelinik, Renaissance, Rokoko lassen sich ausmachen, weiterhin Maurisches und Fernöstliches. Ganz eindeutig lässt sich die Imitation eines portugiesischen Bauwerks feststellen: Der Hauptturm des Schlosses ist eine Nachbildung des Turmes von Belém. Kunsthistorikern äußerten sich oft abfällig über das Stilgemisch. Einen Besuch ist der ausgefallene Bau aber allemal wert. Vom Wehrgang, der die Burg umzieht, bietet sich die wohl schönste Aussicht im Sintra-Gebirge. In den Räumen des »Märchenschlosses« ist ein Sammelsurium an Möbeln, Fayencen, Waffen u. a. zu sehen. Zu besichtigen ist auch das Schlafgemach von Königin Amelia, in dem sie die letzte Nacht vor ihrer Exilierung nach der Gründung der Republik 1910 verbrachte. Von dem Kloster aus dem 16. Jh. sind eine Kapelle und ein zweistöckiger manuelinischer Kreuzgang erhalten. In der Kapelle steht ein von Nicolas Chanterène geschaffener Renaissancealtar. Die bemalten Glasfenster (19. Jh.) stammen aus Deutschland.

● Anfang März – Ende Okt. tgl. 9.45 – 19.00, Ende Okt. – Ende Febr. 10.00 bis 18.00 Uhr; Eintritt: 14 € (Sommer), 11,50 € (Winter); Führungen: tgl. 14.30 Uhr, 5 €; www.parquesdesintra.pt

***Parque da Pena**

Auch den weitläufigen Parque da Pena um das Schloss ließ Ferdinand von Coburg-Koháry anlegen. Auf dem 200 ha großen Gelände wachsen über 400 Baumarten und Sträucher – u. a. auch Baumfarne. Besonders schön ist es hier im Frühjahr zur Kamelien-, Rhododendron- und Azaleenblüte. Man kann bis zur Cruz Alta (529 m), einem 1522 am höchsten Punkt des Sintra-Gebirges aufgestellten Steinkreuz, hinauffahren. Im Park kann man das im alpinen Stil gestaltete **Chalet da Condessa d'Edla** besichtigen, das Ferdinand von Coburg-Koháry für die Condessa d'Edla, Elise Friederike Hensler, eine aus Deutschland stammende Opernsängerin, die er 1869 heiratete, erbauen ließ. Man kann auch Kutschfahrten und Ausritte durch den Park unternehmen. Auf der Website werden außerdem Wanderungen vorgestellt.

● Anfang März – Ende Okt. tgl. 9.30 – 20.00, Ende Okt. – Ende Febr. 10.00 bis 18.00 Uhr; Eintritt Park: 7,50 € (Sommer), 6,50 € (Winter); Eintritt Chalet d'Edla und Park: 9,50 € (Sommer), 8,50 € (Winter), Führungen mit Voranmeldung (Tel. 219 23 73 00): 5 €; www.parquesdesintra.pt

MUSEEN IN SINTRA

MU.SA – Museu das Artes de Sintra

Das Kunstmuseum, das im ehemaligen Casino Sintra zwischen Bahnhof und Ortsteil Estefânia eingerichtet ist, zeigt Werke von bekannten portugiesischen Künstlern.

● Av. Heliodoro Salgado; Di. – Fr. 10.00 – 20.00, Sa., So. ab 14.00 Uhr

Museu Anjos Teixeira

Unterhalb der Straße, die vom Palácio Nacional de Sintra zum Bahnhof des Städtchens führt, ist in dem früheren Atelier des portugiesischen Bildhauers Anjos Teixeira (1880 – 1935) ein kleines Museum mit seinen Werken eingerichtet worden.

● Di. – Fr. 10.00 – 18.00, Sa., So. 12.00 – 18.00 Uhr; Eintritt frei; www.museuvirtual.cm-sintra.pt/mat

PALÄSTE IN SINTRAS WESTEN

Quinta da Regaleira

Unmittelbar westlich des Zentrums steht an der Straße nach Colares die Quinta da Regaleira, ein in neomanuelinischem Stil Anfang des 20. Jh.s erbauter Palast, den man gut zu Fuß erreicht. Nicht nur der Palast, sondern auch der weitläufige Park mit seinen Grotten und Wasserbecken, Kaskaden und Teichen sowie kleinen Aussichtstürmen können besichtigt werden. In die Anlage von Palast und Garten sind Elemente aus der **Gedankenwelt von Freimaurern und Alchemisten** eingeflossen.

● tgl. 10.00 – 20.00, Nov. – Jan. bis 17.30, Febr., März, Okt. bis 18.30 Uhr; Eintritt 6 €, Führungen (10 €) etwa stündl. zwischen 10.30 u. 17.30 (im Winter bis 15.30) Uhr; www.regaleira.pt

Palácio de Seteais

Weiter in Richtung Colares führt die Straße kurz hinter dem Ortsausgang am Palácio de Seteais vorbei. Der Name **»Palast der sieben Seufzer«** erklärt sich aus der Tatsache, dass hier 1808 der Vertrag von Sintra unterzeichnet wurde, in dem die französischen Truppen ihre Kapitulation erklärten. Der Palast wurde im letzten Viertel des 18. Jh.s errichtet und zu Beginn des 19. Jh.s erweitert. Der Triumphbogen von 1802 soll an einen Besuch von João VI. erinnern. Heute beherbergt das Gebäude ein Luxushotel und ein Feinschmeckerlokal.

***Quinta e Palácio de Monserrate**

An derselben Straße befindet sich wenige Kilometer hinter dem Palácio de Seteais der Eingang zur Quinta de Monserrate, einer im maurischen Stil im 19. Jh. erbauten Villa. Bauherr war der Engländer **Francis Cook**. Der kleine Palast wird von einem herrlichen Park umgeben, der 2013 mit dem Europäischen Gartenpreis ausgezeichnet wurde. Neben hochstämmigen Baumfarnen wachsen hier zahlreiche weitere subtropische Pflanzenarten.

● Palast Anfang März – Ende Okt. tgl. 9.30 – 19.00, Ende Okt. – Ende Febr. 10.00 – 17.00 (Park jeweils 1 Std. länger); Eintritt Palast und Park: 8 € (Sommer), 6,50 € (Winter); Führungen mit Voranmeldung (Tel. 219 23 73 00), 5 €; www.parquesdesintra.pt

Hoch oben auf einem Felsen der Serra de Sintra thront der Palácio da Pena.

UMGEBUNG VON SINTRA

***Convento dos Capuchos** Verlässt man Sintra in südwestlicher Richtung auf der Straße zum Palácio da Pena, erreicht man nach ca. 10 km mitten im Wald den sehr atmosphärischen Convento dos Capuchos. Hierher fahren auch die Hop-on-Hop-off-Busse von Sintra aus. Das Kapuzinerkloster wurde 1560 errichtet. Die winzigen Räume der Mönche – in denen man weder aufrecht stehen noch ausgestreckt schlafen kann – sind teilweise in den Fels gehauen und **gegen Feuchtigkeit und Kälte mit Kork isoliert** worden. Von hier aus kann man auch schöne Wanderungen durch die Serra da Sintra unternehmen.

❶ Anfang März – Ende Okt. tgl. 9.30 – 20.00, Ende Okt. – Ende Febr. 10.00 bis 18.00 Uhr; Eintritt: 7 € (Sommer), 5 € (Winter); Führungen mit Voranmeldung (Tel. 219 23 73 00): 5 €; www.parquesdesintra.pt

Peninha Eine kleine Straße führt vom Convento dos Capuchos zur Peninha, einer Anhöhe (489 m) mit guter Sicht auf die Serra de Sintra und das Meer. Die kleine Kapelle wurde 1711 erbaut und ist mit Azulejos ausgeschmückt.

Museu Arqueológico In **São Miguel de Odrinhas** knapp 15 km nördlich von Sintra gibt es ein interessantes archäologisches Museum, das Exponate aus verschiedenen Epochen der Geschichte Portugals zeigt. In den Museumskomplex sind auch die Ruinen eines römischen Dorfs integriert.

❶ Di. – Sa. 10.00 – 13.00, 14.00 – 18.00 Uhr; Eintritt: 2 €

Colares und Strände Der stimmungsvolle Ort Colares westlich von Sintra ist für seinen **Wein** bekannt. Die **Adega Regional de Colares** – die älteste Weinkooperative Portugals – bietet nach Voranmeldung Weinproben an. Unter anderem kann man auch den roten Tropfen aus der seltenen Ramisco-Traube verkosten. In Colares haben sich in den letzten Jahrzehnten viele wohlhabende Lissabonner ihre **Sommerhäuser** gebaut. Von hier ist es nicht mehr weit zu den Stränden an der Küste – sehr beliebt sind die Praia das Maçãs, die Praia Grande und die Praia da Adraga – und zum westlichsten Punkt des europäischen Festlands, dem Cabo da Roca. Zur **Praia das Maçãs** fährt bei gutem Wetter eine Straßenbahn von Sintra aus hinunter.

Adega Regional de Colares: Alameda Coronel Linhares de Lima 32, Laden: Mo. – Fr. 9.00 – 13.00, 14.00 – 18.00, Sa. 9.00 – 13.00 Uhr; Tel. 219 29 12 10; www.arcolares.com

***Azenhas do Mar** Nördlich der Praia das Maçãs liegt Azenhas do Mar, ein kleiner Ort, der wegen seiner wunderschönen Hanglage an den Klippen und seiner dörflichen Idylle eines der reizvollsten Seebäder in dieser Region ist und zum Postkartenmotiv avancierte. Zu Beginn des 20. Jh.s zog das Dorf auch viele Maler an.

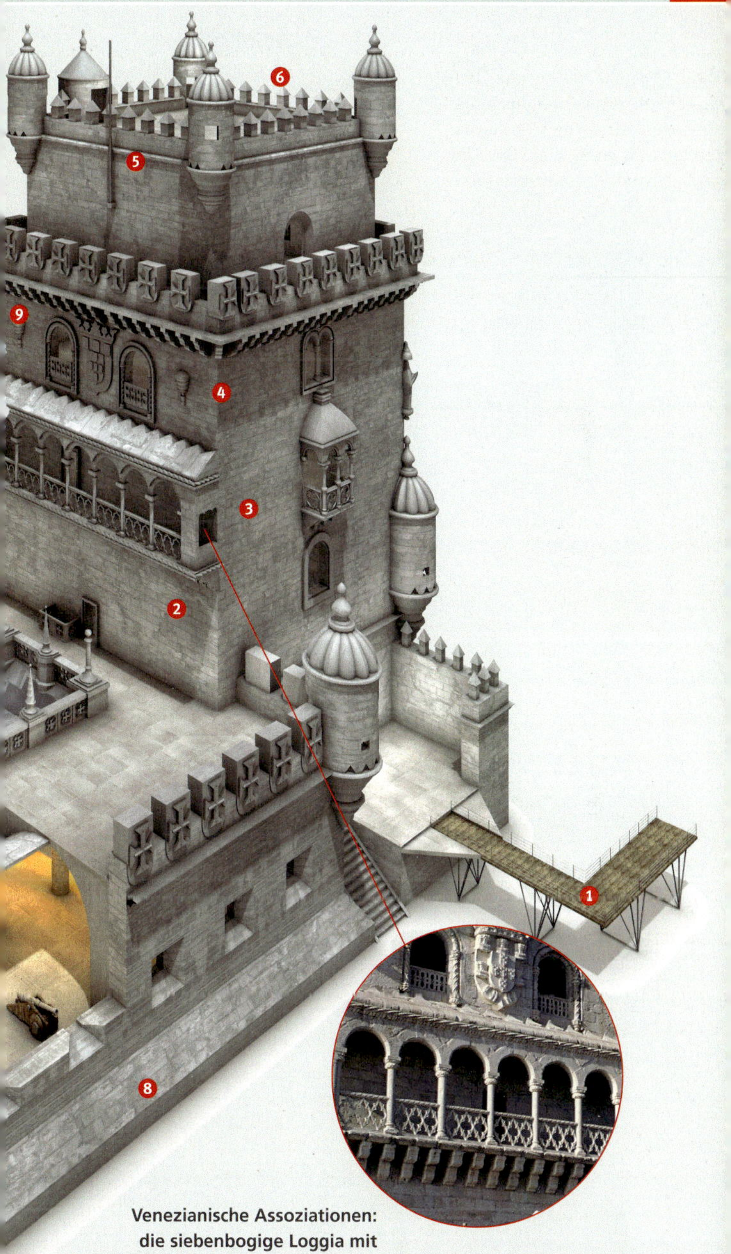

Venezianische Assoziationen:
die siebenbogige Loggia mit
Blick auf den Fluss

steht der Turm jetzt auf dem Festland direkt am Fluss; ein Steg führt über ein künstliches Wasserbecken zum Turmeingang.
Architekt war **Francisco de Arruda**, der zu den bekanntesten Baumeistern des manuelinischen Stils gehörte. Er hatte bei seinem älteren Bruder Diogo de Arruda gelernt und zeitweilig in Nordafrika gearbeitet. Dadurch war er mit Elementen der arabischen Bauweise vertraut – einer der Gründe für offensichtliche maurische Einflüsse in der Art seiner Gestaltung. Die Torre de Belém war Schauplatz zahlreicher geschichtlicher Ereignisse. Unter anderem begann im Jahr 1580 mit der Eroberung des Turms die 60-jährige spanische Herrschaft über Portugal.

Außenansicht Zu der gesamten Anlage gehören der weithin sichtbare vierstöckige Turm und eine dem Fluss zugewandte Bastion auf sechseckigem Grundriss. Diese wurde bewusst in Form eines stumpfen Schiffsbugs gestaltet, der ins Wasser ragt. Die Hauptfassade der Festungsanlage ist zur Seeseite hin ausgerichtet. Von hier aus entsteht ein völlig anderer Eindruck als vom Ufer aus. Der Festungscharakter lässt sich insbesondere an dem vorgelagerten Bollwerk ausmachen. In die Mauern sind Schießscharten eingelassen, die Seiten der Bastionsfläche sind von Zinnen umstanden, die aus einer Aneinanderreihung von Wappen gebildet werden. Kleine **Wachtürme** mit Kuppeln nach **arabischem Vorbild** betonen die Ecken. An den Außenwänden des viereckigen Turms sind dieselben Gestaltungselemente auszumachen: Die kleinen Kuppeltürme sitzen oben auf den vier Ecken, zwei Erkertürme weiter unten haben die gleiche Form. Die Balustrade des Turmumgangs wird wiederum von einem Zinnenkranz aus nebeneinander gereihten Wappen gebildet. Eine Plattform oben auf dem Turm ist von kleineren Zinnen mit pyramidenförmigen Helmen umsäumt. Die doppelbogigen Fenster, die kleinen Austritte sowie eine siebenbogige Loggia auf der dem Fluss zugewandten Seite lassen venezianische Assoziationen entstehen.
Auf der **Bastionsfläche** steht unter schützendem Baldachin eine gotische Marienstatue: Nossa Senhora do Bom Sucesso (Unsere Herrin des guten Erfolgs). Hier war früher ein Leuchtfeuer installiert.
Eine interessante Geschichte verbirgt sich hinter der Gestaltung einer der schon recht verwitterten Turmkonsolen. Unter den kleinen Wachtürmen der Bastion sind Löwen-, Delphin- und Widderköpfe zu sehen. Ein Rhinozeroskopf ist aus einem bestimmten Blickwinkel noch unter dem landzugewandten westlichen Turm der Bastion auszumachen. Er soll an ein Rhinozeros erinnern, das Manuel I. aus Indien geschenkt bekam: **das erste Rhinozeros in Europa**. Es wurde von Albrecht Dürer nach einer ihm zugesandten Skizze in einem berühmt gewordenen Holzschnitt verewigt. Man wollte damals das Rhinozeros am Tejo-Ufer gegen einen Elefanten kämpfen lassen, um herauszufinden, wer das stärkste Geschöpf auf der Erde sei – angeb-

Unter diesem landzugewandten westlichen Turm kann man noch die verwitterten Umrisse eines Nashorns erkennen: das erste Rhinozeros in Europa, ein Geschenk eines indischen Sultans für Manuel I.

Kleine Wachtürme mit Kuppeln nach arabischem Vorbild betonen die Ecken.

PRAKTISCHE INFORMATIONEN

Wie kommt man nach Lissabon, und welche Lektüre eignet sich zur Einstimmung auf die Reise? Was heißt »Guten Tag« auf Portugiesisch, und welches sind die aufregendsten öffentlichen Verkehrsmittel: Aufzüge, Flussfähren, Straßenbahnen, Busse, Vorortzüge oder die Metro?

Anreise · Reiseplanung

Mit dem Flugzeug

Die Flugzeit Hamburg – Lissabon beträgt ca. 3,5 Stunden, Frankfurt/Main – Lissabon ca. 3 Stunden. Direktflüge nach Lissabon gibt es mehrmals wöchentlich aus diversen Städten in Deutschland, Österreich und der Schweiz. Mehrere Billig-Airlines haben Lissabon im Programm.

> **!** BAEDEKER TIPP
>
> *Grandioser Landeanflug*
>
> Bei entsprechender Windrichtung gibt es einen spektakulären Anflug über Lissabon: Das Flugzeug fliegt in weiter Kurve über die Tejo-Mündung und die Ponte 25 de Abril und dann immer niedriger über die gesamte Innenstadt, sodass man alle Einzelheiten – Gebäude, Autos, Menschen – erkennen kann. Dieses Erlebnis sollte man sich auf keinen Fall entgehen lassen und beim Einchecken darauf achten, dass man einen Fensterplatz bekommt.

Lissabons internationaler **Flughafen** (Aeroporto de Lisboa oder Aeroporto da Portela) liegt ca. 7 km nördlich des Stadtzentrums. Die Schalter der **Mietwagenfirmen** befinden sich auf der Ankunftebene.

Für die **Anreise mit dem Auto** empfiehlt sich ab der französisch-spanischen Grenze entweder die Route Hendaye/Irun (frz.-span. Grenzübergang) – Burgos – Salamanca – Vilar Formoso (span.-port. Grenzübergang) – Lissabon oder Hendaye/Irun – Burgos – Salamanca – Badajoz – Caia/Elvas (span.-port. Grenzübergang) – Lissabon oder Le Perthus/La Junquera (frz.-span. Grenzübergang) – Barcelona – Madrid – Caia/Elvas (span.-port. Grenzübergang) – Lissabon. Wer sich Lissabon von Süden nähert, kommt über die kilometerlange Ponte Vasco da Gama oder über die Ponte 25 de Abril in die Stadt – in beiden Fällen fährt man auf das spektakuläre Panorama zu. Für die Strecke Frankfurt/Main nach Lissabon kann man rund 2300 km rechnen. Neben Benzinkosten müssen teilweise recht hohe Autobahngebühren einkalkuliert werden (Infos zum Mautsystem in Portugal: www.visitportugal.com – Alles über Portugal – Nützliche Informationen). In Lissabon selbst ist Autofahren nicht sinnvoll.

Mit der Bahn

Die Bahnverbindungen nach Lissabon ändern sich häufig. Die beste Variante z. B. ab Frankfurt/Main dauert ca. 25 Stunden. Lohnend ist die Anreise mit der Bahn vor allem für Interrail-Reisende, für die französische Strecke muss man allerdings weit im Voraus buchen.

Mit dem Bus

Eurolines bzw. **Deutsche Touring GmbH** bietet dreimal wöchentlich einen Bus-Liniendienst nach Portugal; dort werden zahlreiche Orte angefahren. Die Fahrzeit Frankfurt – Lissabon beträgt ca. 37 Stunden, ein Ticket für Hin- und Rückfahrt kostet ca. 250 Euro.

FLUGHAFEN

Lissabon

Aeroporto de Lisboa
(Aeroporto da Portela de Sacavém)
Tel. +351 218 41 35 00
www.ana.pt
Der Flughafen ist ca. 7 km vom Stadtzentrum entfernt. Die schnellste Verbindung ins Zentrum ist die Metro. Außerdem fahren Aerobusse zwischen 7.00 und 23.00 Uhr ins Zentrum (Fahrzeit ca. 25 Min.); Linie 1 alle 20 Minuten mit Haltestellen Saldanha – Marquês de Pombal, Rossio – Praça do Comércio – Cais do Sodré und anderen, Linie 2 alle 40 Minuten über Sete Rios und Praça de Espanha zur Avenida José Malhoa mit weniger Haltestellen, ebenso die normalen Linienbusse 705, 722, 744, 783 und 208 (Nachtbus). Bustickets bei der Touristeninformation und beim Fahrer. Metrotickets bei der Touristeninformation oder in der Metrostation. Am besten wählt man ein grünes »Viva-viagem«-Ticket mit dem »Zapping«-Modus ab 5 €, mit dem Metro-, Bus- und Schifffahrten möglich sind. Bei Problemen mit den Automaten helfen die Schalterbeamten (Öffnungszeiten: tgl. 8.00 – 19.45 Uhr).
Eine Taxifahrt ins Zentrum sollte nicht mehr als 12 € kosten; die Voucher, die man bei der Touristeninformation kaufen kann, lohnen sich selten. Tipp: Am Taxistand auf der Abflugebene (Partidas) wartet man nicht so lange.

FLUGGESELLSCHAFTEN

Air Portugal (TAP)

www.flytap.com
Tel. *01806 00 03 41

Lufthansa

www.lufthansa.com
Tel. 069 86 79 97 99

Swiss

www.swiss.com
Tel. 8 48 70 07 00 (Schweiz)
Tel. 808 20 04 87 (in Portugal)

Austrian Airlines

www.austrian.com
Tel. 05 17 66 10 00 (Österreich)

Eurowings/Germanwings

www.eurowings.com
Tel. *01806 32 03 20
Tel. *7 07 78 00 33 (in Portugal)

Air Berlin

www.airberlin.com
Tel. *01806 33 43 34 (Deutschland)
Tel. 08 48 73 78 00 (Schweiz)
Tel. 08 20 73 78 00 (Österreich)

Tuifly

www.tuifly.com
Tel. *01806 00 01 20 (Deutschland)
Tel. *09 00 19 01 50
(Schweiz, Österreich)
Tel. *0049 18 05 42 41 40 (Portugal)

BAHNVERKEHR

Estação de Santa Apolónia

Av. Infante D. Henrique
Am Tejo-Ufer, Endpunkt aller Züge aus Nord- und Nordostportugal und aus dem Ausland. Metro- und Busanschluss.

Estação Oriente

Parque das Nações
Ebenfalls Ankunft aus dem Ausland. Verkehrsknotenpunkt mit Metro- und Busanschluss ins Zentrum und zum Flughafen.

Deutsche Bahn

Tel. *01806 99 66 33
www.bahn.de

Portugiesische Eisenbahngesellschaft
Tel. *707 21 02 20
(Sevice-Hotline)
www.cp.pt

PANNENDIENST
ADAC-Notruf
Tel. +49 89 22 22 22
(Notruf München
bei Fahrzeugschaden)
Tel. +49 89 76 76 76
(bei Krankheit und Verletzung)

Automóvel Club de Portugal
Tel. 7 07 50 95 10

LINIENBUSVERKEHR
Eurolines - Deutsche Touring
Tel. 06196 207 85 01
www.eurolines.de
Linienbusse halten bzw. starten an der Estação Oriente (Ostbahnhof) bzw. am Terminal Rodoviário Sete Rios (Busbahnhof mit Umsteigemöglichkeit auf Regionalzug und Metro).

FRACHTSCHIFFVERKEHR
Frachtschiff Touristik
Mühlenstr. 2
24376 Kappeln
Tel. 04642 96 55-0
www.zylmann.de

Mit dem Schiff Wer mit dem Schiff nach Portugal reisen möchte, sollte sich im Reisebüro über aktuelle Verbindungen erkundigen. Von Rotterdam aus kann man mitunter als Teilabschnitt einer Rundfahrt per Frachtschiff bis Porto (Hafen Leixões) und Lissabon fahren. Und natürlich ist Lissabon auch Anlaufstelle bei diversen Kreuzfahrten.

EIN- UND AUSREISEBESTIMMUNGEN

Reisedokumente Zur Einreise nach Portugal genügt für Reisende aus Deutschland, Österreich und der Schweiz der Personalausweis. Kinder brauchen einen eigenen Ausweis, ein Eintrag im Ausweis der Eltern gilt nicht mehr. Wer mit dem eigenen Pkw kommt, muss Führerschein und Kfz-Schein des Heimatlandes dabeihaben. Bei Schadensfällen wird die Internationale Grüne Versicherungskarte verlangt. Ist der Fahrer eines Kraftfahrzeuges nicht gleichzeitig auch der Fahrzeughalter, so muss er eine beglaubigte Vollmacht des Fahrzeugeigentümers vorweisen können.

Haustiere Haustiere müssen mit implantiertem Mikrochip reisen, und man benötigt einen EU-Kleintierausweis samt Nachweis der Tollwutimpfung. Diese muss mindestens 30 Tage, maximal zwölf Monate vor der Einreise erfolgt sein. Maulkorb und Leine muss man dabeihaben, außerdem das Hundeverbot insbesondere an Stränden beachten.

Zollbestimmungen Innerhalb der Europäischen Union ist der Warenverkehr für private Zwecke weitgehend zollfrei. Es gelten lediglich gewisse Höchstmengen

(z. B. für Reisende über 17 Jahren 800 Zigaretten, 10 l Spirituosen). Für Reisende aus Nicht-EU-Ländern wie der Schweiz gelten folgende Freigrenzen: 200 Zigaretten oder 100 Zigarillos oder 50 Zigarren oder 250 g Tabak, ferner 2 l Wein oder andere Getränke bis 22 % Alkoholgehalt oder 1 l Spirituosen mit mehr als 22 % Alkoholgehalt. Zollfrei sind außerdem Geschenke bis zu einem Wert von 430 € (300 € bei Einreise auf dem Landweg).

Auskunft

IN DEUTSCHLAND

Turismo de Portugal (Portugiesisches Fremdenverkehrsamt)
Zimmerstr. 56
D-10117 Berlin
Tel. +49 (0)30 2 54 10 60
edt.berlin@turismodeportugal.pt
www.visitportugal.com
Der Berliner Standort des portugiesischen Fremdenverkehrsamts ist auch für Interessierte aus Österreich und der Schweiz zuständig, die eine Reise nach Lissabon planen oder sich über Portugal informieren möchten.

IN LISSABON ZENTRALE

ATL Turismo de Lisboa
Rua do Arsenal 23
1100-038 Lisboa, Tel. 210 31 27 00
www.visitlisboa.com

INFORMATIONSSTELLEN

Turismo Palácio Foz
Praça dos Restauradores
Tel. 213 46 33 14
tgl. 9.00 – 20.00 Uhr
www.askmelisboa.com

Terreiro do Paço
Lisbon Shop Praça do Comércio
Tel. 210 31 28 10

Flughafen Ankunftshalle
Tel. 218 45 06 60
tgl. 7.00 – 24.00 Uhr

Bahnhof Sta. Apolónia
Tel. 218 82 16 06

Rossio
Kiosk
Tel. 910 51 79 14

IN BELÉM

Kiosk Mosteiro dos Jerónimos
Tel. 213 65 84 35

IN SINTRA

im Bahnhof Sintra
Tel. 211 93 25 45

Praça da República 23
Tel. 219 23 11 57
www.cm-sintra.pt

IN CASCAIS

Largo Cidade de Vitória
Tel. 214 66 62 30
www.visitcascais.com

IN ESTORIL

Arcadas do Parque
Tel. 214 68 76 30
www.cm-cascais.pt

IN MAFRA

neben dem Palácio Nacional de Mafra
Tel. 261 81 71 70
www.cm-mafra.pt

DIPLOMATISCHE VERTRETUNGEN

Deutsche Botschaft
Campo dos Mártires da Pátria 38
P-1169-043 Lisboa
Tel. 218 81 02 10
Tel. 00351 96 580 80 92 (Notfälle)
www.lissabon.diplo.de

Österreichische Botschaft
Avenida Infante Santo 43, 4°
P-1399-046 Lisboa
Tel. 213 94 39 00
www.bmeia.gv.at
www.embaixadadaaustria.pt
www.aussenministerium.at/lissabon

Schweizerische Botschaft
Travessa do Jardim 17
1350-185 Lisboa
Tel. 213 94 40 90
www.eda.admin.ch/lisbon

Mit Behinderung in Lissabon

Reisen in Portugal, und speziell in Lissabon unterwegs zu, sein ist für Touristen mit Handicap nicht immer einfach, da es nur wenige behindertengerechte Einrichtungen gibt; Flughäfen, Bahnhöfe und die großen Hotels sind allerdings gut ausgestattet. Allgemeine Infos erhält man bei Turismo de Portugal (►Auskunft) und auf der Website www.visitportugal.com – Alles über Portugal – Nützliche Informationen. Der Bundesverband Selbsthilfe für Körperbehinderte (www.bsk-ev.org) und die Nationale Koordinationsstelle Tourismus für Alle (www.natko.de) organisieren Reisen und geben Informationen. Auf der Website www.natko.de findet man unter Reiseinfos – Reiseveranstalter – Portugal einen Link zu www.widehealthcareservices.com mit Angaben zu organisierten Reisen.

Elektrizität

Das Stromnetz führt 220 Volt Wechselspannung. In Hotels sind im Allgemeinen Euronorm-Gerätestecker verwendbar.

Etikette

Freundlichkeit

Die höfliche Freundlichkeit der Portugiesen ist geradezu sprichwörtlich. Überall dort, wo Touristen in Scharen einfallen, merkt man seit einigen Jahren aber, dass ebendiese Freundlichkeit offenbar arg strapaziert worden ist. So muss man in Lissabon zum Beispiel in den Tourismusinformationen oder in von Touristen frequentierten Restaurants nicht unbedingt mit einem herzlichen Empfang rechnen, anders ist es aber beispielsweise in abgelegenen Vierteln in alten Kramläden, in denen einem eine bewundernswerte Liebenswürdigkeit oft noch unvermittelt entgegenschlägt.

Private Treffen

Private Einladungen nach Hause sind seltener als bei uns; man trifft sich eher im Café oder Restaurant. Der Schwur, sich bald wieder auf einen »cafézinho« sehen zu wollen, gibt beiden Parteien die Möglichkeit, die Bekanntschaft aufzugreifen oder auch nicht – ohne Gesichtsverlust.

Begrüßung

Wer sich privat mit Portugiesen trifft, sollte nicht überrascht sein, auch als noch halbwegs Fremder in das Begrüßungszeremoniell einbezogen zu werden, das aus zwei Wangenküsschen besteht – Händeschütteln gibt es nur bei förmlichen Treffen. Dasselbe gilt fürs Verabschieden: Hat man einen Abend miteinander verbracht, werden auch zum Abschied zwei Küsschen auf die Wangen gehaucht.

Geduld

Geduld haben viele Portugiesen, und Geduld wird auch von Ausländern erwartet – »Paciência!«. Oft ergeben sich Situationen, in denen man erstens länger warten muss, als man sich erklären kann, und in denen man zweitens völlig darüber im Unklaren ist, was die aktuelle Verzögerung hervorgerufen haben könnte oder was eigentlich überhaupt gerade passiert. Wer ungeduldig aufbraust oder auf Erklärungen pocht, wird selten erfolgreich sein. Besser ist es, sich in sein Schicksal zu ergeben und sich etwas Gelassenheit und Geduld zuzulegen. Irgendwie löst sich auch die unübersichtlichste Situation einmal auf, und außerdem ist jede Warterei irgendwann einmal vorbei.

Schlangestehen

Geduld erfordert auch das in Portugal übliche Anstehen in Warteschlangen. Auf Ämtern und an Bus- und Straßenbahnhaltestellen steht man immer an, und alle achten sorgfältig auf die richtige Reihenfolge. Warteschlangen sollte man niemals sprengen – auch »Nichtwissen« ist keine Entschuldigung. Geduldig zu warten gehört zur Höflichkeit im Land, die auch von den Gästen erwartet wird.

Kriminalität

Lissabon hat eine der **niedrigsten Kriminalitätsraten** im Vergleich der europäischen Großstädte. Gewaltverbrechen sind selten, Gelegenheitsdiebstahl kann vermeiden, wer das Handy nicht zu offen auf dem Cafétisch liegenlässt und seine Jacke in der Garderobe abgibt.

Drogen

Portugals **Drogenpolitik** ist recht progressiv – oder lax, je nach Perspektive –, und selbst wer sich für respektabel aussehend hält, bekommt leicht auf dem Rossio Haschisch angeboten. Wer darauf eingeht, wird auch schon mal doppelt über den Tisch gezogen: mit 20 € für ein Päckchen echter Lissabonner Erde plus noch mal 20 € als Obolus für den Kumpan, der den Zivil-»Polizisten« spielt.

Trinkgeld

In den Rechnungen von **Hotels und Restaurants** ist die Bedienung inbegriffen. Im Restaurant ist ein zusätzliches Trinkgeld von etwa 10 % der Rechnung aber üblich; auch für einen kleinen Kaffee zwischendurch gibt man ein Trinkgeld. Man lässt nach dem Bezahlen einfach einen kleinen Betrag auf dem Tisch oder auf der Untertasse liegen. Im Hotel freut sich das Zimmerpersonal über ein zusätzliches Taschengeld, das sich nach der Dauer des Aufenthalts im Hotel richtet. Außerdem gibt man **Taxifahrern, Gepäckträgern oder Fremdenführern** ein angemessenes Trinkgeld. Viele Portugiesen geben im Café oder bei Taxifahrten kein Trinkgeld.

Fundbüros

Fundsachen können im zentralen Fundbüro bei der Polizei abgeholt werden. Auch Fundsachen aus öffentlichen Verkehrsmitteln werden hier gesammelt.

»LOST AND FOUND«

Polizei – Secção dos Achados
Rua Cidade Salazar Lt. 180
Lisboa/Olivais, Tel. 218 53 54 03

Flughafen
»Lost and Found«
Tel. 218 44 45 30 (PSP)

Geld

Euro

Portugal gehört zur Eurozone. Für die Schweiz gilt: 1 € = 1,08 CHF, 1 CHF = 0,92 €.

Geldautomaten

Die einfachste Art, Bargeld zu bekommen, ist an Geldautomaten **(multibanco)**, die es im Zentrum überall gibt und die mit mehrsprachigen Bedienungshinweisen ausgestattet sind. Hier kann man mit der Bankkarte und mit verschiedenen Kreditkarten problemlos Geld abheben.

Kreditkarten, Bankkarten

Größere Hotels, Restaurants der gehobenen Kategorie, Autovermieter, Tankstellen sowie einige Geschäfte akzeptieren die meisten internationalen Kreditkarten. Man sollte aber immer Kleingeld zum Bezahlen in kleineren Läden etc. dabeihaben. Bei Verlust kann man beim zentralen **Kartensperrnotruf** unter Tel. +49 11 61 16 Kredit- und Bankkarten und außerdem auch Handy-Karten sperren lassen.

Gesundheit

Apotheken

In Apotheken (farmácias) erhält man neben den in Portugal produzierten **Medikamenten** auch ausländische Präparate, die hier häufig günstiger als im Herstellungsland selbst sind. Reguläre **Öffnungszeiten** der Apotheken sind Mo. – Fr. 9.00 – 13.00 und 15.00 – 19.00 Uhr, Sa. 9.00 – 13.00 Uhr. Die Anschriften der Apotheken, die **Nacht- und Sonntagsdienst** haben, sind in Apotheken auf Aushängen aufgeführt. Auskunft über Dienst habende Apotheken (farmácias de serviço) erhält man auch in Tageszeitungen, unter Tel. 118 und unter www.portaldasfarmacias.com.

Ärztliche Hilfe

Telefonnummern von **Krankenhäusern** (hospital, pl.: hospitais) und **Gesundheitszentren** (centro de saúde) sind im Telefonbuch auf den ersten Seiten oder unter »hospitais« zu finden. Die meisten Krankenhäuser haben einen 24-Stunden-Notfalldienst. In dringenden Fällen kann man direkt in die Notaufnahme (urgência) des nächsten Krankenhauses gehen. Außerdem hilft jede Hotelrezeption. In fast allen Krankenhäusern wird Englisch gesprochen; ansonsten gibt die Deutsche Botschaft Auskunft über deutschsprachige Ärzte.
Behandlungen vor Ort müssen zunächst selbst bezahlt werden – es sei denn, man hat sich vor Reiseantritt bei der eigenen Krankenkasse die **Europäische Krankenversicherungskarte** besorgt. Für eine Kostenerstattung durch die Krankenversicherung sollte man sich im Fall der Fälle eine detaillierte Rechnung ausstellen lassen.

NOTRUF
Tel. 112

KRANKENHÄUSER
Hospital de Santa Maria
Av. Prof. Egas Moniz
Tel. 217 80 50 00
www.hsm.min-saude.pt

Hospital Egas Moniz
Tel. 210 43 10 00
www.hegasmoniz.min-saude.pt

Krankenhaus São José
Rua José António Serrano
Tel. 218 84 10 00
www.chlc.min-saude.pt

Clínicas Cuf
CUF sind angesehene private Kliniken an mehreren Standorten in Lissabon
www.josedemellosaude.pt
Tel. 213 92 61 00 (Hosp. Infante Santo)
Tel. 210 025 200 (Hospital Descobertas)
Tel. 210 01 95 00 (Hospital Alvalade)

Literatur und Film

Zur Einstimmung

Curt Meyer-Clason: Portugiesische Tagebücher (1969 – 1976). A 1 Verlag, München 1997 – Aufzeichnungen des ehemaligen Direktors des Goethe-Instituts in Lissabon, der 2013 im Alter von 101 Jahren verstorben ist. Man erfährt sehr viel über die politische Situation, über Kultur und Kulturschaffende des Landes unter der Diktatur und nach der Nelkenrevolution.

Werner Herzog: Lissabon: Literarische Streifzüge durch die Stadt. 2002 – Essays zu Stadtgeschichte, Stadtvierteln und bedeutenden Personen. Mit Zitaten von Schriftstellern und Stadtbewohnern werden Stadt, Land und Leute vorgestellt. Dazu ein paar Literaturhinweise und Beschreibungen ausgewählter Plätze.

Sabine Scholl: Lissabon. Literarische Streifzüge. Artemis & Winkler, Düsseldorf 2009 – Das Buch führt durch Lissabon, seine Architektur, Kultur, Musik und Literatur. Viele namhafte Schriftsteller kommen dabei zu Wort.

Gaby Wurster: Lissabon – Ein Reisebegleiter. Wagenbach, Berlin 2010 – Durch die portugiesische Hauptstadt mit Thomas Mann, Alfred Döblin, Heinrich Mann, Fernando Pessoa, Eça de Queiroz, José Saramago u. v. a.

! BAEDEKER TIPP

Lissabon im Film

Nachtzug nach Lissabon: Bille Augusts Verfilmung des Bestsellers von Pascal Mercier (2013), mit Jeremy Irons, Martina Gedeck, Bruno Ganz u. a. (www.nachtzug-nach-lissabon.de)
Imagine: Ein Lehrer versucht, seinen Schülern in einer Lissabonner Blindenschule ein selbstbewusstes Orientieren in der Stadt beizubringen.
Lisbon Story: Wim Wenders' Hommage an die Stadt Lissabon mit vielen Musikclips der portugiesischen Gruppe Madredeus
Taxi Lisboa: Wolf Gaudlitz' Reise durch Lissabon mit dem Taxifahrer Augusto Macedo
In der weißen Stadt (von Alain Tanner): Ein Schweizer Techniker (Bruno Ganz) steigt aus seinem Alltag aus. Er streift durch Lissabon und dreht Super-8-Filme für seine Frau.
Erklärt Pereira: Marcello Mastroianni in dem letzten Film vor seinem Tod 1996. Altersweise und melancholisch zieht er durch Lissabon.

Lissabon in der portugiesischen Literatur

Fernando Pessoa: Mein Lissabon. Was der Reisende sehen sollte. Ammann, Zürich 2001 – Pessoas »Baedeker« durch Lissabon, vermutlich 1925 geschrieben. Dazu schöne alte Fotografien und viele Zitate aus Pessoas Werken (nur noch antiquarisch erhältlich).

Fernando Pessoa: O Lissabon, du meine Heimstatt. Der Dichter als Flaneur. S. Fischer 2009 – Mit Pessoas Wahrnehmungen und Gedanken durch die Stadt. Die Illustrationen stammen von Júlio Pomar.

José Cardoso Pires: Lissabonner Logbuch. Hanser Verlag 1997 – Einer der bekanntesten Schriftsteller Portugals (1925–1998) führt durch die Stadt, in der er lebte.

José Saramago: Das Todesjahr des Ricardo Reis. Rowohlt, Reinbek bei Hamburg 1997 – Mit Ricardo Reis durch Lissabon. Ricardo Reis, eines der Heteronyme von Fernando Pessoa, kehrt ein Jahr nach Pessoas Tod aus Brasilien nach Lissabon zurück.

! BAEDEKER TIPP

Portugiesische Literatur und Musik

Ein sehr breites Angebot an Literatur und Musik aus Portugal hat TFM, Große Seestraße 47, 600486 Frankfurt/Main, Tel. 069 28 26 47, www.tfmonline.de. Außer Literatur und Musik aus Portugal gibt es auch alles Aktuelle aus dem gesamten portugiesischen Sprachraum. Eine weitere gute Adresse für Kultur aus Portugal, Brasilien, Angola, Mosambik, Kapverden etc.: www.novacultura.de

Ein Wahl-Lissabonner über die Stadt

Antonio Tabucchi: Lissabonner Requiem. Eine Halluzination. Hanser Verlag 2002 – Lissabon aus Sicht des Italieners, für den Portugal zur zweiten Heimat wurde; mit schönen Fotos.

Antonio Tabucchi: Erklärt Pereira. Eine Zeugenaussage. dtv, München 1997 – Ein alternder unpolitischer Kulturredakteur wird durch eine Bekanntschaft auf die politischen Verhältnisse unter Salazar aufmerksam und beginnt, Widerstand zu leisten. Der Roman wurde verfilmt mit Marcello Mastroianni in der Hauptrolle und Musik u. a. von Dulce Pontes; der Film gibt ein sehr schönes Stimmungsbild von Lissabons Innenstadt.

Krimis und Romane

Pascal Mercier: Nachtzug nach Lissabon. btb Verlag, München 2006 – Ein Schweizer Lehrer durchstreift Lissabon auf der Suche nach einem Arzt und Schriftsteller und zugleich nach einem anderen Leben.

Robert Wilson: Tod in Lissabon. Goldmann Verlag, München 2002 – Spannender Kriminalroman mit Schauplatz Lissabon auf zwei Zeitschienen – im Zweiten Weltkrieg und in den 1990er-Jahren. Kannten Sie die Geschichte des kriegswichtigen Schwermetalls Wolfram?

Medien

Ausländische Zeitungen und Zeitschriften

Deutschsprachige und andere internationale Zeitschriften und Zeitungen gibt es an mehreren Zeitungsständen im Zentrum am Rossio, an der Praça dos Restauradores und in der Avenida da Liberdade sowie am Flughafen zu kaufen.

Stadtmagazine Die Tourismusbehörde Lissabon gibt das Magazin **Follow me Lisboa** heraus, in dem wichtige Adressen, Veranstaltungshinweise und Aktuelles über Lissabon und Umgebung zu finden sind. Das Magazin liegt in den Informationsbüros, mitunter auch in Hotels aus. Die Stadt Lissabon gibt die **Agenda Cultural** (http://agendalx.pt) heraus, ebenfalls mit Veranstaltungen und Adressen. Das Wochenmagazin **Time Out** (http://timeout.sapo.pt) erscheint auf Portugiesisch.

Notrufe

NOTRUFE IN PORTUGAL

Allgemeiner Notruf
Tel. 112 (gebührenfrei)
Polizei, Feuerwehr, Unfallrettung, ärztliche Hilfe etc. Bei Autounfällen und Autoeinbrüchen ist die »Polícia de Trânsito« zuständig.

Krankenhäuser
▸ Gesundheit

Touristenpolizei P.S.P.
Tel. 213 421 634, 9 65 99 00 00
(Palácio Foz, Pr. dos Restauradores, lsbtur@psp.pt)

NOTRUFDIENSTE IN DEUTSCHLAND

ADAC Notrufzentrale München
Tel. +49 89 22 22 22
(Beratung nach Unfällen etc.)
Tel. +49 89 76 76 76
(Telefonarzt und Rückholdienst)

Deutsche Rettungsflugwacht Stuttgart
Tel. +49 711 70 10 70

ACE-Notrufzentrale Stuttgart
Krankenrückholdienst
Tel. +49 711 530 34 35 36

Post · Telekommunikation

Post Briefe und Karten sind nach Mitteleuropa mindestens vier Tage unterwegs. Schneller geht es mit der teureren Expresspost »correio azul«. Das **Porto** für Briefe (cartas) und Karten (postais) beträgt innerhalb der EU 0,75 €, mit dem »correio azul« 2,45 €. **Briefmarken** (selos) erhält man in Postämtern (correios) und in Geschäften mit dem Aushang »CTT Selos«. **Briefkästen** sind rote frei stehende Säulen oder rote Kästen an Hauswänden, die Briefkästen des »correio azul« sind blau. **Postämter** sind normalerweise Mo. – Fr. 9.00 – 12.30 und 14.30 – 18.00 Uhr geöffnet. Andere Öffnungszeiten haben die Postämter an der Praça dos Restauradores (Mo. – Fr. 8.00 – 22.00, Sa. 9.00 – 18.00 Uhr), im Corte Ingles (Mo. – Fr. 10.00 – 22.00, Sa. 10.00 bis 13.00/13.30 – 17.00 Uhr) und im Flughafen (Mo. – Fr. 9.00 – 20.00, Sa. 9.00 – 18.00, So. 9.00 – 13.00/14.00 – 17.00 Uhr).

TELEFONAUSKUNFT
Tel. 118
www.pai.pt

VORWAHLNUMMERN
Vorwahl nach Portugal
aus Deutschland, Österreich und der Schweiz:
Tel. 00 351
Im Anschluss an die Ländervorwahl folgt die landesweit neunstellige Rufnummer.

Vorwahl von Portugal
nach Deutschland: Tel. 00 49
nach Österreich: Tel. 00 43
in die Schweiz: Tel. 00 41
Die Null der jeweiligen Ortsvorwahl entfällt.

Telefonieren innerhalb Portugals (mobil)
Bei Telefonaten mit Teilnehmern in Portugal: Ländervorwahl Tel. 00 351

Telefon

Telefonate innerhalb Portugals und ins Ausland kann man von öffentlichen Telefonzellen, Postämtern und privaten Telefon-Gesellschaften aus führen. Im Postamt und bei den privaten Telefon-Gesellschaften meldet man ein Gespräch am Schalter an und zahlt danach. Von öffentlichen Telefonen aus kann man mit Münzen oder mit einer Telefonkarte (cartão para telefonar), die man in Postämtern bzw. bei den Telefon-Gesellschaften erhält, telefonieren. Eine Telefonzentrale, von der aus man gut ins Ausland telefonieren kann, ist am Rossio (Ecke Bahnhof Rossio). Benutzt man ein **Mobiltelefon**, das nicht in Portugal registriert ist, muss man, wenn man einen Teilnehmer in Portugal anrufen möchte, vor der Rufnummer die Ländervorwahl von Portugal +351 eingeben. Überall in der Region ist der Empfang mit Mobiltelefonen gut.

Internet

Internetzugang bzw. Gratis-WLAN hat man in vielen Hotels, kleinen Cafés und Bars und in den großen Shoppingzentren. Ein Internetcafé, das lange geöffnet hat, gibt es in der Rua dos Fanqueiros.

Preise · Vergünstigungen

Die Zeiten, in denen Portugal ein günstiges Reiseland war, sind vorbei. In weiten Teilen des Landes ist es zwar nach wie vor möglich, günstig zu übernachten und zu essen, aber in den Touristenzentren und in Lissabon ist das Preisniveau etwa mit dem in Deutschland zu vergleichen. Allerdings gibt es selbst in der Hauptstadt einige Möglichkeiten, seinen Urlaub preisgünstig zu gestalten. Es gibt preiswerte, gepflegte Pensionen. Wirklich lohnend ist es, sich nach **günstigen Restaurants** umzusehen – viele einfache Lokale sind billig und gut. **Verkehrsmittel und Taxis** sind nicht übermäßig teuer; Lissabons Zentrum ist aber andererseits überschaubar und lässt sich gut zu Fuß erkunden. Die Eintrittspreise bei großen **Museen und Sehenswürdigkeiten** sind recht teuer, bei kleineren Museen dagegen meist billig. Sonntags zwischen 10.00 und 14.00 Uhr, oftmals auch nur an einem Sonntag im Monat, sind viele Museen und Sehenswürdigkeiten in der Stadt kostenlos zu besichtigen.

Tagesticket/ Zapping

Günstig fährt man mit öffentlichen Verkehrsmitteln, wenn man entweder ein 24-Stunden-Ticket kauft oder einen »Cartão 7 Colinas/ Viva Viagem« zum »Zapping« auflädt. Beide sind in der Metro und in den Bussen, Straßenbahnen und Aufzügen der »Carris« gültig.

Lisboa Card

Mit der **Lisboa Card** sind alle öffentlichen Verkehrsmittel (Bus, Straßenbahn, Metro, Aufzüge, Züge nach Sintra und Cascais) kostenlos, man hat freien Eintritt bzw. Ermäßigungen in diversen Museen, bei Stadtrundfahrten, Schiffsfahrten etc. Es gibt sie mit einer Gültigkeitsdauer von 1 bis 3 Tagen. Sie lohnt sich aber nur, wenn man sehr viel unternehmen und ansehen möchte. Die **Lisboa Restaurant Card** für eine oder zwei Personen oder Familien hat eine Gültigkeitsdauer von 72 Stunden, die **Lisboa Shopping Card** für 24 oder 72 Stunden. Mit den Karten erhält man in einigen Restaurants und Geschäften Rabatte bis zu 20 %. Sie werden u. a. in den Touristeninformationen verkauft.

BAEDEKER WISSEN ?

Was kostet wie viel?

- Doppelzimmer: ab 35 €
- Einfaches Essen: ab 6 €
- Bier vom Fass: ca. 1,50 €
- Metroticket: 1,40 €
- 1 l Benzin: ca. 1,40 €
- Eine »bica«: ca. 0,55 €

Preise Restaurants: ► S. 103
Preise Hotels: ► S. 155

Reisezeit

Lissabon hat lange Sommer mit wenig Regen und angenehmer Wärme. Im Juli und August können die Temperaturen auf 35 °C und mehr ansteigen, durch die Atlantiknähe weht aber fast immer eine kleine Brise. Selbst in diesen Monaten wird es abends oft verhältnismäßig kühl. Zwischen November und April kann es mild, aber regenreich sein. Für eine reine **Städtereise** nach Lissabon eignen sich die Frühlings- und Herbstmonate mit angenehmen Temperaturen.
An den **Stränden** in der Umgebung kann man von April/Mai bis Oktober baden, insbesondere im Juli und August herrscht Hochbetrieb. Die **Wassertemperaturen** liegen allerdings auch im August nur bei durchschnittlich 18 °C.
In den beiden wärmsten Monaten Juli und August fahren viele Lissabonner in die Ferien, dafür sind dann viele Touristen in der Stadt. Im Juni werden die **Feste** der Volksheiligen gefeiert, von Juni bis Au-

gust finden zahlreiche **Konzerte und Festivals** klassischer Musik statt. Die Konzert- und Theatersaison beginnt nach einer Pause im September und Oktober meist erst wieder zum Winter hin.

Sprache

Fremdsprachen

An Fremdsprachen werden in Portugal neben Spanisch am ehesten Englisch oder Französisch verstanden und gesprochen, auch Deutschkenntnisse sind häufiger geworden. In Hotels und größeren Restaurants gibt es normalerweise keine Verständigungsschwierigkeiten. Es empfiehlt sich jedoch auf jeden Fall – und sei es nur als Geste den Gastgebern gegenüber – sich wenigstens ein paar Wörter oder einfache Redewendungen auf Portugiesisch anzueignen.

Portugiesisch

Portugiesisch ist romanischen Ursprungs, zudem haben sich noch einige frühere Einflüsse aus keltischer, germanischer und arabischer Zeit erhalten. Das geschriebene Portugiesisch lässt sich schnell als romanische Sprache erkennen und mit Kenntnis des Lateinischen oder anderer romanischer Sprachen u. U. sogar streckenweise verstehen. Dagegen bereitet das gesprochene Portugiesisch im Allgemeinen Schwierigkeiten: Beim Hören entsteht fast der Eindruck, dass man es mit einer slawischen Sprache zu tun hat. Auffällig sind die weiche Aussprache, das Ineinanderfließen einzelner Silben, viele Zischlaute und die Menge an unterschiedlich ausgesprochenen Vokalen. Ein weiteres Merkmal ist die starke Betonung einzelner Silben, was häufig das Verschlucken einer unbetonten Silbe zur Folge hat.

Aussprache

Die meisten portugiesischen Wörter werden auf der vorletzten Silbe betont. Im Allgemeinen gilt: Wenn ein Wort auf m, s oder mit den Vokalen a, e, o endet, liegt die Betonung auf der vorletzten Silbe. Endet ein Wort auf l, r, z oder mit einem ã, i oder u, wird die letzte Silbe betont. Abweichende Betonungen werden durch Akzente markiert. Akzente (´ und ` sowie ^) bestimmen außerdem die Aussprache von Vokalen genauer. Vokale mit einer Tilde (~) werden nasaliert.

Sprachführer Portugiesisch

Aussprache

a	unbetont wie geflüstertes e
á	langes a (ah)
c	vor a, o und u wie k; vor e und i wie ss

ç	wie ss
ch	wie sch
e	unbetont wie geflüstertes i, im Anlaut vor s praktisch verschluckt (»escudo« sprich »schkúhdu«; »Estoril«: »Schturíu«)
ê	wie geschlossenes e (eh)
é	wie offenes e (äh)
g	vor a, o und u wie g; vor e und i wie französisch j in »journal«
gu	wie g
h	ist stumm
i	nach u nasaliert (»muito« sprich »muínto«)
j	wie französisch j in »journal«
l	wie englisch Doppel-l in »hall«, im Auslaut wie schwaches u
lh	wie lj
m	im Auslaut nasaliert den voranstehenden Vokal
n	im Auslaut nasaliert den voranstehenden Vokal
nh	wie nj
o	unbetont und im Auslaut wie u
ô	wie geschlossenes o (oh)
ó	wie offenes o in »Osten«
qu	wie k
r	Zungenspitzen-r, am Wortanfang stark gerolltes r
rr	stark gerolltes r
s	vor Vokalen stimmlos wie ss; zwischen Vokalen stimmhaft wie s in »Sense«; vor harten Konsonanten und im Auslaut wie stimmloses sch; vor weichen Konsonanten wie j in französisch »journal«
v	wie w
x	wie sch
z	wie stimmhaftes s in »Sense«; im Auslaut wie sch

Auf einen Blick

Ja	Sim

Nein	Não
Frau	Senhora
Herr	Senhor
Vielleicht	Talvez
Bitte	Faz favor, se faz favor
Danke	Obrigado/Obrigada
Bitte sehr/Gern geschehen	De nada/Não tem de quê
Entschuldigen Sie!/Entschuldige!	Desculpe!/Desculpa!
In Ordnung/Einverstanden!	Está bem
Wann?	Quando?
Wo?	Onde?
Was?	Que?
Wer?	Quem?
Wie bitte?	Como?
Wie viel?	Quanto?
Wohin?	Aonde? Para onde?
Woher?	Donde?
Wie spät ist es?	Que horas são?
Ich verstehe Sie nicht.	Não compreendo.
Das habe ich nicht verstanden	Não percebi.
Sprechen Sie Deutsch, Englisch?	Fala alemão, inglê?
Können Sie mir bitte helfen?	Pode ajudar-me, se faz favor?
Ich möchte …	Queria …
Das gefällt mir (nicht).	(Não) Gosto disto.
Haben Sie …?	Tem …?
Wie viel kostet es?	Quanto custa?

Kennenlernen

Guten Morgen/Tag!	Bom dia!/Boa tarde!
Guten Abend!	Boa tarde!/Boa noite!
Hallo! Grüß dich!	Olá!
Alles klar?	Tudo bem? (Antwort: Tudo.)
Wie geht es Ihnen?	Como está?
Wie geht's?	Como vai?
Danke. Und Ihnen/dir?	Bem, obrigado/obrigada. E o senhor/a senhora/você/tu?
Auf Wiedersehen!/Tschuss!/Bis später! Bis zum nächsten Mal!	Adeus!/Até logo!/Até à próxima!

Unterwegs

links	à esquerda
rechts	à direita

geradeaus	em frente
nah/weit	perto/longe
Bitte, wo ist ...?	Se faz favor, onde está ...?
Wie weit ist das?	Quantos quilómetros são?

Panne

Ich habe eine Panne.	Tenho uma avaria.
Würden Sie mich bis zur nächsten Werkstatt abschleppen?	Pode rebocar-me até à oficina mais próxima?
Gibt es hier in der Nähe eine Werkstatt?	Há alguma oficina aqui perto?

Tankstelle

Wo ist bitte die nächste Tankstelle?	Se faz favor, onde ésta a bomba de gasolina mais próxima?
Ich möchte ... Liter ...	Se faz favor ... litros de ...
...Normalbenzin.	...gasolina normal.
...Super.	...súper.
...Diesel.	...gasóleo.
...bleifrei./ ...verbleit.	...sem chumbo/com chumbo.
...mit ...Oktan.	...com ...octanas.
Voll tanken, bitte.	Cheio, se faz favor.

Unfall

Hilfe!	Socorro!
Achtung!Vorsicht!	Atenção!!
Vorsicht!	Cuidado!
Rufen Sie schnell ...	Chame depressa ...
...einen Krankenwagen.	...uma ambulãncia.
...die Polizei.	...a polícia..
...die Feuerwehr.	...os bombeiros.
Es war meine/Ihre Schuld.	A culpa foi minha/sua.
Geben Sie mir bitte Ihren Namen und Ihre Anschrift.	Pode dizer-me o seu nome e o seu endereço, se faz favor?

Essen

Wo gibt es hier ...	Pode dizer-me, se faz favor, onde há aqui ...
...ein gutes Restaurant?	...um bom restaurante?
...ein nicht zu teures Restaurant?	...um restaurante não muito caro?

…ein typisches Restaurant?	…um restaurante típico?
Gibt es hier eine Bar/ein Café?	Há aqui um bar/um café?
Reservieren Sie uns bitte für heute abend einen Tisch für vier Personen.	Pode reservar-nos para hoje à noite uma mesa para quatro pessoas, se faz favor?
Können Sie mir bitte ... geben?	Pode-me dar ..., se faz favor?
Messer	faca
Gabel	garfo
Löffel	colher
Glas	copo
Teller	prato
Serviette	guardanapo
Zahnstocher	palitos
Salz	sal
Pfeffer	pimenta
Auf Ihr Wohl!	À sua saúde!
Bezahlen, bitte!	A conta, se faz favor.
Hat es geschmeckt?	Estava bom?
Das Essen war ausgezeichnet.	A comida estava excelente.

Übernachtung

Können Sie mir bitte … empfehlen?	Se faz favor, pode recomendarme
…ein gutes Hotel	…um bom hotel?
…eine Pension	…uma pensão?
Haben Sie noch Zimmer frei?	Ainda tem quartos livres?
ein Einzelzimmer	um quarto individual
ein Doppelzimmer	um quarto de casal
ein Zimmer mit zwei Betten	um quarto con duas camas
mit Bad	com casa de banho
... für eine Nacht.	…para uma noite.
... für eine Woche.	…para uma semana.

Arzt

Können Sie mir einen guten Arzt empfehlen?	Pode indicar-me um bom médico?
Ich habe hier Schmerzen.	Dói-me aqui.

Bank

Wo ist hier bitte …	Onde há aqui …
…eine Bank?	…um banco?

Post

Briefmarke	selo
Was kostet …	Quanto custa …
…ein Brief …	…uma carta …
…eine Postkarte …	…um postal …
... nach Deutschland?	... para a Alemanha?
... nach Österreich?	... para a Austria?
... in die Schweiz?	... para a Suiça?

Zahlen

0	zero	1	um, uma
2	dois, duas	3	três
4	quatro	5	cinco
6	seis	7	sete
8	oito	9	nove
10	dez	11	onze
12	doze	13	treze
14	catorze	15	quinze
16	dezasseis	17	dezassete
18	dezoito	19	dezanove
20	vinte	21	vinte e um
22	vinte e dois	30	trinta
40	quarenta	50	cinquenta
60	sessenta	70	setenta
80	oitenta	90	noventa
100	cem	101	cento e um
200	duzentos	1000	mil
2000	dois mil	10 000	dez mil
1/2	um meio	1/3	um terço
1/4	um quarto		

Ementa/Speisekarte – Sopas/Suppen

Açorda	Brot-und-Knoblauch-Suppe
Caldo verde	Kohlsuppe mit Wurstscheibe
Sopa de legumes	Gemüsesuppe
Sopa de peixe	Fischsuppe
Sopa alentejana	Knoblauchsuppe mit Ei

Entradas/Vorspeisen

Amêijoas	Herzmuscheln
Azeitonas	Oliven

Caracóis	Schnecken
Espargos frios	kalter Spargel
Melão com presunto	Melone mit Schinken
Pão com manteiga	Brot und Butter
Salada de atum	Thunfischsalat
Salada à portuguesa	gemischter Salat
Sardinhas em azeite	Sardinen in Olivenöl

Peixe e mariscos/Fisch und Meeresfrüchte

Amêijoas ao natural	Herzmuscheln natur
Atum	Thunfisch
Bacalhau com todos	Stockfisch garniert
Bacalhau à Bráz	Stockfisch, Bratkartoffeln, Rührei
Caldeirada	Fischeintopf
Camarão grelhado	gegrillte Krabbe
Cataplana	Muscheln, Fisch bzw. Fleisch, Paprika, Zwiebeln, Kartoffeln
Dourada	Goldbrasse
Ensopado de enguias	Aaleintopf
Espadarte	Schwertfisch
Filetes de cherne	Silberbarschfilets
Gambas na grelha	gegrillte Garnelen
Lagosta cozida	gekochte Languste
Lampreia	Aal
Linguado	Seezunge
Lulas à sevilhana	gebackener Tintenfisch
Mexilhões de cebolada	Miesmuscheln mit Zwiebeln
Pargo	Seebrasse
Peixe espada	Silbernadelfisch
Perca	Barsch
Pescada à portuguesa	Schellfisch auf portugiesische Art
Salmão	Lachs
Sardinhas assadas	gebratene Sardinen

Carne e aves/Fleisch und Geflügel

Bife à portuguesa	Portugiesisches Rindersteak
Bife de cebolada	Zwiebelsteak
Bife de peru	Truthahnsteak
Cabrito	Zicklein
Carne de porco à Alentejana	Schweinefleisch mit Herzmuscheln
Carne na grelha/Churrasco	Fleisch vom (Holzkohle-)Grill
Coelho	Kaninchen

Costeleta de cordeiro	Lammkotelett
Costeleta de porco	Schweinekotelett
Escalope de vitela	Kalbsschnitzel
Espetadas de carne	Fleischspieße
Fígado de vitela	Kalbsleber
Frango assado	gebratenes Hähnchen
Frango na púcara	Hähnchen im Tontopf
Iscas	geschmorte Leber
Lebre	Hase
Leitão assado	Spanferkelbraten
Lombo de carneiro	Hammelrücken
Pato	Ente
Perdiz	Rebhuhn
Pimentões recheados	gefüllte Paprikaschoten
Porco assado	Schweinebraten
Rins	Nieren
Tripas	Kutteln

Legumes/Gemüse

Batatas	Kartoffeln
Bróculos	Brokkoli
Cogumelos	Pilze
Espargos	Spargel
Espinafres	Spinat
Feijão verde	Schnittbohnen
Pepinos	Gurken

Sobremesa/Nachtisch

Arroz doce	Milchreis
Compota de maçã	Apfelkompott
Gelado misto	gemischtes Eis
Leite creme	Karamellpudding
Maçã assada	Bratapfel
Mousse au Chocolat	Schokoladencreme
Pudim flan	Pudding mit Karamellsoße
Sorvete	Fruchteis
Tarte de amêndoa	Mandelkuchen

Lista de bebidas/Getränkekarte

Aguardente	Schnaps
Aguardente de figos	Feigenschnaps

Aguardente velho	alter Weinbrand
Bagaço	Tresterschnaps
Ginjinha	Kirschlikör
Madeira	Madeirawein
Medronho	Baumerdbeerschnaps
Porto	Portwein

Cerveja e vinho/Bier und Wein

Cerveja	Bier
Imperial	Bier vom Fass
Caneca	großes Bier vom Fass
Vinho branco	Weißwein
Vinho tinto	Rotwein
Vinho verte	leichter Wein mit natürlicher Säure

Bebidas não alcoólicas/alkoholfreie Getränke

Água mineral	Mineralwasser
Bica	Espresso
Café (com leite)	Kaffee (mit Milch)
Chá com leite/limão	Tee mit Milch/Zitrone
Galão	Milchkaffee im Glas
Meia de leite	Kaffee mit viel Milch
Garoto	Espresso mit Milch
Laranjada	Orangeade
Sumo de laranja	Orangensaft

Wochentage

Segunda-feira	Montag
Terça-feira	Dienstag
Quarta-feira	Mittwoch
Quinta-feira	Donnerstag
Sexta-feira	Freitag
Sábado	Sonnabend
Domingo	Sonntag
Feriado	Feiertag

Straßenverkehr

Autofahren in Lissabon

Nach Möglichkeit sollte man Autofahren in Lissabon vermeiden. In den Stoßzeiten ist in der Innenstadt oft kein Vorwärtskommen mehr, und auch die Zufahrtsstraßen sind völlig verstopft. Einen Parkplatz zu finden ist schwierig, die Parkgebühren sind hoch. Die meisten Sehenswürdigkeiten kann man ohnehin zu Fuß erreichen, ansonsten gibt es ein recht gut funktionierendes öffentliches Verkehrsnetz.

Verkehrsvorschriften Verkehrsvorschriften und Verkehrszeichen in Portugal unterscheiden sich nicht wesentlich von denen anderer Länder mit Rechtsfahrordnung. Vorfahrt hat der Verkehr auf den Hauptverkehrsstraßen, die allerdings nicht immer als solche gekennzeichnet sind – oft hat nur der einmündende Verkehr ein Stoppzeichen. Ansonsten hat grundsätzlich der von rechts kommende Verkehr Vorfahrt. Pkws und Motorräder dürfen innerhalb geschlossener Ortschaften 50 km/h und außerhalb geschlossener Ortschaften 90 km/h fahren. Auf Schnellstraßen sind 100 km/h erlaubt, auf Autobahnen 120 km/h. Die Sicherheitsgurte müssen grundsätzlich angelegt werden. Die Höchstgrenze für den Blutalkoholgehalt liegt bei 0,5 Promille.

Toiletten

Öffentliche Toiletten gibt es in einigen Metrostationen, in Einkaufszentren, in einigen Parkanlagen und in Bahnhöfen. Mitunter wird eine geringe Gebühr verlangt, ansonsten ist ein Trinkgeld üblich.

Verkehrsmittel

ÖFFENTLICHE VERKEHRSMITTEL

Allgemeines Öffentliche Verkehrsmittel für den innerstädtischen und den Nahverkehr sind Busse, Straßenbahnen und Aufzüge der Gesellschaft Carris, die Metro, Schiffe der TransTejo, Nahverkehrszüge der CP (Companhia dos Caminhos de Ferro Portugueses) und Überlandbusse, die von unterschiedlichen Gesellschaften betrieben werden.

Metro Am schnellsten ist die Metro (Metroplan ►Umschlaginnenseite hinten); die durchschnittliche Fahrzeit zwischen den Stationen beträgt 1,5 Minuten. Die Metro verkehrt zwischen 6.30 und 1.00 Uhr.

Busse Die Busse (»Autocarro«) werden von der Carris unterhalten. Wer an der Haltestelle (»Paragem«) wartet und mit einem Bus mitfahren möchte, muss dem herannahenden Bus ein Zeichen geben, woran man besonders abends bzw. an wenig frequentierten Haltestellen denken muss. In Lissabon ist es üblich, dass man sich beim Warten auf Busse, Straßenbahnen und Aufzüge in eine Warteschlange einreiht. Beim Einstieg wird sorgfältig auf die Reihenfolge geachtet. Die meisten Busse stellen ihren Betrieb gegen 21.30 Uhr ein, einige fahren bis ca. 1.30 Uhr. Zudem gibt es sechs Nachtbuslinien (»Rede da Madrugada«), die zwischen 0.30 und 5.30 Uhr stündlich oder zweimal stündlich ab Cais do Sodré fahren oder dort enden.

Straßenbahnen

Die Betriebszeiten sind ähnlich denen der Autobusse, einige Linien verkehren sonntags nicht. Auch Straßenbahnen muss man Zeichen geben, wenn man mitfahren möchte. Da der Straßenbahnbetrieb der Carris hohe Defizite einbrachte, wurden in den letzten Jahren viele Strecken stillgelegt. Da einige besonders hügelige Linien mit modernen Wagen nicht zu befahren sind, verkehren nach wie vor auch die alten Fahrzeuge – außerdem ist man sich auch des touristischen Wertes der alten »eléctricos« bewusst. Für Touristen ist insbesondere eine Fahrt mit der Linie 28 (►Baedeker Wissen, S. 352) interessant.

Aufzüge

Ein für Lissabons geografische Gegebenheiten sinnvolles Verkehrsmittel ist der Aufzug (elevador oder ascensor). Die Aufzüge wurden Ende des 19. Jh.s gebaut, vier von ihnen sind noch erhalten und werden von der Carris als Verkehrsmittel nach wie vor betrieben: die Standseilbahnen Elevador da Glória, Elevador da Bica und Elevador da Lavra und der berühmte Aufzug Elevador do Carmo (oder Elevador de Santa Justa ► S. 226). Ein moderner Aufzug führt von der Baixa zum Kastell; Startpunkt ist in der Rua dos Fanqueiros, von dort geht es bis zur Rua Madalena und von dort in einer zweiten Etappe hinauf zum Kastell.

Schiffsverkehr

Es gibt mehrere Schiffslinien, die vom Zentrum aus über den Tejo zu den Städten auf dem gegenüberliegenden Ufer fahren. Einige Veranstalter bieten Ausflugsfahrten mit kleinen Schiffen auf dem Tejo an (►Stadtbesichtigung). Man kann aber auch auf eigene Faust Ausflüge zum gegenüberliegenden Flussufer machen, wo es mehrere lohnende Ziele gibt, die angefahren werden können. Die meisten Schiffe sind Personenfähren, ab Cais do Sodré gibt es eine Autofähre.

Nahverkehrszüge

Vorortzüge fahren nach Estoril, Cascais, Sintra und Queluz. Auf diesen Nahverkehrsstrecken muss die Fahrt innerhalb von zwei Stunden nach Fahrkartenkauf angetreten werden.

Bahnhöfe

Für Touristen sind in Lissabon vier größere Bahnhöfe (estações, Sg.: estação) von Interesse, von denen Vorortzüge in die Umgebung von Lissabon, Züge zu Zielen innerhalb Portugals und Züge des internationalen Zugverkehrs ankommen und starten. Alle Bahnhöfe sind per U-Bahn miteinander verbunden.

Lissabons legendäre Straßenbahn

1873 wurde die Pferdebahn »O Americano« in Betrieb genommen, 1901 startete die erste elektrische Straßenbahn und noch immer kann man sich auf einigen Strecken mit dem »Eléctrico« durch die Tejostadt schaukeln lassen. In den engen und steilen Gassen der Altstadt gilt die alte Straßenbahn bis heute als das beste Verkehrsmittel.

▶ **Die Sightseeing-Tram**
Eine Fahrt mit der Linie 28 ist ein besonderes Erlebnis für jeden Touristen. Die Bahn durchquert Lissabon von Ost nach West und fährt an den wichtigsten Sehenswürdigkeiten der Stadt vorbei.

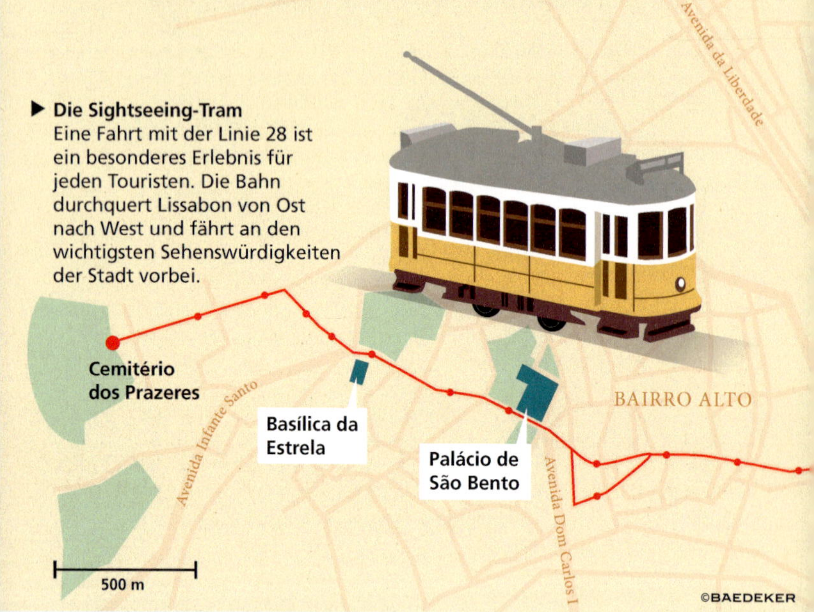

▶ **Die steilsten Adhäsionsbahnen Europas**
Die Linie 28 ist eine Adhäsionsbahn (Reibungsbahn). Der Antrieb erfolgt dabei ausschließlich durch die Haftreibung der Räder. Die Lissabonner Bahn bewältigt bis zu 13,5% Steigung und ist damit die steilste Adhäsionsbahn Europas.

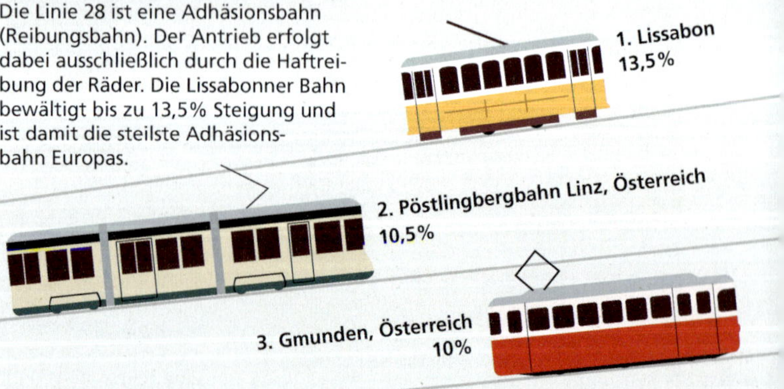

▶ Technische Daten

Steigung

Spurweite

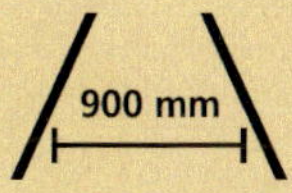

Haltestellen
38

7 551 km **Streckenlänge**

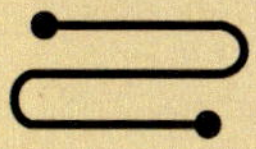

Fahrtdauer
40 Min.

▶ Besondere Straßenbahnen weltweit

Cable Car
San Francisco
Die Cable Cars gehören zu den »National Historic Landmarks« und sind eine wichtige Attraktion der Stadt.

Doppeldecker Tram
Hong Kong
Hong Kong besitzt die weltgrößte Flotte an zweistöckigen Trams.

Kusttram
Belgien
Mit einer Streckenlänge von 68 km ist die Kusttram von Oostende nach De Panne die längste Straßenbahnlinie der Welt.

Überlandbusse In die Vororte von Lissabon fahren Busse, die zum größten Teil vom Busbahnhof Sete Rios bzw. von der Praça de Espanha, Areeiro, Entrecampos, Campo Grande oder vom Bahnhof Oriente starten. In Portugal gibt es ein sehr gut organisiertes, dichtes Liniennetz von Überlandbussen, das die **Rede Expressos** betreibt. Auf längeren Strecken werden meistens komfortable Expressbusse eingesetzt.

Fahrpreise, Tickets Fahrpreise für öffentliche Verkehrsmittel sind generell relativ günstig. Man kann im Bus, in der Straßenbahn oder im Aufzug direkt eine **Fahrkarte** (bilhete) lösen oder aber Tickets im Voraus in den Verkaufsstellen kaufen. Tickets für die Metro erhält man in den Metrostationen an Automaten oder am Schalter. Mit einem Ticket für die Zone »Coroa L« kommt man zu fast allen wichtigen Punkten.
Günstig sind neben der **Lisboa Card** (▶Preise · Vergünstigungen) Kombitickets für Busse, Straßenbahnen, Aufzüge der Carris, Metro, Vorortzüge und die Schiffslinien über den Tejo. Es gibt **Tageskarten** und den **Cartão 7 Colinas/Viva Viagem**, den man zum »Zapping« immer wieder bis zu 15 € aufladen lassen kann und am Anfang und am Ende jeder Fahrt ablesen lassen muss. Alle Kombitickets sind in den Metrostationen, bei der Post und an **Kiosken der Carris** erhältlich. Die Schalter an den Bahnhöfen haben auch sonntags geöffnet.

Orientierung Sich im System der öffentlichen Verkehrsmittel zu orientieren, ist nicht immer einfach. In Bussen und Straßenbahnen gibt es keine Orientierungspläne, Haltestellen werden nicht immer ausgerufen. Einfach ist es in der **Metro**, die sehr überschaubar ist: In den Stationen und in den einzelnen Waggons sind Streckenpläne angebracht, Ausschilderungen in den U-Bahnstationen geben als Richtung jeweils den Endpunkt oder die Bezeichnung der Linie an. Fahrkartenverkaufsstellen und die Touristeninformationen geben **Streckenpläne** (rede de transportes) für Busse, Bahnen, Metro und Nahverkehrszüge aus, allerdings nur solange der Vorrat reicht. Manchmal kann die Touristeninformation weiterhelfen.

TAXI

Freie Taxis erkennt man an einem grün erleuchteten Taxi-Schild auf dem Dach. Bei besetzten Taxis erscheint rechts auf dem Schild eine Zahl: Eins bedeutet, dass das Taxi gerade innerhalb der Stadt unterwegs ist; drei, dass es aus der Stadt hinausfährt, und fünf, dass es aus der Stadt hinausfährt und mit dem gleichen Kunden zurückkommt.

Gebühren Generell ist Taxifahren in Portugal relativ günstig. Bei Stadtfahrten läuft ein Taxameter. Außerhalb von Ortschaften wird nach Kilometern abgerechnet, auch bei einer einfachen Fahrt muss der Preis für

Hin- und Rückfahrt bezahlt werden. Mitunter werden Zuschläge (bis zu 50 %) für Nachtfahrten und für Gepäckbeförderung erhoben. Wegen der günstigen Taxitarife ist ein Trinkgeld von 10 bis 15 % des Fahrpreises allgemein üblich.

Taxi bestellen

Im Stadtzentrum und an den wichtigsten Plätzen in Lissabon sind immer so viele Taxis unterwegs, dass man sie direkt auf der Straße anhalten kann. Zentrale Taxistände sind am Rossio, Restauradores, Cais do Sodré und an der Praça da Figueira. Am Flughafen und an Bahnhöfen muss man mit Warteschlangen rechnen. Ansonsten kann man sich im Hotel oder in der Pension eine Taxe bestellen lassen oder selbst eine Zentrale anrufen.

MIETWAGEN

Wer die Umgebung von Lissabon kennenlernen und mehrere Ziele an einem Tag ansteuern möchte, macht das am besten mit Mietwagen, weil die Verbindungen mit öffentlichen Verkehrsmitteln meistens nicht aufeinander abgestimmt sind und Busse zu kleineren Orten auch nicht sehr häufig fahren. In Portugal muss man mindestens 21 Jahre alt sein und seinen Führerschein wenigstens seit einem Jahr haben, wenn man einen Wagen mieten möchte.

INTERNETADRESSEN

www.transporteslisboa.pt
Website der Verkehrsbetriebe Lissabon mit Links zur Carris (Straßenbahnen, Busse, Aufzüge), zur Metro und zur TT-Transtejo (Tejofähren).

www.cp.pt
Website der Bahn (u. a. Vorortzüge nach Sintra und Cascais)

www.scotturb.com
Busse in der Region Cascais – Sintra

www.tsuldotejo.pt
Busse zur Península de Setúbal

www.fertagus.pt
Bahn und Busse zur Península de Setúbal

ÜBERLANDBUSSE

Terminal Rodoviário de Sete Rios
Praça General Humberto Delgado, Rua das Laranjeiras (Metro: Jardim Zoológico)
Expressbusse, internationale und nationale Busverbindungen.

Estação Oriente
Parque das Nações (Metro: Oriente)
Expressbusse, Überlandbusse innerhalb Portugals. Zug-, Bus- und Metroanschluss ins Zentrum und zum Flughafen.

INTERNATIONALER BAHNVERKEHR

Estação de Santa Apolónia
Av. Infante D. Henrique
End- und Ausgangspunkt aller Züge nach Nord- und Nordostportugal und ins Ausland

Estação Oriente
Parque das Nações
Verkehrsknotenpunkt östlich der Innenstadt mit Bus- und Metroanschluss ins Zentrum und zum Flughafen. Auch Überlandbusse.

VORORTZÜGE

Estação do Rossio
Praça D. João da Câmara (Rossio)
Ziel- und Ausgangsbahnhof für die Nahverkehrslinie nach Sintra.

Estação Cais do Sodré
Av. Vinte e Quatro de Julho
Ziel- und Ausgangsbahnhof für die Nahverkehrslinie nach Cascais über Belém und Estoril. Nicht alle Stationen werden von allen Zügen angefahren! Nähere Informationen sind den Bildschirmen in der Abfahrtshalle zu entnehmen. Die ersten Züge ab Lissabon fahren morgens ca. 5.30 Uhr, die letzten nachts ca. 1.30 Uhr.

Entrecampos, Sete Rios, Roma-Areeiro
Die drei Bahnhöfe liegen an der Strecke Estação Oriente Richtung Sintra und Richtung Süden (Algarve) und bieten Umsteigemöglichkeiten zur Metro.

SCHIFFSANLEGER

Estação Fluvial - Terreiro do Paço
(Praça do Comércio) Fähren nach Barreiro und Montijo

Cais do Sodré
Autofähre nach Cacilhas, Fähre nach Seixal, im Sommer nach Trafaria (Nähe Costa da Caparica)

Estação Fluvial in Belém
hinüber nach Trafaria und Porto Brandão

TAXIS

Rádio Táxis de Lisboa
Tel. 219 36 21 13

Autocoope
Tel. 217 93 27 56

Teletáxis
Tel. 218 11 11 00

MIETWAGEN

Avis
Tel. *01806 21 77 02
(aus Deutschland), www.avis.de

Europcar
Tel. 040 5 20 18 80 00 (aus Deutschland)
www.europcar.de

Hertz
Tel. *01806 33 35 35
(aus Deutschland), www.hertz.de

Auto Jardim
Tel. 218 46 31 87
www.auto-jardim.com

Zeit

In Portugal gilt Westeuropäische Zeit (WEZ = MEZ – 1 Std.). Da es von Ende März bis Ende Oktober ebenfalls eine Sommerzeit gibt, muss man bei Ankunft in Lissabon das ganze Jahr über die Uhr um eine Stunde zurückstellen.

Register

BAEDEKER WISSEN ?

atmosfair

nachdenken • klimabewusst reisen
atmosfair

Reisen verbindet Menschen und Kulturen. Doch wer reist, erzeugt auch CO_2. Der Flugverkehr trägt mit bis zu 10% zur globalen Erwärmung bei. Wer das Klima schützen will, sollte sich nach Möglichkeit für die schonendere Reiseform entscheiden (wie z.B. die Bahn). Gibt es keine Alternative zum Fliegen, kann man mit atmosfair klimafördernde Projekte unterstützen.

atmosfair ist eine gemeinnützige Klimaschutzorganisation unter der Schirmherrschaft von Klaus Töpfer. Flugpassagiere spenden einen kilometerabhängigen Betrag und finanzieren damit Projekte in Entwicklungsländern, die den Ausstoß von Klimagasen verringern helfen. Dazu berechnet man mit dem Emissionsrechner auf **www.atmosfair.de,** wieviel CO_2 der Flug produziert und was es kostet, eine vergleichbare Menge Klimagase einzusparen (z.B. Berlin – London – Berlin 13 €).

atmosfair garantiert die sorgfältige Verwendung Ihres Beitrags. Alle Informationen dazu auf www.atmosfair.de.

Verzeichnis der Karten und Grafiken

Bildnachweis

AKG S. 4 unten, 30, 35, 61
Avenue Images/Pixtal/Ken Welsh S. 70
Bilderberg/Milan Horacek S. 227 oben rechts
Bilderberg/Jerzy Modrak S. 323 unten rechts
dpa S. 37, 39, 40, 58, 60
DuMont Bildarchiv/Krewitt S. 205
DuMont Bildarchiv/Lubenow S. 45, 92
DuMont Bildarchiv/Widmann S. 3 oben links, 20, 25, 26, 42, 94, 133, 142, 149, 162, 170, 189, 194, 197, 226, 227 unten rechts, 228, 248, 287, 293, 300, 304, 309, 315, 321
fotolia/errepiphotos S. 2 oben, 181
fotolia/Eve S. 99 unten
fotolia/gianliguori S. 98 oben
fotolia/Gvictoria S. 2 rechts unten, 203
fotolia/Shawn Hempel S. 99 Mitte
fotolia/jiawamgkun S. 281
fotolia/mlehmann78 S. 260, U2
fotolia/Natalia Mylova S. 99 oben
fotolia/José Ignacio Soto S. 3 oben, 318
fotolia/StockPhotosArt S. 244
gettyimages/Jorg Greuel S. 68, U7
gettyimages/José Manuel S. 10
glowimages/FoodandDrink S. 98 unten
iStockphoto/Abeleao S. 101
iStockphoto/gioadventures S. 117, U4
laif/Luís Filipe Catarino/4SEE S. 3 unten, 4 oben, 7, 9, 22 oben, 23 unten, 75, 136, 150, 326, 303
laif/Romain Cintract/hemis.fr S. 146
laif/Dreysse S. 91
laif/Gartung S. 5 unten
laif/Tobias Gerber S. 120, 123
laif/Gladieu/Le Figaro Magazine S. 22 unten
laif/Franck Guiziou/hemis.fr S. 134, 264
laif/Hemis S. 277
laif/Andreas Hub S. 23 oben, 105, 110
laif/João Pedro Marnoto/Invision S. 126
laif/João Pedro Marnoto/NYT/Redux S. 157
laif/Heiko Meyer S. 152, 176
laif/Jörg Modrow S. 73
laif/Osang S. 112, 214
laif/Raach S. 216, 259 oben, unten, 322, 323 oben links, 324
laif/Bertrand Rieger/hemis.fr S. 5 oben, 144
laif/Jorge Simão/4SEE S. 89
laif/Pascal Sittler/REA S. 130, 284
laif/Gerhard Westrich S. 274
laif/Zanettini S. 47, 49, 219, U3
look-foto/age fotostock S. 139
look-foto/Elan Fleisher S. 253, 325
look-foto/Ingolf Pompe S. 14, 80
look-foto/Thomas Peter Widmann S. 291
mauritius images/alamy S. 185, 234
Missler S. 2 rechts oben, 56, 115, 208, 223, 227 oben links, 305, 323 oben Mitte
picture-alliance/dpa (Gil Galvin) S. 97
picture-alliance/dpa (Lusa Rosa) S. 66
picture-alliance/dpa (Bill Wassmann) S. 294
pa/epa/Cotrim S. 63
pa/Fred de Noyelle/GODONG S. 255
Widmann S. 1, 55
Zegers S. 13, 52, 109, 227 unten links, 256, 272, 297, U8

Titelbild: laif/Russe/Le Figaro Magazine (Elevador da Bica)

Impressum

Ausstattung:
138 Abbildungen, 32 Karten und grafische Darstellungen, ein großer Cityplan
Text:
Dr. Eva Missler
Überarbeitung:
Kathleen Becker
Bearbeitung:
Baedeker-Redaktion (Dr. Eva Missler)
Kartografie:
Franz Huber, München;
MAIRDUMONT Ostfildern (Cityplan)
3D-Illustrationen:
jangled nerves, Stuttgart
Infografiken:
Golden Section Graphics GmbH, Berlin
Gestalterisches Konzept:
independent Medien-Design, München
Chefredaktion:
Rainer Eisenschmid, Baedeker Ostfildern

13. Auflage 2016

Printed in China

Trotz aller Sorgfalt von Redaktion und Autoren zeigt die Erfahrung, dass Fehler und Änderungen nach Drucklegung nicht ausgeschlossen werden können. Dafür kann der Verlag leider keine Haftung übernehmen.
Kritik, Berichtigungen und Verbesserungsvorschläge sind jederzeit willkommen. Schreiben Sie uns, mailen Sie oder rufen Sie an:

Verlag Karl Baedeker / Redaktion
Postfach 3162
D-73751 Ostfildern
Tel. 0711 4502-262
info@baedeker.com
www.baedeker.com

FSC
www.fsc.org
MIX
Paper from responsible sources
FSC® C011918

Die Erfindung des Reiseführers

Als **Karl Baedeker** (1801 – 1859) am 1. Juli 1827 in Koblenz seine Verlagsbuchhandlung gründete, hatte er sich kaum träumen lassen, dass sein Name und seine roten Bücher einmal weltweit zum Synonym für Reiseführer werden sollten.

Das erste von ihm verlegte Reisebuch, die 1832 erschienene **Rheinreise,** hatte er noch nicht einmal selbst geschrieben. Aber er entwickelte es von Auflage zu Auflage weiter. Mit der Einteilung in die Kapitel »Allgemein Wissenswertes«, »Praktisches« und »Beschreibung der Merk-(Sehens-)würdigkeiten« fand er die klassische Gliederung des modernen Reiseführers, die bis heute ihre Gültigkeit hat. Der Erfolg war überwältigend: Bis zu seinem Tod erreichten die zwölf von ihm verfassten Titel 74 Auflagen! Seine Söhne und Enkel setzten bis zum Zweiten Weltkrieg sein Werk mit insgesamt 70 Titeln in 500 Auflagen fort.

Bis heute versteht der Karl Baedeker Verlag seine große Tradition vor allem als eine Kette von Innovationen: Waren es in der frühen Zeit u. a. die Einführung von Stadtplänen in Lexikonqualität und die Verpflichtung namhafter Wissenschaftler als Autoren, folgte in den 1970ern der erste vierfarbige Reiseführer mit professioneller Extrakarte. Seit 2005 stattet Baedeker seine Bücher mit ausklappbaren 3D-Darstellungen aus. Die neue Generation enthält als erster Reiseführer Infografiken, die (Reise-) Wissen intelligent aufbereiten und Lust auf Entdeckungen machen.

In seiner Zeit, in der es an verlässlichem Wissen für unterwegs fehlte, war Karl Baedeker der Erste, der solche Informationen überhaupt lieferte. In der heutigen Zeit filtern unsere Reiseführer aus dem Überfluss an Informationen heraus, was man für eine Reise wissen muss, auf der man etwas erleben und an die man gerne zurückdenken will. Und damals wie heute gilt für Baedeker: Wissen öffnet Welten.

Baedeker Verlagsprogramm

- Algarve
- Allgäu
- Amsterdam
- Andalusien
- Argentinien
- Australien
- Australien • Osten
- Bali
- Barcelona
- Bayerischer Wald
- Belgien
- Berlin • Potsdam
- Bodensee
- Brasilien
- Bretagne

- Brüssel
- Budapest
- Burgund
- China
- Dänemark
- Deutsche Nordseeküste
- Deutschland
- Deutschland • Osten
- Dresden
- Dubai • VAE
- Elba
- Elsass • Vogesen
- Finnland
- Florenz
- Florida
- Franken
- Frankfurt am Main
- Frankreich
- Frankreich • Norden
- Fuerteventura
- Gardasee
- Golf von Neapel
- Gomera
- Gran Canaria
- Griechenland
- Großbritannien
- Hamburg
- Harz
- Hongkong • Macao
- Indien
- Irland
- Island
- Israel
- Istanbul
- Istrien • Kvarner Bucht
- Italien
- Italien • Norden
- Italienische Adria
- Italienische Riviera
- Japan
- Jordanien
- Kalifornien
- Kanada • Osten
- Kanada • Westen
- Kanalinseln
- Kapstadt • Garden Route
- Kenia
- Köln
- Kopenhagen
- Korfu • Ionische Inseln
- Korsika
- Kos
- Kreta
- Kroatische Adriaküste • Dalmatien
- Kuba
- La Palma
- Lanzarote
- Leipzig • Halle
- Lissabon
- London
- Madeira
- Madrid
- Malediven
- Mallorca
- Malta • Gozo • Comino

- Marokko
- Mecklenburg-Vorpommern
- Menorca
- Mexiko
- Moskau
- München
- Namibia
- Neuseeland
- New York
- Niederlande
- Norwegen
- Oberbayern

- Oberital. Seen • Lombardei • Mailand
- Österreich
- Paris
- Peking
- Polen
- Polnische Ostseeküste • Danzig • Masuren
- Portugal
- Prag
- Provence • Côte d'Azur
- Rhodos
- Rom

- Rügen • Hiddensee
- Rumänien
- Sachsen
- Salzburger Land
- St. Petersburg
- Sardinien
- Schottland
- Schwarzwald
- Schweden
- Schweiz
- Sizilien
- Skandinavien
- Slowenien
- Spanien
- Spanien • Norden • Jakobsweg
- Sri Lanka
- Stuttgart
- Südafrika
- Südengland
- Südschweden • Stockholm
- Südtirol

- Sylt
- Teneriffa
- Tessin
- Thailand
- Thüringen
- Toskana
- Tschechien
- Türkische Mittelmeerküste
- USA
- USA • Nordosten
- USA • Nordwesten

- USA • Südwesten
- Usedom
- Venedig
- Vietnam
- Weimar
- Wien
- Zürich
- Zypern

Viele Baedeker-Titel sind als E-Book erhältlich: shop.baedeker.com

Kurioses Lissabon

Auch das ist Portugals Hauptstadt: Der Spitzname der Bewohner lässt sich nicht erklären, ihre Einkünfte wandern massenhaft in die Lotterie, und ein alter Herr macht sich durch jahrelanges Winken einen Namen.

▸Wetten, dass ...

... Portugal im europäischen Vergleich das spiel- und lotteriewütigste Land ist? Nach Spanien und Frankreich verzeichnet das bei Weitem kleinere Portugal die meisten Gewinner bei den Euromillionen-Lotterien. An die drei Prozent des portugiesischen Bruttoinlandsprodukts gehen für Spielscheine und Sportwetten drauf. Für viele Soziologen stellt Lotterie eine »Steuer auf Armut« dar. Allerdings wandern seit 2013 zwanzig Prozent aller Gewinne über 5000 Euro an den Staat.

▸Kleine Kopfsalate

»Alfacinhas«, »kleine Kopfsalate«, werden die Lissabonner auch genannt. Warum, weiß niemand zu sagen. Das Präfix »al-« deutet natürlich auf arabische Herkunft hin; so ist eine Erklärungstheorie, dass sich die Lissabonner Versorgungslage während einer endlosen maurischen Belagerung auf die grünen Blättchen reduzierte. Heute wachsen die meisten (echten) Kopfsalate in Lissabonner »Schrebergärten« im Stadtteil Chelas, und viele ältere Damen schwören für ihre Nachtruhe auf Tee aus Salatblättern!

▸Senhor do Adeus

Er war eine Lissabonner Berühmtheit: Der vermögende João Serra kam zehn Jahre lang jeden Abend adrett gekleidet an den Saldanha-Kreisel und winkte den Autofahrern zu – aus Einsamkeit. 2010 starb er mit 79 Jahren. Als daraufhin bei Facebook ein Trauersturm losbrach, wurde seine Popularität offenkundig. Mehr auf https://de-de.facebook.com/senhordoadeus

▸QR-Code im Straßenpflaster

Die schönen Pflastermosaike sind in die Smartphone-Ära eingetreten. Im Chiado wurde in der Nähe des Cafés A Brasileira ein etwa 1x1 Meter großer schwarz-weißer QR-Code in das Straßenpflaster eingelassen. Er beamt den Sound der Arbeiter beim Zurechtklopfen der Basalt- und Kalksteine auf ein Smartphone.

▸Handschlag!

Aufmerksamen Besuchern erschließt sich vielerorts die Freimaurer-Tradition der Hauptstadt. Ein steinerner Handschlag ziert eine Ecke an der Westseite der Praça da Figueira, die Cervejaria da Trindade ist innen wie außen reich mit Freimaurersymbolik ausgestattet, und um die architektonische Handschrift des Marquês de Pombal, des wohl berühmtesten Freimaurers seiner Zeit, ranken sich viele Theorien: Wurde die Praça do Comércio nach den Prinzipien des Tarots angelegt ...?